U0682514

抗日战争时期中国人口伤亡和财产损失调研丛书

主　编　李忠杰

副主编　李　蓉　姚金果

霍海丹　蒋建农

山东省百县(市、区)抗日战争时期死难者名录

12

山东省委党史研究室　编

中共党史出版社

山东省抗日战争时期人口伤亡和财产损失课题研究办公室

（2006年9月）

主　任（重大专项课题组组长）　常连霆

副主任（重大专项课题组副组长）　席　伟

成　员　岳绍红　张绍麟　丁广斌　于文新　王成华
　　　　陈金亮　李清汉　郑世诗　宋继法　亓　涛
　　　　张启信　范伟正　李秀业　崔维志　张宜华
　　　　刘如峰　李双安　苗祥义　韩立明　刘桂林
　　　　魏子焱　张艳芳　王增乾

山东省抗日战争时期人口伤亡和财产损失课题研究办公室

（2008年2月）

主　任（重大专项课题组组长）　常连霆

副主任（重大专项课题组副组长）　席　伟

成　员　岳绍红　张绍麟　丁广斌　侯希杰　张开增
　　　　陈金亮　李清汉　郑世诗　秦佑镇　亓　涛
　　　　张启信　范伟正　李秀业　李克彬　李凤华
　　　　刘如峰　李双安　魏玉杰　韩立明

山东省抗日战争时期人口伤亡和财产损失课题研究办公室

（2010 年 7 月）

主　任（重大专项课题组组长）　常连霆

副主任（重大专项课题组副组长）　席　伟　韩立明

成　员　岳绍红　张绍麟　丁广斌　张开增　褚金光

李清汉　郑世诗　秦佑镇　亓　涛　张启信

范伟正　李秀业　李克彬　李风华　刘如峰

李双安　魏玉杰

山东省抗日战争时期人口伤亡和财产损失课题研究办公室

（2014 年 8 月）

主　任（重大专项课题组组长）　常连霆

副主任（重大专项课题组副组长）　席　伟　韩立明

成　员　刘　浩　冯　英　司志兰　张开增　褚金光

杨仁祥　郑世诗　崔　康　牛国新　肖　怡

肖　梅　李秀业　李洪彦　刘宝良　张绪阳

李文进　李允富　张　华

《山东省百县（市、区）抗日战争时期死难者名录》编纂委员会

（2014 年 8 月）

主　任　常连霆

副主任　邱传贵　林　杰　席　伟　李晨玉

韩延明　吴士英　臧济红

成　员　姚丙华　韩立明　田同军　郭洪云　危永安

许　元　刘　浩　冯　英　司志兰　张开增

褚金光　杨仁祥　郑世诗　崔　康　牛国新

肖　怡　肖　梅　李秀业　李洪彦　刘宝良

张绪阳　李文进　李允富

主　编　常连霆

副主编　席　伟　韩立明

编　辑　赵　明　李　峰　吕　海　李草晖　邱吉元

王华艳　尹庆峰　郑功臣　贾文章　韩　莉

姜俊英　曹东亚　高培忠　刘佳慧　韩百功

李治朴　李耀德　宋元明　李海卫　封彦君

韩庆伟　刘　可　邵维霞　潘维胜　郭纪锋

刘兆东　吉薇薇　杨兴文　王玉玺　宁　峰

陈　旭　罗　丹　焦晓丽　赵建国　孙　颖

王红兵　张　丽　樊京荣　曾世芳　田同军

郭洪云　危永安　许　元　肖　夏　张耀龙

闫化川　乔士华　邱从强　刘　莹　孟红兵

王增乾　左进峰　马　明　潘　洋　吴秀才

张　华　张江山　朱伟波　耿玉石　秦国杰

王小龙　齐　薇　柳　晶

编纂说明

本名录以2006年山东省抗日战争时期人口伤亡和财产损失大型调研活动收集的见证人、知情人口述资料为基础整理编纂而成。

按照中央党史研究室关于开展抗日战争时期中国人口伤亡和财产损失调研方案的总体要求，在中央党史研究室的精心组织和科学指导下，山东省于2006年开展了抗日战争时期人口伤亡和财产损失大型调研活动。调研期间，全省组织32万余名乡村走访调查人员，走访调查了省内95%以上的行政村和80%以上的70岁以上老人，收集见证人和知情人关于日军屠杀平民的证言证词79万余份。此后，在中央党史研究室的指导下，山东省委党史研究室组织各市、县（市、区）委党史研究室以县（市、区）为单位认真梳理证言证词等调研资料，于2010年整理形成了包括140个县（市、区）和16个经济开发区、高新技术开发区的《山东省抗日战争时期伤亡人员名录》，共收录现山东行政区域范围内抗日战争期间（1937年7月至1945年8月）因战争因素造成伤亡的人员46.9万余名。2014年初，根据中央党史研究室关于编纂出版《抗日战争时期中国人口伤亡和财产损失调研丛书》的部署，我们以《山东省抗日战争时期伤亡人员名录》为基础，选择信息比较完整、填写比较规范的100个县（市、区）抗日战争时期死难人员名录，经省市县三级党史部门进一步整理、编纂，形成了《山东省百县（市、区）抗日战争时期死难者名录》，共收录死难者169173人。

本名录所收录的死难者，系指抗日战争时期因日本发动侵略战争，在山东境内造成死难的平民。包括被杀死、轰炸及其引起火灾等致死和因生化战、被奸淫、被迫吸毒等而死，以及因战争因素造成的饿死、冻死、累死等其他非正常死亡的平民。死难者信息主要来源于2006年乡村走访调查的口述资料，也有个别县（市、区）收录了文献资料中记载的部分死难者。死难者信息包含“姓名”、“籍贯”、“年龄”、“性别”、“死难时间”5项要素。在编纂过程中，我们尽量使各项要素达到规范、完整。但由于历史已经过去了60多年，行政区划有很大变动，人口迁徙规模很大，流动状况非常复杂，有的见证人和知情人对死难者信息的记忆本身就不完整；由于参与调查笔录和名录整理的人员多达数万人，对死难者信息各要素的规范和掌握也难以做到完全一致，所以，名录编纂工作非常复杂。为了保证科学性、规范性和准确性，我们尽可能采取了比较合理的处理方式，现特作如下说明：

1. “姓名”一栏中，一律以见证人和知情人的证言证词记录的死难者姓名为依据。证言证词怎么记录的，名录就怎么记载，在编纂中未作改变和加工。有些死难者姓名为乳名、绰号，有的乳名、绰号多则四个字，少则一个字；有些死难者姓名是以其家人或关联人的姓名记录的，用“××之子”、“××之家属之一”、“××之家属之二”等表述；还有些死难人员无名无姓但职业指向明确，如“卖炸鱼之妇女”、“老油匠”等；还有个别情况，是死难人员的亲属感到死难人员的乳名、绰号不雅，为其重新起了名字。上述情况都依据证言证词上的原始记录保留了其称谓。有的死难者只知道姓氏，如“杨某某”、“李××”等，在编纂中我们作了适当规范，其名字统一用“×”号代替，如“杨××”、“李××”等。

2. “籍贯”一栏中，地名为2006年调研时的名称。部分县（市、区）收录了少量非本县（市、区）籍或非山东籍，但死难地在本县（市、区）的死难者。凡山东省籍的死难人员均略去了省名，一般标明了县（市、区）、乡（镇）、村三级名称。但也有个别条目，由于证言证词记录不完整，只记录了县名或县、乡（镇）两级名称或县、村两级名称。村一级名称，有些标注了“村”字，有些标注了“社区”，有些既未标注“村”字，也未标注“社区”，在编纂中我们未作规范。对于死难者籍贯不明，但能够说明其死难时居住地点或工作、就业的组织（单位）情况的，也在此栏中予以保留。

3. “年龄”一栏中，死难者的岁数大多是见证人或知情人回忆或与同龄人比对后估算的，所以整数相对较多。由于年代久远，亦不可避免地存在着部分死难者年龄要素缺失的情况。

4. “性别”一栏中，个别死难者的性别因调查笔录漏记，其性别难以判断和核查，只能暂时空缺。另外，由于乡村风俗习惯造成的个别男性取女性名字，如“张二妮”性别为“男”等情况均保持原貌。

5. “死难时间”一栏中，由于年代久远，当事人或知情人记忆模糊，部分死难者遇难时间没有留下精确的记录。凡确认抗日战争时期死难，但无法确定具体年份的用“—”作了标示。另外，把农历和公历混淆的情况也较多见，也不排除个别把年份记错的情况。

在编纂中，对于见证人或知情人证言证词中缺漏的要素，在对应的表格栏目内采用“—”标示。

本名录所收录的100个县（市、区）的名称、区域范围，均为2006年山东省开展抗日战争时期人口伤亡和财产损失大型调研活动时的名称和区域范围。各县（市、区）死难者名录填报单位、填表人及填报时间，保留了2009年各县（市、区）伤亡人员名录形成时的记录，核实人、责任人除保留原核实人和责任人外，增加了2014年各县（市、区）复核时的核实人和责任人。名录所依据的证言证词原件存于各县（市、区）党史部门或档案馆。

编　者

2014年8月

目　录

陵县抗日战争时期死难者名录

姓 名	籍 贯	年 龄	性 别	死难时间
张明山	陵县陵城镇西街村	62	男	1937 年
张文明	陵县陵城镇西街村	50	男	1937 年
刘连升	陵县陵城镇西街村	71	男	1937 年
张元增	陵县开发区邹家村	54	男	1937 年
袁文常	陵县开发区袁庄村	65	男	1937 年
荣相元	陵县开发区西蔡村	73	男	1937 年
荣玉庆	陵县开发区西蔡村	46	男	1937 年
荣付万	陵县开发区西蔡村	46	男	1937 年
荣玉春	陵县开发区西蔡村	47	男	1937 年
荣相河	陵县开发区西蔡村	58	男	1937 年
张宝桂	陵县丁庄乡仙人桥村	45	男	1937 年
陈金堂	陵县陵城镇西关村	53	男	1937 年
张文志	陵县陵城镇西关村	48	男	1937 年
张书德	陵县陵城镇西关村	32	男	1937 年
邢王顺	陵县陵城镇西关村	28	男	1937 年
冯玉亭	陵县陵城镇丁家楼村	31	男	1937 年
于绪周	陵县陵城镇路寨村	45	男	1937 年
吕保成	陵县陵城镇小吕村	65	男	1937 年
吕法孟	陵县陵城镇小吕村	65	男	1937 年
吕法英	陵县陵城镇小吕村	63	男	1937 年
马明远	陵县陵城镇路寨村	54	男	1937 年
肖文庭	陵县陵城镇路寨村	44	男	1937 年
宝　庭	陵县陵城镇路寨村	46	男	1937 年
宋长奎	陵县陵城镇周坊村	45	男	1937 年
周　成	陵县陵城镇周坊村	70	男	1937 年
吴可邦	陵县陵城镇吴店村	50	男	1937 年
孙福峰	陵县陵城镇吴店村	50	男	1937 年
宋房子	陵县陵城镇吴店村	36	男	1937 年
孙等治	陵县陵城镇吴店村	20	男	1937 年
高应录	陵县陵城镇南高村	27	男	1937 年
张常贵	陵县陵城镇张寺家村	60	男	1937 年

续表

姓 名	籍 贯	年 龄	性 别	死难时间
张　德	陵县陵城镇张寺家村	15	男	1937 年
王　星	陵县陵城镇张寺家村	60	男	1937 年
王化达	陵县陵城镇张寺家村	18	男	1937 年
张青云	陵县陵城镇张寺家村	58	男	1937 年
张青海	陵县陵城镇张寺家村	56	男	1937 年
张化堂	陵县陵城镇王四衙村	40	男	1937 年
王王氏	陵县陵城镇王四衙村	36	女	1937 年
赵其田	陵县陵城镇赵家寨村	20	男	1937 年
赵宝田	陵县陵城镇赵家寨村	37	男	1937 年
兰佃武	陵县陵城镇宋光国村	30	男	1937 年
兰　顺	陵县陵城镇宋光国村	36	男	1937 年
兰　勤	陵县陵城镇宋光国村	34	男	1937 年
刘凤生	陵县边临镇生金刘村	33	男	1937 年
刘兰花	陵县边临镇生金刘村	17	女	1937 年
夏玉亭	陵县边临镇夏庄村	28	男	1937 年
王连义	陵县徽王庄镇前屯村	22	男	1937 年
王金发	陵县徽王庄镇前屯村	23	男	1937 年
王福文	陵县前孙镇小辛庄村	43	男	1937 年
刘张氏	陵县神头镇马老村	36	女	1937 年
赵云升	陵县神头镇赵庄村	18	男	1937 年
王丙功	陵县神头镇小王家村	27	男	1937 年
王丙义	陵县神头镇小王家村	28	男	1937 年
李富崇	陵县义渡口乡大李村	50	男	1937 年
白清昌	陵县郑家寨镇白家村	53	男	1937 年
刘长友	陵县郑家寨镇白家村	50	男	1937 年
刘荣之叔	陵县郑家寨镇白家村	57	男	1937 年
刘荣之兄	陵县郑家寨镇白家村	20	男	1937 年
曹洪儒	陵县郑家寨镇小韩村	32	男	1937 年
王连升	陵县郑家寨镇小韩村	30	男	1937 年
群老王	陵县郑家寨镇小韩村	25	男	1937 年
王荣春	陵县郑家寨镇小韩村	45	男	1937 年
曹　荣	陵县郑家寨镇小韩村	51	男	1937 年
任更子	陵县郑家寨镇张庙村	30	男	1937 年
王五子	陵县郑家寨镇张庙村	34	男	1937 年

续表

姓 名	籍 贯	年 龄	性 别	死难时间
王六子	陵县郑家寨镇张庙村	30	男	1937 年
张义祖	陵县郑家寨镇帽张村	43	男	1937 年
封玉堂	陵县郑家寨镇帽张村	65	男	1937 年
封信之兄	陵县郑家寨镇帽张村	18	男	1937 年
方立亭	陵县郑家寨镇帽张村	60	男	1937 年
汪信祖	陵县郑家寨镇帽张村	53	男	1937 年
封 彬	陵县郑家寨镇帽张村	59	男	1937 年
王奇长	陵县郑家寨镇王世言村	18	男	1937 年
王奇次	陵县郑家寨镇王世言村	16	男	1937 年
王奇三	陵县郑家寨镇王世言村	15	男	1937 年
吴德怀	陵县郑家寨镇大吴村	47	男	1937 年
吴德洪	陵县郑家寨镇大吴村	29	男	1937 年
吴传可	陵县郑家寨镇大吴村	77	男	1937 年
邢有胜	陵县郑家寨镇大吴村	42	男	1937 年
赵 刚	陵县郑家寨镇大吴村	75	男	1937 年
赵荣田	陵县郑家寨镇大吴村	50	男	1937 年
王连灯	陵县郑家寨镇大吴村	75	男	1937 年
王 喜	陵县郑家寨镇大吴村	50	男	1937 年
周 四	陵县郑家寨镇大吴村	52	女	1937 年
王居欢	陵县郑家寨镇大吴村	31	男	1937 年
王居信	陵县郑家寨镇大吴村	17	男	1937 年
侯 华	陵县郑家寨镇大吴村	76	男	1937 年
关老四	陵县郑家寨镇高士风村	50	男	1937 年
王 因	陵县郑家寨镇高士风村	40	男	1937 年
王佃右	陵县郑家寨镇高士风村	52	男	1937 年
王前子	陵县郑家寨镇高士风村	30	男	1937 年
高 黄	陵县郑家寨镇高士风村	50	男	1937 年
高 深	陵县郑家寨镇高士风村	46	男	1937 年
高月子	陵县郑家寨镇高士风村	61	男	1937 年
高增子	陵县郑家寨镇高士风村	18	男	1937 年
陈宝德	陵县郑家寨镇老官陈村	48	男	1937 年
陈四川	陵县郑家寨镇老官陈村	58	男	1937 年
陈 茂	陵县郑家寨镇老官陈村	50	男	1937 年
陈丰福	陵县郑家寨镇老官陈村	49	男	1937 年

续表

姓 名	籍 贯	年 龄	性 别	死难时间
祝进路	陵县郑家寨镇西祝村	60	男	1937 年
祝洪功	陵县郑家寨镇西祝村	19	男	1937 年
祝洪业	陵县郑家寨镇西祝村	40	男	1937 年
祝连江	陵县郑家寨镇西祝村	35	男	1937 年
孙月山	陵县陵城镇孙铁匠村	40	男	1937 年
张企路	陵县郑家寨镇老官张村	60	女	1937 年
张希彬	陵县郑家寨镇老官张村	30	男	1937 年
张希圣	陵县郑家寨镇老官张村	45	男	1937 年
张　圣	陵县郑家寨镇老官张村	30	男	1937 年
张和尚	陵县郑家寨镇老官张村	38	男	1937 年
张林茂	陵县郑家寨镇老官张村	26	男	1937 年
张升元	陵县郑家寨镇老官张村	40	男	1937 年
张书义	陵县郑家寨镇老官张村	51	男	1937 年
祝洪义	陵县郑家寨镇东祝村	35	男	1937 年
张高木	陵县开发区土桥村	—	男	1937 年
杨茂林	陵县开发区土桥村	—	男	1937 年
张文木	陵县开发区土桥村	—	男	1937 年
李吉奎	陵县开发区土桥村	—	男	1937 年
李富海	陵县郑家寨镇东盐场村	35	女	1937 年
闫德林	陵县郑家寨镇闫傅楼村	24	男	1937 年
闫长信	陵县郑家寨镇闫傅楼村	22	男	1937 年
闫宝静	陵县郑家寨镇闫傅楼村	20	男	1937 年
李长洪	陵县郑家寨镇闫傅楼村	45	男	1937 年
陈冬岱	陵县于集乡陈宝亮村	18	男	1937 年
侯振兰	陵县郑家寨镇后侯村	42	男	1937 年
李祥升	陵县糜镇曹家村	24	男	1937 年
杨景昆	陵县糜镇大河崖村	50	男	1937 年
张金友	陵县郑家寨镇官道魏村	34	男	1937 年
肖米生	陵县郑家寨镇三肖村	45	男	1937 年
李宝玉	陵县郑家寨镇三肖村	40	男	1937 年
王宝林	陵县郑家寨镇三教堂村	36	男	1937 年
王海田	陵县郑家寨镇三教堂村	21	男	1937 年
魏丕成	陵县郑家寨镇三教堂村	36	男	1937 年
赵玉西	陵县郑家寨镇赵旭村	30	男	1937 年

续表

姓名	籍贯	年龄	性别	死难时间
赵西子	陵县郑家寨镇赵旭村	19	男	1937 年
马兴华	陵县郑家寨镇乔家村	20	男	1937 年
邢智忠	陵县郑家寨镇乔家村	20	男	1937 年
邱佃选	陵县郑家寨镇洼李村	49	男	1937 年
王　兰	陵县郑家寨镇洼李村	67	男	1937 年
李　木	陵县郑家寨镇后李村	57	男	1937 年
李九景	陵县郑家寨镇后李村	60	男	1937 年
李廷柱	陵县神头镇吴老村	—	男	1937 年
祝进华	陵县郑家寨镇东祝村	70	男	1937 年
祝连银	陵县郑家寨镇东祝村	21	男	1937 年
祝连青	陵县郑家寨镇东祝村	50	男	1937 年
陈万海	陵县于集乡陈宝亮村	36	男	1937 年
马庆成之女	陵县凤凰店乡凤凰店街	16	女	1937 年
曹庆芬之子	陵县凤凰店乡凤凰店街	2	男	1937 年
曹汝芬之女	陵县凤凰店乡凤凰店街	3	女	1937 年
刘富成之母	陵县凤凰店乡凤凰店街	71	女	1937 年
刘宝田之母	陵县凤凰店乡凤凰店街	73	女	1937 年
曹庆智之奶奶	陵县凤凰店乡凤凰店街	72	女	1937 年
蔡松义	陵县凤凰店乡凤凰店街	84	男	1937 年
曹高氏	陵县凤凰店乡凤凰店街	74	女	1937 年
蔡墨庆	陵县凤凰店乡凤凰店街	40	男	1937 年
刘洪升之嫂	陵县凤凰店乡李车户村	36	女	1937 年
卞和尚	陵县凤凰店乡凤凰店街	—	男	1937 年
王六子	陵县凤凰店乡凤凰店街	—	男	1937 年
王狗子	陵县凤凰店乡凤凰店街	—	男	1937 年
王复年	陵县凤凰店乡凤凰店街	—	男	1937 年
高富升	陵县凤凰店乡凤凰店街	—	男	1937 年
袁胡子	陵县凤凰店乡凤凰店街	—	男	1937 年
冯开山	陵县凤凰店乡凤凰店街	—	男	1937 年
高庆祥	陵县凤凰店乡小高家村	—	男	1937 年
高　行	陵县凤凰店乡凤凰店街	—	男	1937 年
高丙深	陵县凤凰店乡凤凰店街	—	男	1937 年
高振林	陵县凤凰店乡凤凰店街	—	男	1937 年
王刚岭	陵县凤凰店乡凤凰店街	—	男	1937 年

续表

姓名	籍贯	年龄	性别	死难时间
王兴邦	陵县凤凰店乡凤凰店街	—	男	1937 年
屠凤岐	陵县凤凰店乡凤凰店街	—	男	1937 年
董传河	陵县凤凰店乡凤凰店街	—	男	1937 年
陈会胜	陵县凤凰店乡凤凰店街	41	男	1937 年
谷希善	陵县郑家寨镇谷家村	22	男	1938 年
王玉荣	陵县郑家寨镇张高村	29	男	1938 年
张　延	陵县郑家寨镇前后张	34	男	1938 年
郑佃山	陵县郑家寨镇小郑村	32	男	1938 年
刘泽深	陵县糜镇寺后刘村	31	男	1938 年
杨入云	陵县糜镇大河崖村	60	男	1938 年
王清池	陵县郑家寨镇大邱家村	—	男	1938 年
乔文圣	陵县郑家寨镇尚家庵村	—	男	1938 年
郭立荣	陵县神头镇孟家村	—	男	1938 年
张勤然	陵县神头镇邓集村	—	男	1938 年
冯世奎	陵县神头镇小褚家村	—	男	1938 年
张风祥	陵县神头镇邓集村	—	男	1938 年
刘佃礼	陵县滋镇东大辛村	—	男	1938 年
孟庆兰	陵县前孙镇楼子庄村	—	男	1938 年
石焕芳	陵县徽王庄镇石庄村	—	男	1938 年
杨登朝	陵县徽王庄镇石庄村	—	男	1938 年
杨玉起	陵县徽王庄镇石庄村	—	男	1938 年
李连清	陵县于集乡盐店村	—	男	1938 年
蔡富明	陵县开发区宋堤口村	32	男	1938 年
蔡万章	陵县开发区宋堤口村	37	男	1938 年 12 月 5 日
蔡富德	陵县开发区宋堤口村	37	男	1938 年 12 月 5 日
蔡万祥	陵县开发区宋堤口村	35	男	1938 年 12 月 5 日
蔡万树	陵县开发区宋堤口村	34	男	1938 年 12 月 5 日
蔡德秀	陵县开发区宋堤口村	20	男	1938 年 12 月 5 日
蔡玉贵	陵县开发区宋堤口村	18	男	1938 年 12 月 5 日
吕春芳	陵县开发区宋堤口村	36	男	1938 年 12 月 5 日
吕春发	陵县开发区宋堤口村	24	男	1938 年 12 月 5 日
吕清太	陵县开发区宋堤口村	40	男	1938 年 12 月 5 日
李金升	陵县开发区宋堤口村	35	男	1938 年 12 月 5 日
宋书文	陵县开发区宋堤口村	35	男	1938 年 12 月 5 日

续表

姓名	籍贯	年龄	性别	死难时间
宋镰头	陵县开发区宋堤口村	28	男	1938年12月5日
宋书玉	陵县开发区宋堤口村	28	男	1938年12月5日
蔡万和	陵县开发区宋堤口村	22	男	1938年12月5日
孙殿宝	陵县开发区孙大汉村	30	男	1938年
孙大壮	陵县开发区孙大汉村	36	男	1938年
孙二夯	陵县开发区孙大汉村	32	男	1938年
刘洪恩	陵县开发区范庄村	52	男	1938年
范　良	陵县开发区范庄村	43	男	1938年
李　荣	陵县开发区范庄村	51	男	1938年
刘洪芳	陵县开发区范庄村	50	男	1938年
丑　子	陵县开发区邹家村	50	男	1938年
许金田	陵县陵城镇南街村	60	男	1938年
许培让	陵县陵城镇万庄村	42	男	1938年
许　三	陵县陵城镇万庄村	12	男	1938年
吕尉忠	陵县陵城镇小吕家村	60	男	1938年
豆洪林	陵县陵城镇十里河村	23	男	1938年
刘金贵	陵县陵城镇刘豆菜村	36	男	1938年
侯书征	陵县边临镇侯庄村	40	男	1938年
王金明	陵县边临镇王连榜村	40	男	1938年
刘万鹏	陵县边临镇卢屯村	23	男	1938年
卢金科	陵县边临镇卢屯村	13	男	1938年
王山刚	陵县徽王庄镇倪家店村	32	男	1938年
老　九	陵县徽王庄镇前于村	25	男	1938年
杨多成	陵县徽王庄镇杨顶村	21	男	1938年
马士递	陵县徽王庄镇前马村	35	男	1938年
耿廷头	陵县徽王庄镇前马村	40	男	1938年
于登年	陵县徽王庄镇前于村	24	男	1938年
王占一	陵县前孙镇小辛庄村	44	男	1938年
杨吉星	陵县前孙镇杨马村	20	男	1938年
宋春林	陵县前孙镇杨马村	23	男	1938年
李德志	陵县神头镇房家村	13	男	1938年
圣吉友	陵县神头镇姜家村	50	男	1938年
刘金堂	陵县神头镇刘东龙村	30	男	1938年
冯振国	陵县神头镇赵庄村	20	男	1938年

续表

姓 名	籍 贯	年 龄	性 别	死难时间
赵志升	陵县神头镇赵庄村	19	男	1938 年
康志堂	陵县神头镇康家村	50	男	1938 年
康圣先	陵县神头镇康家村	30	男	1938 年
康圣珍	陵县神头镇康家村	50	男	1938 年
康至路	陵县神头镇康家村	17	男	1938 年
张孝义	陵县神头镇康家村	50	男	1938 年
张存仁	陵县神头镇康家村	50	男	1938 年
赵连玉	陵县义渡口乡赵庵村	25	男	1938 年
孙善明	陵县滋镇孙宝安村	31	男	1938 年
李凤昌	陵县滋镇北宋村	25	男	1938 年
郭景文	陵县滋镇东南寨村	30	男	1938 年
闫光正	陵县滋镇西大辛村	32	男	1938 年
丁　田	陵县宋家镇白集村	35	男	1938 年
白云路	陵县宋家镇白集村	34	男	1938 年
白长流	陵县宋家镇白集村	39	男	1938 年
白长中	陵县宋家镇白集村	38	男	1938 年
刘永章	陵县郑家寨镇王世言村	38	男	1938 年
马文田	陵县郑家寨镇小马村	16	男	1938 年
马五爷	陵县郑家寨镇杨马村	50	男	1938 年
张　×	陵县郑家寨镇李士若村	18	男	1938 年
李　伦	陵县郑家寨镇李士若村	19	男	1938 年
李爱汉	陵县郑家寨镇小周家村	56	男	1938 年
李让仁	陵县郑家寨镇小周家村	46	男	1938 年
高光成	陵县郑家寨镇碱店村	32	男	1938 年
苏　温	陵县郑家寨镇赵辛村	50	男	1938 年
苏　云	陵县郑家寨镇赵辛村	50	男	1938 年
庞来四	陵县郑家寨镇赵辛村	50	男	1938 年
王治明	陵县郑家寨镇赵辛村	31	男	1938 年
苏　桂	陵县郑家寨镇赵辛村	30	男	1938 年
王靠升	陵县郑家寨镇赵辛村	37	男	1938 年
闫福云	陵县郑家寨镇闫傅楼村	20	男	1938 年
侯　峰	陵县郑家寨镇后侯村	21	男	1938 年
侯万年	陵县郑家寨镇后侯村	40	男	1938 年
侯银子	陵县郑家寨镇鸦虎寨村	22	男	1938 年

续表

姓 名	籍 贯	年 龄	性 别	死难时间
李 田	陵县开发区范庄村	45	男	1939 年
刘万贞	陵县开发区范庄村	16	男	1939 年
吕桂礼	陵县开发区吕庄村	35	男	1939 年
吕春芳	陵县开发区吕庄村	30	男	1939 年
石树子	陵县丁庄乡石庄村	30	男	1939 年
石振升	陵县丁庄乡石庄村	45	男	1939 年
石开让	陵县丁庄乡石庄村	27	男	1939 年
石开坚	陵县丁庄乡石庄村	23	男	1939 年
石开银	陵县丁庄乡石庄村	30	男	1939 年
史廷轩	陵县陵城镇马厂村	71	男	1939 年
叶春恩	陵县陵城镇叶家村	25	男	1939 年
冯夫安	陵县陵城镇冯老村	40	男	1939 年
冯长钟	陵县陵城镇冯老村	41	男	1939 年
马兴治	陵县陵城镇马庄村	—	男	1939 年
吕法忠	陵县陵城镇小吕村	40	男	1939 年
李福宗	陵县糜镇李楼村	—	男	1939 年
李荣基	陵县糜镇李楼村	—	男	1939 年
牛登元	陵县糜镇李楼村	—	男	1939 年
牛登官	陵县糜镇东李楼村	—	男	1939 年
马宗明	陵县宋家镇管饭堂村	—	男	1939 年
王景增	陵县宋家镇王家寨村	—	男	1939 年
王金章	陵县前孙镇王庄村	—	男	1939 年
张佃升	陵县义渡口乡田店村	—	男	1939 年
王春柱	陵县徽王庄镇王奇村	—	男	1939 年
孙兰银	陵县徽王庄镇桥头孙	—	男	1939 年
张朝臣	德州市经济开发区赵虎镇阎王张村	—	男	1939 年
李永春	陵县开发区李鸣岗村	—	男	1939 年
潘风岐	陵县于集乡孟庄村	—	男	1939 年
李金德	陵县于集乡傅家庙村	—	男	1939 年
蔡德海	陵县开发区宋堤口村	56	男	1939 年
时开运	陵县开发区时楼村	39	男	1939 年
时付田	陵县开发区时楼村	39	男	1939 年
冯立荣	陵县开发区范庄村	26	男	1939 年
小秃子	陵县陵城镇前李村	25	男	1939 年

续表

姓 名	籍 贯	年 龄	性 别	死难时间
刘洪坤	陵县陵城镇十里河村	19	男	1939 年
康志臣	陵县陵城镇前药庙村	37	男	1939 年
邓永德	陵县陵城镇王老虎村	54	男	1939 年
王宪文	陵县边临镇王陈村	30	男	1939 年
华金斗	陵县边临镇东华村	46	男	1939 年
华登坤	陵县边临镇东华村	23	男	1939 年
张元恒	陵县边临镇东华村	25	男	1939 年
华连路	陵县边临镇东华村	24	男	1939 年
李连玉	陵县边临镇东华村	41	男	1939 年
刘书奎	陵县边临镇东华村	19	男	1939 年
杨多顺	陵县徽王庄镇杨顶村	30	男	1939 年
邢士和	陵县徽王庄镇杨顶村	26	男	1939 年
王修文	陵县前孙镇小辛庄村	52	男	1939 年
王福海	陵县前孙镇王庄村	26	男	1939 年
王福江	陵县前孙镇王庄村	24	男	1939 年
王福兰	陵县前孙镇王庄村	25	男	1939 年
王胜阁	陵县前孙镇王庄村	20	男	1939 年
王艳岭	陵县前孙镇王庄村	26	男	1939 年
王胜海	陵县前孙镇王庄村	22	男	1939 年
王国祯	陵县前孙镇王庄村	29	男	1939 年
王玉清	陵县前孙镇王庄村	30	男	1939 年
李连梓	陵县前孙镇果李村	23	男	1939 年
王登耀	陵县神头镇月河村	36	男	1939 年
吕丰才	陵县神头镇月河村	39	男	1939 年
吕振旗	陵县神头镇月河村	35	男	1939 年
于洪德	陵县神头镇于文林村	60	男	1939 年
孙长祥	陵县神头镇南蔡村	53	男	1939 年
马连芳	陵县神头镇马集村	38	男	1939 年
王向福	陵县神头镇马集村	42	男	1939 年
王少华	陵县神头镇马集村	36	男	1939 年
张根元	陵县神头镇刘庄村	15	男	1939 年
杨玉河	陵县神头镇北街村	50	男	1939 年
张洪军	陵县神头镇马庄村	19	男	1939 年
刘连山	陵县义渡口乡大付村	33	男	1939 年

续表

姓 名	籍 贯	年 龄	性 别	死难时间
周士明	陵县滋镇小周村	35	男	1939 年
王中岭	陵县滋镇中寨村	27	男	1939 年
王德明	陵县滋镇东南寨村	32	男	1939 年
郭德文	陵县滋镇大郭村	24	男	1939 年
闫克合	陵县滋镇西大辛村	24	男	1939 年
张发江	陵县郑家寨镇张丰池	40	男	1939 年
张管路	陵县郑家寨镇张丰池	40	男	1939 年
张玉福	陵县郑家寨镇张丰池	26	男	1939 年
位赵珍	陵县郑家寨镇小魏家	36	男	1939 年
位清和	陵县郑家寨镇小魏家	61	男	1939 年
邵成信	陵县郑家寨镇邓家村	25	男	1939 年
郭志善	陵县郑家寨镇赵玉枝	72	男	1939 年
郭志孟	陵县郑家寨镇赵玉枝	74	男	1939 年
王管昌	陵县郑家寨镇姜家村	38	男	1939 年
张希珍	陵县郑家寨镇老官张村	25	男	1939 年
庄福荣	陵县郑家寨镇南姚村	55	男	1939 年
纪开云	陵县郑家寨镇纪家村	45	男	1939 年
纪成林	陵县郑家寨镇纪家村	37	男	1939 年
李树林	陵县郑家寨镇西马村	20	男	1939 年
李文肖	陵县郑家寨镇西马村	25	男	1939 年
马文玉	陵县郑家寨镇西马村	27	男	1939 年
杨贵林	陵县郑家寨镇西马村	26	男	1939 年
冯笑水	陵县郑家寨镇西马村	23	男	1939 年
冯振壮	陵县郑家寨镇西马村	20	男	1939 年
冯宝恒	陵县郑家寨镇西马村	19	男	1939 年
张文新	陵县郑家寨镇蛤蟆街	52	男	1939 年
张世恩	陵县郑家寨镇蛤蟆街	53	男	1939 年
杨丰和	陵县郑家寨镇杨张寺村	30	男	1939 年
王居文	陵县郑家寨镇王美韩村	66	男	1939 年
宗志美	陵县郑家寨镇大宗家村	34	男	1939 年
康永兴	陵县郑家寨镇大宗家村	42	男	1939 年
宗其恩	陵县郑家寨镇大宗家村	53	男	1939 年
康荣信	陵县郑家寨镇大宗家村	39	男	1939 年
王金玉	陵县郑家寨镇小王村	50	男	1939 年

续表

姓名	籍贯	年龄	性别	死难时间
邵金贵	陵县郑家寨镇张丰池村	50	男	1939年
徐文德	陵县糜镇后张村	36	男	1939年
张书国	陵县于集乡后张村	48	男	1939年
张学荣	陵县于集乡张西楼村	30	男	1939年
张万德	陵县于集乡张西楼村	19	男	1939年
吕长路	陵县于集乡张西楼村	31	男	1939年
张学入	陵县于集乡张西楼村	31	男	1939年
薛　贵	陵县于集乡钱庄村	39	男	1939年
姜三毛	陵县于集乡卢庄村	50	男	1939年
于兴平	陵县于集乡西于集村	20	男	1939年
孙广明	陵县于集乡东朱村	40	男	1939年
滕少义	陵县陵城镇小杨店村	—	男	1939年
孙德荣	陵县陵城镇谷家村	—	男	1939年
吴可连	陵县陵城镇吴家店村	—	男	1939年
郑佃荣	陵县郑家寨镇小郑家	—	男	1939年
郑宪秃	陵县郑家寨镇郑家寨	—	男	1939年
王　成	陵县郑家寨镇吴辛家	—	男	1939年
蔡宝玉	陵县郑家寨镇前后张	—	男	1939年
李长海	陵县郑家寨镇郑家寨村	—	男	1939年
邱文元	陵县郑家寨镇前后张村	—	男	1939年
邱长忠	陵县郑家寨镇小单家村	—	男	1939年
马锡臣	陵县郑家寨镇大马家村	—	男	1939年
吴长福	陵县郑家寨镇白家村	—	男	1939年
王金才	陵县郑家寨镇东金傅寨村	—	男	1939年
庞　富	陵县郑家寨镇赵辛村	—	男	1939年
宋占奎	陵县郑家寨镇碱场店村	—	男	1939年
张光振	陵县郑家寨镇碱场店村	—	男	1939年
刘等贵	陵县郑家寨镇小韩家村	—	男	1939年
冯文学	陵县郑家寨镇鸦虎寨村	—	男	1939年
孙华臻	陵县神头镇南郭村	—	男	1939年
李德远	陵县神头镇李楼村	—	男	1939年
王立盛	陵县神头镇邓集村	—	男	1939年
刘士奎	陵县滋镇刘安然村	—	男	1939年
李晓瑞	河北省南皮县凤翔村	22	男	1940年夏

续表

姓名	籍贯	年龄	性别	死难时间
申大芸	陵县徽王庄镇申家湾村	20	女	1940 年 5 月
肖　廷	陵县郑家寨镇张挂村	22	男	1940 年 6 月
魏德全	陵县边临镇中魏村	25	男	1940 年 6 月 25 日
魏朝栋	陵县边临镇中魏村	53	男	1940 年 6 月 25 日
魏德兰	陵县边临镇中魏村	28	男	1940 年 6 月 25 日
魏清芳	陵县边临镇中魏村	30	女	1940 年 6 月 25 日
闫凌海	陵县丁庄乡闫庄村	45	男	1940 年
张文信	陵县陵城镇西关村	48	男	1940 年
李朝胜	陵县陵城镇马厂村	69	男	1940 年
郭传平	陵县陵城镇黑龙庙村	32	男	1940 年
崔传石	陵县陵城镇孙来仪村	19	男	1940 年
宫殿芳	陵县陵城镇卜庄村	50	男	1940 年
王长栋	陵县徽王庄镇王安村	—	男	1940 年
靳付录	陵县徽王庄镇靳庄村	—	男	1940 年
马世清	德州市经济开发区赵虎镇马庄村	—	男	1940 年
孙金旭	德州市经济开发区赵虎镇孙固村	—	男	1940 年
吕玉山	陵县于集乡吕家庄村	—	男	1940 年
李连榜	陵县于集乡李士公村	—	男	1940 年
蔡万顺	陵县开发区宋堤口村	52	男	1940 年
蔡富学	陵县开发区宋堤口村	30	男	1940 年
蔡富文	陵县开发区宋堤口村	18	男	1940 年
张　易	陵县开发区宋堤口村	34	男	1940 年
刘玉元	陵县开发区宋堤口村	30	男	1940 年
刘玉彬	陵县开发区刘家铺村	20	男	1940 年
吴玉柱	陵县开发区佟家寨村	37	男	1940 年
孙维元	陵县开发区佟家寨村	26	男	1940 年
赵 × ×	陵县开发区叶堤口村	18	男	1940 年
焦换一	陵县陵城镇卜庄村	30	男	1940 年
崔士金	陵县陵城镇卜庄村	21	男	1940 年
刘宝林	陵县陵城镇卜庄村	28	男	1940 年
李登科	陵县陵城镇后刘泮村	50	男	1940 年
宋玉亭	陵县陵城镇后刘泮村	50	男	1940 年
郭洪昌	陵县陵城镇郭梨花村	40	男	1940 年
李　坡	陵县陵城镇马酒坊村	32	男	1940 年

续表

姓 名	籍 贯	年 龄	性 别	死难时间
李龙王	陵县陵城镇马酒坊村	27	男	1940 年
董献田	陵县陵城镇董家村	30	男	1940 年
杨世浩	陵县陵城镇宋光国村	30	男	1940 年
魏秀荣	陵县边临镇北纪村	19	男	1940 年
李安平	陵县边临镇胡寨村	49	男	1940 年
于从全	陵县边临镇于架村	34	男	1940 年
孙清池	陵县徽王庄镇西纸坊村	22	男	1940 年
曹文升	陵县徽王庄镇小曹村	34	男	1940 年
王 广	陵县徽王庄镇西王集村	28	男	1940 年
张自元	陵县徽王庄镇后张村	—	男	1940 年
张振才	陵县徽王庄镇后张村	—	男	1940 年
高兰亭	陵县徽王庄镇后张村	—	男	1940 年
张树峰	陵县徽王庄镇后张村	—	男	1940 年
史洪良	陵县徽王庄镇史庄村	—	男	1940 年
张士荣	陵县徽王庄镇张化国村	30	男	1940 年
孙洪喜	陵县徽王庄镇大官辛村	19	男	1940 年
孙连贵	陵县徽王庄镇东纸坊	20	男	1940 年
李玉妞	陵县徽王庄镇西纸坊	19	女	1940 年
董云海	陵县徽王庄镇大董村	40	男	1940 年
董元秀	陵县徽王庄镇大董村	50	男	1940 年
吕书清	陵县前孙镇小辛庄村	42	男	1940 年
王立照	陵县前孙镇王桂枝村	20	男	1940 年
李文茂	陵县前孙镇果李村	20	男	1940 年
李后祖	陵县神头镇李楼村	28	男	1940 年
吕吉山	陵县神头镇月河村	40	男	1940 年
段洪岭	陵县神头镇圈刘村	47	男	1940 年
于洪恩	陵县神头镇于文林村	43	男	1940 年
刘同邦	陵县神头镇刘向前村	30	男	1940 年
任齐远	陵县神头镇任集村	22	男	1940 年
陶关福	陵县神头镇马集村	41	男	1940 年
陶孟勤	陵县神头镇马集村	32	男	1940 年
鲍玉顺	陵县神头镇乔家村	21	男	1940 年
张 圣	陵县神头镇小李科村	37	男	1940 年
张 柱	陵县神头镇小李科村	38	男	1940 年

续表

姓 名	籍 贯	年 龄	性 别	死难时间
张成子	陵县神头镇小李科村	19	男	1940 年
王连鹏	陵县义渡口乡潘家村	30	男	1940 年
李金田	陵县滋镇小付村	34	男	1940 年
许法忠	陵县滋镇南许村	39	男	1940 年
许树华	陵县滋镇南许村	42	男	1940 年
许法力	陵县滋镇南许村	51	男	1940 年
曲朝芬	陵县宋家镇大曲集村	16	男	1940 年
赵振德	陵县郑家寨镇赵玉枝	53	男	1940 年
庞章子	陵县郑家寨镇赵辛村	20	男	1940 年
许佃化	陵县郑家寨镇鸦虎寨村	64	男	1940 年
孙全成	陵县郑家寨镇乔家村	19	男	1940 年
纪开明	陵县郑家寨镇纪家村	26	男	1940 年
马德勇	陵县郑家寨镇西马村	35	男	1940 年
张丰岗	陵县郑家寨镇蛤蟆街	52	男	1940 年
吴长友	陵县郑家寨镇吴辛村	30	男	1940 年
吴长风	陵县郑家寨镇吴辛村	38	男	1940 年
董老四	陵县郑家寨镇张丰池村	50	男	1940 年
邵连成	陵县郑家寨镇张丰池村	24	男	1940 年
张荣甲	陵县郑家寨镇张丰池村	50	男	1940 年
郑玉森	陵县糜镇郑家村	24	男	1940 年
王吉耕	陵县糜镇王举村	42	男	1940 年
王书治	陵县糜镇后范桥村	32	男	1940 年
张荣正	陵县陵城镇张集村	—	男	1940 年
王忠元	陵县陵城镇凤凰树村	—	男	1940 年
张其荣	陵县郑家寨镇王家村	—	男	1940 年
王义明	陵县郑家寨镇陈大亮村	—	男	1940 年
吴传孝	陵县郑家寨镇大吴家村	—	男	1940 年
冯金山	陵县郑家寨镇小韩家村	—	男	1940 年
孙华林	陵县神头镇李屯村	—	男	1940 年
刘同榜	陵县神头镇刘向前村	—	男	1940 年
张立英	陵县滋镇大周家村	—	男	1940 年
王全波	陵县滋镇前仓村	—	男	1940 年
王顺田	陵县滋镇前仓村	—	男	1940 年
李阳春	陵县滋镇后仓村	—	男	1940 年

续表

姓名	籍贯	年龄	性别	死难时间
李　清	陵县滋镇后仓村	—	男	1940 年
李　仁	陵县滋镇后仓村	—	男	1940 年
高九贵	陵县宋家镇黄家村	—	男	1940 年
杨建山	陵县宋家镇黄家村	—	男	1940 年
王士魁	陵县宋家镇聂家村	—	男	1940 年
高九清	陵县宋家镇黄家村	—	男	1940 年
杨佃秀	陵县宋家镇黄家村	—	男	1940 年
钟开达	陵县宋家镇曹家村	—	男	1940 年
魏连邦	陵县糜镇吴龙村	—	男	1940 年
林世安	陵县前孙镇张万良村	—	男	1940 年
张吉孔	陵县义渡口乡马家庙	—	男	1940 年
王连城	陵县徽王庄镇后屯村	—	男	1940 年
王正踩	陵县糜镇后范桥村	28	男	1940 年
孙化同	陵县于集乡东朱村	45	男	1940 年
唐善平	陵县于集乡东朱村	46	男	1940 年
辛桂华	陵县徽王庄镇辛庄村	—	男	1940 年
刘书田	陵县徽王庄镇王安村	—	男	1940 年
王　皆	陵县徽王庄镇西王集村	—	男	1940 年
于洪臣	商河县白桥乡白桥村	—	男	1941 年 5 月
刘洪章	陵县郑家寨镇碱场店村	34	男	1941 年 8 月 13 日
吴匡五	阳信县温店乡后吴家店村	27	男	1941 年 9 月 7 日
苑振清	陵县丁庄乡苑庄村	25	男	1941 年
刘宝江	陵县陵城镇卜庄村	27	男	1941 年
马连革	陵县陵城镇马酒坊村	17	男	1941 年
史荣贵	陵县陵城镇徐家村	24	男	1941 年
刘玉奎	陵县陵城镇王老虎村	33	男	1941 年
张收田	陵县陵城镇前张机村	72	男	1941 年
张元禄	陵县陵城镇前张机村	60	男	1941 年
黑小子	陵县陵城镇前张机村	65	男	1941 年
张光田	陵县陵城镇前张机村	68	男	1941 年
张更良	陵县陵城镇后张机村	28	男	1941 年
张丙义	陵县陵城镇后张机村	45	男	1941 年
张丙旭	陵县陵城镇后张机村	—	男	1941 年
张元金	陵县陵城镇后张机村	42	男	1941 年

续表

姓 名	籍 贯	年 龄	性 别	死难时间
张元温	陵县陵城镇后张机村	38	男	1941 年
穆长贵	陵县宋家镇东于河村	—	男	1941 年
刘圣玉	陵县糜镇吴龙村	—	男	1941 年
刘恩文	陵县前孙镇刘夯村	—	男	1941 年
张明海	陵县前孙镇楼子庄村	—	男	1941 年
宋长芳	陵县前孙镇宋新村	—	男	1941 年
陶玉芬	陵县义渡口乡果园村	—	男	1941 年
张鲍子	陵县义渡口乡果园村	—	男	1941 年
张风同	陵县义渡口乡张周村	—	男	1941 年
张立智	陵县义渡口乡张周村	—	男	1941 年
张立行	陵县义渡口乡张周村	—	男	1941 年
王希锋	陵县徽王庄镇王奇村	—	男	1941 年
史可信	陵县徽王庄镇王奇村	—	男	1941 年
史洪彬	陵县徽王庄镇王奇村	—	男	1941 年
刘荣堂	陵县徽王庄镇松树宿村	—	男	1941 年
张振海	陵县丁庄乡仙人桥村	—	男	1941 年
刘福海	陵县开发区刘家铺村	35	男	1941 年
孙法林	陵县开发区时楼村	41	男	1941 年
刘 录	陵县开发区谭庄村	20	男	1941 年
崔延林	陵县丁庄乡苑庄村	83	男	1941 年
王长学	陵县徽王庄镇梁庄村	20	男	1941 年
王 付	陵县徽王庄镇西王集村	50	男	1941 年
张春田	陵县徽王庄镇张龙村	25	男	1941 年
张文宝	陵县徽王庄镇王安村	27	男	1941 年
刘文全	陵县徽王庄镇杨顶村	26	男	1941 年
史文志	陵县徽王庄镇史庄村	21	男	1941 年
刘长荣	陵县徽王庄镇张化国村	22	男	1941 年
郭 荣	陵县徽王庄镇大官辛村	37	男	1941 年
刘清芳	陵县前孙镇马勺刘村	13	男	1941 年
刘金升	陵县前孙镇马勺刘村	30	男	1941 年
魏长德	陵县前孙镇王雨村	19	男	1941 年
龙书田	陵县前孙镇王仁村	34	男	1941 年
任兴伍	陵县神头镇南仁村	17	男	1941 年
任连杰	陵县神头镇南仁村	24	男	1941 年

续表

姓 名	籍 贯	年 龄	性 别	死难时间
王立业	陵县神头镇邓集村	30	男	1941 年
张凤祥	陵县神头镇邓集村	29	男	1941 年
刘振中	陵县神头镇纪家村	27	男	1941 年
于京森	陵县神头镇乔家村	25	男	1941 年
康志盖	陵县神头镇槐李村	25	男	1941 年
刘玉河	陵县神头镇刘白老村	43	男	1941 年
朱之瑞	陵县神头镇西朱村	31	男	1941 年
韩吉瑞	陵县神头镇东朱村	38	男	1941 年
孙付泉	陵县神头镇孙家村	19	男	1941 年
孙为福	陵县神头镇孙家村	21	男	1941 年
李同广	陵县义渡口乡柴家村	15	男	1941 年
陈　清	陵县滋镇陈庙村	41	男	1941 年
陈汉青	陵县滋镇陈庙村	41	男	1941 年
刘文成	陵县滋镇魏龙江村	50	男	1941 年
刘东川	陵县滋镇魏龙江村	56	男	1941 年
靳功田	陵县滋镇魏龙江村	44	男	1941 年
王屋子	陵县滋镇魏龙江村	54	男	1941 年
王玉秀	陵县滋镇王洪开村	25	男	1941 年
王元子	陵县滋镇东大辛村	28	男	1941 年
张金田	陵县宋家镇白集村	27	男	1941 年
白风顺	陵县宋家镇白集村	26	男	1941 年
白风臣	陵县宋家镇白集村	24	男	1941 年
白同太	陵县宋家镇白集村	34	男	1941 年
黄丙臣	陵县郑家寨镇门徐村	31	男	1941 年
王振利	陵县郑家寨镇赵辛村	30	男	1941 年
王丰来	陵县郑家寨镇赵辛村	28	男	1941 年
魏其路	陵县郑家寨镇南姚村	56	男	1941 年
郭研福	陵县郑家寨镇李洪村	22	男	1941 年
王胜林	陵县郑家寨镇洼李村	45	男	1941 年
卢秀聪	陵县郑家寨镇卢家村	38	男	1941 年
冯清勇	陵县郑家寨镇卢家村	40	男	1941 年
卢秀金	陵县郑家寨镇卢家村	41	男	1941 年
董吉芳	陵县糜镇郑家村	26	男	1941 年
张明海	陵县于集乡王路寺村	56	男	1941 年

续表

姓 名	籍 贯	年 龄	性 别	死难时间
陈丙河	陵县于集乡陈宝亮村	35	男	1941 年
王树林	陵县于集乡王路寺村	36	男	1941 年
张长榜	陵县陵城镇张定杆村	—	男	1941 年
张秀林	陵县陵城镇张举人村	—	男	1941 年
刘天俊	陵县陵城镇刘泮村	—	男	1941 年
穆修典	陵县郑家寨镇东蔡村	—	男	1941 年
张天义	陵县郑家寨镇蛤蟆街	—	男	1941 年
李伍清	陵县郑家寨镇西王寨村	—	男	1941 年
王汝林	陵县郑家寨镇前王寨村	—	男	1941 年
宋清泉	陵县郑家寨镇碱场店村	—	男	1941 年
陈洪绪	陵县郑家寨镇碱场店村	—	男	1941 年
祝连武	陵县郑家寨镇西祝村	—	男	1941 年
王洪德	陵县神头镇后李村	—	男	1941 年
张连山	陵县神头镇东张村	—	男	1941 年
高振怀	陵县神头镇付家店村	—	男	1941 年
李官臣	陵县神头镇李家塔村	—	男	1941 年
魏增祥	陵县滋镇三洄河村	—	男	1941 年
丁奎玉	陵县宋家镇白集村	—	男	1941 年
徐忠宝	陵县开发区徐庄村	38	男	1942 年春
王　哲	黑龙江省滨江县城	—	男	1942 年春
魏玉杭	陵县滋镇三洄河村	51	男	1942 年 8 月 22 日
李清云	临邑县河沟崖村	25	男	1942 年 12 月
张吉有	陵县丁庄乡董屠村	45	男	1942 年
张吉武	陵县丁庄乡董屠村	46	男	1942 年
张洪升	陵县丁庄乡董屠村	42	男	1942 年
崔延元	陵县丁庄乡苑庄村	—	男	1942 年
曹国周	陵县陵城镇东街村	40	男	1942 年
李少雨	陵县陵城镇杨堤口村	60	男	1942 年
李少文	陵县陵城镇杨堤口村	60	男	1942 年
李德田	陵县陵城镇杨堤口村	30	男	1942 年
王荣冻	陵县陵城镇杨堤口村	52	男	1942 年
杨德仁	陵县陵城镇杨堤口村	20	男	1942 年
苑吉东	陵县陵城镇苑庄村	20	男	1942 年
李清林	陵县陵城镇大吕村	50	男	1942 年

续表

姓名	籍贯	年龄	性别	死难时间
李清升	陵县陵城镇大吕村	43	男	1942 年
王三刚	陵县徽王庄镇倪店村	—	男	1942 年
刘德义	陵县徽王庄镇松树宿村	—	男	1942 年
齐振朋	陵县徽王庄镇前齐村	—	男	1942 年
郭文胜	陵县徽王庄镇郭庄村	—	男	1942 年
王占德	德州市经济开发区赵虎镇陈庄村	—	男	1942 年
乔金才	德州市经济开发区袁桥乡乔庄村	—	男	1942 年
邵振生	德州市经济开发区袁桥乡东魏村	—	男	1942 年
牟洪诰	德州市经济开发区袁桥乡牟庄村	—	男	1942 年
宋建成	陵县开发区宋集村	—	男	1942 年
荣福堂	陵县开发区西蔡村	—	男	1942 年
安德升	德州市经济开发区抬头寺乡安庄村	—	男	1942 年
韩德昌	德州市经济开发区抬头寺乡小韩庄村	—	男	1942 年
张敬雪	陵县于集乡小张庄村	—	男	1942 年
冯万财	陵县于集乡盐店村	—	男	1942 年
张寿明	陵县开发区徐庄	36	男	1942 年
陈宝荣	陵县开发区大马陈村	32	男	1942 年
陈保文	陵县开发区大马陈村	34	男	1942 年
陈永明	陵县开发区大马陈村	28	男	1942 年
牟红生	陵县丁庄乡董屠村	31	男	1942 年
李玉振	陵县陵城镇大吕村	36	男	1942 年
李元强	陵县陵城镇大吕村	60	男	1942 年
吕少德	陵县陵城镇大吕村	31	男	1942 年
李学进	陵县陵城镇大吕村	60	男	1942 年
王洪升	陵县陵城镇大吕村	42	男	1942 年
吕万岑	陵县陵城镇大吕村	50	男	1942 年
吕少良	陵县陵城镇大吕村	50	男	1942 年
豆洪信	陵县陵城镇十里河村	21	男	1942 年
李洪振	陵县陵城镇杨念佛村	22	男	1942 年
李光亮	陵县陵城镇杨念佛村	—	男	1942 年
范合德	陵县陵城镇杨念佛村	18	男	1942 年
李成德	陵县陵城镇李车户村	18	男	1942 年
李丰义	陵县陵城镇李车户村	42	男	1942 年
宋二子	陵县陵城镇大吕村	60	男	1942 年

续表

姓 名	籍 贯	年 龄	性 别	死难时间
任行子	陵县陵城镇大吕村	30	男	1942 年
宋宝山	陵县陵城镇大吕村	38	男	1942 年
马林子	陵县陵城镇大吕村	31	女	1942 年
张明德	陵县陵城镇小史家村	26	男	1942 年
赵彻田	陵县陵城镇赵家寨村	18	男	1942 年
李打墙	陵县陵城镇赵家寨村	22	男	1942 年
李书起	陵县边临镇军高村	42	男	1942 年
高秀林	陵县边临镇军高村	41	男	1942 年
魏乔栋	陵县边临镇西张村	21	男	1942 年
刘维成	陵县边临镇边二村	38	男	1942 年
王立本	陵县边临镇边二村	29	男	1942 年
魏朝刚	陵县边临镇中魏村	18	男	1942 年
杨陶氏	陵县徽王庄镇桥头寺村	45	女	1942 年
宋立义	陵县徽王庄镇桥头寺村	42	男	1942 年
杨秀亭	陵县徽王庄镇桥头寺村	18	男	1942 年
王廷瑞	陵县徽王庄镇梁庄村	54	男	1942 年
王长田	陵县徽王庄镇梁庄村	35	男	1942 年
王长荣	陵县徽王庄镇梁庄村	36	男	1942 年
王长发	陵县徽王庄镇张龙村	27	男	1942 年
杨书山	陵县徽王庄镇杨集村	19	男	1942 年
杜兴山	陵县徽王庄镇东冯寨村	—	男	1942 年
张书温	陵县徽王庄镇大官辛	26	男	1942 年
马荣山	陵县徽王庄镇后马村	62	男	1942 年
白春贵	陵县徽王庄镇白家村	18	男	1942 年
刘二田	陵县徽王庄镇小官辛村	15	男	1942 年
朱玉堂	陵县徽王庄镇朱家村	50	男	1942 年
孙洪宗	陵县徽王庄镇管道孙村	63	男	1942 年
吴振山	陵县徽王庄镇吴庄村	50	男	1942 年
齐万合	陵县徽王庄镇后齐村	22	男	1942 年
四麻子	陵县徽王庄镇管道孙村	42	男	1942 年
庞宪周	陵县前孙镇张架村	18	男	1942 年
万长仓	陵县前孙镇万辛庄村	30	男	1942 年
戈陈氏	陵县前孙镇马勺刘村	29	女	1942 年
刘风元	陵县前孙镇马勺刘村	51	男	1942 年

续表

姓 名	籍 贯	年 龄	性 别	死难时间
商玉亭	陵县前孙镇商庄村	36	男	1942 年
商开亮	陵县前孙镇商庄村	32	男	1942 年
邓海玉	陵县前孙镇商庄村	20	男	1942 年
孙桂芳	陵县前孙镇前孙村	21	男	1942 年
任金海	陵县前孙镇安仁村	20	男	1942 年
龙得林	陵县前孙镇小陈村	40	男	1942 年
刘永安	陵县前孙镇后刘村	42	男	1942 年
张明亮	陵县前孙镇楼子庄村	18	男	1942 年
黄万义	陵县神头镇黄家村	35	男	1942 年
窦长明	陵县神头镇黄家村	34	男	1942 年
黄世臻	陵县神头镇黄家村	24	男	1942 年
李文奇	陵县神头镇李楼村	36	男	1942 年
李尔太	陵县神头镇李楼村	30	男	1942 年
周　富	陵县神头镇迟家村	54	男	1942 年
迟永和	陵县神头镇迟家村	42	男	1942 年
张冠书	陵县神头镇乔家村	24	男	1942 年
张冠柱	陵县神头镇乔家村	29	男	1942 年
吴玉站	陵县神头镇乔家村	25	男	1942 年
孙化林	陵县神头镇李屯村	17	男	1942 年
康宝福	陵县神头镇东街村	19	男	1942 年
李保坤	陵县神头镇东街村	20	男	1942 年
康金忠	陵县神头镇东街村	31	男	1942 年
李保连	陵县神头镇东街村	28	男	1942 年
康志根	陵县神头镇槐李村	21	男	1942 年
张德良	陵县神头镇祁屯村	55	男	1942 年
李小土	陵县滋镇位龙江村	37	男	1942 年
刘志义	陵县滋镇位龙江村	42	男	1942 年
周兰亭	陵县滋镇大周村	54	男	1942 年
小李子	陵县滋镇东南寨村	18	男	1942 年
付良奎	陵县滋镇小付村	48	男	1942 年
王文全	陵县宋家镇刘林村	40	男	1942 年
刘凤兄	陵县郑家寨镇白家村	50	男	1942 年
邵有堂	陵县郑家寨镇邓家村	51	男	1942 年
郑道成	陵县郑家寨镇王世言村	20	男	1942 年

续表

姓 名	籍 贯	年 龄	性 别	死难时间
刘光亭	陵县郑家寨镇台家村	47	男	1942 年
刘殿恩	陵县郑家寨镇台家村	35	男	1942 年
李端阳	陵县郑家寨镇王店村	35	男	1942 年
刘战荣	陵县郑家寨镇赵辛村	50	男	1942 年
苏根子	陵县郑家寨镇赵辛村	40	男	1942 年
刘义亮	陵县郑家寨镇刘纸坊	60	男	1942 年
刑友本	陵县郑家寨镇乔家村	30	男	1942 年
郭义福	陵县郑家寨镇乔家村	36	男	1942 年
王长安	陵县郑家寨镇罗院村	32	男	1942 年
李春林	陵县郑家寨镇西马村	20	男	1942 年
秦付林	陵县郑家寨镇前秦村	40	男	1942 年
吴云端	陵县郑家寨镇封家村	50	男	1942 年
田中宽	陵县糜镇大田村	40	男	1942 年
田关祥	陵县糜镇大田村	36	男	1942 年
徐佃荣	陵县糜镇后张村	20	男	1942 年
郑克俊	陵县糜镇郑家村	22	男	1942 年
郑书廷	陵县糜镇郑家村	27	男	1942 年
金安平	陵县糜镇张习桥村	30	男	1942 年
王正坤	陵县糜镇后范桥村	29	男	1942 年
王正刚	陵县糜镇后范桥村	30	男	1942 年
王立俭	陵县糜镇后范桥村	32	男	1942 年
王书善	陵县糜镇后范桥村	28	男	1942 年
陈万合	陵县于集乡陈宝亮村	21	男	1942 年
冯万才	陵县于集乡盐店村	20	男	1942 年
宋文河	陵县于集乡王路寺村	43	男	1942 年
王　祥	陵县于集乡王路寺村	43	男	1942 年
王连奎	陵县于集乡谭庄村	62	男	1942 年
田文信	陵县于集乡田庄村	55	男	1942 年
田清文	陵县于集乡田庄村	36	男	1942 年
李金忠	陵县宋家镇梁家村	—	男	1942 年
齐修吉	陵县宋家镇李官屯村	—	男	1942 年
岳廷芝	陵县糜镇西岳村	—	男	1942 年
张金友	陵县前孙镇宋庄村	—	男	1942 年
范荣照	陵县前孙镇李集村	—	男	1942 年

续表

姓 名	籍 贯	年 龄	性 别	死难时间
邢文学	陵县陵城镇张举人村	—	男	1942 年
叶恩泽	陵县陵城镇叶家村	—	男	1942 年
刘玉福	陵县陵城镇刘泮村	—	男	1942 年
邱文成	陵县陵城镇谷家村	—	男	1942 年
高长安	陵县陵城镇凤凰店村	—	男	1942 年
高传治	陵县郑家寨镇高士风村	—	男	1942 年
李许忠	陵县郑家寨镇后李家	—	男	1942 年
谭爱华	陵县郑家寨镇小单家	—	男	1942 年
纪成春	陵县郑家寨镇纪家村	—	男	1942 年
张星林	陵县郑家寨镇官道魏村	—	男	1942 年
刘源泉	陵县郑家寨镇东霍寨村	—	男	1942 年
王尚明	陵县郑家寨镇西王寨村	—	男	1942 年
王兆银	陵县郑家寨镇后王寨村	—	男	1942 年
台付生	陵县郑家寨镇台家村	—	男	1942 年
王之元	陵县郑家寨镇姜付初村	—	男	1942 年
王兆才	陵县郑家寨镇西王寨村	—	男	1942 年
刘其仁	陵县郑家寨镇杨冲霄村	—	男	1942 年
祝洪昌	陵县郑家寨镇台家村	—	男	1942 年
刘振文	陵县郑家寨镇台家村	—	男	1942 年
刘希德	陵县郑家寨镇碱场店	—	男	1942 年
庞振林	陵县郑家寨镇赵辛村	—	男	1942 年
庞 荣	陵县郑家寨镇赵辛村	—	男	1942 年
傅再民	陵县郑家寨镇大付家村	—	男	1942 年
张其和	陵县郑家寨镇老官张村	—	男	1942 年
宋玉山	陵县郑家寨镇碱场店村	—	男	1942 年
刘清德	陵县郑家寨镇碱场店村	—	男	1942 年
徐其恩	陵县郑家寨镇门楼徐村	—	男	1942 年
许金明	陵县郑家寨镇后侯村	—	男	1942 年
黄良田	陵县郑家寨镇门楼徐村	—	男	1942 年
张友信	陵县神头镇前屯村	—	男	1942 年
于振福	陵县神头镇东高然村	—	男	1942 年
万占儒	陵县神头镇东高然村	—	男	1942 年
杜云洪	陵县神头镇杜刘村	—	男	1942 年
范东堂	陵县神头镇东店村	—	男	1942 年

续表

姓名	籍贯	年龄	性别	死难时间
崔玉科	陵县神头镇房家村	—	男	1942 年
任连杰	陵县神头镇任家村	—	男	1942 年
张佃礼	陵县神头镇张店村	—	男	1942 年
周世明	陵县滋镇小周家村	—	男	1942 年
王振廷	陵县滋镇王寨村	—	男	1942 年
窦金章	陵县滋镇张有道村	—	男	1942 年
窦金华	陵县滋镇张有道村	—	男	1942 年
郭德义	陵县滋镇大郭村	—	男	1942 年
许官臣	陵县滋镇前许家村	—	男	1942 年
苗清杰	陵县滋镇苗家村	—	男	1942 年
李朋岭	陵县滋镇高家村	—	男	1942 年
王朝太	陵县滋镇高家村	—	男	1942 年
魏玉元	陵县滋镇三洄河村	—	男	1942 年
许树振	陵县滋镇东大辛村	—	男	1942 年
许尚忠	陵县滋镇前许家村	—	男	1942 年
高　贞	陵县滋镇高家村	—	男	1942 年
于清州	陵县滋镇高家村	—	男	1942 年
陈登盈	陵县糜镇东李楼村	—	男	1942 年
张安武	陵县宋家镇小许家村	—	男	1942 年
李振志	陵县宋家镇管饭堂村	—	男	1942 年
张丰文	陵县前孙镇赵庄村	—	男	1942 年
潘春俊	陵县义渡口乡泮家村	—	男	1942 年
许　江	陵县义渡口乡西许村	—	男	1942 年
曲付堂	陵县徽王庄镇孙世官	—	男	1942 年
孙鸿吉	陵县徽王庄镇东孙杠	—	男	1942 年
许永兴	陵县徽王庄镇杨丁村	—	男	1942 年
张世荣	陵县徽王庄镇张化国村	—	男	1942 年
刘关义	陵县徽王庄镇大官辛村	—	男	1942 年
靳文贞	陵县徽王庄镇靳庄村	—	男	1942 年
王兆增	章丘市普集乡祖营坞村	25	男	1943 年春
陈志恒	陵县滋镇陈庙村	—	男	1943 年 2 月
李恒昌	商河县六区	—	男	1943 年 3 月 31 日
信文忠	陵县丁庄乡大刘庄村	62	男	1943 年
刘砚亭	陵县陵城镇刘大友村	47	男	1943 年

续表

姓名	籍贯	年龄	性别	死难时间
刘安亭	陵县陵城镇刘大友村	41	男	1943 年
王富左	陵县陵城镇刘大友村	43	男	1943 年
王双子	陵县陵城镇刘大友村	46	男	1943 年
苑振发	陵县陵城镇苑庄村	23	男	1943 年
徐文惠	陵县于集乡徐庄村	—	女	1943 年
钱玉成	陵县于集乡钱庄村	—	男	1943 年
傅　银	陵县于集乡傅家庙村	—	男	1943 年
毛付胜	陵县于集乡傅家庙村	—	男	1943 年
孙永明	陵县开发区雨霖店村	40	男	1943 年
张学清	陵县开发区雨霖店村	22	男	1943 年
孙世贤	陵县开发区雨霖店村	22	男	1943 年
孙宋氏	陵县开发区雨霖店村	20	女	1943 年
王振海	陵县开发区雨霖店村	30	男	1943 年
孙永海	陵县开发区雨霖店村	20	男	1943 年
杨玉银	陵县开发区菜园村	25	男	1943 年
赵丰增	陵县开发区菜园村	50	男	1943 年
任长富	陵县开发区任桥村	20	男	1943 年
任克禄	陵县开发区任桥村	43	男	1943 年
任相义	陵县开发区任桥村	25	男	1943 年
任力增	陵县开发区任桥村	27	男	1943 年
任克礼	陵县开发区任桥村	23	男	1943 年
祁心明	陵县丁庄乡王蛮街村	—	男	1943 年
吴玉贵	陵县丁庄乡佟寨村	—	男	1943 年
王金兰	德州市经济开发区抬头寺乡曹庄村	—	男	1943 年
王金栋	陵县陵城镇西王架村	19	男	1943 年
王付林	陵县陵城镇王芽村	38	男	1943 年
吴传玉	陵县陵城镇吴家店村	56	男	1943 年
吴德仁	陵县陵城镇吴家店村	53	男	1943 年
张　山	陵县陵城镇马酒坊村	23	男	1943 年
张发子	陵县陵城镇马酒坊村	26	男	1943 年
赵贵珠	陵县陵城镇赵家寨村	24	男	1943 年
李风来	陵县陵城镇东关村	21	男	1943 年
刘光华	陵县陵城镇东关村	36	男	1943 年
马文丙	陵县边临镇边三村	35	男	1943 年

续表

姓 名	籍 贯	年 龄	性 别	死难时间
魏双玉	陵县边临镇东魏村	30	男	1943 年
申保木	陵县徽王庄镇申家湾村	30	男	1943 年
王付贞	陵县徽王庄镇西王集村	34	男	1943 年
王　重	陵县徽王庄镇东王集村	40	男	1943 年
杨振庆	陵县徽王庄镇杨集村	33	男	1943 年
刘官义	陵县徽王庄镇大官辛村	36	男	1943 年
马世学	陵县徽王庄镇后马村	12	男	1943 年
孙宗贵	陵县徽王庄镇管道孙	55	男	1943 年
孙洪奎	陵县徽王庄镇管道孙	—	男	1943 年
孙成章	陵县徽王庄镇管道孙	60	男	1943 年
顾连贞	陵县徽王庄镇顾家寨村	56	男	1943 年
庞文华	陵县前孙镇张架村	21	男	1943 年
王书林	陵县前孙镇王仁村	37	男	1943 年
张金生	陵县前孙镇盐头吕村	27	男	1943 年
孙　福	陵县前孙镇后孙村	36	男	1943 年
孙洪文	陵县前孙镇孙夸村	24	男	1943 年
张希圣	陵县前孙镇花马村	27	男	1943 年
许大德	陵县前孙镇北许村	28	男	1943 年
张收子	陵县神头镇黄家村	21	男	1943 年
郑桂兰	陵县神头镇黄家村	31	女	1943 年
于占合	陵县神头镇月河村	46	男	1943 年
王加林	陵县神头镇月河村	32	男	1943 年
王佃正	陵县神头镇西街村	38	男	1943 年
邱维哲	陵县神头镇西街村	41	男	1943 年
邱尚义	陵县神头镇西街村	34	男	1943 年
王洪基	陵县神头镇后李村	35	男	1943 年
刘长江	陵县神头镇李屯村	42	男	1943 年
孙刘氏	陵县神头镇李屯村	44	女	1943 年
张华远	陵县神头镇张家村	37	男	1943 年
张洪远	陵县神头镇张家村	36	男	1943 年
王秀申	陵县神头镇张家村	38	男	1943 年
张树德	陵县神头镇张家村	31	男	1943 年
张　全	陵县神头镇张家村	39	男	1943 年
张金山	陵县神头镇张家村	40	男	1943 年

续表

姓 名	籍 贯	年 龄	性 别	死难时间
李合生	陵县义渡口乡大李村	28	男	1943 年
李长坤	陵县义渡口乡大李村	40	男	1943 年
宋梅干	陵县滋镇东宋村	14	女	1943 年
宋小文	陵县滋镇东宋村	13	女	1943 年
邢长明	陵县滋镇东大辛村	21	男	1943 年
张清成	陵县宋家镇杨庄村	42	男	1943 年
王佃胜	陵县宋家镇杨庄村	45	男	1943 年
于奎龙	陵县宋家镇白集村	20	男	1943 年
冉照恩	陵县宋家镇刘林村	45	男	1943 年
台丰伍	陵县郑家寨镇门徐村	43	男	1943 年
李任麦	陵县郑家寨镇门徐村	22	男	1943 年
张老大	陵县郑家寨镇门徐村	29	男	1943 年
张老二	陵县郑家寨镇门徐村	25	男	1943 年
李秀花	陵县郑家寨镇北小韩村	13	男	1943 年
高庆德	陵县郑家寨镇南姚村	21	男	1943 年
魏福堂	陵县郑家寨镇南姚村	23	男	1943 年
李方生	陵县糜镇曹家村	30	男	1943 年
杜兴汉	陵县糜镇曹家村	40	男	1943 年
李方湖	陵县糜镇曹家村	20	男	1943 年
王朝仁	陵县糜镇曹家村	30	男	1943 年
郑书印	陵县糜镇郑家村	22	男	1943 年
郑万银	陵县糜镇郑家村	29	男	1943 年
张洪福	陵县糜镇张习桥村	26	男	1943 年
李吉香	陵县糜镇张习桥村	32	男	1943 年
陈玉振	陵县于集乡陈宝亮村	30	男	1943 年
陈万征	陵县于集乡陈宝亮村	40	男	1943 年
张善文	陵县于集乡李七村	37	男	1943 年
李连灵	陵县于集乡李士公村	21	男	1943 年
马　玉	陵县于集乡钱庄村	70	男	1943 年
王　俭	陵县于集乡王路寺村	39	男	1943 年
张如臣	陵县陵城镇张举人村	—	男	1943 年
宋文海	陵县陵城镇钟官屯村	—	男	1943 年
王汝林	陵县陵城镇马厨村	—	男	1943 年
张金河	陵县陵城镇菜园村	—	男	1943 年

续表

姓 名	籍 贯	年 龄	性 别	死难时间
毛连德	陵县陵城镇彭家庙村	—	男	1943 年
杨俊杰	陵县陵城镇李冲天村	—	男	1943 年
穆香平	陵县陵城镇宋光国村	—	男	1943 年
杨洪顺	陵县陵城镇八里屯村	—	男	1943 年
张德泉	陵县陵城镇小周家村	—	男	1943 年
王求荣	陵县陵城镇王落梧村	—	男	1943 年
刘桂良	陵县陵城镇焦家村	—	男	1943 年
郭洪祥	陵县陵城镇郭梨花村	—	男	1943 年
任光第	陵县陵城镇王景河村	—	男	1943 年
王其洽	陵县陵城镇王强村	—	男	1943 年
杨有荣	陵县陵城镇凤凰店村	—	男	1943 年
刘全榜	陵县陵城镇刘豆莱村	—	男	1943 年
高万升	陵县陵城镇南小高村	—	男	1943 年
肖致周	陵县陵城镇彭家庙村	—	男	1943 年
王纪长	陵县陵城镇西小高村	—	男	1943 年
张茂齐	陵县陵城镇张寺家村	—	男	1943 年
马良田	陵县陵城镇王定杆村	—	男	1943 年
刘清江	陵县陵城镇王虎家村	—	男	1943 年
陈培庆	陵县陵城镇陈庄村	—	男	1943 年
董现田	陵县陵城镇董庄村	—	男	1943 年
赵运珍	陵县郑家寨镇三教堂村	—	男	1943 年
蔡志安	陵县郑家寨镇前后张村	—	男	1943 年
王　春	陵县郑家寨镇刘楼村	—	男	1943 年
徐朝银	陵县郑家寨镇张二贩村	—	男	1943 年
吴宝兰	陵县郑家寨镇白家村	—	男	1943 年
郑道光	陵县郑家寨镇郑寨村	—	男	1943 年
郑吉参	陵县郑家寨镇郑家寨村	—	男	1943 年
王义德	陵县郑家寨镇大吴家村	—	男	1943 年
魏兰元	陵县郑家寨镇官道魏村	—	男	1943 年
张金达	陵县郑家寨镇西王寨村	—	男	1943 年
李树德	陵县陵城镇叶家村	—	男	1943 年
刘志武	陵县郑家寨镇刘纸坊村	—	男	1943 年
王方德	陵县郑家寨镇后王寨村	—	男	1943 年
李　友	陵县郑家寨镇东王庙村	—	男	1943 年

续表

姓名	籍贯	年龄	性别	死难时间
魏清科	陵县郑家寨镇小魏家村	—	男	1943 年
陈良明	陵县郑家寨镇老官张村	—	男	1943 年
孙清明	陵县神头镇南郭村	—	男	1943 年
王兴汉	陵县神头镇槐里村	—	男	1943 年
任长更	陵县神头镇东朱村	—	男	1943 年
王虎子	陵县神头镇东高然村	—	男	1943 年
张立德	陵县神头镇后屯村	—	男	1943 年
郭　义	陵县神头镇徐安屯村	—	男	1943 年
刘同森	陵县神头镇刘向前村	—	男	1943 年
王忠升	陵县神头镇西店村	—	男	1943 年
陶孟芹	陵县神头镇马集村	—	男	1943 年
范　德	陵县神头镇寨马张村	—	男	1943 年
李　胜	陵县神头镇李家塔村	—	男	1943 年
李清元	陵县神头镇刁家村	—	男	1943 年
任其昌	陵县神头镇任集村	—	男	1943 年
王金荣	陵县滋镇王寨村	—	男	1943 年
郭汝忠	陵县滋镇小郭家村	—	男	1943 年
许丙廷	陵县滋镇滋镇村	—	男	1943 年
周香恒	陵县滋镇大周家村	—	男	1943 年
安洪德	陵县滋镇三于家村	—	男	1943 年
葛清元	陵县滋镇三回河村	—	男	1943 年
窦金和	陵县滋镇张有道村	—	男	1943 年
刘永林	陵县滋镇盛家村	—	男	1943 年
杨维忠	陵县滋镇张有道村	—	男	1943 年
王　力	陵县滋镇张家庙村	—	男	1943 年
王朝贞	陵县滋镇高家村	—	男	1943 年
王宝玉	陵县滋镇后仓村	—	男	1943 年
陈世兴	陵县宋家镇小陈家村	—	男	1943 年
陈芳元	陵县宋家镇小陈家村	—	男	1943 年
孟宪昌	陵县宋家镇陈家庙村	—	男	1943 年
常传海	陵县宋家镇小黄家村	—	男	1943 年
张玉寿	陵县宋家镇崇兴街村	—	男	1943 年
段国祥	陵县宋家镇段家村	—	男	1943 年
马泽源	陵县宋家镇常麻村	—	男	1943 年

续表

姓 名	籍 贯	年 龄	性 别	死难时间
李清海	陵县宋家镇梁家村	—	男	1943 年
万清兰	陵县前孙镇万辛村	—	男	1943 年
柳尚山	陵县前孙镇柳庄村	—	男	1943 年
郭忠信	陵县前孙镇匙庄村	—	男	1943 年
许有风	陵县前孙镇北许家村	—	男	1943 年
刘立章	陵县前孙镇后刘村	—	男	1943 年
刘文成	陵县前孙镇后刘村	—	男	1943 年
孙秀勤	陵县前孙镇高庄村	—	男	1943 年
马金荣	陵县前孙镇柳庄村	—	男	1943 年
杜玉山	陵县前孙镇杜庄村	—	男	1943 年
许有太	陵县前孙镇北许家村	—	男	1943 年
刘兰章	陵县前孙镇后刘村	—	男	1943 年
杨吉兴	陵县前孙镇杨马村	—	男	1943 年
陶玉臣	陵县义渡口乡陶庄村	—	男	1943 年
张志刚	陵县义渡口乡初家村	—	男	1943 年
李河升	陵县义渡口乡大李村	—	男	1943 年
杨茂义	陵县义渡口乡果园村	—	男	1943 年
陶元林	陵县义渡口乡陶庄村	—	男	1943 年
张　友	陵县义渡口乡陶庄村	—	男	1943 年
许化圣	陵县义渡口乡西许村	—	男	1943 年
史文治	陵县徽王庄镇史庄村	—	男	1943 年
王太起	陵县徽王庄镇赵家洼村	—	男	1943 年
庞朝昔	陵县徽王庄镇冯家寨村	—	男	1943 年
曲付成	陵县徽王庄镇孙世官村	—	男	1943 年
乔振华	陵县徽王庄镇乔庄村	—	男	1943 年
杨忠庆	陵县徽王庄镇杨集村	—	男	1943 年
汪立叶	陵县徽王庄镇小官辛村	—	男	1943 年
耿银升	陵县徽王庄镇前马村	—	男	1943 年
刘万鹏	陵县徽王庄镇松树宿村	—	男	1943 年
陶洪忠	陵县徽王庄镇陶庄村	—	男	1943 年
尹洪本	德州市经济开发区赵虎镇东尹村	—	男	1943 年
王灿文	德州市经济开发区赵虎镇张七村	—	男	1943 年
马福贵	德州市经济开发区袁桥乡张文成村	—	男	1943 年
赵德胜	德州市经济开发区袁桥乡后赵村	—	男	1943 年

续表

姓 名	籍 贯	年 龄	性 别	死难时间
薛付才	德州市经济开发区袁桥乡乔庄村	—	男	1943 年
牟世军	德州市经济开发区袁桥乡牟庄村	—	男	1943 年
陈保荣	陵县开发区大马陈村	—	男	1943 年
李福山	陵县开发区沙庄村	—	男	1943 年
任照杰	陵县开发区庄科村	—	男	1943 年
任长水	陵县开发区庄科村	—	男	1943 年
刘 禄	陵县开发区谭庄村	—	男	1943 年
荣福林	陵县开发区西蔡村	—	男	1943 年
董世德	陵县开发区董家阁村	—	男	1943 年
王明金	陵县丁庄乡后王庄村	—	男	1943 年
王清河	陵县丁庄乡前王村	—	男	1943 年
王忠廷	陵县丁庄乡前王村	—	男	1943 年
刘德保	陵县丁庄乡石庄村	—	男	1943 年
梁希恩	陵县丁庄乡丁庄村	—	男	1943 年
赵书坤	陵县丁庄乡赵家庙村	—	男	1943 年
张 硕	德州市经济开发区抬头寺乡坡张村	27	男	1944 年 8 月
陈东林	陵县郑家寨镇陈家村	—	男	1944 年 8 月
王吉庆	陵县陵城镇郭家庙村	—	男	1944 年 9 月
张清太	陵县丁庄乡小庄村	—	男	1944 年 9 月
李成元	陵县陵城镇韩家村	—	男	1944 年 10 月
兰风义	陵县郑家寨镇郑家寨	—	男	1944 年 11 月
曾吉怀	陵县郑家寨镇西蔡村	—	男	1944 年 11 月
于化龙	陵县丁庄乡丁庄街	—	男	1944 年 12 月
高秀禹	陵县前孙镇高庄村	45	男	1944 年冬
张春林	陵县徽王庄镇孙良全村	22	男	1944 年
刘长来	陵县徽王庄镇田家村	20	男	1944 年
张胜武	陵县前孙镇刘大楼村	44	男	1944 年
张风文	陵县前孙镇赵庄村	29	男	1944 年
刘忠厚	陵县前孙镇孙夸村	23	男	1944 年
李书信	陵县前孙镇三宝店村	20	男	1944 年
张方忠	陵县丁庄乡大庄村	—	男	1944 年
李 立	陵县丁庄乡大刘庄村	—	男	1944 年
李佃清	陵县丁庄乡王蛮街村	—	男	1944 年
孙维元	陵县丁庄乡佟寨村	—	男	1944 年

续表

姓 名	籍 贯	年 龄	性 别	死难时间
王明元	陵县丁庄乡董屠庄村	—	男	1944 年
薛长奎	陵县丁庄乡薛庄村	—	男	1944 年
石光武	陵县丁庄乡石庄村	—	男	1944 年
张在清	陵县丁庄乡丁庄村	—	男	1944 年
梁西山	陵县丁庄乡丁庄村	—	男	1944 年
张洪顺	陵县丁庄乡丁庄村	—	男	1944 年
刘荣福	陵县丁庄乡大刘庄村	—	男	1944 年
孙维智	陵县丁庄乡孙家堤口	—	男	1944 年
张洪水	陵县丁庄乡丁庄村	—	男	1944 年
丁传良	陵县丁庄乡丁庄村	—	男	1944 年
丁来成	陵县丁庄乡丁庄村	—	男	1944 年
傅桂堂	德州市经济开发区抬头寺乡杨胡店村	—	男	1944 年
安文治	德州市经济开发区抬头寺乡安庄村	—	男	1944 年
张振武	德州市经济开发区抬头寺乡坡张村	—	男	1944 年
张文海	德州市经济开发区抬头寺乡刘千村	—	男	1944 年
刘洪江	德州市经济开发区抬头寺乡曹庄村	—	男	1944 年
孙树申	德州市经济开发区抬头寺乡杨胡店村	—	男	1944 年
宫云祯	德州市经济开发区抬头寺乡宫庄村	—	男	1944 年
张洪文	德州市经济开发区抬头寺乡钱屯村	—	男	1944 年
张兆瑞	陵县神头镇前屯村	31	男	1944 年
张甲水	陵县神头镇前屯村	38	男	1944 年
张如臣	陵县神头镇前屯村	41	男	1944 年
韩富祥	陵县神头镇大李科村	31	男	1944 年
韩忠岭	陵县神头镇大李科村	43	男	1944 年
刘木岭	陵县神头镇大李科村	25	男	1944 年
李尔英	陵县神头镇李五道村	52	男	1944 年
李尔富	陵县神头镇李五道村	54	男	1944 年
李少德	陵县神头镇李五道村	70	男	1944 年
刘玉圣	陵县神头镇刘白老村	50	男	1944 年
崔永海	陵县神头镇祁屯村	25	男	1944 年
王维义	陵县滋镇王元梅村	62	男	1944 年
段德荣	陵县宋家镇段家村	50	男	1944 年
景瑞明	陵县宋家镇段家村	30	男	1944 年
楚玉香	陵县宋家镇楮集村	17	女	1944 年

续表

姓名	籍贯	年龄	性别	死难时间
楮冬玉	陵县宋家镇楮集村	19	女	1944 年
蔡洪善	陵县郑家寨镇西蔡村	20	男	1944 年
孙长青	陵县郑家寨镇小孙村	40	男	1944 年
刘善贵	陵县郑家寨镇北小韩村	19	男	1944 年
杨其温	陵县郑家寨镇杨冲霄村	18	男	1944 年
杨长显	陵县郑家寨镇杨冲霄村	21	男	1944 年
潘佃富	陵县糜镇前范桥村	45	男	1944 年
郑宗顺	陵县糜镇郑家村	23	男	1944 年
郑方山	陵县糜镇郑家村	23	男	1944 年
于洪池	陵县于集乡王路寺村	45	男	1944 年
李　庆	陵县于集乡王路寺村	45	男	1944 年
张金华	陵县于集乡李七村	36	男	1944 年
冯万忠	陵县于集乡盐店村	24	男	1944 年
于中根	陵县于集乡西于集村	20	男	1944 年
宋宝林	陵县陵城镇任桥村	—	男	1944 年
于保林	陵县郑家寨镇马庄村	—	男	1944 年
刘贵平	陵县郑家寨镇东蔡村	—	男	1944 年
谷文银	陵县郑家寨镇谷家村	—	男	1944 年
杨维广	陵县郑家寨镇三教堂村	—	男	1944 年
刘宝江	陵县陵城镇卜家村	—	男	1944 年
李佃绪	陵县陵城镇孙来仪村	—	男	1944 年
彭建和	陵县陵城镇西王架村	—	男	1944 年
丁　荣	陵县陵城镇孙油坊村	—	男	1944 年
佐风明	陵县陵城镇万家村	—	男	1944 年
崔文治	陵县陵城镇卜家村	—	男	1944 年
王万同	陵县陵城镇西王架村	—	男	1944 年
王金林	陵县陵城镇西王架村	—	男	1944 年
曹玉海	陵县陵城镇曹都龙村	—	男	1944 年
赵风豪	陵县陵城镇菜园村	—	男	1944 年
王正德	陵县陵城镇张定杆村	—	男	1944 年
曹正喜	陵县陵城镇曹都龙村	—	男	1944 年
王照武	陵县陵城镇前王庄村	—	男	1944 年
李功久	陵县陵城镇王芽村	—	男	1944 年
王志德	陵县陵城镇王落梧村	—	男	1944 年

续表

姓 名	籍 贯	年 龄	性 别	死难时间
赵玉桥	陵县陵城镇赵家寨村	—	男	1944 年
周金厂	陵县陵城镇陆家庙村	—	男	1944 年
王忠显	陵县陵城镇王强村	—	男	1944 年
刘清池	陵县陵城镇宋光国村	—	男	1944 年
赵万路	陵县陵城镇赵油坊村	—	男	1944 年
李善奎	陵县陵城镇北街村	—	男	1944 年
王家升	陵县陵城镇刘大友村	—	男	1944 年
王学忠	陵县陵城镇王四衙村	—	男	1944 年
张明德	陵县陵城镇史家村	—	男	1944 年
吴可禄	陵县陵城镇吴家店村	—	男	1944 年
侯尚立	陵县陵城镇三龙侯村	—	男	1944 年
侯世荣	陵县陵城镇三龙侯村	—	男	1944 年
张允江	陵县陵城镇张思刚村	—	男	1944 年
魏培森	陵县郑家寨镇三教堂村	—	男	1944 年
刘志平	陵县郑家寨镇李廷辉村	—	男	1944 年
泮胆道	陵县郑家寨镇大邱家村	—	男	1944 年
蔡康典	陵县郑家寨镇西蔡村	—	男	1944 年
魏兰杰	陵县郑家寨镇官道魏村	—	男	1944 年
吴德勇	陵县郑家寨镇大吴家村	—	男	1944 年
李和群	陵县郑家寨镇西马家村	—	男	1944 年
魏兰香	陵县郑家寨镇官道魏村	—	男	1944 年
许立正	陵县郑家寨镇盐场村	—	男	1944 年
赵结华	陵县郑家寨镇赵玉枝村	—	男	1944 年
宗如玺	陵县郑家寨镇大宗家村	—	男	1944 年
李汉豫	陵县郑家寨镇三肖家村	—	男	1944 年
张牛子	陵县郑家寨镇盐场村	—	男	1944 年
傅金圣	陵县郑家寨镇西金傅寨村	—	男	1944 年
张其马	陵县郑家寨镇老官张村	—	男	1944 年
徐相信	陵县郑家寨镇门楼徐村	—	男	1944 年
刘洪俊	陵县郑家寨镇碱场店	—	男	1944 年
陈丰珠	陵县郑家寨镇老官张村	—	男	1944 年
侯德善	陵县郑家寨镇东金傅寨村	—	男	1944 年
邢治忠	陵县郑家寨镇乔家村	—	男	1944 年
陈良恩	陵县郑家寨镇老官张村	—	男	1944 年

续表

姓名	籍贯	年龄	性别	死难时间
祝洪盛	陵县郑家寨镇东祝村	—	男	1944年
汪希正	陵县神头镇西街村	—	男	1944年
崔长河	陵县神头镇彭家寺村	—	男	1944年
王文有	陵县神头镇王良村	—	男	1944年
刘　治	陵县神头镇刘白老村	—	男	1944年
刘明珠	陵县神头镇马老村	—	男	1944年
石成福	陵县神头镇马老村	—	男	1944年
刘富田	陵县神头镇东店村	—	男	1944年
冯万忠	陵县神头镇赵马拉村	—	男	1944年
马德路	陵县神头镇马集村	—	男	1944年
王丙周	陵县神头镇小王家村	—	男	1944年
肖等田	陵县神头镇肖文图村	—	男	1944年
杨春德	陵县神头镇西店村	—	男	1944年
张　荣	陵县神头镇唐李村	—	男	1944年
刘德银	陵县神头镇皂户杨村	—	男	1944年
刘殿恩	陵县神头镇房家村	—	男	1944年
孙福寿	陵县神头镇孙家村	—	男	1944年
崔玉祥	陵县神头镇房家村	—	男	1944年
张学池	陵县神头镇东寨村	—	男	1944年
邓春富	陵县神头镇前邓村	—	男	1944年
张宪斗	陵县神头镇后寨村	—	男	1944年
孙维林	陵县神头镇孙家村	—	男	1944年
邓学彦	陵县神头镇前邓村	—	男	1944年
赵志贞	陵县滋镇王洪开村	—	男	1944年
许治祥	陵县滋镇杨升洪村	—	男	1944年
许五城	陵县滋镇滋镇村	—	男	1944年
许志云	陵县滋镇滋镇村	—	男	1944年
刘宝栋	陵县滋镇刘鸭子庄村	—	男	1944年
周建民	陵县滋镇大周家村	—	男	1944年
詹玉修	陵县滋镇魏龙江村	—	男	1944年
王振都	陵县滋镇东南寨村	—	男	1944年
葛太恒	陵县滋镇葛家村	—	男	1944年
苗清文	陵县滋镇苗家村	—	男	1944年
于文江	陵县滋镇大于村	—	男	1944年

续表

姓 名	籍 贯	年 龄	性 别	死难时间
孙敬实	陵县滋镇孙龙家村	—	男	1944 年
王德茂	陵县滋镇前仓村	—	男	1944 年
杨俊海	陵县滋镇马家村	—	男	1944 年
高傅德	陵县滋镇大郭村	—	男	1944 年
孙建帮	陵县滋镇孙龙家村	—	男	1944 年
李福周	陵县縻镇李楼村	—	男	1944 年
戚万新	陵县縻镇梅家村	—	男	1944 年
刘培亮	陵县宋家镇东丰李村	—	男	1944 年
苏传孔	陵县宋家镇小苏家村	—	男	1944 年
苏传告	陵县宋家镇小苏家村	—	男	1944 年
刘吉礼	陵县宋家镇小刘集村	—	男	1944 年
褚希怀	陵县宋家镇褚家集村	—	男	1944 年
张治恒	陵县宋家镇西屯村	—	男	1944 年
高庆瑞	陵县宋家镇东屯村	—	男	1944 年
刘成湖	陵县宋家镇小刘集村	—	男	1944 年
徐文德	陵县縻镇张家村	—	男	1944 年
葛付来	陵县縻镇小孙家村	—	男	1944 年
李书芬	陵县前孙镇小屯村	—	男	1944 年
许大德	陵县前孙镇北许家村	—	男	1944 年
高清臣	陵县前孙镇高庄村	—	男	1944 年
崔长荣	陵县前孙镇姚庄村	—	男	1944 年
李书阁	陵县前孙镇小屯村	—	男	1944 年
汪三成	陵县前孙镇小王家村	—	男	1944 年
纪魁生	陵县前孙镇纪庄村	—	男	1944 年
张清池	陵县前孙镇北许家村	—	男	1944 年
张圣业	陵县前孙镇北许家村	—	男	1944 年
孙秀君	陵县前孙镇孙夸村	—	男	1944 年
刘忠清	陵县前孙镇孙夸村	—	男	1944 年
高秀禹	陵县前孙镇高庄村	—	男	1944 年
刘书云	陵县前孙镇程庄村	—	男	1944 年
崔付香	陵县前孙镇姚庄村	—	男	1944 年
赵文起	陵县前孙镇徐百万村	—	男	1944 年
林瑞庆	陵县前孙镇前孙村	—	男	1944 年
陶玉盛	陵县义渡口乡陶庄村	—	男	1944 年

续表

姓 名	籍 贯	年 龄	性 别	死难时间
王　友	陵县义渡口乡王院村	—	男	1944 年
张石头	陵县义渡口乡果园村	—	男	1944 年
刘振升	陵县义渡口乡后刘村	—	男	1944 年
李玉贵	陵县义渡口乡果园村	—	男	1944 年
王富关	陵县义渡口乡小宿家村	—	男	1944 年
张立冬	陵县义渡口乡张周村	—	男	1944 年
杨多顺	陵县徽王庄镇杨丁村	—	男	1944 年
张清林	陵县徽王庄镇孙良全村	—	男	1944 年
马小华	陵县徽王庄镇郭庄村	—	男	1944 年
邢士和	陵县徽王庄镇北邢庄	—	男	1944 年
王玉岐	陵县徽王庄镇后程村	—	男	1944 年
申永凤	陵县徽王庄镇申家湾村	—	男	1944 年
刘长来	陵县徽王庄镇田庄村	—	男	1944 年
乔秀岩	陵县徽王庄镇乔庄村	—	男	1944 年
董文德	陵县徽王庄镇倪店村	—	男	1944 年
于佃亮	陵县徽王庄镇后于村	—	男	1944 年
白春贵	陵县徽王庄镇白庄村	—	男	1944 年
乔如岭	陵县徽王庄镇乔庄村	—	男	1944 年
孙影祥	陵县徽王庄镇管道孙村	—	男	1944 年
李付贵	陵县徽王庄镇大官辛村	—	男	1944 年
齐万和	陵县徽王庄镇后齐村	—	男	1944 年
于登贵	陵县徽王庄镇前于村	—	男	1944 年
李长江	陵县边临镇胡寨村	—	男	1944 年
王书亭	陵县边临镇北辛村	—	男	1944 年
尹洪林	德州市经济开发区赵虎镇东尹村	—	男	1944 年
马其山	德州市经济开发区赵虎镇马庄村	—	男	1944 年
贾清龙	德州市经济开发区赵虎镇马庄村	—	男	1944 年
徐起石	德州市经济开发区赵虎镇张七村	—	男	1944 年
舒长秀	德州市经济开发区袁桥乡乔庄村	—	男	1944 年
乔盛云	德州市经济开发区袁桥乡乔庄村	—	男	1944 年
马步云	德州市经济开发区袁桥乡马庄村	—	男	1944 年
袁久华	陵县开发区袁庄村	—	男	1944 年
张玉怀	陵县开发区西将军寨村	—	男	1944 年
赵风桥	陵县开发区后将军寨村	—	男	1944 年

续表

姓名	籍贯	年龄	性别	死难时间
纪云庆	陵县开发区纪庄村	—	男	1944 年
张金明	陵县开发区纪庄村	—	男	1944 年
魏学林	陵县开发区后刘村	—	男	1944 年
张德耀	陵县开发区西将军寨村	—	男	1944 年
季登云	陵县开发区叶堤口村	—	男	1944 年
贾昭德	陵县开发区李鸣岗村	—	男	1944 年
任家申	陵县开发区李鸣岗村	—	男	1944 年
宋清瑞	陵县开发区宋集村	—	男	1944 年
宋建耀	陵县开发区宋集村	—	男	1944 年
纪占祥	陵县开发区纪庄村	—	男	1944 年
刘吉祥	陵县开发区时庄村	—	男	1944 年
纪兴才	陵县开发区纪庄村	—	男	1944 年
宁明海	陵县丁庄乡宁庄村	—	男	1944 年
王秀华	陵县丁庄乡前王村	—	男	1944 年
阎凌禹	陵县丁庄乡阎庄村	—	男	1944 年
薛长漠	陵县丁庄乡薛庄村	—	男	1944 年
薛长槐	陵县丁庄乡薛庄村	—	男	1944 年
张林田	陵县于集乡张武村	—	男	1944 年
徐光路	陵县于集乡徐庄村	—	男	1944 年
徐光俊	陵县于集乡徐庄村	—	男	1944 年
闫凌显	陵县丁庄乡闫庄村	43	男	1944 年
闫长麦	陵县丁庄乡闫庄村	46	男	1944 年
闫长成	陵县丁庄乡闫庄村	45	男	1944 年
赵兴德	陵县陵城镇东关村	22	男	1944 年
刘光斌	陵县陵城镇东关村	23	男	1944 年
邵　信	陵县陵城镇东关村	60	男	1944 年
李新堂	陵县陵城镇东关村	40	男	1944 年
刘有现	陵县陵城镇刘大友村	48	男	1944 年
王长贵	陵县陵城镇刘大友村	—	男	1944 年
吕传法	陵县陵城镇小吕村	26	男	1944 年
齐宝玉	陵县陵城镇郑家村	20	男	1944 年
王志青	陵县陵城镇王定杆村	22	男	1944 年
李善之	陵县陵城镇陆家庙村	27	男	1944 年
邢善清	陵县陵城镇陆家庙村	24	男	1944 年

续表

姓 名	籍 贯	年 龄	性 别	死难时间
陆千和	陵县陵城镇陆家庙村	23	男	1944 年
刘宝泉	陵县陵城镇凤凰街村	81	男	1944 年
马 深	陵县边临镇边三村	39	男	1944 年
申书春	陵县徽王庄镇申家湾村	25	男	1944 年
傅德利	陵县于集乡巨家洼村	—	男	1944 年
于清山	陵县于集乡王路寺村	—	男	1944 年
陈万和	陵县于集乡陈宝亮村	—	男	1944 年
张文德	德州市经济开发区抬头寺乡坡张村	—	男	1944 年
张玉庚	德州市经济开发区抬头寺乡吴家寨村	—	男	1944 年
孙宝堂	陵县于集乡宗庵村	—	男	1944 年
张丰瑞	陵县郑家寨镇李士若村	—	男	1945 年 1 月
姜玉兰	陵县神头镇老庄户村	—	男	1945 年 2 月
马文杰	陵县陵城镇王环子村	—	男	1945 年 2 月
张玉和	陵县神头镇刘庄村	—	男	1945 年 3 月
夏俊生	陵县边临镇夏庄村	—	男	1945 年 3 月
魏来九	陵县边临镇西魏集村	—	男	1945 年 4 月
孙吉祥	陵县前孙镇杨马庄村	—	男	1945 年 5 月
李长珍	陵县陵城镇陆家庙村	—	男	1945 年 5 月
薛长金	陵县丁庄乡薛庄村	—	男	1945 年 6 月
闫清谓	陵县丁庄乡大韩庄村	—	男	1945 年 6 月
孙世田	陵县郑家寨镇盐场村	—	男	1945 年 6 月
于振江	陵县徽王庄镇后于村	—	男	1945 年 6 月
任学孟	陵县郑家寨镇任茂仙村	—	男	1945 年 6 月
张连忠	陵县郑家寨镇蛤蟆街村	78	男	1945 年 6 月
孙仁历	陵县郑家寨镇台庄村	—	男	1945 年 6 月
侯尚然	陵县陵城镇三龙侯村	—	男	1945 年 6 月
韩洪祥	陵县陵城镇李车户村	—	男	1945 年 6 月
王家祥	陵县陵城镇王强村	—	男	1945 年 6 月
张建洪	山西省	—	男	1945 年 7 月 3 日
关付德	陵县郑家寨镇高士风	—	男	1945 年 8 月
李春有	陵县于集乡盐店村	—	男	1945 年 8 月
邢文祥	陵县陵城镇张举人村	—	男	1945 年
王立正	陵县陵城镇三里河村	—	男	1945 年
秦玉怀	陵县郑家寨镇后秦村	22	男	1945 年

续表

姓 名	籍 贯	年 龄	性 别	死难时间
王中康	陵县于集乡王杠村	51	男	1945 年
豆文祯	陵县神头镇黄家村	—	男	1945 年
张付德	陵县神头镇西大寨村	—	男	1945 年
郭凤贵	陵县前孙镇铁头村	—	男	1945 年
于连和	陵县边临镇三屯村	—	男	1945 年
陈富海	陵县边临镇唐屯村	—	男	1945 年
刘连智	陵县丁庄乡薛庄村	—	男	1945 年
张付才	陵县丁庄乡大韩庄村	—	男	1945 年
王　芬	陵县滋镇张家庙村	—	男	1945 年
王安苓	陵县郑家寨镇马庄村	—	男	1945 年
吴　成	陵县郑家寨镇金傅寨村	—	男	1945 年
王风祯	陵县陵城镇赵奎武村	—	男	1945 年
王佃蟹	陵县陵城镇刘辛庄村	—	男	1945 年
孙清河	陵县陵城镇孙油坊村	—	男	1945 年
芦树本	陵县陵城镇芦家坊村	—	男	1945 年
孙培贵	陵县陵城镇孙油坊村	—	男	1945 年
孙清圣	陵县陵城镇孙油坊村	—	男	1945 年
王忠恕	陵县陵城镇王强村	—	男	1945 年
穆香金	陵县陵城镇宋光国村	—	男	1945 年
裴元胜	陵县陵城镇楼家庙村	—	男	1945 年
于登林	陵县陵城镇陆家庙村	—	男	1945 年
崔振奎	陵县陵城镇河南纪村	—	男	1945 年
李洪玉	陵县陵城镇陈庄村	—	男	1945 年
李云圣	陵县陵城镇李圣传村	—	男	1945 年
刘风武	陵县陵城镇杨致屯村	—	男	1945 年
韩有德	陵县陵城镇赵奎武村	—	男	1945 年
邱焕章	陵县郑家寨镇大邱家村	—	男	1945 年
张其圣	陵县郑家寨镇张家庙村	—	男	1945 年
冯庆和	陵县郑家寨镇芦家村	—	男	1945 年
魏富春	陵县郑家寨镇南姚村	—	男	1945 年
刘俊森	陵县郑家寨镇东霍寨村	—	男	1945 年
李龙云	陵县郑家寨镇后王寨村	—	男	1945 年
许立道	陵县郑家寨镇盐场村	—	男	1945 年
张金霞	陵县郑家寨镇西王寨村	—	男	1945 年

续表

姓 名	籍 贯	年 龄	性 别	死难时间
张希彬	陵县郑家寨镇老官张村	—	男	1945 年
刘德荣	陵县郑家寨镇东霍寨村	—	男	1945 年
朱圣振	陵县郑家寨镇穆家村	—	男	1945 年
石金花	陵县神头镇马老村	—	男	1945 年
孟照德	陵县神头镇李楼村	—	男	1945 年
刘长升	陵县神头镇纪家村	—	男	1945 年
邱维华	陵县神头镇西街村	—	男	1945 年
韩富荣	陵县神头镇东朱村	—	男	1945 年
王春江	陵县神头镇马集村	—	男	1945 年
李德成	陵县神头镇李楼村	—	男	1945 年
范明堂	陵县神头镇东店村	—	男	1945 年
李明堂	陵县神头镇唐李村	—	男	1945 年
王连玉	陵县神头镇东寨村	—	男	1945 年
张长祥	陵县神头镇南蔡村	—	男	1945 年
李乐春	陵县神头镇霍家村	—	男	1945 年
马志清	陵县滋镇王寨村	—	男	1945 年
孙长春	陵县滋镇魏龙江村	—	男	1945 年
杨　军	陵县滋镇刘鸭子庄村	—	男	1945 年
童振龙	陵县滋镇魏龙江村	—	男	1945 年
杨　祥	陵县滋镇刘鸭子庄村	—	男	1945 年
刘宝义	陵县滋镇刘鸭子庄村	—	男	1945 年
魏立军	陵县滋镇三洄河村	—	男	1945 年
张玉平	陵县滋镇张龙家村	—	男	1945 年
董阳春	陵县滋镇兴隆镇村	—	男	1945 年
卞成玺	陵县滋镇赵家屯村	—	男	1945 年
党佃忠	陵县滋镇兴隆镇村	—	男	1945 年
李连奎	陵县糜镇韩家村	—	男	1945 年
李安贞	陵县糜镇韩家村	—	男	1945 年
杨如新	陵县糜镇新集村	—	男	1945 年
张寿良	陵县宋家镇后姜村	—	男	1945 年
刘令文	陵县宋家镇小刘集村	—	男	1945 年
王景奎	陵县宋家镇大小李村	—	男	1945 年
王希贵	陵县宋家镇陈家庙村	—	男	1945 年
常宝仁	陵县宋家镇小黄家村	—	男	1945 年

续表

姓 名	籍 贯	年 龄	性 别	死难时间
张书贤	陵县宋家镇小黄家村	—	男	1945 年
张佃印	陵县糜镇写字王村	—	男	1945 年
张登高	陵县前孙镇盐头李村	—	男	1945 年
尚炳皂	陵县前孙镇尚庄村	—	男	1945 年
张连珂	陵县前孙镇前头李村	—	男	1945 年
杜文元	陵县前孙镇杜庄村	—	男	1945 年
孙世榜	陵县义渡口乡义渡村	—	男	1945 年
王明国	陵县徽王庄镇冯家寨村	—	男	1945 年
于化亭	陵县徽王庄镇后于村	—	男	1945 年
刘书胜	陵县徽王庄镇后于村	—	男	1945 年
郭东信	陵县徽王庄镇郭庄村	—	男	1945 年
于金恩	陵县边临镇北纪村	—	男	1945 年
魏玉全	陵县边临镇西魏村	—	男	1945 年
李　荣	德州市经济开发区赵虎镇郭庵村	—	男	1945 年
张振玉	德州市经济开发区赵虎镇岔北村	—	男	1945 年
何瑞升	德州市经济开发区赵虎镇何庄村	—	男	1945 年
刘吉德	德州市经济开发区袁桥乡西魏村	—	男	1945 年
孙长明	德州市经济开发区袁桥乡孙良村	—	男	1945 年
魏寿玉	德州市经济开发区袁桥乡鲍庄村	—	男	1945 年
魏俊岭	德州市经济开发区袁桥乡鲍庄村	—	男	1945 年
乔松林	德州市经济开发区袁桥乡乔庄村	—	男	1945 年
李英海	德州市经济开发区袁桥乡李庄村	—	男	1945 年
李保三	德州市经济开发区袁桥乡李庄村	—	男	1945 年
马俊文	陵县开发区大刘村	—	男	1945 年
石开谦	陵县丁庄乡石庄村	—	男	1945 年
石开俭	陵县丁庄乡石庄村	—	男	1945 年
薛长林	陵县丁庄乡薛庄村	—	男	1945 年
孙德善	陵县开发区时家楼村	—	男	1945 年
刘汝锡	陵县丁庄乡赵家庙村	—	男	1945 年
崔廷海	陵县丁庄乡苑庄村	—	男	1945 年
王在德	陵县丁庄乡后王村	—	男	1945 年
孙德山	陵县开发区孙家洼村	—	男	1945 年
傅桂荣	德州市经济开发区抬头寺乡阎家寨村	—	男	1945 年
魏传国	德州市经济开发区抬头寺乡白桥村	—	男	1945 年

续表

姓名	籍贯	年龄	性别	死难时间
满宝怀	德州市经济开发区抬头寺乡满庄村	—	男	1945 年
王忠英	陵县于集乡王杠村	—	男	1945 年
王金杨	陵县于集乡王路寺村	—	男	1945 年
王义升	陵县于集乡王路寺村	—	男	1945 年
于耀光	陵县于集乡小于集村	—	男	1945 年
刘玉春	陵县开发区前刘村	—	男	1945 年
刘金升	陵县开发区前刘村	—	男	1945 年
刘士卫	陵县开发区前刘村	—	男	1945 年
姜万顺	陵县开发区前刘村	—	男	1945 年
马长岭	陵县陵城镇王定杆村	21	男	1945 年
王吉友	陵县陵城镇王定杆村	30	男	1945 年
张明佑	陵县陵城镇小史家村	33	男	1945 年
申荣马	陵县徽王庄镇申家湾村	21	男	1945 年
武义岭	陵县徽王庄镇武庄村	35	男	1945 年
耿云升	陵县徽王庄镇前马村	25	男	1945 年
刘万鹏	陵县徽王庄镇松树宿	30	男	1945 年
任照路	陵县前孙镇大新庄村	20	男	1945 年
王金德	陵县前孙镇王桂枝村	32	男	1945 年
孙 × ×	陵县前孙镇前孙村	30	男	1945 年
鲁纯发	陵县前孙镇鲁庄村	26	男	1945 年
李祖耀	陵县神头镇李五道村	38	男	1945 年
魏文章	陵县滋镇朱胥村	25	男	1945 年
段保兰	陵县宋家镇段家村	20	男	1945 年
魏福东	陵县郑家寨镇南姚村	19	男	1945 年
秦玉坤	陵县郑家寨镇后秦村	21	男	1945 年
刘书江	陵县徽王庄镇田家村	20	男	1938 年
李德顺	陵县陵城镇前李村	30	男	1939 年 9 月
李金开	陵县陵城镇前李村	40	男	1939 年 9 月
李松林	陵县陵城镇前李村	35	男	1939 年 9 月
王金富	陵县陵城镇南街村	30	男	1939 年
王佃兴	陵县宋家镇王寨村	19	男	1940 年
王佃青	陵县宋家镇王寨村	22	男	1941 年
王佃达	陵县宋家镇王寨村	21	男	1941 年
张　九	陵县宋家镇白集村	20	男	1942 年

续表

姓 名	籍 贯	年 龄	性 别	死难时间
王兆田	陵县陵城镇南街村	28	男	1942 年
孙付印	陵县开发区孙家洼村	20	男	1943 年 10 月
王景岐	陵县宋家镇王寨村	51	男	1943 年
董桂珂	陵县丁庄乡董屠村	48	男	1943 年
段学臣	陵县宋家镇段家村	20	男	1945 年
合 计	**1498**			

责任人：田清成　周文章　　核实人：周文章　闫志伟　　填表人：闫志伟

填报单位（签章）：陵县县委党史研究室　　填报时间：2009 年 5 月 14 日

临邑县抗日战争时期死难者名录

姓名	籍贯	年龄	性别	死难时间
翟德豹	临邑县恒源街道办事处翟洼村	37	男	1937 年 11 月
王永会	临邑县临盘街道办事处牛角店村	30	男	1937 年 11 月 29 日
王世如之妻	临邑县临盘街道办事处牛角店村	42	女	1937 年 11 月 26 日
王世如之儿媳	临邑县临盘街道办事处牛角店村	23	女	1937 年 11 月 26 日
王世吉	临邑县临盘街道办事处牛角店村	33	男	1937 年 11 月 26 日
王世吉之女	临邑县临盘街道办事处牛角店村	9	女	1937 年 11 月 26 日
郝玉修	临邑县临盘街道办事处牛角店村	25	男	1937 年 11 月 26 日
王奎子	临邑县临盘街道办事处牛角店村	55	男	1937 年 11 月 26 日
王永忠	临邑县临盘街道办事处牛角店村	30	男	1937 年 11 月 26 日
王世臣	临邑县临盘街道办事处牛角店村	35	男	1937 年 11 月 26 日
杨成业	临邑县临盘街道办事处牛角店村	27	男	1937 年 11 月 26 日
唐老七	临邑县临盘街道办事处牛角店村	55	男	1937 年 11 月 29 日
刘金帮	临邑县临盘街道办事处门刘村	60	男	1937 年
刘　勤	临邑县临盘街道办事处门刘村	62	男	1937 年
刘志重	临邑县临盘街道办事处门刘村	50	男	1937 年
周金河	临邑县临南镇周道口村	31	男	1937 年
李河春	临邑县临南镇清凉店村	50	男	1937 年
李圣春	临邑县临南镇清凉店村	48	男	1937 年
张方军	临邑县临南镇清凉店村	55	男	1937 年
王守义	临邑县临南镇清凉店村	20	男	1937 年
张虎仔	临邑县临南镇清凉店村	18	男	1937 年
沈茂福	临邑县临邑镇祥洼村	60	男	1937 年
赵长奎	临邑县临邑镇祥洼村	35	男	1937 年
马元科	临邑县临邑镇祥洼村	20	男	1937 年
马元登	临邑县临邑镇祥洼村	60	男	1937 年
孙付平	临邑县临邑镇孙家村	38	男	1937 年
杨青云	临邑县临邑镇孙家村	40	男	1937 年
庞长柱	临邑县临邑镇前庞村	32	男	1937 年
庞树本	临邑县临邑镇后庞村	42	男	1937 年
邢玉城	临邑县邢侗街道办事处太平街	27	男	1937 年
郭丰跃	临邑县翟家乡解家村	24	男	1937 年

续表

姓名	籍贯	年龄	性别	死难时间
陈老四	临邑县邢侗街道办事处刘江村	21	男	1937年
马付方	临邑县邢侗街道办事处刘江村	17	男	1937年
崔风秀	临邑县邢侗街道办事处邓井村	39	男	1937年
邓吉良	临邑县邢侗街道办事处邓井村	35	男	1937年
崔道儿	临邑县邢侗街道办事处邓井村	32	男	1937年
邓吉湖	临邑县邢侗街道办事处邓井村	33	男	1937年
于春圆	临邑县邢侗街道办事处孙洼村	60	男	1937年
仁永昌	临邑县邢侗街道办事处孙洼村	59	男	1937年
李佳富	临邑县邢侗街道办事处邓三村	53	男	1937年
马林圆	临邑县邢侗街道办事处马天佑村	31	男	1937年
刘风河	临邑县邢侗街道办事处杨家村	45	男	1937年
刘风仁	临邑县邢侗街道办事处杨家村	53	男	1937年
李治邦	临邑县邢侗街道办事处太平街	24	男	1937年
李治安	临邑县邢侗街道办事处太平街	26	男	1937年
李耀庭	临邑县邢侗街道办事处太平街	24	男	1937年
宁玉容	临邑县翟家乡解家村	49	男	1937年
宁振东	临邑县翟家乡前党村	31	男	1937年
党振玉	临邑县翟家乡前党村	25	男	1937年
芦登方	临邑县翟家乡写家村	40	男	1937年
写文其	临邑县翟家乡写家村	42	男	1937年
写化友	临邑县翟家乡写家村	30	男	1937年
孙学义	临邑县翟家乡孙汉服村	40	男	1937年
蔡照福	临邑县德平镇郭桥村	30	男	1937年
邓占子	临邑县恒源街道办事处邓家村	31	男	1937年
邓班子	临邑县恒源街道办事处邓家村	31	男	1937年
聂兆旭	临邑县临南镇聂道口	28	男	1937年
赵轮章	临邑县临南镇赵家村	36	男	1937年
王健民	临邑县临邑镇小王家村	22	男	1937年
马　海	临邑县临邑镇李仙台村	23	男	1937年
夏贞文	临邑县临邑镇张定杆村	21	男	1937年
夏荣青	临邑县临邑镇张定杆村	26	男	1937年
王金权	临邑县临邑镇张定杆村	31	男	1937年
韩文广	临邑县临邑镇张定杆村	20	男	1937年
韩文江	临邑县临邑镇张定杆村	22	男	1937年

续表

姓 名	籍 贯	年 龄	性 别	死难时间
朱吉润	临邑县临邑镇朱胡同村	44	男	1937 年
王长富	临邑县临盘街道办事处小王家村	24	男	1937 年
门长贵	临邑县临盘街道办事处门刘村	58	男	1937 年
高尚清	临邑县临盘街道办事处盘河村	27	男	1937 年
高卢氏	临邑县临盘街道办事处盘河村	52	女	1937 年
高山子	临邑县临盘街道办事处盘河村	24	男	1937 年
高尚坡	临邑县临盘街道办事处盘河村	27	男	1937 年
高义元	临邑县临盘街道办事处盘河村	25	男	1937 年
刘明茂	临邑县临盘街道办事处盘河村	26	男	1937 年
吕长亭	临邑县临盘街道办事处盘河村	28	男	1937 年
郭友子	临邑县临盘街道办事处盘河村	23	男	1937 年
王忠子	临邑县临盘街道办事处盘河村	24	男	1937 年
郑春林	临邑县林子镇西郑村	52	男	1937 年
李同左	临邑县林子镇西郑村	67	男	1937 年
郑春降	临邑县林子镇西郑村	57	男	1937 年
李　换	临邑县林子镇西郑村	58	男	1937 年
王丕祯	临邑县孟寺镇大马湾村	40	男	1937 年
巩方前	临邑县孟寺镇巩家村	26	男	1937 年
王豹子	临邑县孟寺镇王书村	29	男	1937 年
李佃杰	临邑县临邑镇季寨村	35	男	1937 年
周丙祯	临邑县德平镇马屯村	19	男	1938 年 1 月
何林德	临邑县临邑镇何家村	23	男	1938 年 2 月
李玉新	临邑县兴隆镇李仁安村	19	男	1938 年 4 月
荆学林	临邑县临邑镇荆家村	18	男	1938 年 6 月
解永礼	临邑县翟家乡解家村	50	男	1938 年 7 月
齐世俊	临邑县恒源街道办事处齐家村	26	男	1938 年 8 月
郑克义	临邑县临盘街道办事处郑家村	24	男	1938 年 9 月
唐衍庆	临邑县临盘街道办事处郑家村	23	男	1938 年 9 月
郑廷林	临邑县临盘街道办事处郑家村	24	男	1938 年 9 月
张怀胜	临邑县孟寺镇耿刘村	20	男	1938 年 9 月
崔万凤	临邑县孟寺镇崔马村	20	男	1938 年 9 月
张传道	临邑县临邑镇老马家村	14	男	1938 年 10 月
解风州	临邑县翟家乡解家村	36	男	1938 年 10 月
周从善	临邑县德平镇夏屯村	65	男	1938 年 10 月

续表

姓 名	籍 贯	年 龄	性 别	死难时间
乔曰海	临邑县恒源街道办事处乔家村	27	男	1938 年
燕奉昌	临邑县恒源街道办事处于家庙	36	男	1938 年
李林栋	临邑县邢侗街道办事处南关村	45	男	1938 年
朱立义	临邑县邢侗街道办事处东街村	18	男	1938 年
邓光栓	临邑县邢侗街道办事处邓井村	34	男	1938 年
贾万忠	临邑县邢侗街道办事处灵官庙村	33	男	1938 年
徐全成	临邑县邢侗街道办事处徐孟柳村	10	男	1938 年
张明兰	临邑县邢侗街道办事处徐孟柳村	11	男	1938 年
徐三玉	临邑县邢侗街道办事处王截半村	22	男	1938 年
夏大佑	临邑县邢侗街道办事处西关村	28	男	1938 年
夏荣欢	临邑县邢侗街道办事处西关村	30	男	1938 年
解人杰	临邑县邢侗街道办事处西关村	24	男	1938 年
张义征	临邑县邢侗街道办事处西关村	32	男	1938 年
张丙海	临邑县邢侗街道办事处西关村	30	男	1938 年
钟玉春	临邑县邢侗街道办事处西关村	18	女	1938 年
解来官	临邑县邢侗街道办事处西关村	37	男	1938 年
李法杜	临邑县翟家乡扎扎李村	31	男	1938 年
李法广	临邑县翟家乡扎扎李村	33	男	1938 年
郭宗温	临邑县德平镇郭桥村	22	男	1938 年
赵银子	临邑县德平镇曹家村	24	男	1938 年
赵福子	临邑县德平镇曹家村	23	男	1938 年
李广山	临邑县恒源街道办事处李官道村	45	男	1938 年
王茂才	临邑县临南镇王寨村	21	男	1938 年
宁武春	临邑县临南镇张乐子村	23	男	1938 年
宁万章	临邑县临南镇宁楼村	37	男	1938 年
宁兰春	临邑县临南镇宁楼村	30	男	1938 年
朱长荣	临邑县临南镇朱楼村	32	男	1938 年
魏丙让	临邑县临南镇朱楼村	32	男	1938 年
魏丙中	临邑县临南镇朱楼村	27	男	1938 年
魏炳章	临邑县临南镇朱楼村	21	男	1938 年
王明怀	临邑县临南镇史光现村	38	男	1938 年
刘德长	临邑县临南镇张牧羊村	26	男	1938 年
张成贵	临邑县临南镇张牧羊村	35	男	1938 年
王文池	临邑县临邑镇毛家村	32	男	1938 年

续表

姓名	籍贯	年龄	性别	死难时间
王文治	临邑县临邑镇毛家村	27	男	1938年
钟密子	临邑县临邑镇燕家村	28	男	1938年
钟柱子	临邑县临邑镇燕家村	25	男	1938年
贾文灿	临邑县临邑镇张法古村	43	男	1938年
杨德龙	临邑县临邑镇张法古村	60	男	1938年
王善祥	临邑县临盘街道办事处三梭王村	25	男	1938年
王坤林	临邑县临盘街道办事处三梭王村	29	男	1938年
赵　龙	临邑县临盘街道办事处双庙村	40	男	1938年
曲丙文	临邑县兴隆镇苗屯村	24	男	1938年
曲丙武	临邑县兴隆镇苗屯村	17	男	1938年
化学孟	临邑县兴隆镇唐庙村	19	男	1938年
唐风成	临邑县兴隆镇唐庙村	15	男	1938年
徐砚玉	临邑县林子镇徐店村	18	男	1938年
豆之安	临邑县林子镇马寺村	23	男	1938年
王建度	临邑县林子镇马寺村	34	男	1938年
王尚德	临邑县临盘街道办事处夏家村	17	男	1939年1月
马世祥	临邑县临邑镇祥洼村	35	男	1939年1月
刘玉成	临邑县临盘街道办事处刘庙村	20	男	1939年1月
李文斗	临邑县临盘街道办事处李王村	20	男	1939年2月
吴传海	临邑县临盘街道办事处卢坊村	21	男	1939年2月
高明录	临邑县临盘街道办事处西孙村	23	男	1939年2月
周长忠	临邑县邢侗街道办事处三里庄村	30	男	1939年4月
王吉美	临邑县邢侗街道办事处糖坊村	19	男	1939年4月
赵永财	临邑县邢侗街道办事处许家村	20	男	1939年4月
张洪训	临邑县邢侗街道办事处署前街	17	男	1939年4月
马修升	临邑县邢侗街道办事处翟家村	19	男	1939年4月
芦登奎	临邑县翟家乡写家村	23	男	1939年4月
刘金山	临邑县孟寺镇肖家村	30	男	1939年4月
庞吉学	临邑县临邑镇后庞村	39	男	1939年4月
蔡长元	临邑县兴隆镇小尤陈村	27	男	1939年4月
赵登案	临邑县林子镇梨行村	33	男	1939年7月
张树更	临邑县临南镇张乐子村	23	男	1939年7月
朱化元	临邑县临南镇解家村	23	男	1939年7月
陈光江	临邑县林子镇陈家湾村	48	男	1939年8月

续表

姓 名	籍 贯	年 龄	性 别	死难时间
齐妮子	临邑县恒源街道办事处齐家村	16	女	1939年8月
齐世祥	临邑县恒源街道办事处齐家村	16	男	1939年8月
徐大贵	临邑县孟寺镇沙洼村	19	男	1939年9月
许丙连	临邑县临盘街道办事处宋家村	27	男	1939年9月
马庆山	临邑县恒源街道办事处毛张村	20	男	1939年9月
郭维海	临邑县临盘街道办事处小郭家	24	男	1939年9月
范金贵	临邑县兴隆镇范家村	18	男	1939年10月
韩景云	临邑县临盘街道办事处西张村	19	男	1939年10月
石贵成	临邑县邢侗街道办事处马天佑村	23	男	1939年10月
李能孟	临邑县邢侗街道办事处南北庄	20	男	1939年10月
张清芝	临邑县邢侗街道办事处南北庄	23	男	1939年10月
唐大胜	临邑县理合乡洼里王村	21	男	1939年10月
张相如	临邑县孟寺镇孙庵村	24	男	1939年10月
杨友温	临邑县临盘街道办事处大杨村	33	男	1939年11月
李　庆	临邑县临盘街道办事处孟家村	21	男	1939年11月
徐道善	临邑县孟寺镇沙洼村	24	男	1939年12月
唐有庆	临邑县临盘街道办事处郑家村	25	男	1939年12月
高玉德	临邑县临盘街道办事处高相迁村	23	男	1939年12月
毕宪财	临邑县临盘街道办事处毕寨村	18	男	1939年12月
王久录	临邑县临邑镇四里庙村	18	男	1939年
刘佃富	临邑县林子镇刘双庙村	19	男	1939年
刘保显	临邑县林子镇刘双庙村	19	男	1939年
张　六	临邑县林子镇王射斗村	29	男	1939年
王延宝	临邑县德平镇郭家桥村	19	男	1939年
杨清和	临邑县临邑镇大郭村	43	男	1939年
陶惠义	临邑县临邑镇小史村	34	男	1939年
宁富春	临邑县临南镇宁楼村	22	男	1939年
李向春	临邑县恒源街道办事处付庙村	17	男	1939年
尹传连	临邑县宿安乡西辛村	30	男	1939年
郭佃同	临邑县翟家乡解家村	30	男	1939年
郭丰奇	临邑县翟家乡解家村	78	男	1939年
解李户	临邑县翟家乡解家村	64	男	1939年
郭明梁	临邑县翟家乡解家村	40	男	1939年
李其顺	临邑县翟家乡前屯村	27	男	1939年

续表

姓名	籍贯	年龄	性别	死难时间
刘东郊	临邑县德平镇陈寨村	40	男	1939 年
李汝林	临邑县德平镇炉房村	30	男	1939 年
葛孚平	临邑县德平镇鲍葛家村	30	男	1939 年
高建春	临邑县德平镇高家村	33	男	1939 年
王文彬	临邑县德平镇前后窦	22	男	1939 年
庞宗德	临邑县德平镇十里铺村	19	男	1939 年
徐兴明	临邑县林子镇徐店村	26	男	1939 年
闫　广	临邑县临南镇闫家村	40	男	1939 年
闫　济	临邑县临南镇闫家村	39	男	1939 年
闫　俭	临邑县临南镇闫家村	38	男	1939 年
许景山	临邑县临南镇闫家村	37	男	1939 年
闫朝亮	临邑县临南镇闫家村	41	男	1939 年
吴孝志	临邑县临南镇闫家村	39	男	1939 年
宁宪章	临邑县临南镇宁楼村	40	男	1939 年
朱文征	临邑县临南镇郭家村	32	男	1939 年
赵志喜	临邑县临南镇赵家村	25	男	1939 年
赵修浩	临邑县临南镇朱楼村	28	男	1939 年
赵德义	临邑县临南镇朱楼村	25	男	1939 年
姜连仲	临邑县临邑镇望楼村	29	男	1939 年
赵安富	临邑县临邑镇北赵村	20	男	1939 年
李培增	临邑县临邑镇北赵村	21	男	1939 年
王善治	临邑县临盘街道办事处三梭王村	28	男	1939 年
马大全	临邑县临盘街道办事处小马家村	20	男	1939 年
马二全	临邑县临盘街道办事处小马家村	23	男	1939 年
马三全	临邑县临盘街道办事处小马家村	27	男	1939 年
马秀兰	临邑县临盘街道办事处小马家村	33	男	1939 年
张文德	临邑县林子镇西吴楼村	28	男	1939 年
徐义明	临邑县林子镇徐店村	28	男	1939 年
赵　江	临邑县孟寺镇南梁村	39	男	1939 年
郭洪德	临邑县孟寺镇神井村	26	男	1940 年 1 月
洪有和	临邑县临盘街道办事处洪寨村	29	男	1940 年 2 月
马富庆	临邑县邢侗街道办事处糖坊村	30	男	1940 年 2 月
李旺子	临邑县临盘街道办事处李王村	18	男	1940 年 2 月
杨维生	临邑县临盘街道办事处柳家村	19	男	1940 年 3 月

续表

姓 名	籍 贯	年 龄	性 别	死难时间
杜洪茂	临邑县恒源街道办事处张家庙	26	男	1940 年 3 月
马忠恕	临邑县邢侗街道办事处刘江村	20	男	1940 年 3 月
王永芹	临邑县德平镇王坊子村	28	男	1940 年 3 月
马佃平	临邑县理合务乡马家村	22	男	1940 年 3 月
朱长河	临邑县临南镇王寨村	48	男	1940 年 3 月
王德义	临邑县临盘街道办事处芦坊子村	82	男	1940 年 3 月
姜顺田	临邑县临盘街道办事处姜坊子村	19	男	1940 年 3 月
姜贵田	临邑县临盘街道办事处姜坊子村	14	男	1940 年 3 月
崔帮训	临邑县孟寺镇崔马村	22	男	1940 年 4 月
齐虎子	临邑县恒源街道办事处齐家村	29	男	1940 年 4 月
张义岭	临邑县兴隆镇王孝吴村	15	男	1940 年 5 月
谢志荣	临邑县兴隆镇王孝吴村	22	男	1940 年 5 月
纪善堂	临邑县临盘街道办事处洪寨村	24	男	1940 年 7 月
姜志和	临邑县临盘街道办事处姜坊子村	19	男	1940 年 7 月
姜新玉	临邑县临盘街道办事处姜坊子村	19	男	1940 年 7 月
信庆峰	临邑县德平镇阎家村	25	男	1940 年 8 月
明长堂	临邑县德平镇后明村	19	男	1940 年 8 月
张吉延	临邑县邢侗街道办事处张仙白村	25	男	1940 年 8 月
王洪德	临邑县孟寺镇大坊子村	18	男	1940 年 8 月
齐元心	临邑县临南镇齐集村	19	男	1940 年 8 月
冯卫清	临邑县临南镇牛毛徐村	23	男	1940 年 8 月
李文贤	临邑县邢侗街道办事处刘家山村	23	男	1940 年 8 月
张永山	临邑县临盘街道办事处东张村	28	男	1940 年 8 月
孙丰奎	临邑县孟寺镇孙家村	18	男	1940 年 8 月
张昭庆	临邑县邢侗街道办事处张仙白村	28	男	1940 年 11 月
卢克发	临邑县临盘街道办事处宋家村	18	男	1940 年 11 月
崔立诚	临邑县临邑镇崔家村	26	男	1940 年 12 月
师玉连	临邑县临邑镇国寨村	23	男	1940 年
屈志文	临邑县临邑镇国寨村	22	男	1940 年
宋连荣	临邑县临邑镇国寨村	20	男	1940 年
张志谭	临邑县临邑镇张法古村	24	男	1940 年
林石治	临邑县临南镇石家村	18	男	1940 年
石长礼	临邑县临南镇石家村	19	男	1940 年
高树峰	临邑县德平镇高家村	21	男	1940 年

续表

姓 名	籍 贯	年 龄	性 别	死难时间
马玉全	临邑县临邑镇祥洼村	25	男	1940 年
庞有清	临邑县林子镇董家村	30	男	1940 年
李乃顺	临邑县林子镇李元寨村	21	男	1940 年
李义荣	临邑县林子镇李元寨村	19	男	1940 年
孙龙田	临邑县林子镇李元寨村	18	男	1940 年
王佃清	临邑县林子镇小庞家村	22	男	1940 年
董玉坤	临邑县林子镇徐店子村	26	男	1940 年
刘本营	临邑县德平镇小刘家村	20	男	1940 年
李长宝	临邑县临邑镇李家村	29	男	1940 年
陈京尧	临邑县临邑镇赵家村	26	男	1940 年
李合温	临邑县临邑镇李耀明村	19	男	1940 年
李金忠	临邑县临邑镇小史村	20	男	1940 年
王庆斋	临邑县临南镇白官庄村	35	男	1940 年
陈丙山	临邑县临南镇白官庄村	21	男	1940 年
王崇智	临邑县临南镇白官庄村	40	男	1940 年
阎金山	临邑县临南镇狮杜村	18	男	1940 年
王孟祥	临邑县临南镇东寨村	22	男	1940 年
杨成泉	临邑县临南镇马坡村	17	男	1940 年
张文吉	临邑县临南镇张牧羊村	22	男	1940 年
李富前	临邑县兴隆镇夏三屯村	19	男	1940 年
张金福	临邑县兴隆镇阎家村	28	男	1940 年
李向喜	临邑县恒源街道办事处付庙村	18	男	1940 年
许衍慈	临邑县恒源街道办事处张油官村	25	男	1940 年
张丙银	临邑县邢侗街道办事处刘江村	20	男	1940 年
翟德华	临邑县邢侗街道办事处翟家村	24	男	1940 年
翟树堂	临邑县邢侗街道办事处翟家村	25	男	1940 年
马永杰	临邑县邢侗街道办事处马家村	19	男	1940 年
马永超	临邑县邢侗街道办事处马家村	14	男	1940 年
韩玉章	临邑县邢侗街道办事处王楼村	19	男	1940 年
李象贤	临邑县邢侗街道办事处贾家村	29	男	1940 年
李孔信	临邑县邢侗街道办事处刘山村	12	男	1940 年
徐圣家	临邑县邢侗街道办事处王截半村	25	男	1940 年
苗贯俊	临邑县邢侗街道办事处王截半村	23	男	1940 年
赵跃清	临邑县翟家乡郭家庙村	29	男	1940 年

续表

姓 名	籍 贯	年 龄	性 别	死难时间
郭大杰	临邑县翟家乡解家村	39	男	1940 年
李龙港	临邑县翟家乡前屯村	25	男	1940 年
闫玉枝	临邑县德平镇闫家村	60	男	1940 年
王文玉	临邑县德平镇王赞恒村	24	男	1940 年
李希敬	临邑县德平镇茄李村	32	男	1940 年
于荣吉	临邑县恒源街道办事处草寺村	33	男	1940 年
于祥吉	临邑县恒源街道办事处草寺村	13	男	1940 年
李向荣	临邑县恒源街道办事处李楼村	25	男	1940 年
闫 功	临邑县临南镇闫家村	38	男	1940 年
王景山	临邑县临南镇闫家村	38	男	1940 年
赵光友	临邑县临南镇郭家村	37	男	1940 年
李希泉	临邑县临南镇陆家村	18	男	1940 年
刘玉行	临邑县临南镇刘大屯村	27	男	1940 年
刘振水	临邑县临南镇刘小屯村	42	男	1940 年
石长礼	临邑县临南镇石家村	19	男	1940 年
林世治	临邑县临南镇石家村	18	男	1940 年
苗铁头	临邑县临南镇苗家村	15	男	1940 年
田效清	临邑县理合务乡田庵村	23	男	1940 年
庞德金	临邑县临邑镇前庞村	21	男	1940 年
庞德兴	临邑县临邑镇前庞村	20	男	1940 年
洪有河	临邑县临盘街道办事处洪寨村	16	男	1940 年
李清泉	临邑县兴隆镇李仁安村	24	男	1940 年
王刘琐	临邑县兴隆镇南魏村	31	男	1940 年
大治彬	临邑县兴隆镇南魏村	20	男	1940 年
杨风河	临邑县兴隆镇南魏村	28	男	1940 年
徐九荣	临邑县林子镇马寺村	77	男	1940 年
王吉宽	临邑县孟寺镇小解家村	33	男	1940 年
蒋正田	临邑县孟寺镇蒋家村	23	男	1940 年
孟庆福	临邑县孟寺镇孟寺村	24	男	1940 年
胡心开	临邑县孟寺镇后胡村	28	男	1940 年
孙久贞	临邑县临南镇钟楼村	24	男	1941 年 2 月
杨登清	临邑县临盘街道办事处大杨村	17	男	1941 年 2 月
尚精成	临邑县邢侗街道办事处东街村	26	男	1941 年 3 月
程吉周	临邑县孟寺镇曲杨村	20	男	1941 年 3 月

续表

姓 名	籍 贯	年 龄	性 别	死难时间
吴德胜	临邑县临盘街道办事处后杨村	33	男	1941 年 3 月
刘振星	临邑县临盘街道办事处董寨村	16	男	1941 年 3 月
王金华	临邑县临南镇王楼村	19	男	1941 年 4 月
张建芳	临邑县孟寺镇王书家村	21	男	1941 年 4 月
张光俊	临邑县孟寺镇东店村	23	男	1941 年 4 月
王士杰	临邑县邢侗街道办事处高庙村	32	男	1941 年 6 月
董振堂	临邑县邢侗街道办事处董家村	18	男	1941 年 6 月
路有鑫	临邑县邢侗街道办事处路家庙村	18	男	1941 年 6 月
陈希孟	临邑县临盘街道办事处段家村	23	男	1941 年 6 月
毕士奇	临邑县临盘街道办事处毕寨村	17	男	1941 年 6 月
邱义和	临邑县邢侗街道办事处花园村	18	男	1941 年 8 月
李克义	临邑县孟寺镇寄庄户村	19	男	1941 年 8 月
曲凤文	临邑县孟寺镇张六村	19	男	1941 年 8 月
齐志芳	临邑县临南镇王楼村	30	男	1941 年 8 月
张文福	临邑县临南镇刘双庙村	28	男	1941 年 8 月
李墨林	临邑县邢侗街道办事处刘家山村	21	男	1941 年 9 月
杨德和	临邑县孟寺镇杨寿村	27	男	1941 年 10 月
杨有治	临邑县临盘街道办事处杨斜村	27	男	1941 年 10 月
张丙山	临邑县临盘街道办事处双庙村	23	男	1941 年 10 月
王文德	临邑县临盘街道办事处双庙村	21	男	1941 年 10 月
李金田	临邑县林子镇刘双槐村	30	男	1941 年 10 月
李善升	临邑县临盘街道办事处郑寨村	22	男	1941 年 12 月
李本善	临邑县临盘街道办事处郑寨村	37	男	1941 年 12 月
毕玉玲	临邑县临盘街道办事处毕寨村	19	男	1941 年 12 月
毕德亮	临邑县临盘街道办事处毕寨村	17	男	1941 年 12 月
夏荣胜	临邑县邢侗街道办事处李稍户村	22	男	1941 年
沈连耀	临邑县临邑镇祥洼村	21	男	1941 年
朱吉昌	临邑县临邑镇朱家胡同	23	男	1941 年
朱会城	临邑县临邑镇朱家胡同	24	男	1941 年
张希和	临邑县林子镇西张村	18	男	1941 年
刘金强	临邑县林子镇王射斗村	31	男	1941 年
孙吉祯	临邑县林子镇孙坡枣村	23	男	1941 年
杨凤来	临邑县翟家乡前于村	21	男	1941 年
张丙义	临邑县临盘街道办事处双庙村	18	男	1941 年

续表

姓 名	籍 贯	年 龄	性 别	死难时间
刘成才	临邑县临邑镇宋庙村	21	男	1941 年
陈吉堂	临邑县临邑镇大陈家	41	男	1941 年
杨家成	临邑县临邑镇杨家村	24	男	1941 年
李光岐	临邑县孟寺镇寄庄户村	16	男	1941 年
李恒山	临邑县孟寺镇寄庄户村	28	男	1941 年
李永堂	临邑县临南镇李佛头村	20	男	1941 年
杨立亭	临邑县临南镇马坡村	20	男	1941 年
赵长祥	临邑县临南镇赵家村	35	男	1941 年
张永昌	临邑县临南镇清凉店	19	男	1941 年
李治德	临邑县临南镇史光现村	22	男	1941 年
田文彬	临邑县兴隆镇夏三屯	26	男	1941 年
邓光奇	临邑县恒源街道办事处齐家村	33	男	1941 年
王志胜	临邑县临盘街道办事处张国良村	20	男	1941 年
刘彦和	临邑县邢侗街道办事处崔湾村	16	男	1941 年
夏荣胜	临邑县邢侗街道办事处李稍户	22	男	1941 年
路有新	临邑县邢侗街道办事处路庙村	18	男	1941 年
王照明	临邑县邢侗街道办事处梨行村	75	男	1941 年
翟香山	临邑县翟家乡翟家村	50	男	1941 年
刘长升	临邑县翟家乡翟家村	45	男	1941 年
翟文波	临邑县翟家乡翟家村	35	男	1941 年
黄牛子	临邑县翟家乡翟家村	34	男	1941 年
刘元公	临邑县德平乡陈寨村	30	男	1941 年
王大斋	临邑县翟家乡吴家村	34	男	1941 年
庞德何	临邑县翟家乡十里铺村	22	男	1941 年
朱占山	临邑县临南镇朱楼村	20	男	1941 年
王万臣	临邑县临南镇王圈村	26	男	1941 年
田中亭	临邑县理合务乡田庵村	25	男	1941 年
李　田	临邑县临邑镇后凡村	25	男	1941 年
段徐子	临邑县临盘街道办事处段家村	19	男	1941 年
张亡子	临邑县临盘街道办事处双庙村	23	男	1941 年
郑传众	临邑县临盘街道办事处袁郑村	26	男	1941 年
郑心砖	临邑县临盘街道办事处袁郑村	24	男	1941 年
王荣西	临邑县临盘街道办事处王郑村	19	男	1941 年
王荣先	临邑县临盘街道办事处王郑村	20	男	1941 年

续表

姓名	籍贯	年龄	性别	死难时间
王刘汉	临邑县兴隆镇南魏村	29	男	1941年
许宝珠	临邑县林子镇王射斗村	36	男	1941年
张德明	临邑县林子镇马寺村	35	男	1941年
豆培材	临邑县林子镇马寺村	19	男	1941年
曹高义	临邑县林子镇曹寨村	21	男	1941年
曹高明	临邑县林子镇曹寨村	25	男	1941年
宋光臣	临邑县邢侗街道办事处糖坊村	27	男	1942年2月
王士贵	临邑县邢侗街道办事处王落户村	25	男	1942年2月
蒋正德	临邑县孟寺镇孟寺村	26	男	1942年2月
陈书明	临邑县兴隆镇王孝吴村	22	男	1942年2月
秦志亮	临邑县邢侗街道办事处糖坊村	18	男	1942年3月
王华福	临邑县德平镇洼里王村	22	男	1942年3月
王者齐	临邑县临南镇王楼村	22	男	1942年3月
段桂林	临邑县临盘街道办事处段家村	26	男	1942年4月
李向孝	临邑县恒源街道办事处李家胡同村	27	男	1942年4月
杨金善	临邑县临盘街道办事处大杨村	21	男	1942年4月
周云亭	临邑县孟寺镇周家村	37	男	1942年5月
王永清	临邑县临南镇王圈	26	男	1942年5月
武玉山	临邑县临南镇牛毛徐村	22	男	1942年6月
刘华道	临邑县临盘街道办事处黄家村	31	男	1942年6月
张相怀	临邑县孟寺镇张家村	21	男	1942年6月
李永荣	临邑县孟寺镇王母店	25	男	1942年7月
吴崇山	临邑县临南镇牛毛徐村	18	男	1942年8月
张甲治	临邑县临南镇牛毛徐村	21	男	1942年8月
王怀安	临邑县孟寺镇大坊子村	24	男	1942年8月
李世聪	临邑县孟寺镇寄庄户村	42	男	1942年8月
王万勤	临邑县临盘街道办事处牛角店村	19	男	1942年8月
杨传信	临邑县临盘街道办事处夏家村	24	男	1942年8月
张志德	临邑县临盘街道办事处张国良村	22	男	1942年8月
巩振喜	临邑县孟寺镇老聂村	54	男	1942年9月
赵宗祥	临邑县临盘街道办事处夏家村	23	男	1942年9月
刘长清	临邑县临盘街道办事处张国良村	20	男	1942年9月
陈玉宝	临邑县临盘街道办事处陈楼村	41	男	1942年9月
耿景翠	临邑县临邑镇耿刘村	25	男	1942年9月

续表

姓 名	籍 贯	年 龄	性 别	死难时间
刘清华	临邑县临南镇王圈村	20	男	1942 年 10 月
于好仁	临邑县兴隆镇张巨家村	32	男	1942 年 10 月
张树楼	临邑县翟家乡郝家村	30	男	1942 年 10 月
张道龙	临邑县孟寺镇孙庵村	27	男	1942 年 10 月
姜富玉	临邑县临盘街道办事处王良村	25	男	1942 年 10 月
王路希	临邑县临盘街道办事处王郑村	26	男	1942 年 10 月
李长平	临邑县恒源街道办事处李楼村	23	男	1942 年 10 月
徐长祥	临邑县临南镇周徐村	18	男	1942 年 10 月
段文成	临邑县临盘街道办事处段家村	18	男	1942 年 11 月
刘玉山	临邑县临盘街道办事处刘庙村	38	男	1942 年 11 月
王明伦	临邑县临盘街道办事处王良村	23	男	1942 年 11 月
李兰田	临邑县临南镇解家村	33	男	1942 年 11 月
王在文	临邑县临盘街道办事处牛角店村	16	男	1942 年 11 月
刘桂芳	临邑县林子镇梨行村	46	男	1942 年 12 月
程宗才	临邑县孟寺镇程家村	18	男	1942 年 12 月
韩贵祥	临邑县临南镇宫宋徐	29	男	1942 年 12 月
赵长庆	临邑县兴隆镇安庄村	18	男	1942 年 12 月
姜同杰	临邑县兴隆镇姜家村	15	男	1942 年 12 月
营洪林	临邑县临盘街道办事处南营村	17	男	1942 年 12 月
杜光海	临邑县邢侗街道办事处候家村	42	男	1942 年
屈志华	临邑县临邑镇国寨村	25	男	1942 年
王洪友	临邑县临邑镇四里庙村	21	男	1942 年
夏荣全	临邑县临邑镇季寨村	34	男	1942 年
刘长贵	临邑县临邑镇季寨村	18	男	1942 年
王克台	临邑县临邑镇邵家村	15	男	1942 年
董英杰	临邑县林子镇董家村	19	男	1942 年
朱吉治	临邑县林子镇马章寨	25	男	1942 年
张守山	临邑县林子镇刘双槐	22	男	1942 年
宫万贵	临邑县德平镇宫屯	42	男	1942 年
弭咸海	临邑县德平镇斜家村	30	男	1942 年
朱秀善	临邑县林子镇朱二歪村	30	男	1942 年
李元森	临邑县临邑镇靳家村	15	男	1942 年
刘清堂	临邑县孟寺镇耿刘村	20	男	1942 年
李才臣	临邑县孟寺镇武家村	21	男	1942 年

续表

姓名	籍贯	年龄	性别	死难时间
胡传喜	临邑县孟寺镇贾家村	23	男	1942 年
霍兆祥	临邑县临南镇东寨村	23	男	1942 年
王春山	临邑县临南镇小吴家村	22	男	1942 年
李光泉	临邑县临南镇李家庙村	20	男	1942 年
蒋总治	临邑县临南镇宁楼村	27	男	1942 年
赵传祥	临邑县临南镇宁楼村	22	男	1942 年
窦宝森	临邑县兴隆镇小辛村	24	男	1942 年
王宗胜	临邑县临盘街道办事处前仓村	24	男	1942 年
陈永山	临邑县临盘街道办事处东张村	37	男	1942 年
阎汝问	临邑县翟家乡殷庙村	65	男	1942 年
于佃功	临邑县翟家乡董家寨村	38	男	1942 年
牛成现	临邑县德平镇牛坊村	20	男	1942 年
龙永成	临邑县德平镇六合镇村	27	男	1942 年
李继同	临邑县德平镇碱李村	25	男	1942 年
李继昌	临邑县德平镇碱李村	22	男	1942 年
闫兆配	临邑县德平镇闫家村	40	男	1942 年
万希元	临邑县德平镇万家村	21	男	1942 年
李光华	临邑县恒源街道办事处付庙村	27	男	1942 年
安修鹏	临邑县临南镇西吕寨村	26	男	1942 年
狄长友	临邑县临南镇小洼村	17	男	1942 年
赵修杰	临邑县临南镇朱楼村	21	男	1942 年
杨成明	临邑县临南镇杨香村	41	男	1942 年
宋吉福	临邑县临南镇宋家村	25	男	1942 年
宋守仁	临邑县临南镇宋家村	23	男	1942 年
宋木春	临邑县临南镇宋家村	33	男	1942 年
李清发	临邑县临邑镇李士玉村	19	男	1942 年
陈其文	临邑县临邑镇宋庙村	18	男	1942 年
于方行	临邑县临邑镇宋庙村	19	男	1942 年
陈永和	临邑县临邑镇白庙村	19	男	1942 年
王志高	临邑县临邑镇李寨村	20	男	1942 年
袁成章	临邑县临盘街道办事处辛集村	19	男	1942 年
门　福	临邑县临盘街道办事处门刘村	24	男	1942 年
郑　守	临邑县兴隆镇祁家村	27	男	1942 年
王寨南	临邑县兴隆镇彭边村	30	男	1942 年

续表

姓 名	籍 贯	年 龄	性 别	死难时间
王振东	临邑县兴隆镇彭边村	30	男	1942 年
曲丙治	临邑县兴隆镇苗屯村	20	男	1942 年
郑光连	临邑县林子镇赵龙岗村	23	男	1942 年
徐如贵	临邑县林子镇西天庙村	22	男	1942 年
刘清真	临邑县林子镇刘北辰村	25	男	1942 年
朱九贵	临邑县林子镇张巷子村	46	男	1942 年
朱修扇	临邑县林子镇朱二歪村	41	男	1942 年
郝光军	临邑县林子镇东官村	26	男	1942 年
徐文生	临邑县林子镇西官村	46	男	1942 年
朱保山	临邑县林子镇前官村	21	男	1942 年
刘佃阴	临邑县林子镇双庙村	32	男	1942 年
徐振声	临邑县林子镇徐店村	34	男	1942 年
王连富	临邑县林子镇马寺村	64	男	1942 年
曹大春	临邑县林子镇曹寨村	21	男	1942 年
孟庆福	临邑县孟寺镇孟寺村	25	男	1943 年 1 月
储久荣	临邑县孟寺镇东店村	30	男	1943 年 1 月
王治高	临邑县临邑镇李元寨村	23	男	1943 年 1 月
吴宝山	临邑县临盘街道办事处南孙村	24	男	1943 年 1 月
王小五	临邑县临南镇王楼村	45	男	1943 年 1 月
马崇彬	临邑县临南镇王楼村	65	男	1943 年 1 月
马富来	临邑县临南镇王楼村	31	男	1943 年 1 月
李文光	临邑县孟寺镇枣园	23	男	1943 年 1 月
常连义	临邑县临南镇于家庙	28	男	1943 年 1 月
朱光玉	临邑县临南镇解家村	18	男	1943 年 1 月
刘振文	临邑县邢侗街道办事处孙家洼村	18	男	1943 年 1 月
张文亮	临邑县孟寺镇王书家	18	男	1943 年 1 月
张文歧	临邑县临南镇夏口街	24	男	1943 年 1 月
戴连英	临邑县临盘街道办事处黄家	29	男	1943 年 1 月
夏兴华	临邑县孟寺镇官道王村	25	男	1943 年 1 月
陈洪圣	临邑县孟寺镇周家村	21	男	1943 年 1 月
王曰明	临邑县兴隆镇边家村	36	男	1943 年 1 月
孟宪林	临邑县兴隆镇张巨村	20	男	1943 年 1 月
张龙云	临邑县兴隆镇李寨村	19	男	1943 年 1 月
陈怀善	临邑县兴隆镇老尢陈村	21	男	1943 年 1 月

续表

姓名	籍贯	年龄	性别	死难时间
杜月华	临邑县兴隆镇小尤陈村	18	男	1943年1月
张明仁	临邑县临盘街道办事处贺家村	20	男	1943年1月
张　武	临邑县恒源街道办事处张家庙	23	男	1943年1月
王白升	临邑县恒源街道办事处沙河村	19	男	1943年1月
王守斌	临邑县恒源街道办事处沙河村	20	男	1943年1月
王成年	临邑县恒源街道办事处沙河村	19	男	1943年1月
林长富	临邑县恒源街道办事处翟洼村	22	男	1943年1月
王宏军	临邑县恒源街道办事处刘家村	23	男	1943年1月
郝永兰	临邑县恒源街道办事处草寺村	21	男	1943年1月
宋　那	临邑县临南镇小街子村	23	男	1943年1月
王　先	临邑县临南镇小街子村	22	男	1943年1月
范德新	临邑县兴隆镇范家村	23	男	1943年1月
范景棍	临邑县兴隆镇范家村	25	男	1943年1月
杜荣华	临邑县兴隆镇小尤陈村	18	男	1943年1月
郭圣山	临邑县兴隆镇小尤陈村	20	男	1943年1月
蔡长荣	临邑县兴隆镇小尤陈村	19	男	1943年1月
王　安	临邑县宿安乡高辛庄	27	男	1943年2月
孙久远	临邑县临南镇钟楼村	22	男	1943年2月
王文明	临邑县临盘街道办事处王良村	28	男	1943年2月
曹志忠	临邑县临盘街道办事处南孙村	26	男	1943年2月
许本日	临邑县恒源街道办事处许家庙	19	男	1943年2月
刘福华	临邑县临南镇王圈村	23	男	1943年3月
赵迎祥	临邑县邢侗街道办事处刘江村	18	男	1943年3月
张树元	临邑县邢侗街道办事处张仙白村	21	男	1943年3月
李传家	临邑县邢侗街道办事处李稍户村	22	男	1943年3月
许本山	临邑县邢侗街道办事处东教场村	20	男	1943年3月
李明善	临邑县邢侗街道办事处陈家湾村	20	男	1943年3月
刘兴干	临邑县孟寺镇刘楼村	21	男	1943年3月
徐洪仁	临邑县孟寺镇沙洼村	24	男	1943年3月
张义修	临邑县兴隆镇王孝吴村	20	男	1943年4月
张　菊	临邑县临盘街道办事处张北家	26	男	1943年4月
张成文	临邑县临盘街道办事处张北家	27	男	1943年4月
张昭恒	临邑县邢侗街道办事处张仙白村	22	男	1943年5月
昝龙河	临邑县孟寺镇油坊村	25	男	1943年5月

续表

姓名	籍贯	年龄	性别	死难时间
蒋行成	临邑县孟寺镇孟寺村	20	男	1943 年 5 月
王者元	临邑县临南镇王楼村	20	男	1943 年 5 月
高连贵	临邑县临邑镇高家村	19	男	1943 年 5 月
杜文强	临邑县临邑镇大郭家村	17	男	1943 年 5 月
胡吉东	临邑县孟寺镇羊栏村	25	男	1943 年 5 月
王小水	临邑县邢侗街道办事处邓家村	17	男	1943 年 6 月
费清云	临邑县宿安乡费家	29	男	1943 年 6 月
刘光治	临邑县宿安乡大杨	17	男	1943 年 6 月
王德胜	临邑县临盘街道办事处刘庙村	16	男	1943 年 6 月
王　忠	临邑县临盘街道办事处后十八户村	18	男	1943 年 6 月
姜岗田	临邑县临盘街道办事处姜坊子村	19	男	1943 年 6 月
刘凤楼	临邑县邢侗街道办事处三里庄村	29	男	1943 年 7 月
陶会江	临邑县宿安乡三寨村	23	男	1943 年 7 月
赵修道	临邑县邢侗街道办事处花园村	22	男	1943 年 7 月
张永庆	临邑县邢侗街道办事处三官庙村	24	男	1943 年 7 月
李长武	临邑县宿安乡夏家	23	男	1943 年 7 月
徐念金	临邑县宿安乡三寨村	23	男	1943 年 7 月
杨金法	临邑县宿安乡大杨村	22	男	1943 年 7 月
袁其成	临邑县孟寺镇袁家村	39	男	1943 年 7 月
张天义	临邑县临南镇边马村	21	男	1943 年 7 月
燕如林	临邑县临盘街道办事处刘庙村	24	男	1943 年 7 月
马富录	临邑县临盘街道办事处刘庙村	38	男	1943 年 7 月
王廷信	临邑县临盘街道办事处韩岭村	30	男	1943 年 7 月
赵荣兴	临邑县临盘街道办事处赵家村	33	男	1943 年 7 月
刘永兴	临邑县德平镇靳家村	20	男	1943 年 7 月
吴效忠	临邑县孟寺镇武家村	23	男	1943 年 8 月
李希泉	临邑县临南镇王常村	24	男	1943 年 8 月
张永铎	临邑县邢侗街道办事处张仙白村	23	男	1943 年 8 月
肖成方	临邑县临盘街道办事处肖家村	17	男	1943 年 8 月
王善莱	临邑县临盘街道办事处三梭王村	37	男	1943 年 8 月
周风高	临邑县恒源街道办事处小周村	38	男	1943 年 8 月
布光耀	临邑县邢侗街道办事处郭福斋村	32	男	1943 年 8 月
崔长久	临邑县孟寺镇崔家村	19	男	1943 年 8 月
杨明俊	临邑县孟寺镇中店村	27	男	1943 年 9 月

续表

姓名	籍贯	年龄	性别	死难时间
吕长祥	临邑县临南镇周徐村	23	男	1943 年 9 月
盛其明	临邑县南镇边马村	22	男	1943 年 9 月
张贵清	临邑县临盘街道办事处王良村	24	男	1943 年 9 月
张光明	临邑县临盘街道办事处孟寨村	20	男	1943 年 9 月
刘文清	临邑县兴隆镇化家村	50	男	1943 年 9 月
纪　恒	临邑县孟寺镇大坊子村	22	男	1943 年 10 月
王清尧	临邑县临南镇王常村	20	男	1943 年 10 月
姜富田	临邑县临盘街道办事处王良村	25	男	1943 年 10 月
王安富	临邑县临南镇王阁村	23	男	1943 年 10 月
张全喜	临邑县临邑镇孙庵村	24	男	1943 年 10 月
路来富	临邑县邢侗街道办事处郭福斋村	18	男	1943 年 11 月
李清杰	临邑县兴隆镇李仁安村	25	男	1943 年 11 月
黄世圣	临邑县临盘街道办事处宋家村	20	男	1943 年 11 月
孙佃和	临邑县邢侗街道办事处孙家洼村	20	男	1943 年 12 月
乔从德	临邑县兴隆镇乔庄	21	男	1943 年 12 月
王万芝	临邑县临盘街道办事处牛角店村	19	男	1943 年 12 月
菅清海	临邑县临盘街道办事处辛集	34	男	1943 年 12 月
张文昌	临邑县临邑镇张密家村	35	男	1943 年 12 月
张文海	临邑县临邑镇张密家村	27	男	1943 年 12 月
邢兆文	临邑县邢侗街道办事处小邢家村	27	男	1943 年
庞德曹	临邑县临邑镇前庞村	26	男	1943 年
庞树章	临邑县临邑镇前庞村	29	男	1943 年
陈香林	临邑县临邑镇陈家村	26	男	1943 年
徐东升	临邑县临邑镇苏庙村	20	男	1943 年
杨　江	临邑县临邑镇宋家	28	男	1943 年
刘德修	临邑县林子镇刘家村	30	男	1943 年
王兆礼	临邑县临邑镇李元寨村	31	男	1943 年
王洪德	临邑县林子镇赵棒槌村	45	男	1943 年
孙保田	临邑县林子镇李元寨村	23	男	1943 年
李树田	临邑县林子镇郑家村	19	男	1943 年
郑春生	临邑县林子镇郑家村	23	男	1943 年
郑春芳	临邑县林子镇郑家村	27	男	1943 年
张进山	临邑县林子镇刘双槐村	28	男	1943 年
王春德	临邑县林子镇刘双槐村	25	男	1943 年

续表

姓名	籍贯	年龄	性别	死难时间
孙希圣	临邑县林子镇孙坡枣村	43	男	1943 年
李清云	临邑县林子镇河沟埃村	24	男	1943 年
王贵合	临邑县林子镇王凡村	16	男	1943 年
徐汝祥	临邑县林子镇徐店子村	21	男	1943 年
徐光顺	临邑县林子镇徐店子村	34	男	1943 年
王关荣	临邑县林子镇于家村	18	男	1943 年
明世杰	临邑县德平镇后明村	26	男	1943 年
郭建祥	临邑县德平镇斜家村	18	男	1943 年
廉富云	临邑县临邑镇后廉村	22	男	1943 年
李兰齐	临邑县临邑镇李耀明村	23	男	1943 年
李合忠	临邑县临邑镇李耀明村	23	男	1943 年
王　俊	临邑县孟寺镇中店村	27	男	1943 年
聂兴章	临邑县孟寺镇程家村	16	男	1943 年
宋新民	临邑县孟寺镇张六村	19	男	1943 年
马胜文	临邑县孟寺镇张六村	24	男	1943 年
杨明泉	临邑县临南镇马坡村	22	男	1943 年
张玉德	临邑县临南镇河沟村	27	男	1943 年
张银昌	临邑县临南镇清凉店村	28	男	1943 年
王守祥	临邑县临南镇清凉店村	28	男	1943 年
张齐昌	临邑县临南镇清凉店村	25	男	1943 年
赵光荣	临邑县临南镇郭家村	26	男	1943 年
赵富章	临邑县临南镇吴马村	25	男	1943 年
许本宗	临邑县兴隆镇季寨村	18	男	1943 年
王德月	临邑县临盘街道办事处刘庙村	30	男	1943 年
王延让	临邑县恒源街道办事处沙河村	23	男	1943 年
王春清	临邑县恒源街道办事处沙河村	19	男	1943 年
李　成	临邑县恒源街道办事处前八里村	20	男	1943 年
李世升	临邑县恒源街道办事处李官道村	25	男	1943 年
高连清	临邑县临盘街道办事处高相迁村	31	男	1943 年
陈　水	临邑县临盘街道办事处高相迁村	28	男	1943 年
王荣先	临邑县临盘街道办事处毕寨村	24	男	1943 年
李传家	临邑县邢侗街道办事处李稍户村	22	男	1943 年
刘希岳	临邑县邢侗街道办事处杨家村	24	男	1943 年
田振长	临邑县邢侗街道办事处田家村	22	男	1943 年

续表

姓 名	籍 贯	年 龄	性 别	死难时间
田家文	临邑县邢侗街道办事处田家村	19	男	1943 年
田家轩	临邑县邢侗街道办事处田家村	17	男	1943 年
张明芳	临邑县邢侗街道办事处田家村	26	男	1943 年
刘登俊	临邑县邢侗街道办事处赵湾村	21	男	1943 年
赵铁富	临邑县翟家乡郭家庙村	27	男	1943 年
各培礼	临邑县翟家乡解家村	66	男	1943 年
王希脏	临邑县翟家乡王舒耀村	65	男	1943 年
王泽民	临邑县翟家乡王舒耀村	38	男	1943 年
宫恩荣	临邑县翟家乡宫家村	22	男	1943 年
鲁振华	临邑县德平镇小刘家村	25	男	1943 年
田蓬恭	临邑县兴隆镇李家村	22	男	1943 年
杨芝祥	临邑县临盘街道办事处高相迁村	21	男	1943 年
赵金声	临邑县德平镇胡寨村	40	男	1943 年
胡可明	临邑县德平镇胡寨村	41	男	1943 年
胡玉良	临邑县德平镇胡寨村	18	男	1943 年
胡吉兴	临邑县德平镇胡寨村	66	男	1943 年
胡益俭	临邑县德平镇胡寨村	30	男	1943 年
胡九子	临邑县德平镇胡寨村	19	男	1943 年
赵云明	临邑县德平镇永兴庄村	39	男	1943 年
王敬海	临邑县德平镇王河头村	22	男	1943 年
王小黑	临邑县德平镇王河头村	26	男	1943 年
丁树香	临邑县德平镇丁家村	36	男	1943 年
刘佃成	临邑县德平镇丁家村	53	男	1943 年
侯清合	临邑县临南镇东双庙村	31	男	1943 年
张大朝	临邑县临南镇火把张村	43	男	1943 年
丁世富	临邑县临南镇后屯村	24	男	1943 年
王孟祥	临邑县临南镇东吕寨村	25	男	1943 年
王从祥	临邑县临南镇东吕寨村	26	男	1943 年
刘延举	临邑县理合乡孙镇村	30	男	1943 年
孙永胜	临邑县理合乡孙镇村	19	男	1943 年
孙广宪	临邑县理合乡孙镇村	24	男	1943 年
冯玉恩	临邑县临邑镇望楼村	23	男	1943 年
王兆礼	临邑县临邑镇李寨村	21	男	1943 年
王金升	临邑县兴隆镇张巨村	30	男	1943 年

续表

姓名	籍贯	年龄	性别	死难时间
王英福	临邑县兴隆镇张巨村	23	男	1943 年
代清田	临邑县兴隆镇代刘村	32	男	1943 年
鲁云行	临邑县兴隆镇田口村	24	男	1943 年
国保年	临邑县兴隆镇田口村	27	男	1943 年
赵梓柱	临邑县兴隆镇田口村	31	男	1943 年
唐风文	临邑县兴隆镇唐庙村	19	男	1943 年
韩玉成	临邑县林子镇韩家村	27	男	1943 年
郑光谭	临邑县林子镇赵龙岗村	22	男	1943 年
郑尖合	临邑县林子镇赵龙岗村	39	男	1943 年
刘玉科	临邑县林子镇河沟埃村	21	男	1943 年
张文玉	临邑县林子镇西吴楼村	24	男	1943 年
豆清涛	临邑县林子镇马寺村	60	男	1943 年
曹名江	临邑县林子镇曹寨村	20	男	1943 年
蒋正荣	临邑县孟寺镇荣家村	56	男	1943 年
蒋正同	临邑县孟寺镇蒋家村	42	男	1943 年
姜吉重	临邑县孟寺镇袁家村	22	男	1943 年
王清西	临邑县孟寺镇姚家村	48	男	1943 年
孙经福	临邑县临盘街道办事处营子村	25	男	1944 年 1 月
董振宗	临邑县邢侗街道办事处董家村	22	男	1944 年 2 月
李汉仁	临邑县孟寺镇大坊子村	27	男	1944 年 2 月
王富来	临邑县临邑镇四里庙村	63	男	1944 年 2 月
孙文恒	临邑县理合务乡孙天赐村	30	男	1944 年 2 月
孙家成	临邑县理合务乡孙天赐村	34	男	1944 年 2 月
杨成路	临邑县理合务乡孙天赐村	42	男	1944 年 2 月
孙镇林	临邑县理合务乡孙天赐村	27	男	1944 年 2 月
王相平	临邑县兴隆镇张巨家村	17	男	1944 年 2 月
张学文	临邑县临盘街道办事处卢坊村	21	男	1944 年 2 月
王希方	临邑县临南镇王楼村	24	男	1944 年 3 月
李明笃	临邑县兴隆镇彭家村	32	男	1944 年 3 月
郭丙臣	临邑县临盘街道办事处于寨村	24	男	1944 年 3 月
杜文林	临邑县临邑镇大郭家村	21	男	1944 年 3 月
董怀庆	临邑县临盘街道办事处洪寨村	33	男	1944 年 3 月
马先烈	临邑县临盘街道办事处明家村	23	男	1944 年 4 月
宋华亭	临邑县临盘街道办事处袁宋家	18	男	1944 年 4 月

续表

姓名	籍贯	年龄	性别	死难时间
孟宪升	临邑县邢侗街道办事处侯家村	20	男	1944年4月
梁文义	临邑县邢侗街道办事处侯家村	34	男	1944年4月
许衍宗	临邑县恒源街道办事处张油官	33	男	1944年4月
马修金	临邑县临盘街道办事处小马家村	16	男	1944年4月
杨俊子	临邑县临盘街道办事处大杨村	22	女	1944年4月
杨玉欢	临邑县临盘街道办事处大杨村	27	男	1944年4月
张乙福	临邑县临盘街道办事处孟寨村	15	男	1944年4月
王士奇	临邑县邢侗街道办事处王落户村	20	男	1944年5月
陶永茂	临邑县宿安乡三寨村	24	男	1944年5月
赵法顺	临邑县宿安乡小营村	22	男	1944年5月
李华章	临邑县孟寺镇南北庄村	22	男	1944年5月
郭本胜	临邑县孟寺镇王母店村	33	男	1944年5月
李富元	临邑县临南镇周徐村	23	男	1944年5月
马云山	临邑县临盘街道办事处薛家村	35	男	1944年5月
姜长法	临邑县恒源街道办事处夏胡同村	18	男	1944年5月
毕永河	临邑县临盘街道办事处关家村	19	男	1944年5月
张法敬	临邑县宿安乡大杨村	22	男	1944年6月
张文武	临邑县临南镇夏口街	23	男	1944年6月
张有部	临邑县临南镇牛毛徐村	21	男	1944年6月
赵佃清	临邑县兴隆镇马家村	34	男	1944年6月
马庆保	临邑县临盘街道办事处张寨村	24	男	1944年6月
万世元	临邑县德平镇万家村	20	男	1944年7月
王好山	临邑县孟寺镇营子村	21	男	1944年7月
孙德武	临邑县孟寺镇李官村	25	男	1944年7月
王富贵	临邑县临南镇夏口街	23	男	1944年7月
王玉泉	临邑县兴隆镇彭家	51	男	1944年7月
姜富寿	临邑县临盘街道办事处王良村	39	男	1944年7月
许本道	临邑县恒源街道办事处许家庙	20	男	1944年7月
孙五德	临邑县临盘街道办事处黑朱村	23	男	1944年7月
张学武	临邑县临盘街道办事处卢坊村	19	男	1944年7月
范景仁	临邑县邢侗街道办事处范家村	26	男	1944年8月
郝光才	临邑县林子镇东关道村	17	男	1944年8月
王　新	临邑县孟寺镇营子村	21	男	1944年8月
李彦成	临邑县孟寺镇郑家村	17	男	1944年8月

续表

姓 名	籍 贯	年 龄	性 别	死难时间
张光范	临邑县孟寺镇张家村	18	男	1944 年 8 月
宫效礼	临邑县孟寺镇宫家村	19	男	1944 年 8 月
李长庚	临邑县临盘街道办事处牛角店村	32	男	1944 年 8 月
王化中	临邑县临盘街道办事处孟寨村	25	男	1944 年 8 月
边清泉	临邑县临南镇边马村	20	男	1944 年 8 月
毕希荣	临邑县孟寺镇中店村	26	男	1944 年 9 月
杨俊杰	临邑县孟寺镇西店村	17	男	1944 年 9 月
孙富才	临邑县孟寺镇李官村	23	男	1944 年 9 月
王希峰	临邑县临南镇钟楼村	34	男	1944 年 9 月
毕彦治	临邑县临盘街道办事处毕寨村	32	男	1944 年 9 月
孙久元	临邑县临南镇钟楼村	21	男	1944 年 9 月
王振礼	临邑县兴隆镇王孝吴村	22	男	1944 年 9 月
朱德祖	临邑县兴隆镇王孝吴村	22	男	1944 年 9 月
王在昌	临邑县兴隆镇马家村	22	男	1944 年 9 月
任佃宝	临邑县邢侗街道办事处孙家洼村	18	男	1944 年 10 月
张宗礼	临邑县宿安乡耿楼村	22	男	1944 年 10 月
黄金兰	临邑县宿安乡刘寨村	20	男	1944 年 10 月
李汉文	临邑县孟寺镇大坊子村	21	男	1944 年 10 月
程善明	临邑县临南镇夏口街	19	男	1944 年 10 月
王相真	临邑县兴隆镇张巨家村	24	男	1944 年 10 月
戴连义	临邑县临盘街道办事处黄家村	20	男	1944 年 10 月
张明利	临邑县临盘街道办事处贺家村	20	男	1944 年 10 月
刘振坤	临邑县邢侗街道办事处机房村	32	男	1944 年 10 月
翟德华	临邑县临盘街道办事处翟家村	17	男	1944 年 10 月
秦同庆	临邑县兴隆镇马家村	17	男	1944 年 11 月
郑传俊	临邑县兴隆镇东袁村	21	男	1944 年 11 月
吴福子	临邑县临盘街道办事处南孙村	17	男	1944 年 11 月
曹志源	临邑县临盘街道办事处南孙村	29	男	1944 年 11 月
段希圣	临邑县临盘街道办事处曹店村	24	男	1944 年 11 月
宋云旗	临邑县宿安乡高辛庄村	24	男	1944 年 12 月
王富录	临邑县孟寺镇孙庵村	22	男	1944 年 12 月
刘文河	临邑县临邑镇中店村	32	男	1944 年 12 月
刘成江	临邑县临南镇刘双庙村	24	男	1944 年 12 月
苏贯杰	临邑县兴隆镇刘辛村	21	男	1944 年 12 月

续表

姓 名	籍 贯	年 龄	性 别	死难时间
梁凤岭	临邑县兴隆镇姜家村	37	男	1944 年 12 月
王贞祥	临邑县临盘街道办事处王寨村	21	男	1944 年 12 月
王树忠	临邑县临盘街道办事处三梭王村	29	男	1944 年 12 月
董振福	临邑县临盘街道办事处马寨村	20	男	1944 年 12 月
袁德林	临邑县临盘街道办事处孟家村	16	男	1944 年 12 月
庞吉学	临邑县临邑镇后庞村	22	男	1944 年
张方录	临邑县孟寺镇孟寺村	22	男	1944 年
朱文静	临邑县临邑镇季寨村	24	男	1944 年
朱维善	临邑县临邑镇季寨村	21	男	1944 年
朱兆义	临邑县临邑镇季寨村	22	男	1944 年
陈金明	临邑县临邑镇陈家村	17	男	1944 年
台吉尧	临邑县临邑镇陈家村	15	男	1944 年
姜连山	临邑县临邑镇李寨王楼村	24	男	1944 年
冯玉恩	临邑县临邑镇李寨王楼村	21	男	1944 年
张庆雷	临邑县临邑镇张家村	19	男	1944 年
苏桂俭	临邑县临邑镇苏家村	21	男	1944 年
时玉章	临邑县临邑镇陈庙村	28	男	1944 年
刘长宝	临邑县林子镇刘双庙村	21	男	1944 年
吴传孝	临邑县林子镇西吴楼村	29	男	1944 年
陈光明	临邑县林子镇刘双槐村	22	男	1944 年
郝义其	临邑县林子镇西郝村	26	男	1944 年
宋德和	临邑县林子镇宋家村	33	男	1944 年
朱保合	临邑县林子镇前管道村	37	男	1944 年
王永亮	临邑县林子镇马家寺村	25	男	1944 年
于兴谱	临邑县翟家乡后于村	29	男	1944 年
徐家明	临邑县翟家乡刘家村	23	男	1944 年
马维良	临邑县翟家乡东马村	30	男	1944 年
崔文林	临邑县德平镇蔡家村	25	男	1944 年
杨庆杰	临邑县临邑镇大郭村	31	男	1944 年
吴兆明	临邑县临邑镇吴家胡同村	18	男	1944 年
高立亭	临邑县临邑镇高家村	24	男	1944 年
石长明	临邑县临邑镇北石村	24	男	1944 年
杨延山	临邑县临南镇广旺庄	26	男	1944 年
王士善	临邑县临南镇白官庄	19	男	1944 年

续表

姓 名	籍 贯	年 龄	性 别	死难时间
芦庆恩	临邑县临南镇白官庄	22	男	1944 年
周书科	临邑县临南镇周道口村	15	男	1944 年
赵长华	临邑县临南镇李家庙村	18	男	1944 年
李修滨	临邑县临南镇李家庙村	19	男	1944 年
韩家振	临邑县临南镇郭家村	29	男	1944 年
郑守一	临邑县兴隆镇祁家村	23	男	1944 年
宋登芝	临邑县临邑镇国寨村	27	男	1944 年
陈学孟	临邑县临盘街道办事处洪寨村	23	男	1944 年
马忠恕	临邑县临南镇马乘黄村	17	男	1944 年
张廷钧	临邑县临南镇清凉店村	21	男	1944 年
张廷武	临邑县临南镇清凉店村	26	男	1944 年
张连芳	临邑县临南镇清凉店村	32	男	1944 年
许清林	临邑县兴隆镇季寨村	29	男	1944 年
马吉海	临邑县兴隆镇季寨村	19	男	1944 年
任玉印	临邑县兴隆镇季寨村	29	男	1944 年
杨遵善	临邑县兴隆镇纸坊村	23	男	1944 年
王吉顺	临邑县兴隆镇马家村	23	男	1944 年
郑廷林	临邑县临盘街道办事处郑家村	25	男	1944 年
曹天礼	临邑县恒源街道办事处曹家村	21	男	1944 年
李仁兰	临邑县恒源街道办事处李楼村	23	男	1944 年
孙凤臣	临邑县恒源街道办事处大孙家村	21	男	1944 年
李洪敏	临邑县恒源街道办事处草寺村	21	男	1944 年
王孝让	临邑县恒源街道办事处刘家村	18	男	1944 年
董培枝	临邑县临盘街道办事处洪寨村	29	男	1944 年
钟治修	临邑县临盘街道办事处前仓村	28	男	1944 年
任富山	临邑县临盘街道办事处任家村	19	男	1944 年
赵 芹	临邑县临邑镇赵家村	—	男	1944 年
郑克义	临邑县临盘街道办事处郑家村	21	男	1944 年
杨延武	临邑县临南镇广旺庄	26	男	1944 年
马香令	临邑县理合务乡田庵村	40	男	1944 年
杨书信	临邑县翟家乡前于村	25	男	1944 年
王佃发	临邑县临南镇王寨村	19	男	1944 年
刘玉合	临邑县临南镇王家村	—	男	1944 年
杨占德	临邑县临南镇王家村	23	男	1944 年

续表

姓 名	籍 贯	年 龄	性 别	死难时间
张遵青	临邑县临南镇火把张村	17	男	1944 年
石俊喜	临邑县临南镇石家村	18	男	1944 年
修家茹	临邑县临邑镇寇家村	14	女	1944 年
侯忠富	临邑县临盘街道办事处辛集村	20	男	1944 年
付花椒	临邑县临盘街道办事处段家村	30	男	1944 年
杨万友	临邑县临盘街道办事处曹店村	17	男	1944 年
赵凤吉	临邑县临盘街道办事处南赵村	33	男	1944 年
赵传德	临邑县临盘街道办事处南赵村	13	男	1944 年
杨凤才	临邑县兴隆镇南魏村	16	男	1944 年
张希振	临邑县兴隆镇苗屯村	22	男	1944 年
孙文利	临邑县兴隆镇化家村	33	男	1944 年
张新民	临邑县林子镇韩家村	27	男	1944 年
李登俊	临邑县林子镇龙岗村	23	男	1944 年
赵清西	临邑县林子镇龙岗村	28	男	1944 年
弭风德	临邑县林子镇弭家村	18	男	1944 年
弭义亮	临邑县林子镇弭家村	18	男	1944 年
弭风革	临邑县林子镇弭家村	19	男	1944 年
郭荣林	临邑县孟寺镇马保村	36	男	1944 年
王景乙	临邑县孟寺镇营子村	68	男	1944 年
潘利成	临邑县临盘街道办事处马寨村	19	男	1945 年 1 月
孙昭喜	临邑县孟寺镇李官村	19	男	1945 年 2 月
高怀山	临邑县宿安乡高辛庄村	35	男	1945 年 2 月
徐世贵	临邑县孟寺镇沙洼村	24	男	1945 年 2 月
李方臣	临邑县孟寺镇武家	34	男	1945 年 2 月
王德广	临邑县临盘街道办事处刘庙村	22	男	1945 年 2 月
刘玉信	临邑县临盘街道办事处刘庙村	23	男	1945 年 2 月
王念忠	临邑县临盘街道办事处杨家村	22	男	1945 年 2 月
刘维杰	临邑县临盘街道办事处小刘家村	33	男	1945 年 3 月
马保善	临邑县临盘街道办事处夏家村	21	男	1945 年 3 月
耿文礼	临邑县临盘街道办事处小刘家村	38	男	1945 年 3 月
王传治	临邑县临盘街道办事处李士府村	18	男	1945 年 3 月
刘维汤	临邑县邢侗街道办事处郭福斋	32	男	1945 年 3 月
曹久昌	临邑县宿安乡田家村	27	男	1945 年 3 月
张兴杰	临邑县宿安乡鲍家村	20	男	1945 年 3 月

续表

姓 名	籍 贯	年 龄	性 别	死难时间
王同范	临邑县临南镇王常村	21	男	1945 年 3 月
李志方	临邑县兴隆镇阎家村	28	男	1945 年 3 月
王长海	临邑县临盘街道办事处十二里庄村	20	男	1945 年 3 月
乔而校	临邑县临盘街道办事处后乔村	20	男	1945 年 3 月
马保善	临邑县临盘街道办事处夏家村	21	男	1945 年 3 月
肖杨连	临邑县临盘街道办事处肖家村	30	男	1945 年 3 月
肖成庆	临邑县临盘街道办事处肖家村	31	男	1945 年 3 月
孟宪治	临邑县孟寺镇孟寺村	24	男	1945 年 4 月
段心成	临邑县孟寺镇徐店村	40	男	1945 年 4 月
张乙福	临邑县临盘街道办事处孟寨村	20	男	1945 年 4 月
王安成	临邑县孟寺镇徐店村	30	男	1945 年 4 月
舒佃升	临邑县宿安乡宿安村	28	男	1945 年 4 月
王冲山	临邑县临邑镇李仙台村	25	男	1945 年 4 月
李春华	临邑县临南镇李集村	22	男	1945 年 4 月
袁成治	临邑县临盘街道办事处辛集村	17	男	1945 年 4 月
马富利	临邑县临盘街道办事处夏家村	23	男	1945 年 4 月
王延河	临邑县兴隆镇杨庙村	27	男	1945 年 5 月
王冲山	临邑县临邑镇李仙台村	24	男	1945 年 5 月
王世田	临邑县孟寺镇羊栏村	22	男	1945 年 5 月
蒋正杰	临邑县孟寺镇蒋家村	25	男	1945 年 5 月
朱光春	临邑县临南镇王寨村	21	男	1945 年 5 月
庞有道	临邑县兴隆镇高家村	30	男	1945 年 5 月
宋宗德	临邑县临盘街道办事处后宋村	20	男	1945 年 5 月
刘吉孔	临邑县兴隆镇化家村	24	男	1945 年 6 月
张光明	临邑县临盘街道办事处孟寨村	24	男	1945 年 6 月
高世富	临邑县邢侗街道办事处高庙村	25	男	1945 年 6 月
王士迁	临邑县邢侗街道办事处王落户村	23	男	1945 年 6 月
董万平	临邑县德平镇小刘家村	18	男	1945 年 6 月
赵立法	临邑县宿安乡三寨村	58	男	1945 年 6 月
营文选	临邑县临盘街道办事处南营村	22	男	1945 年 6 月
张成元	临邑县临盘街道办事处张北村	24	男	1945 年 6 月
李丙臣	临邑县临盘街道办事处周寨村	20	男	1945 年 6 月
王景贵	临邑县临盘街道办事处洪寨村	22	男	1945 年 6 月
高雪亭	临邑县临盘街道办事处高家村	19	男	1945 年 6 月

续表

姓 名	籍 贯	年 龄	性 别	死难时间
高志奎	临邑县邢侗街道办事处高庙村	23	男	1945 年 7 月
蔡得录	临邑县邢侗街道办事处糖坊村	25	男	1945 年 7 月
马文水	临邑县宿安乡田家村	20	男	1945 年 7 月
王俊岭	临邑县宿安乡田家村	37	男	1945 年 7 月
马树林	临邑县宿安乡田家村	25	男	1945 年 7 月
王俊山	临邑县宿安乡宿安村	19	男	1945 年 7 月
张其林	临邑县宿安乡徐楼村	25	男	1945 年 7 月
张其德	临邑县宿安乡徐楼村	25	男	1945 年 7 月
赵立吉	临邑县宿安乡大孟村	17	男	1945 年 7 月
郭永平	临邑县孟寺镇王母店	25	男	1945 年 7 月
张树良	临邑县孟寺镇王母店	27	男	1945 年 7 月
王光平	临邑县孟寺镇王书家	20	男	1945 年 7 月
刘长浩	临邑县孟寺镇刘家寨村	22	男	1945 年 7 月
王丕正	临邑县孟寺镇刘家寨村	21	男	1945 年 7 月
于佃美	临邑县临南镇李集村	38	男	1945 年 7 月
宁清福	临邑县翟家乡杨家村	27	男	1945 年 8 月
孙奉武	临邑县孟寺镇孙庵村	18	男	1945 年 8 月
孙常水	临邑县孟寺镇孙庵村	23	男	1945 年 8 月
孙凤吉	临邑县孟寺镇孙庵村	25	男	1945 年 8 月
张安界	临邑县孟寺镇被马村	25	男	1945 年 8 月
赵明银	临邑县孟寺镇赵家村	24	男	1945 年 8 月
陈光明	临邑县孟寺镇徐店村	22	男	1945 年 8 月
李富悦	临邑县临南镇周徐村	20	男	1945 年 8 月
张尚华	临邑县宿安乡张林村	23	男	1945 年 8 月
王清宫	临邑县临南镇王常村	31	男	1945 年 8 月
刘士义	临邑县临南镇夏口街	19	男	1945 年 8 月
白连奎	临邑县临南镇夏口街	26	男	1945 年 8 月
边香田	临邑县临南镇边马村	34	男	1945 年 8 月
安德治	临邑县兴隆镇侯家村	27	男	1945 年 8 月
王琛希	临邑县临盘街道办事处王郑村	18	男	1945 年 8 月
马忠清	临邑县临南镇马道口村	23	男	1945 年
李守田	临邑县临南镇于辛庄	20	男	1945 年
张荣富	临邑县临邑镇大郭村	30	男	1945 年
李殿山	临邑县临邑镇大郭村	31	男	1945 年

续表

姓 名	籍 贯	年 龄	性 别	死难时间
吴传和	临邑县林子镇西吴楼村	33	男	1945 年
杨成祥	临邑县兴隆镇东寨村	24	男	1945 年
王念群	临邑县恒源街道办事处沙河村	20	男	1945 年
滕守喜	临邑县恒源街道办事处滕寨村	22	男	1945 年
聂世尚	临邑县临南镇聂家村	20	男	1945 年
丁世福	临邑县临南镇后屯村	25	男	1945 年
谢文齐	临邑县兴隆镇张巨家村	23	男	1945 年
苗兴桂	临邑县邢侗街道办事处苗坊村	28	男	1945 年
钟玉周	临邑县临邑镇张法古村	22	男	1945 年
孙德才	临邑县临邑镇孙家村	33	男	1945 年
石文林	临邑县临邑镇燕家村	44	男	1945 年
李义安	临邑县林子镇李元寨	25	男	1945 年
张富武	临邑县林子镇西张村	38	男	1945 年
张杰春	临邑县林子镇东张村	25	男	1945 年
姜希山	临邑县林子镇刘三坡村	22	男	1945 年
张家东	临邑县林子镇刘三坡村	25	男	1945 年
王福科	临邑县林子镇马章寨村	30	男	1945 年
宋开义	临邑县林子镇马章寨村	23	男	1945 年
张秀山	临邑县林子镇刘双槐村	31	男	1945 年
曹明成	临邑县林子镇曹寨村	26	男	1945 年
王文同	临邑县林子镇韩家村	19	男	1945 年
李登亮	临邑县林子镇赵龙岗村	35	男	1945 年
朱修义	临邑县林子镇朱二歪村	21	男	1945 年
司佃清	临邑县翟家乡后屯村	29	男	1945 年
张怀敬	临邑县翟家乡前徐村	32	男	1945 年
李保元	临邑县翟家乡后吴村	56	男	1945 年
齐修礼	临邑县翟家乡杨家村	47	男	1945 年
单金升	临邑县德平镇于家村	22	男	1945 年
李才高	临邑县临邑镇石洼村	22	男	1945 年
刘纯喜	临邑县临邑镇刘道行村	21	男	1945 年
马增利	临邑县临邑镇刘道行村	22	男	1945 年
崔永康	临邑县临邑镇崔湾村	20	男	1945 年
杨清元	临邑县临邑镇大郭村	25	男	1945 年
石云申	临邑县临邑镇北石村	45	男	1945 年

续表

姓 名	籍 贯	年 龄	性 别	死难时间
李法新	临邑县孟寺镇神井村	24	男	1945 年
苏文奎	临邑县临南镇师杜村	28	男	1945 年
邢书德	临邑县临南镇王常村	22	男	1945 年
许春林	临邑县兴隆镇季寨村	17	男	1945 年
张春石	临邑县兴隆镇西寨村	20	男	1945 年
孙然金	临邑县临盘街道办事处贺家村	21	男	1945 年
刘秀宝	临邑县恒源街道办事处刘波海村	21	男	1945 年
范景统	临邑县孟寺镇范家楼村	25	男	1945 年
曹洪祯	临邑县翟家乡后屯村	25	男	1945 年
许传新	临邑县邢侗街道办事处西教场村	22	男	1945 年
苗福修	临邑县邢侗街道办事处苗坊村	22	男	1945 年
苗兴贵	临邑县邢侗街道办事处苗坊村	28	男	1945 年
许　墩	临邑县邢侗街道办事处邱许村	24	男	1945 年
邱　兴	临邑县邢侗街道办事处邱许村	23	男	1945 年
李庆贵	临邑县德平镇茄李村	36	男	1945 年
李希凤	临邑县德平镇茄李村	34	男	1945 年
宋长良	临邑县德平镇茄李村	32	男	1945 年
张书祥	临邑县临南镇火把张村	18	男	1945 年
石付海	临邑县临南镇石家村	21	男	1945 年
王甲弟	临邑县临邑镇李寨村	20	男	1945 年
常青河	临邑县临邑镇常寨村	21	男	1945 年
王延富	临邑县临盘街道办事处三王村	27	男	1945 年
王景贤	临邑县临盘街道办事处洪寨村	33	男	1945 年
宋连会	临邑县临盘街道办事处袁宋村	25	男	1945 年
宋俊治	临邑县临盘街道办事处袁宋村	30	男	1945 年
宋连金	临邑县临盘街道办事处袁宋村	22	男	1945 年
刘玉征	临邑县林子镇河沟埃村	30	男	1945 年
王长云	临邑县林子镇林子街	25	男	1945 年
吴丙业	临邑县林子镇东吴楼	31	男	1945 年
许元顺	临邑县林子镇王射斗村	26	男	1945 年
陈长香	临邑县孟寺镇徐店村	24	男	1945 年
陈长星	临邑县孟寺镇徐店村	20	男	1945 年
刘盛辉	临邑县孟寺镇前刘村	22	男	1945 年
朱吉德	临邑县临邑镇朱胡同村	55	男	1937 年

续表

姓 名	籍 贯	年 龄	性 别	死难时间
贾振海	临邑县临邑镇张法古村	40	男	1938 年
钟玉胜	临邑县临邑镇张法古村	20	男	1938 年
杨德青	临邑县临邑镇张法古村	39	男	1938 年
钟丙树	临邑县临邑镇张法古村	38	男	1938 年
朱世清	临邑县临邑镇朱胡同村	23	男	1938 年
王恩前	临邑县临盘街道办事处陈楼村	37	男	1939 年
赵梓前	临邑县兴隆镇田口村	38	男	1939 年
王栋山	临邑县兴隆镇田口村	30	男	1939 年
鲁云水	临邑县兴隆镇田口村	29	男	1939 年
朱广德	临邑县翟家乡北郑村	20	男	1939 年
奎　子	临邑县德平镇蔺家村	31	男	1939 年
堂　子	临邑县德平镇范家村	24	男	1939 年
刘金刚	临邑县孟寺镇前胡村	25	男	1941 年
菅管子	临邑县临盘街道办事处南赵村	20	男	1943 年
赵风良	临邑县临盘街道办事处南赵村	29	男	1943 年
杨安岗	临邑县德平镇杨六家村	27	男	1943 年
刘金刚	临邑县孟寺镇肖家村	47	男	1943 年
朱长海	临邑县临南镇朱楼村	24	男	1943 年
李文法	临邑县临邑镇大郭家村	21	男	1944 年 3 月
李长岭	临邑县临邑镇大郭家村	16	男	1944 年 5 月
李新亭	临邑县临邑镇大郭家村	19	男	1944 年 5 月
郑传成	临邑县临盘街道办事处钟王村	25	男	1944 年
王　治	临邑县临盘街道办事处姜坊子村	27	男	1944 年 11 月
姜佃宝	临邑县临盘街道办事处姜坊子村	25	男	1944 年 11 月
吴传治	临邑县临盘街道办事处姜坊子村	25	男	1944 年 11 月
姜文德	临邑县临盘街道办事处姜坊子村	23	男	1944 年 11 月
姜志田	临邑县临盘街道办事处姜坊子村	20	男	1944 年 11 月
姜保瑞	临邑县临盘街道办事处姜坊子村	35	男	1944 年 11 月
杨华堂	临邑县临盘街道办事处姜坊子村	33	男	1944 年 11 月
想　妮	临邑县临盘街道办事处姜坊子村	35	女	1944 年 11 月
徐佃华	临邑县临盘街道办事处姜坊子村	40	男	1944 年 11 月
姜全章	临邑县临盘街道办事处姜坊子村	27	男	1944 年 11 月
姜德田	临邑县临盘街道办事处姜坊子村	28	男	1944 年 11 月
姜明章	临邑县临盘街道办事处姜坊子村	22	男	1944 年 11 月

续表

姓名	籍贯	年龄	性别	死难时间
姜保吉	临邑县临盘街道办事处姜坊子村	30	男	1944 年 11 月
姜振武	临邑县临盘街道办事处姜坊子村	31	男	1944 年 11 月
姜保林	临邑县临盘街道办事处姜坊子村	26	男	1944 年 11 月
姜桂田	临邑县临盘街道办事处姜坊子村	25	男	1944 年 11 月
姜丙武	临邑县临盘街道办事处姜坊子村	34	男	1944 年 11 月
姜明田	临邑县临盘街道办事处姜坊子村	29	男	1944 年 11 月
姜银堂	临邑县临盘街道办事处姜坊子村	30	男	1944 年 11 月
姜振本	临邑县临盘街道办事处姜坊子村	21	男	1944 年 11 月
张　俭	临邑县临盘街道办事处姜坊子村	20	男	1944 年 11 月
张金祥	临邑县临盘街道办事处姜坊子村	33	男	1944 年 11 月
姜保信	临邑县临盘街道办事处姜坊子村	24	男	1944 年 11 月
姜成章	临邑县临盘街道办事处姜坊子村	33	男	1944 年 11 月
姜佃杰	临邑县临盘街道办事处姜坊子村	27	男	1944 年 11 月
姜保珍	临邑县临盘街道办事处姜坊子村	28	男	1944 年 11 月
姜金田	临邑县临盘街道办事处姜坊子村	23	男	1944 年 11 月
姜玉田	临邑县临盘街道办事处姜坊子村	22	男	1944 年 11 月
毕寿山	临邑县临盘街道办事处姜坊子村	26	男	1944 年 11 月
姜保垒	临邑县临盘街道办事处姜坊子村	24	男	1944 年 11 月
姜全章	临邑县临盘街道办事处姜坊子村	23	男	1944 年 11 月
姜保深	临邑县临盘街道办事处姜坊子村	22	男	1944 年 11 月
姜兴田	临邑县临盘街道办事处姜坊子村	27	男	1944 年 11 月
乔振银	临邑县临盘街道办事处姜坊子村	28	男	1944 年 11 月
合　计	**1107**			

负责人：陈德芳　张尚波　　核实人：代全红　来登利　　填表人：代全红

填报单位（签章）：临邑县委党史研究室　　填报时间：2009 年 5 月

平原县抗日战争时期死难者名录

姓名	籍贯	年龄	性别	死难时间
颜景冉	平原县前曹镇前李	41	男	1937年10月
高　信	平原县三唐乡曲六店	34	男	1937年10月26日
冯　义	平原县三唐乡曲六店	32	男	1937年10月26日
管成汇	平原县三唐乡曲六店	32	男	1937年10月26日
张法周	平原县三唐乡曲六店	19	男	1937年10月26日
岳佃甲	平原县三唐乡曲六店	50	男	1937年9月26日
岳佃禹	平原县三唐乡曲六店	45	男	1937年10月26日
郭友波	平原县三唐乡曲六店	52	男	1937年10月26日
郭友波之妻	平原县三唐乡曲六店	48	女	1937年10月26日
梁德贵	平原县三唐乡曲六店	51	男	1937年10月26日
宋佩仁	平原县三唐乡曲六店	54	男	1937年10月26日
宋成立	平原县三唐乡曲六店	49	男	1937年10月26日
岳富贵	平原县三唐乡曲六店	33	男	1937年10月26日
小黑子	平原县三唐乡曲六店	17	男	1937年10月26日
管士荣	平原县三唐乡曲六店	36	男	1937年10月26日
管小六	平原县三唐乡曲六店	21	男	1937年10月26日
张洪玉	平原县三唐乡曲六店	29	男	1937年9月26日
胡振奎	平原县三唐乡官道孙	27	男	1937年9月26日
胡振江之子	平原县三唐乡官道孙	8	男	1937年9月26日
李　珍	平原县三唐乡官道孙	26	男	1937年10月26日
王凤格	平原县经济开发区赵家湾	31	男	1937年10月
张　三	平原县经济开发区赵家湾	58	男	1937年10月
张孟臣	平原县经济开发区赵家湾	34	男	1937年10月
李荣祥	平原县经济开发区前姚	49	男	1937年10月
刘店升	平原县经济开发区邓庄	62	男	1937年10月
张明湖	平原县王杲铺镇看水村	60	男	1937年9月
于金亭	平原县恩城镇南北铁匠	—	男	1937年10月
王家女之子	平原县王杲铺镇梅家口	30	男	1937年10月26日
王兴远	平原县王杲铺镇梅家口	40	男	1937年10月26日
王兴远之子	平原县王杲铺镇梅家口	20	男	1937年10月26日
冯连升	平原县王杲铺镇梅家口	42	男	1937年10月26日

续表

姓名	籍贯	年龄	性别	死难时间
冯连升之子	平原县王杲铺镇梅家口	18	男	1937年10月26日
宋金庆	平原县王杲铺镇梅家口	18	男	1937年10月26日
刘文宅	平原县经济开发区邓庄	65	男	1937年10月
赵保臣	平原县经济开发区邓庄	70	男	1937年10月
赵保臣之妻	平原县经济开发区邓庄	69	女	1937年10月
赵保林之妻	平原县经济开发区邓庄	53	女	1937年10月
赵清田	平原县经济开发区邓庄	75	男	1937年10月
刘文达之妻	平原县经济开发区邓庄	60	女	1937年10月
姚吉孔	平原县恩城镇南邹庄	30	男	1937年11月
邹绍木	平原县恩城镇南邹庄	29	男	1937年11月
张文友	平原县经济开发区三里杨	56	男	1937年12月
冯金纯	平原县三唐乡冯庄	—	男	1937年
冯金合	平原县三唐乡冯庄	23	男	1937年
冯金元	平原县三唐乡冯庄	30	男	1937年
胖　头	平原县三唐乡王尹庄	38	女	1937年
张洪木之妻	平原县三唐乡冯庄	38	女	1937年
张洪彬	平原县三唐乡王尹庄	—	男	1937年
王金海	平原县王凤楼镇王河沟村	21	男	1937年
李付录	平原县王凤楼镇后何寺村	51	男	1937年
李成德	平原县王凤楼镇后何寺村	22	男	1937年
李成达	平原县王凤楼镇后何寺村	20	男	1937年
李成孝	平原县王凤楼镇后何寺村	16	男	1937年
刘洪庆	平原县前曹镇前李	42	男	1937年
冯金成	平原县三唐乡冯庄	20	男	1937年
杜香亭	平原县三唐乡梁庄	30	男	1943年
赵树文	平原县三唐乡小刘庄	52	男	1937年
赵孙氏	平原县三唐乡小刘庄	29	女	1939年
胡佃勇	平原县三唐乡西孙	47	男	1938年9月
刘丛虎	平原县三唐乡官道王	56	男	1937年9月
王秀德	平原县三唐乡官道王	60	男	1937年9月
杨　氏	平原县三唐乡北杨	32	女	1938年9月
赵洪元	平原县三唐乡小刘庄	26	男	1937年
冯玉良	平原县三唐乡冯庄	—	男	1937年
李成孝	平原县王凤楼镇后何堂村	36	男	1937年

续表

姓 名	籍 贯	年 龄	性 别	死难时间
崔吉臣	平原县坊子乡油坊村	26	男	1937 年
崔文兴	平原县坊子乡油坊村	27	男	1937 年
崔丰石	平原县坊子乡油坊村	26	男	1937 年
张希银	平原县坊子乡张仁村	16	男	1937 年
崔心顺	平原县坊子乡东崔村	30	男	1937 年
杜有林	平原县经济开发区马庄	30	男	1937 年
荆宝田之祖母	平原县经济开发区马庄	70	女	1937 年
张家年	平原县王打卦乡前寺	28	男	1937 年
刘柱子	平原县王庙镇刘环	23	男	1937 年
二 妮	平原县王庙镇刘环	—	女	1937 年
李维奎	平原县王庙镇刘环	—	男	1937 年
张长祥	平原县王庙镇刘环	—	男	1937 年
杜文忠	平原县王庙镇李寨	39	男	1937 年
李来福	平原县王庙镇李寨	39	男	1937 年
郑从岭	平原县王杲铺镇董路口	—	男	1937 年
张洪喜	平原县经济开发区东朱	31	男	1938 年 9 月
崔学礼	平原县三唐乡崔家庙村	60	男	1938 年 5 月
崔志忠	平原县三唐乡崔家庙村	19	男	1937 年 10 月
张 氏	平原县三唐乡张言村	52	女	1938 年 4 月
祁少思	平原县三唐乡张言村	63	男	1938 年 3 月
祁 氏	平原县三唐乡张言村	23	女	1938 年 3 月
赵连友之妻	平原县三唐乡张言村	33	女	1938 年 3 月
刘曰庆	平原县三唐乡张言村	30	男	1938 年 4 月
王洪木	平原县三唐乡王东泉	22	男	1942 年 3 月
宋清香	平原县三唐乡白庄	—	女	1938 年 3 月
小 玉	平原县三唐乡白庄	—	女	1938 年 3 月
兴 杆	平原县三唐乡白庄	—	男	1938 年 3 月
孙连明	平原县三唐乡白庄	—	男	1938 年 3 月
孙晓丫	平原县三唐乡白庄	—	女	1938 年 3 月
张洪顺	平原县三唐乡白庄	—	男	1938 年 4 月 20 日
宋 ×	平原县三唐乡白庄	38	男	1938 年 4 月 20 日
宋×之妻	平原县三唐乡白庄	39	女	1938 年 4 月 20 日
宋×之子	平原县三唐乡白庄	8	男	1938 年 4 月 20 日
孙连明之女	平原县三唐乡王尹庄	—	女	1938 年 4 月 20 日

续表

姓 名	籍 贯	年 龄	性 别	死难时间
张洪彬	平原县三唐乡王尹庄	33	男	1938 年 3 月
张洪训	平原县三唐乡白庄	29	男	1938 年 3 月
张洪月之妻	平原县三唐乡白庄	20	女	1938 年 3 月
张清云	平原县三唐乡张言村	50	男	1938 年 4 月 20 日
张清云之妻	平原县三唐乡张言村	—	女	1938 年 4 月 20 日
张清云之子	平原县三唐乡张言村	—	男	1938 年 4 月 20 日
张晓良	平原县三唐乡张言村	11	男	1938 年 4 月
李相臣	平原县三唐乡苇子园	—	男	1938 年 3 月
刘月庆之妻	平原县三唐乡张言村	30	女	1938 年 3 月 20 日
刘月庆之岳母	平原县三唐乡张言村	60	女	1938 年 4 月 20 日
刘月庆之弟	平原县三唐乡张言村	—	男	1938 年 4 月 20 日
张伍辰	平原县三唐乡张言村	21	男	1938 年 4 月 20 日
孙连喜之女	平原县三唐乡白庄	20	女	1938 年 3 月 20 日
张洪元	平原县三唐乡白庄	31	男	1938 年 3 月 20 日
冯程子	平原县三唐乡白庄	36	男	1938 年 3 月 20 日
张洪木之妻	平原县三唐乡白庄	30	女	1938 年 3 月 20 日
牛来香	平原县王庙镇大牛	40	男	1938 年 4 月
牛兴茂	平原县王庙镇大牛	42	男	1938 年 4 月
李连仲	平原县前曹镇南油坊	41	男	1938 年 4 月
颜世河	平原县前曹镇前李	16	男	1938 年 7 月
崔万升	平原县坊子镇东崔村	32	男	1938 年 7 月
于李氏	平原县王杲铺镇于庄	51	女	1937 年 8 月
高德利	平原县张华镇高沟村	58	男	1938 年 9 月
高德新	平原县张华镇高沟村	60	男	1938 年 9 月
崔云亭之妻	平原县坊子镇东崔村	35	女	1938 年 9 月
张喜富	平原县坊子镇东崔村	60	男	1938 年 9 月
刘同春	平原县张华镇卜吉柳村	34	男	1938 年 10 月
柳呈文	平原县腰站镇柳庄村	30	男	1938 年
董望发	平原县王凤楼镇李大鼻村	54	男	1938 年
李万成之父	平原县王凤楼镇李大鼻村	71	男	1938 年
房圣奎	平原县王庙镇房庄	—	男	1938 年
邹明祥	平原县王凤楼镇化庄村	26	男	1938 年
董望录	平原县王凤楼镇李大鼻村	70	男	1938 年
二臭子	平原县王凤楼镇李大鼻村	29	男	1938 年

续表

姓 名	籍 贯	年 龄	性 别	死难时间
李玉和	平原县王凤楼镇李大鼻村	53	男	1938 年
张清山之父	平原县王凤楼镇李大鼻村	69	男	1938 年
宋金邦	平原县三唐乡宋庄	40	男	1938 年
宋玉祥	平原县三唐乡宋庄	—	男	1938 年
冯喜孟	平原县三唐乡冯庄	60	男	1937 年
张金堂	平原县三唐乡曲六店	28	男	1938 年
张金池	平原县三唐乡曲六店	30	男	1938 年 10 月
王恩祥	平原县三唐乡官道王	23	男	1938 年 10 月
胡振江	平原县三唐乡西孙	25	男	1938 年
曹富林	平原县前曹镇后曹	24	男	1937 年 9 月
曹光珍	平原县前曹镇后曹	25	男	1939 年
宝程子	平原县三唐乡白庄	27	男	1938 年 4 月 20 日
张金斗	平原县三唐乡白庄	23	男	1938 年 4 月 20 日
赵二爷	平原县王凤楼镇李大鼻村	72	男	1938 年
赵传贤	平原县王凤楼镇赵河沟村	47	男	1938 年
王金堂	平原县王凤楼镇王河沟村	36	男	1938 年
柳洪田	平原县腰站镇柳庄村	32	男	1938 年
孙学莲	平原县前曹镇隋庄	19	男	1938 年
米德昌	平原县腰站镇沙庄村	36	男	1938 年
雷希彦	平原县腰站镇北街村	19	男	1938 年
周学和	平原县腰站镇东韩营村	19	男	1938 年
李长申	平原县张华镇高沟村	—	男	1938 年
韩兆增	平原县张华镇韩庄村	40	男	1938 年
韩振富	平原县张华镇韩庄村	50	男	1938 年
王清普	平原县张华镇皮张村	30	男	1938 年
高 顺	平原县张华镇东高村	30	男	1939 年
辛希海	平原县张华镇大崔村	37	男	1938 年
张长勤	平原县坊子乡张仁村	22	男	1938 年
王月田	平原县坊子乡张仁村	21	男	1938 年
李士珍	平原县坊子乡后亭子村	23	男	1943 年
李士明	平原县坊子乡后亭子村	22	男	1941 年
王展星	平原县坊子乡西仓村	16	男	1940 年
王玉春	平原县坊子乡西仓村	8	男	1938 年
王代春	平原县坊子乡西仓村	18	男	1938 年

续表

姓 名	籍 贯	年 龄	性 别	死难时间
曲长路之母	平原县坊子乡西仓村	35	男	1938 年
王展柱	平原县坊子乡西仓村	14	男	1938 年
曲长征	平原县坊子乡西仓村	35	男	1938 年
曲长征之子	平原县坊子乡西仓村	14	男	1938 年
王荣春	平原县坊子乡西仓村	20	男	1938 年
刘占华	平原县坊子乡西仓村	22	男	1938 年
刘振祥	平原县坊子乡西仓村	18	男	1938 年
王展堂	平原县坊子乡西仓村	84	男	1939 年
范忠杰	平原县坊子乡东仓村	37	男	1943 年
蒋振军	平原县经济开发区蒋庄	37	男	1938 年
张曰昌	平原县王打卦乡夏家口	—	男	1938 年
张云亭	平原县王打卦乡肖家牌	20	男	1938 年
张振铎	平原县王打卦乡肖家牌	22	男	1938 年
陈方春	平原县王打卦乡郭家堂	26	男	1938 年
印长水	平原县王庙镇袁庄	12	男	1938 年
陈明铜	平原县王庙镇办北陈	11	男	1938 年
刘风岱	平原县王庙镇苏刘	—	男	1938 年
小恩县	平原县王庙镇苏刘	—	男	1938 年
流　水	平原县王庙镇刘环	—	男	1938 年
付　鱼	平原县王庙镇刘环	—	男	1938 年
相士夸	平原县王庙镇相庄	—	男	1938 年
肖金山	平原县恩城镇北铁匠	20	男	1938 年
刘风来	平原县王杲铺镇杨文村	60	男	1938 年
王大付	平原县王杲铺镇刘德	—	男	1938 年
王张氏	平原县王杲铺镇刘德	—	女	1938 年
刘左子	平原县王杲铺镇刘德	—	男	1938 年
刘长山之父	平原县王杲铺镇刘德	—	男	1938 年
冯振奇	平原县王杲铺镇梅家口	27	男	1937 年
崔吉德	平原县王杲铺镇崔家坊	28	男	1938 年
崔武昌	平原县王杲铺镇崔家坊	40	男	1938 年
谭墨行	平原县桃园办事处后三村	40	男	1939 年 3 月
谭墨行之妻	平原县桃园办事处后三村	40	女	1939 年 3 月
肖连庆	平原县桃园办事处李府	—	男	1939 年 3 月
李天龙	平原县王打卦乡南刘	23	男	1939 年 3 月

续表

姓 名	籍 贯	年 龄	性 别	死难时间
周书桢	平原县腰站镇前槐村	19	男	1939 年 4 月
李文田	平原县经济开发区前姚	24	男	1939 年 6 月
潘振福	平原县前曹镇鸣鸡店	15	男	1939 年 10 月
张春举	平原县前曹镇鸣鸡店	23	男	1939 年 10 月
大 祥	平原县张华镇皮张村	30	男	1939 年 10 月
王桂兰	平原县坊子乡东崔村	27	男	1939 年 10 月
耿展祥	平原县坊子乡东崔村	30	男	1939 年 10 月
刘希文	平原县张华镇大陈村	30	男	1939 年 11 月
毛廷辉	平原县前曹镇刘双槐	45	男	1939 年
张先宁	平原县前曹镇尹屯	39	男	1939 年
马道平	平原县前曹镇尹屯	33	男	1939 年
胡旺奎	平原县三唐乡西孙	52	男	1938 年 9 月
刘保全	平原县腰站镇北街村	18	男	1939 年
周玉喜	平原县腰站镇后槐村	19	男	1939 年
陈宝善	平原县腰站镇郭庄村	18	男	1939 年
王小泽	平原县腰站镇西街村	18	男	1939 年
耿安仁	平原县腰站镇北张村	19	男	1939 年
李友仁	平原县腰站镇小李村	41	男	1939 年
仲长河	平原县张华镇黄庄村	28	男	1939 年
郑长年	平原县坊子乡庞庄村	34	男	1939 年
崔建会	平原县坊子乡油坊村	23	男	1939 年
任善文	平原县坊子乡张仁村	23	男	1939 年
耿玉科	平原县坊子乡后耿村	61	男	1939 年
耿善剑	平原县坊子乡后耿村	57	男	1939 年
全根子	平原县坊子乡后耿村	17	男	1939 年
王克信	平原县坊子乡红庙村	25	男	1939 年
王清路	平原县坊子乡红庙村	27	男	1939 年
徐春长	平原县王打卦乡肖家牌	36	男	1939 年
李 辰	平原县王庙镇后杠子李	39	男	1939 年
谭荣勤	平原县桃园办事处二分	28	男	1939 年
任继文	平原县桃园办事处李炉	40	男	1939 年
韩洪庆	平原县桃园办事处韩庄	23	男	1939 年
侯洪河	平原县王打卦乡南侯	21	男	1939 年
侯东水	平原县王打卦乡南侯	21	男	1939 年

续表

姓 名	籍 贯	年 龄	性 别	死难时间
侯振刚	平原县王打卦乡南侯	22	男	1939 年
侯连池	平原县王打卦乡南侯	28	男	1939 年
王宗海	平原县王打卦乡夏家口	—	男	1939 年
李宝林	平原县王打卦乡仲庄	25	男	1939 年
苏金祥	平原县王庙镇苏庄	17	男	1939 年
展会兰	平原县恩城镇南展庄	22	男	1939 年
于保才	平原县恩城镇南东台	22	男	1939 年
陈中全	平原县恩城镇南东台	23	男	1939 年
赵恩亮	平原县恩城镇南东台	21	男	1939 年
双合子	平原县龙门办事处宋家场	—	男	1939 年
小收子	平原县龙门办事处宋家场	—	男	1939 年
刘青棋	平原县龙门办事处宋家场	—	男	1939 年
崔　氏	平原县龙门办事处东崔	40	女	1939 年
李登奎	平原县龙门办事处赵庄	45	男	1939 年
宋成美	平原县前曹镇鸣鸡店	25	男	1940 年 1 月
相付常	平原县张华镇相庄村	40	男	1942 年 4 月
田付贵	平原县桃园办事处李府	—	男	1940 年 10 月
孙洪山	平原县桃园办事处饮马店	—	男	1940 年 10 月
赵金池	平原县桃园办事处赵岳	31	男	1940 年 10 月
谭量行	平原县桃园办事处二分	47	男	1940 年 10 月
李开香	平原县张华镇李申庄村	60	男	1940 年 10 月
肖龙俊	平原县龙门办事处督府营	12	男	1940 年 10 月
小春子	平原县坊子乡后耿村	20	男	1943 年
王春华	平原县王打卦乡夏家口	23	男	1943 年
韩庆辅	平原县桃园办事处韩庄	24	男	1940 年
宋文武	平原县桃园办事处李府	—	男	1939 年 3 月
高铁牛	平原县张华镇东高村	24	男	1940 年
刘洪秀	平原县前曹镇前李	11	男	1940 年
刘孙氏	平原县前曹镇前李	31	女	1940 年
毛长水	平原县前曹镇刘双槐	23	男	1940 年
白志玉	平原县前曹镇西马庄	28	男	1940 年
麻红水	平原县前曹镇南麻村	24	男	1940 年
韩长更	平原县前曹镇小韩村	35	男	1940 年
刘曰仁	平原县前曹镇后林	9	男	1940 年

续表

姓 名	籍 贯	年 龄	性 别	死难时间
姚汝秋	平原县王凤楼镇马务村	25	男	1940 年
陈学信	平原县王凤楼镇马务村	—	男	1940 年
陈学美之妹	平原县王凤楼镇马务村	—	女	1940 年
郝道珍	平原县王凤楼镇马务村	—	男	1940 年
柳立海	平原县腰站镇柳庄村	10	男	1940 年
周永贵	平原县腰站镇北街村	25	男	1940 年
相付常	平原县张华镇南白村	—	男	1940 年
四嘎子	平原县张华镇东高村	24	男	1940 年
高金生	平原县张华镇东高村	25	男	1940 年
高全喜	平原县张华镇东高村	26	男	1940 年
黄胜林	平原县张华镇黄庄村	22	男	1940 年
王二小子	平原县坊子乡付庄村	18	男	1940 年
李金桥	平原县坊子乡前亭子村	20	男	1940 年
王文庆	平原县坊子乡张仁村	22	男	1940 年
王桂春	平原县坊子乡西仓村	18	男	1938 年
郭荣喜	平原县坊子乡红庙村	24	男	1940 年
王凤升	平原县坊子乡红庙村	26	男	1940 年
王光岩	平原县坊子乡红庙村	28	男	1940 年
朱希恩	平原县经济开发区姚居	28	男	1944 年
徐明街	平原县经济开发区董坡	—	男	1940 年
徐明海	平原县经济开发区董坡	—	男	1940 年
徐大河	平原县经济开发区董坡	—	男	1940 年
徐连可	平原县经济开发区董坡	—	男	1940 年
徐明云	平原县经济开发区董坡	—	男	1940 年
徐殿亮	平原县经济开发区董坡	—	男	1940 年
徐丰同	平原县经济开发区董坡	—	男	1940 年
徐连富	平原县经济开发区董坡	—	男	1940 年
刘玉山	平原县桃园办事处前屯	29	男	1940 年
迟宝珍	平原县桃园办事处迟庄	21	男	1940 年
张春阳	平原县王打卦乡夏家口	—	男	1940 年
张大端	平原县王打卦乡夏家口	—	男	1940 年
王小宏	平原县王打卦乡夏家口	23	男	1940 年
徐金臣	平原县王打卦乡王打卦	32	男	1940 年
王春寿	平原县王打卦乡王打卦	28	男	1940 年

续表

姓 名	籍 贯	年 龄	性 别	死难时间
刘文廷	平原县王打卦乡郭家堂	25	男	1940 年
李宗昌	平原县王打卦乡庄科	24	男	1940 年
常青友	平原县王庙镇常庄	24	男	1940 年
李富金	平原县王庙镇后李	49	男	1940 年
王有温	平原县恩城镇南王庄	—	男	1940 年
王化岭	平原县恩城镇南王庄	—	男	1940 年
王有训	平原县恩城镇南王庄	—	男	1940 年
王吉庆	平原县恩城镇南王庄	—	男	1940 年
王有德	平原县恩城镇南王庄	—	男	1940 年
王有敏	平原县恩城镇南王庄	—	男	1940 年
阎士安	平原县王大卦乡闫庄	24	男	1940 年
崔稀田	平原县龙门办事处北街	63	男	1940 年
王润声	平原县龙门办事处炉坊	—	男	1940 年
小狗子	平原县龙门办事处郑庄	—	男	1940 年
小喜欢子	平原县龙门办事处郑庄	—	男	1940 年
张春山	平原县龙门办事处莲花池	23	男	1940 年
辛桂荣	平原县龙门办事处莲花池	41	男	1940 年
辛桂山	平原县龙门办事处莲花池	39	男	1940 年
李金铎	平原县王杲铺镇于庄	31	男	1940 年
董茂丰	平原县王杲铺镇胡庄村	65	男	1940 年
李连成	平原县经济开发区张家营	75	男	1941 年 7 月
张孟坤	平原县经济开发区张家营	—	男	1941 年 7 月
刘金玉	平原县经济开发区五里屯	32	男	1942 年 7 月
赵怀文	平原县王凤楼镇王付廷村	23	男	1941 年 12 月
朱灯甲	平原县前曹镇宫徐	29	男	1941 年
杨东为	平原县前曹镇宫徐	23	男	1941 年
李玉山	平原县前曹镇鸣鸡店	19	男	1941 年
马凤春	平原县前曹镇西马庄	30	男	1941 年
韩月荣	平原县前曹镇韩道口	21	男	1941 年
李　珍	平原县三唐乡后郑	23	男	1938 年 9 月
李吉成	平原县王凤楼镇马务村	27	男	1941 年
李去成	平原县王凤楼镇马务村	—	男	1941 年
马清河之母	平原县王凤楼镇马务村	—	女	1941 年
马清河	平原县王凤楼镇马务村	24	男	1941 年

续表

姓 名	籍 贯	年 龄	性 别	死难时间
张学里	平原县腰站镇西韩村	32	男	1941 年
张学圣	平原县腰站镇西韩村	33	男	1941 年
郝方春	平原县腰站镇西韩村	33	男	1941 年
周付山	平原县腰站镇东韩村	23	男	1941 年
周玉文	平原县腰站镇东韩村	23	男	1941 年
韩子明	平原县腰站镇韩庄村	19	男	1941 年
姚圣州	平原县张华镇姚庄村	45	男	1941 年
陈　宝	平原县张华镇小陈村	40	男	1941 年
吴　岭	平原县张华镇李申庄村	50	男	1941 年
吴长河	平原县张华镇李申庄村	38	男	1941 年
吴长道	平原县张华镇李申庄村	47	男	1941 年
李金福	平原县张华镇李申庄村	40	男	1941 年
小牛子	平原县张华镇皮张村	12	男	1941 年
马明杰	平原县恩城镇南马庄	—	男	1941 年
李振明	平原县恩城镇南马庄	—	男	1941 年
于观海	平原县恩城镇南陈营	—	男	1941 年
刘河平	平原县恩城镇南大庄	—	男	1941 年
邹绍功	平原县恩城镇南邹庄	—	男	1941 年
姚子祥	平原县恩城镇南邹庄	—	男	1941 年
刘 × ×	平原县张华镇何庙村	—	女	1941 年
王金生之妻侄女	平原县张华镇郝堂村	20	女	1941 年
希　和	平原县张华镇郝堂村	20	男	1941 年
张　三	平原县张华镇郝堂村	20	男	1941 年
姜云河	平原县张华镇姜集村	22	男	1941 年
刘付顺	平原县龙门办事处北街	—	男	1941 年
王付胜	平原县龙门办事处北街	—	男	1941 年
赵韩章	平原县张华镇南赵村	—	男	1941 年
李爱成	平原县张华镇南赵村	—	男	1941 年
赵议章	平原县张华镇南赵村	—	男	1941 年
杜文田	平原县经济开发区杜家楼	84	男	1941 年
杜传智	平原县经济开发区杜家楼	82	男	1941 年
韩庆河	平原县桃园办事处韩庄	29	男	1941 年
李学山	平原县王打卦乡管庄	50	男	1941 年
王刘代	平原县王打卦乡夏家口	—	男	1941 年

续表

姓名	籍贯	年龄	性别	死难时间
管汉文	平原县王打卦乡管庄	50	男	1941 年
李云峰	平原县王庙镇李庄	28	男	1941 年
李希山	平原县王庙镇李庄	16	男	1941 年
李代山	平原县王庙镇李庄	14	男	1941 年
李相堂	平原县王庙镇李庄	25	男	1941 年
李清喜	平原县王庙镇李庄	22	男	1941 年
李　庄	平原县王庙镇李庄	58	男	1941 年
李玉生	平原县王庙镇李庄	50	男	1941 年
李向河	平原县王庙镇李庄	61	男	1941 年
李清辉	平原县王庙镇李庄	62	男	1941 年
李向代	平原县王庙镇李庄	34	男	1941 年
李云岚	平原县王庙镇李庄	30	男	1941 年
王学芝	平原县龙门办事处北街	—	男	1940 年
张开亮之妻	平原县王凤楼镇孙士麻村	24	女	1942 年 1 月
刘德文之长兄	平原县王凤楼镇李汉曲村	18	男	1942 年 7 月
刘保生之祖父	平原县王凤楼镇孙士麻村	43	男	1942 年 1 月
董连成	平原县王凤楼镇孙士麻村	37	男	1943 年
王友文之妻	平原县王凤楼镇孙士麻村	25	女	1942 年 1 月
邹云旗	平原县王凤楼镇化庄村	27	男	1942 年 1 月
刘文选	平原县王凤楼镇化庄村	26	男	1942 年 1 月
鲁金格	平原县王杲铺镇洪庄	45	男	1942 年 4 月
李老四	平原县张华镇大陈村	65	男	1942 年 4 月
李老五	平原县张华镇大陈村	24	男	1942 年 4 月
郑保兴	平原县张华镇郑官屯村	38	男	1942 年 7 月
张清山	平原县张华镇郑官屯村	—	男	1942 年 7 月
郑金生	平原县张华镇郑官屯村	—	男	1942 年 7 月
郑金成	平原县张华镇郑官屯村	—	男	1942 年 7 月
郑志明之叔	平原县张华镇郑官屯村	—	男	1942 年 7 月
郑宝申	平原县张华镇郑官屯村	—	男	1942 年 7 月
郑金凯	平原县张华镇郑官屯村	—	男	1942 年 7 月
张玉林	平原县张华镇郑官屯村	—	男	1942 年 7 月
张玉轩	平原县前曹镇鸣鸡店	35	男	1942 年 12 月
石常贵之父	平原县王凤楼镇双庙仇村	—	男	1942 年
刘兆富	平原县前曹镇刘云村	26	男	1942 年

续表

姓 名	籍 贯	年 龄	性 别	死难时间
董怀成	平原县前曹镇高庄	36	男	1942 年
白石头	平原县前曹镇高庄	25	男	1942 年
刘兆温	平原县前曹镇刘双槐	22	男	1942 年
刘吉东	平原县前曹镇刘双槐	21	男	1942 年
李小车	平原县张华镇姜集村	28	男	1942 年
高书生之祖母	平原县张华镇侯庄村	—	女	1942 年
宁田元	平原县三唐乡张言村	—	男	1942 年
张力军	平原县王凤楼镇张士府村	30	男	1942 年
姚汝森之叔	平原县王凤楼镇双庙仇村	30	男	1942 年
张　恩	平原县王凤楼镇代庄村	27	男	1942 年
王公清之母	平原县王凤楼镇王凤楼村	60	女	1942 年
王丰海	平原县王凤楼镇王凤楼村	41	男	1942 年
姚汝深之祖父	平原县王凤楼镇双庙仇	—	男	1942 年
刘景柱	平原县前曹镇刘云村	28	男	1942 年
高化山	平原县坊子镇高家洼村	19	男	1942 年
方玉喜	平原县坊子镇高家洼村	27	男	1943 年 9 月
郭化胜	平原县坊子镇高家洼村	19	男	1942 年
杜传私	平原县经济开发区杜家楼	82	男	1942 年
谭付路	平原县桃园办事处二分	20	男	1940 年 10 月
卢孝生	平原县王凤楼镇后卢村	51	男	1942 年
鲁运德	平原县王凤楼镇前何屯	27	男	1943 年
徐尚伍	平原县王凤楼镇西位村	—	男	1942 年
柳景田	平原县腰站镇柳庄村	40	男	1942 年
王玉春	平原县腰站镇柳庄村	17	女	1942 年
李德明	平原县腰站镇沙庄村	28	男	1942 年
王金才	平原县腰站镇沙庄村	36	男	1942 年
常贵荣	平原县腰站镇沙庄村	34	男	1942 年
付长汉	平原县腰站镇大尹村	18	男	1942 年
付长会	平原县腰站镇大尹村	26	男	1942 年
刘吉考	平原县腰站镇窑上村	20	男	1942 年
刘同洪	平原县腰站镇窑上村	20	男	1942 年
姚常荣	平原县腰站镇锅培口村	26	男	1942 年
姚玉林	平原县张华镇姚庄村	47	男	1942 年
姚和利	平原县张华镇姚庄村	28	男	1942 年

续表

姓 名	籍 贯	年 龄	性 别	死难时间
姚和庆	平原县张华镇姚庄村	17	男	1942 年
小 春	平原县张华镇南白村	—	男	1942 年
温希增	平原县张华镇蔺庄村	34	男	1942 年
蔺乐彬	平原县张华镇蔺庄村	30	男	1942 年
石常贵之父	平原县王凤楼镇双庙仇村	—	男	1942 年
李善祥	平原县王凤楼镇毕庄	32	男	1942 年
王凤喜	平原县张华镇郝堂村	—	男	1942 年
聂德兴	平原县王庙镇聂庄	50	男	1942 年
李泽言	平原县王庙镇李寨	—	男	1942 年
小 庆	平原县王庙镇大杜	28	男	1942 年
小 民	平原县王庙镇大杜	26	男	1942 年
三 蛋	平原县王庙镇大杜	27	男	1942 年
梁德冉	平原县王庙镇梁庄	30	男	1943 年
房勇头	平原县王打卦乡大辛	23	男	1942 年
徐春和	平原县王打卦乡肖家牌	28	男	1942 年
付玉章	平原县王打卦乡郭家堂	30	男	1942 年
付玉栋	平原县王打卦乡郭家堂	28	男	1942 年
彭连珂	平原县王打卦乡前寺	32	男	1942 年
高文湖	平原县王庙镇东曹	—	男	—
赵方元	平原县王庙镇好心赵	42	男	—
张名贵	平原县王庙镇后李	49	男	1942 年
刘金堂	平原县前曹镇前李	25	男	1942 年
赵士胜	平原县前曹镇西张	35	男	1942 年
赵传仁	平原县前曹镇西张	37	男	1942 年
张春芳	平原县前曹镇鸣鸡店	33	男	1942 年
刁连月	平原县前曹镇刁屯	20	男	1942 年
刘景明	平原县前曹镇刘云村	27	男	1942 年
刘景全	平原县前曹镇刘云村	27	男	1942 年
刘殿田	平原县前曹镇刘云村	26	男	1942 年
刘吉昌	平原县前曹镇刘云村	27	男	1942 年
刘景云	平原县前曹镇刘云村	26	男	1942 年
高书生	平原县张华镇侯庄村	—	男	1942 年
王清铺	平原县张华镇侯庄村	—	男	1942 年
大 祥	平原县张华镇侯庄村	—	男	1942 年

续表

姓 名	籍 贯	年 龄	性 别	死难时间
何文常	平原县张华镇贺沟村	60	男	1942 年
何文院	平原县张华镇贺沟村	62	男	1942 年
李丙新	平原县坊子乡东坊子村	25	男	1942 年
姜兰峰	平原县坊子乡付庄村	30	男	1942 年
姜 伍	平原县坊子乡付庄村	28	男	1942 年
老甜瓜	平原县经济开发区五里屯	45	男	1940 年
夏二泉	平原县王打卦乡夏家口	—	男	1942 年
潘金水	平原县王打卦乡大辛	21	男	1942 年
陈富金	平原县王打卦乡大辛	22	男	1942 年
张孟仁	平原县经济开发区张家营	43	男	1941 年 7 月
魏 氏	平原县腰站镇北堤村	30	女	1943 年 3 月
魏秀香	平原县腰站镇北堤村	10	女	1943 年 3 月
魏邵氏	平原县腰站镇北堤村	35	女	1943 年 3 月
张良子	平原县腰站镇北堤村	30	男	1943 年 3 月
张大雨	平原县腰站镇北堤村	45	男	1943 年 3 月
魏王氏	平原县腰站镇北堤村	31	女	1943 年 3 月
位花道	平原县腰站镇北堤村	13	男	1943 年 3 月
张华仁	平原县腰站镇北堤村	51	男	1943 年 3 月
刘德义	平原县腰站镇耿楼村	31	男	1943 年 3 月
刘丙后	平原县腰站镇耿楼村	17	男	1943 年 3 月
刘凤池	平原县腰站镇阚庄村	27	男	1943 年 3 月
刘洪正	平原县腰站镇阚庄村	28	男	1943 年 3 月
刘凤禹	平原县腰站镇阚庄村	28	男	1943 年 3 月
赵延峰	平原县腰站镇大张村	32	男	1943 年 3 月
肖文明	平原县前曹镇店前肖	26	男	1943 年 4 月
曹建信	平原县王凤楼镇王付亭村	18	男	1943 年 10 月
赵怀有	平原县王凤楼镇王付亭村	20	男	1943 年 10 月
范红岭	平原县腰站镇宋范村	32	男	1943 年 10 月
宋凤楼	平原县腰站镇耿楼村	32	男	1943 年 10 月
刘开信	平原县经济开发区邓庄	32	男	1943 年 10 月
张展业	平原县张华镇南白村	58	男	1943 年 11 月
张凤刚	平原县张华镇南白村	30	男	1943 年 11 月
刘长胜	平原县张华镇小王村	—	男	1943 年 12 月
刘登迎	平原县张华镇小王村	—	男	1943 年 12 月

续表

姓名	籍贯	年龄	性别	死难时间
谢大林	平原县前曹镇前谢洼	—	男	1943 年
王子富	平原县王凤楼镇邱安石村	39	男	1943 年
姜士林	平原县王凤楼镇邱安石村	81	男	1943 年
王其怀	平原县王凤楼镇邱安石村	74	男	1943 年
姜国荣	平原县王凤楼镇邱安石村	23	男	1943 年
姜国庆	平原县王凤楼镇邱安石村	22	男	1943 年
蒋国运	平原县王凤楼镇邱安石村	19	男	1943 年
柳新廷	平原县腰站镇柳庄村	30	男	1943 年
柳景田	平原县腰站镇柳庄村	42	男	1943 年
马金据	平原县腰站镇沙庄村	21	男	1943 年
魏恒德	平原县腰站镇大位村	40	男	1943 年
任金炮	平原县腰站镇王庄村	35	男	1943 年
张玉成	平原县前曹镇鸣鸡店	55	男	1943 年
张玉明	平原县前曹镇鸣鸡店	46	男	1943 年
刁荣先	平原县前曹镇刁屯	22	男	1943 年
刁会先	平原县前曹镇刁屯	21	男	1943 年
王兴林	平原县前曹镇高庄	60	男	1943 年
麻然海	平原县前曹镇南麻村	34	男	1943 年
麻五营	平原县前曹镇南麻村	28	男	1943 年
谢化良	平原县前曹镇前谢洼	—	男	1943 年
刘德海	平原县腰站镇耿楼村	18	男	1943 年
王凤香	平原县腰站镇前槐村	33	男	1943 年
梁云珍	平原县腰站镇王双堂村	26	男	1943 年
卢玉明	平原县王凤楼镇后卢村	32	男	1943 年
贾红凤之姐夫	禹城市辛店镇	29	男	1943 年
刘华美之兄	平原县腰站镇窑上村	27	男	1943 年
梁后和之妻	平原县腰站镇王庄村	42	女	1943 年
任金会	平原县腰站镇王庄村	30	男	1943 年 10 月
任金浩	平原县腰站镇王庄村	52	男	1943 年 7 月
王清山	平原县腰站镇北张村	20	男	1943 年
姚金堂	平原县张华镇姚庄村	52	男	1943 年
李金路	平原县张华镇李申庄村	27	男	1943 年
张来刚之父	平原县张华镇南白村	—	男	1943 年
白守峰	平原县张华镇南白村	40	男	1943 年

续表

姓 名	籍 贯	年 龄	性 别	死难时间
白士红	平原县张华镇南白村	55	男	1943 年
李子俊	平原县张华镇蔺庄村	30	男	1943 年
梁云贵	平原县腰站镇王庄村	44	男	1943 年
马云路	平原县腰站镇北街村	30	男	1943 年 4 月
李传亭	平原县坊子乡东坊子村	28	男	1943 年
李传世	平原县坊子乡东坊子村	27	男	1943 年
何增祥	平原县张华镇王达子村	—	男	1943 年
何清江	平原县张华镇王达子村	—	男	1943 年
何付祥	平原县张华镇王达子村	—	男	1943 年
郑长香	平原县张华镇王达子村	—	男	1943 年
贺中廷	平原县张华镇王达子村	60	男	1943 年
贺宗建	平原县张华镇王达子村	9	男	1943 年
贺小生	平原县张华镇王达子村	—	男	1943 年
小 七	平原县张华镇王达子村	—	男	1943 年
崔秋云	平原县张华镇大崔村	47	男	1943 年
崔荣宽	平原县张华镇大崔村	52	男	1943 年
崔巧云	平原县张华镇大崔村	45	男	1943 年
周方忠	平原县张华镇大崔村	21	男	1944 年
陈宝义	平原县张华镇高陈村	—	男	1943 年
刘长元	平原县坊子乡付庄村	20	男	1943 年
任万林	平原县坊子乡张楼村	20	男	1943 年
张春子	平原县坊子乡张仁村	16	男	1943 年
张李氏	平原县坊子乡东任村	—	女	1943 年
张金街	平原县前曹镇鸣鸡店	52	男	1943 年
杜曰连	平原县经济开发区杜家楼	95	男	1943 年
刘振常	平原县经济开发区大八里	35	男	1944 年
刘文代	平原县经济开发区大八里	30	男	1944 年
刘吉荣	平原县桃园办事处东高	—	男	1943 年
谭量行之妻	平原县桃园办事处二分	50	女	1943 年
高德俊	平原县桃园办事处石庄	50	男	1943 年
高德明	平原县桃园办事处石庄	30	男	1943 年
谭付荣	平原县桃园办事处二分	40	男	1943 年
张明远	平原县王打卦乡前寺	26	男	1943 年
马小喜	平原县王打卦乡南刘	19	男	1943 年

续表

姓 名	籍 贯	年 龄	性 别	死难时间
王春兰	平原县王打卦乡王虎	—	男	1943 年
王　中	平原县王打卦乡北侯	40	男	1943 年
张振甲	平原县王打卦乡肖家牌	38	男	1943 年
张云芫	平原县王打卦乡肖家牌	12	男	1943 年
王怀德	平原县王打卦乡王大卦	34	男	1943 年
张春阳	平原县王打卦乡夏家口	41	男	1943 年
李德宏	平原县王庙镇李寨	—	男	1943 年
李曰路	平原县王庙镇李寨	—	男	1943 年
辛学杰	平原县王庙镇辛庄	30	男	1943 年
张北水	平原县王庙镇辛庄	17	男	1943 年
辛德福	平原县王庙镇辛庄	—	男	1943 年
张清喜	平原县王庙镇辛庄	17	男	1943 年
辛学诗	平原县王庙镇辛庄	—	男	1943 年
张清云	平原县王庙镇辛庄	—	男	1943 年
肖连山	平原县王庙镇辛庄	—	男	1943 年
辛学顺	平原县王庙镇辛庄	—	男	1943 年
辛德升	平原县王庙镇辛庄	—	男	1943 年
辛德广	平原县王庙镇辛庄	—	男	1943 年
辛德坤	平原县王庙镇辛庄	—	男	1943 年
辛学良	平原县王庙镇辛庄	—	男	1943 年
张立新	平原县王庙镇方庄	31	男	1943 年
朱长才	平原县王庙镇杜庄	39	男	1943 年
杜有富	平原县王庙镇大杜	29	男	1943 年
杜尚华	平原县王庙镇大杜	27	男	1943 年
李仁祥	平原县王庙镇车东	17	男	1943 年
张震凯	平原县王庙镇张北	37	男	1943 年
许清臣之妻	平原县龙门办事许铺	—	女	1943 年
姜兰亭	平原县龙门办事处陈三里	13	男	1943 年
袁万来	平原县龙门办事处陈三里	12	男	1943 年
李玉柱	平原县王庙韩庄	38	男	1943 年
高金鹏	平原县王庙韩庄	18	男	1943 年
张玉清	平原县恩城镇大董村	30	男	1943 年
韩恩梦	平原县恩城镇大董村	28	男	1943 年
董子圆	平原县恩城镇大董村	28	男	1943 年

续表

姓 名	籍 贯	年 龄	性 别	死难时间
邹维汉	平原县龙门办事处王庄	38	男	1943 年
小顺子	平原县龙门办事处王庄	8	男	1943 年
邹　氏	平原县龙门办事处王庄	35	女	1943 年
王小三	平原县王打卦乡辛桥	25	男	1944 年 2 月
李方德	平原县张华镇大陈村	42	男	1944 年 2 月
刘会元	平原县张华镇大陈村	30	男	1944 年 6 月
刘吉良	平原县张华镇大陈村	18	男	1944 年 6 月
李保量	平原县王庙镇前李	20	男	1944 年 3 月
刘洪森	平原县前曹镇达子庙	19	男	1944 年 5 月
郭清德	平原县腰站镇韩庄村	43	男	1944 年 5 月
王友德	平原县张华镇小王村	25	男	1944 年 9 月
陈张氏	平原县前曹镇后李	42	女	1944 年 10 月
王金忠	平原县王凤楼镇王付廷村	20	男	1944 年 10 月
张景洁	平原县王打卦乡夏家口	—	男	1944 年 10 月
张曰举	平原县王打卦乡夏家口	—	男	1944 年 10 月
王洪亮	平原县王打卦乡北侯	20	男	1944 年 10 月
陈付堂	平原县前曹镇后李	43	男	1944 年 10 月
金凤议	平原县前曹镇金庄	22	男	1944 年 11 月
李吉连	平原县王凤楼镇毕庄	—	男	1944 年 12 月
董怀俊	平原县前曹镇高庄	48	男	1944 年
姚庆明	平原县腰站镇土屋村	42	男	1944 年
杜任氏	平原县经济开发区杜家楼	23	女	1944 年
周学臣	平原县腰站镇东韩营村	19	男	1944 年
张来水	平原县前曹镇鸣鸡店	17	男	1944 年
杨见成	平原县前曹镇鸣鸡店	29	男	1944 年
柳立海之二兄	平原县腰站镇柳庄村	19	男	1944 年
王清荣	平原县腰站镇沙庄村	28	男	1944 年
王连元	平原县腰站镇沙庄村	45	男	1944 年
沙宝海	平原县腰站镇沙庄村	50	男	1944 年
李付泉	平原县腰站镇小白村	18	男	1944 年
黄建楼	平原县腰站镇黄庄村	32	男	1944 年
黄希孟	平原县腰站镇黄村	31	男	1944 年
黄建才	平原县腰站镇黄村	31	男	1944 年
董连芳	平原县腰站镇土屋村	50	男	1944 年

续表

姓 名	籍 贯	年 龄	性 别	死难时间
马金仓	平原县腰站镇塘坊村	23	男	1944 年
任善会	平原县腰站镇王双堂村	33	男	1944 年
魏清祥之外甥	平原县龙门办事处大宋村	8	男	1944 年
宋修田	平原县腰站镇北张村	29	男	1944 年
张朝军	平原县坊子乡东任村	—	男	1944 年
徐元均	平原县经济开发区八里园	17	男	1937 年
刘文亮	平原县经济开发区大八里	36	男	1944 年
张雨之妻	平原县桃园办事处西高	—	女	1942 年
许金波	平原县桃园办事处十里铺	29	男	1944 年
彭新民	平原县桃园办事处宋庄	25	男	1944 年
史振华	平原县腰站镇西街村	19	男	1944 年
张随阳	平原县王打卦乡夏家口	—	男	1944 年
徐善忠	平原县腰站镇小李村	19	男	1944 年
于青春	平原县王庙镇常庄	24	男	1944 年
苏德贵	平原县王庙镇苏庄	28	男	1944 年
贾庆根	平原县王庙镇贾庄	30	男	1944 年
张云中	平原县王庙镇张东	—	男	1944 年
张廷盛	平原县王庙张西	—	男	1944 年
魏清祥	平原县龙门办事处大宋村	20	男	1944 年
王希昌	平原县腰站镇小屯村	28	男	1944 年
李金路	平原县张华镇李申庄村	27	男	1943 年
赵占锁	平原县张华镇北赵村	30	男	1943 年
姜宝林	平原县张华镇姜集村	22	男	1944 年
高安吉	平原县张华镇东高村	35	男	1944 年
高文琴	平原县张华镇东高村	39	男	1944 年
任金生	平原县坊子乡张仁村	24	男	1944 年
张朝庆	平原县坊子乡东任村	—	男	1944 年
张朝荣	平原县坊子乡东任村	—	男	1944 年
张朝院	平原县坊子乡东任村	—	男	1944 年
周香林	平原县腰站乡北街村	24	男	1945 年 5 月
宋庆祥	平原县王大卦乡宋家口	44	男	1945 年 5 月
宋衍溥	平原县王大卦乡宋家口	—	男	1945 年 8 月
徐延峰	平原县腰站镇大白村	26	男	1945 年 8 月
宋桐田	平原县腰站镇北张村	30	男	1945 年

续表

姓 名	籍 贯	年 龄	性 别	死难时间
金风仁	平原县前曹镇金庄	23	男	1945 年
董海云	平原县腰站镇柳庄村	29	男	1945 年
王亭顺	平原县腰站镇北街村	24	男	1945 年
解立全	平原县腰站镇北街村	25	男	1945 年
马利彬	平原县腰站镇塘坊村	31	男	1945 年
姚汝勤	平原县腰站镇姚庄村	33	男	1945 年
赵桂平	平原县桃园办事处吴家庄	23	男	1945 年
诸腾芬	平原县腰站镇梁庄村	19	男	1945 年
王化清	平原县腰站镇梁庄村	18	男	1945 年
李宝林	平原县经济开发区冯唐	22	男	1945 年
栗付庆	平原县桃园办事处十里铺	21	男	1943 年
樊有章	平原县桃园办事处齐庄	22	男	1945 年
樊英邦	平原县桃园办事处齐庄	26	男	1945 年
李贵林	平原县桃园办事处寇坊	35	男	1945 年
赵恩义	平原县桃园办事处尚庄	42	男	1945 年
李清水	平原县王打卦乡南刘	20	男	1945 年
冯连祥	平原县王庙镇顿庄	30	男	1945 年
赵洪睦	平原县三唐乡小刘村	24	男	1937 年
张来芹	平原县前曹镇小陈	22	男	1937 年
任传增	平原县前曹镇小陈	25	男	1937 年
刘青海	平原县前曹镇小陈	23	男	1937 年
张金告	平原县三唐乡曲六店	40	男	1938 年 12 月
张延生	平原县三唐乡曲六店	20	男	1938 年 12 月
孙玉富	平原县三唐乡小孙村	31	男	1938 年 10 月
吴凤林	平原县王打卦乡庄科村	37	男	1938 年
王登怀	平原县前曹镇南赵村	18	男	1938 年
辛　宽	平原县前曹镇北辛庄	21	男	1939 年
刘金庆	平原县龙门办事处里刘庄	22	男	1938 年
刘连云	平原县龙门办事处里刘庄	21	男	1938 年
岳王商	平原县桃园办事处大岳村	—	男	1938 年
岳胜才	平原县桃园办事处大岳村	—	男	1938 年
岳兆焕	平原县桃园办事处大岳村	—	男	1938 年
岳朝祥	平原县桃园办事处大岳村	—	男	1938 年
赵祥普	平原县桃园办事处率庄	—	男	1938 年

续表

姓名	籍贯	年龄	性别	死难时间
谭黑河	平原县桃园办事处率庄	—	男	1938年
小祥云	平原县桃园办事处率庄	—	男	1938年
张新城	平原县桃园办事处率庄	—	男	1938年
李文德	平原县桃园办事处后街	—	男	1938年
马连文	平原县桃园办事处饮马店	—	男	1938年
李世能	平原县三唐乡苇子园	—	男	1939年
李世深	平原县三唐乡苇子园	—	男	1939年
谭青林	平原县三唐乡谭洼村	17	男	1939年
谭青木	平原县三唐乡谭洼村	21	男	1939年
谭海印	平原县三唐乡谭洼村	25	男	1939年
王玉彦	平原县王凤楼镇王明川	—	男	1939年
王子胜	平原县王凤楼镇王明川	—	男	1939年
王书明	平原县王凤楼镇王明川	—	男	1939年
王荣成	平原县王凤楼镇王明川	—	男	1939年
辛吉礼	平原县前曹镇北辛庄	21	男	1939年
宋有礼	平原县前曹镇大宋	37	男	1939年
魏长江	平原县经济开发区大五里	34	男	1939年
仇万里	平原县经济开发区大五里	34	男	1939年
石丰领	平原县经济开发区贾庄	—	男	1939年
张洪臣	平原县经济开发区贾庄	—	男	1939年
李东贵	平原县经济开发区王通	20	男	1939年
姜保会	平原县桃园办事处后三	79	男	1939年
宋传化	平原县桃园办事处后三	17	男	1939年
宋有兰	平原县桃园办事处后三	—	男	1939年
侯占伦	平原县桃园办事处后三	—	男	1939年
王方跃	平原县桃园办事处三里庄	15	男	1939年
王昌林	平原县桃园办事处三里庄	—	男	1939年
朱丽江	平原县桃园办事处三里庄	—	男	1939年
侯胜海	平原县桃园办事处侯庄	—	男	1939年
曲延奎	平原县张华镇闫庄	—	男	1939年
曲长治	平原县张华镇闫庄	—	男	1939年
周友和	平原县张华镇李申	—	男	1939年
马连成	平原县桃园办事处饮马店	—	男	1939年
马德城	平原县桃园办事处饮马店	—	男	1939年

续表

姓 名	籍 贯	年 龄	性 别	死难时间
耿志河	平原县三唐乡耿庄村	32	男	1940 年 7 月
刘光春	平原县三唐乡刘王村	79	男	1944 年 9 月
张振祥	平原县桃园办事处东四	37	男	1940 年 10 月
魏光荣	平原县腰站镇大魏	28	男	1940 年
李春成	平原县王打卦乡三圣堂村	—	男	1940 年
齐明全	平原县王凤楼镇辛寨村	—	男	1940 年
齐传义	平原县王凤楼镇辛寨村	11	男	1940 年
华吉成	平原县王凤楼镇辛寨村	—	男	1940 年
华文章	平原县王凤楼镇辛寨村	—	男	1940 年
于电江	平原县前曹镇西关村	—	男	1940 年
刘长城	平原县龙门办事处北街	—	男	1940 年
张长贵	平原县龙门办事处北街	—	男	1940 年
三金来	平原县龙门办事处大宋	20	男	1940 年
来 成	平原县龙门办事处大宋	21	男	1940 年
小河子	平原县龙门办事处大宋	19	男	1940 年
潘荣田	平原县前曹镇南麻村	23	男	1940 年
郑文焦	平原县桃园办事处东小马	—	男	1940 年
郑宝庭	平原县桃园办事处东小马	—	男	1940 年
马风昌	平原县桃园办事处东小马	34	男	1940 年
马风举	平原县桃园办事处东小马	37	男	1940 年
李洪林	平原县桃园办事处寇坊	42	男	1940 年
赵玉金	平原县桃园办事处寇坊	40	男	1940 年
刘 × ×	平原县桃园办事处后屯	40	男	1940 年
刘富群	平原县桃园办事处后屯	23	男	1940 年
杜长胜	平原县桃园办事处贾庄	30	男	1940 年
杨廷富	平原县桃园办事处贾庄	29	男	1940 年
杨运路	平原县桃园办事处贾庄	30	男	1940 年
蔺吉贤	平原县桃园办事处前屯	30	男	1940 年
匡佃水	平原县王凤楼镇匡庄	20	男	1941 年 7 月
李文成	平原县前曹镇后何庄	20	男	1941 年 12 月
朱学俊	平原县三唐乡朱庄村	18	男	1941 年
孟广祥	平原县三唐乡朱庄村	17	男	1941 年
王吉昌	平原县三唐乡朱庄村	19	男	1941 年
杜山亭	平原县三唐乡付庄村	32	男	1941 年

续表

姓名	籍贯	年龄	性别	死难时间
李传祥	平原县王打卦乡辛桥村	—	男	1941年
梁德胜	平原县王打卦乡泮邓村	17	男	1941年
仇广义	平原县王凤楼镇大仇村	16	男	1941年
李申言	平原县王庙镇李寨	—	男	1941年
李曰义	平原县王庙镇李寨	—	男	1942年
李曰行	平原县王庙镇李寨	—	男	1942年
张运发	平原县王庙镇顿庄	21	男	1941年
吕长荣	平原县王庙镇捉虎屯	—	男	1941年
霍吉发	平原县王庙镇大务集	16	男	—
宋开元	平原县前曹镇崔庄	44	男	—
赵书利	平原县前曹镇方屯	17	男	1941年
邵九仁	平原县前曹镇方屯	—	男	1941年
李长中	平原县经济开发区王通	38	男	1941年
赵树贵	平原县经济开发区王通	38	男	1941年
石风领	平原县经济开发区王通	37	男	1941年
张洪臣	平原县经济开发区王通	37	男	1941年
高有五	平原县龙门办事处石庄	25	男	1942年10月
吴保山	平原县龙门办事处石庄	24	男	1942年10月
高有水	平原县龙门办事处石庄	24	男	1942年10月
高有广	平原县龙门办事处石庄	26	男	1942年10月
任金岭	平原县坊子乡东任	38	男	1942年
刘怀胜	平原县经济开发区冯塘	—	男	1942年
金长治	平原县经济开发区冯塘	—	男	1942年
刘金华	平原县经济开发区冯塘	—	男	1942年
冯增山	平原县经济开发区冯塘	—	男	1942年
刘金和	平原县经济开发区冯塘	—	男	1942年
荆开升	平原县三唐乡付庄村	25	男	1942年
牛开旺	平原县三唐乡付庄村	29	男	1942年
荆春治	平原县三唐乡付庄村	23	男	1942年
荆佃纯	平原县三唐乡付庄村	32	男	1942年
荆开仁	平原县三唐乡付庄村	26	男	1942年
荆开训	平原县三唐乡付庄村	30	男	1942年
刘仃治	平原县三唐乡矫庄	39	男	1942年
杜丰河	平原县三唐乡小唐庄	81	男	1942年

续表

姓 名	籍 贯	年 龄	性 别	死难时间
唐秀申	平原县三唐乡小唐庄	—	男	1942 年
姚汝河	平原县王凤楼镇老姚村	—	男	1942 年
张忠治	平原县王凤楼镇陈梁潘	16	男	1942 年
张金凤	平原县王凤楼镇陈梁潘	—	男	1942 年
张付六	平原县王凤楼镇陈梁潘	—	男	1942 年
张付期	平原县王凤楼镇陈梁潘	—	男	1942 年
麻占祥	平原县王凤楼镇北麻	—	男	1942 年
何学仁	平原县前曹镇后何庄	—	男	1942 年
范亭吉	平原县前曹镇方屯	—	男	1942 年
李立柱	平原县王庙镇刘环	18	男	1942 年
张连信	平原县王庙镇张老虎	19	男	1942 年
郗吉付	平原县王庙镇郗庄	16	男	1942 年
辛曰山	平原县王庙镇辛庄	—	男	1942 年
辛德达	平原县王庙镇辛庄	—	男	1942 年
聂德胜	平原县王庙镇聂庄	50	男	1942 年
肖树亭	平原县王庙镇贾庄	46	男	1942 年
郭文友	平原县王庙镇陈庄	—	男	1942 年
霍吉胜	平原县王庙镇大务集	15	男	1942 年
刁义军	平原县前曹镇刁屯	22	男	1942 年
小　八	平原县张华镇大崔村	40	男	1942 年
崔荣泽	平原县张华镇大崔村	40	男	1942 年
刘长贵	平原县张华镇小尹村	21	男	1942 年
刘茂林	平原县张华镇小尹村	19	男	1942 年
郑春喜	平原县张华镇郑官村	—	男	1942 年
郑春明	平原县张华镇郑官村	—	男	1942 年
黄朝安	平原县前曹镇北小李	51	男	1943 年 5 月
刘九兰	平原县王凤楼镇邓庄	23	男	1943 年 11 月
许长德	平原县龙门办事处许铺	—	男	1943 年 11 月
许长明	平原县龙门办事处许铺	16	男	1943 年 11 月
许全和	平原县龙门办事处许铺	—	男	1943 年 11 月
刘传道	平原县王打卦乡后寺村	48	男	1943 年
王大头	平原县腰站镇小关	30	男	1943 年
张玉宣	平原县腰站镇北堤	30	男	1943 年
于淑开	平原县王凤楼镇于姚村	—	男	1943 年

续表

姓 名	籍 贯	年 龄	性 别	死难时间
姚俊来	平原县王凤楼镇老姚村	12	男	1943 年
孟庆臣	平原县王凤楼镇前何寺	—	男	1943 年
毕云斗	平原县王凤楼镇毕庄	41	男	1943 年
张化荣	平原县腰站镇北堤	27	男	1943 年
杨文安	平原县王凤楼镇后何占屯	—	男	1943 年
杨立吉	平原县王凤楼镇后何占屯	—	男	1943 年
陈西九	平原县王庙镇李寨	—	男	1937 年
李雪臣	平原县王庙镇李寨	—	男	1943 年
李曰祥	平原县王庙镇李寨	—	男	1937 年
方付武	平原县王庙镇方庄	57	男	1943 年
李长有	平原县王庙镇方庄	50	男	1943 年
刘占丙	平原县前曹镇袁庄	—	男	1943 年
邱东明	平原县王庙镇邱庄	18	男	1943 年
周德功	平原县王庙镇邱庄	47	男	1943 年
肖国文	平原县王庙镇张南	18	男	1943 年
赵传祥	平原县王庙镇张南	—	男	1943 年
张连木	平原县王庙镇张官店	—	男	1943 年
霍兴台	平原县王庙镇大务集	17	男	—
霍兴道	平原县王庙镇大务集	18	男	1945 年
刘德珠	平原县王庙镇刘环	—	男	—
刘　德	平原县王庙镇刘环	—	男	—
刘万升	平原县王庙镇刘环	19	男	1943 年
刘青江	平原县龙门办事处里许铺	—	男	1943 年
刘东木	平原县龙门办事处里许铺	—	男	1943 年
刘青水	平原县龙门办事处里许铺	—	男	1943 年
鲁庆治	平原县王凤楼镇前何寺	—	男	1943 年
宋德章	平原县前曹镇刘万斛	26	男	1943 年
朱德贵	平原县桃园办事处李炉	32	男	1943 年
吴柱子	平原县桃园办事处田坊	23	男	1943 年
田立成	平原县桃园办事处田坊	24	男	—
位清明	平原县腰站镇北堤	29	男	1943 年
耿学房	平原县腰站镇耿楼	30	男	1943 年
王胜平	平原县桃园办事处田坊	23	男	1943 年
田柱子	平原县桃园办事处田坊	23	男	1943 年

续表

姓 名	籍 贯	年 龄	性 别	死难时间
孟凡举	平原县王凤楼镇前何寺	—	男	1943 年
鲁敬东	平原县王凤楼镇前何寺	—	男	1943 年
程学孟	平原县龙门办事处水坑王	28	男	1943 年
张庆成	平原县龙门办事处西街	23	男	1943 年
李金怀	平原县王庙镇前李	22	男	1944 年 10 月
官振江	平原县桃园办事处前三	44	男	1944 年 10 月
谭万友	平原县桃园办事处前三	46	男	1944 年 10 月
张德路	平原县桃园办事处前三	40	男	1944 年 10 月
王春凤	平原县腰站镇北街	41	男	1944 年
赵春发	平原县王打卦乡夏家口	—	男	1944 年
赵春芳	平原县王打卦乡夏家口	—	男	1944 年
李传军	平原县王打卦乡夏家口	—	男	1944 年
王金榜	平原县王打卦乡夏家口	—	男	1944 年
刘玉常	平原县王庙镇西刘	45	男	1942 年
王振声	平原县王庙镇坡刘	30	男	1944 年
王长东	平原县王庙镇坡刘	28	男	1944 年
刘　长	平原县王庙镇坡刘	35	男	1944 年
任金德	平原县王庙镇坡刘	30	男	1944 年
任善荣	平原县王庙镇坡刘	36	男	1944 年
李东现	平原县王庙镇前李	49	男	1944 年
何有桥	平原县前曹镇北何	28	男	1944 年
王连臣	平原县桃园办事处东杨	22	男	1944 年
王秀园	平原县桃园办事处东杨	26	男	1944 年
王克荣	平原县桃园办事处东杨	27	男	1944 年
张吉兰	平原县桃园办事处西四	44	男	1944 年
张洪贵	平原县桃园办事处西四	18	男	1944 年
张洪宪	平原县桃园办事处西四	16	男	1944 年
牛金和	平原县桃园办事处西四	20	男	1944 年
张洪文	平原县桃园办事处西四	—	男	1944 年
张洪林	平原县桃园办事处西四	18	男	1944 年
岳朝栋	平原县桃园办事处大岳村	—	男	1945 年
赵玉成	平原县桃园办事处大岳村	—	男	1945 年
李立臣	平原县桃园办事处王芽子	20	男	1945 年
李铁蛋	平原县桃园办事处王芽子	30	男	1945 年

续表

姓 名	籍 贯	年 龄	性 别	死难时间
杨文星	平原县王凤楼镇后何占屯	—	男	1945 年
陈吉中	平原县前曹镇双庙于村	—	男	—
陈吉祥	平原县前曹镇双庙于村	—	男	—
刘朝臣	平原县前曹镇双庙于村	—	男	—
合　计	**919**			

责任人：祝建军　徐国华　　　　核实人：董晓云　张勇　　　　填表人：刘玉玲　张勇

填报单位（签章）：平原县委党史研究室　　　　填报时间：2009 年 5 月 10 日

夏津县抗日战争时期死难者名录

姓名	籍贯	年龄	性别	死难时间
范协成	夏津县北城许老庄	24	男	1937年
刘希胜	夏津县雷集镇雷集村	38	男	1937年
张　三	夏津县雷集镇雷集村	69	男	1937年
姚　三	夏津县雷集镇雷集村	26	男	1937年
赵家秀	夏津县雷集镇赵庄村	65	男	1937年
郝锡芽	夏津县雷集镇冯堂	50	男	1937年
马希善	夏津县雷集镇冯堂	42	男	1937年
倪士昌	夏津县雷集镇倪庄村	20	男	1937年
雷高和	夏津县雷集镇大张庄	26	男	1937年
张英成	夏津县雷集镇大张庄	25	男	1937年
雷圣群	夏津县雷集镇大张庄	28	男	1937年
王友年	夏津县雷集镇沟王庄	78	男	1937年
工忠信	夏津县雷集镇左庄	49	男	1937年
左洪臣	夏津县雷集镇左庄	70	男	1937年
陈组功	夏津县雷集镇牟庄	39	男	1937年
刘夫增	夏津县雷集镇西于庄	41	男	1937年
刘洪魁	夏津县雷集镇刘宪庄村	23	男	1937年
宋明信	夏津县雷集镇大官屯	38	男	1937年
黄天林	夏津县雷集镇黄庄村	18	男	1937年
张天芬	夏津县雷集镇齐营	28	女	1937年
谢宋氏	夏津县雷集镇齐营	32	女	1937年
马大年	夏津县雷集镇东马村	71	男	1937年
马俊来	夏津县东李镇马庄村	30	男	1937年
马学章	夏津县宋楼镇潘马庄	18	男	1937年
李玉山	夏津县南城镇小殷庄	31	男	1937年
尹志玲	夏津县南城镇小殷庄	35	女	1937年
刘仁宝	夏津县渡口驿乡渡东	27	男	1937年
徐显组	夏津县渡口驿乡渡东	27	男	1937年
宋征文	夏津县渡口驿乡渡东	42	男	1937年
苏茂春	夏津县渡口驿乡夏庄	31	男	1937年
刘广德	夏津县渡口驿乡刘堤	26	男	1937年

续表

姓 名	籍 贯	年 龄	性 别	死难时间
许德玲	夏津县渡口驿乡许胡同	37	男	1937 年
管成义	夏津县渡口驿乡管新庄	42	男	1937 年
崔本立	夏津县渡口驿乡太平庄	30	男	1937 年
刘锐长	夏津县渡口驿乡太平庄	37	男	1937 年
梁文东	夏津县渡口驿乡渡西	27	男	1937 年
王振汉	夏津县渡口驿乡李王庄	27	男	1937 年
邱德贵	夏津县渡口驿乡李王庄	25	男	1937 年
周玉峰	夏津县渡口驿乡三屯	27	男	1937 年
张　二	夏津县新盛店镇三教堂	21	男	1937 年
郭凤毫	夏津县白马湖镇九营村	65	男	1937 年
韩文明	夏津县孟韩庄	37	男	1938 年
张发清	夏津县北城朱仓	18	男	1938 年
范心厚	夏津县北城许老庄	22	男	1938 年
张太平	夏津县北城许老庄	28	男	1938 年
范祥元	夏津县北城许老庄	26	男	1938 年
霍型杰	夏津县开发区霍庄	90	男	1938 年
梁　雷	夏津县雷集镇雷集村	20	男	1938 年
孙希禹	夏津县雷集镇雷集村	43	男	1938 年
李郭氏	夏津县雷集镇雷集村	62	女	1938 年
孙　柱	夏津县雷集镇雷集村	49	男	1938 年
张　旦	夏津县雷集镇雷集村	28	男	1938 年
夏　祥	夏津县雷集镇雷集村	51	男	1938 年
雷　成	夏津县雷集镇雷集村	29	男	1938 年
祁建平	夏津县雷集镇马辛庄	34	男	1938 年
赵云修	夏津县雷集镇赵庄村	62	男	1938 年
赵张氏	夏津县雷集镇赵庄村	71	女	1938 年
郝金立	夏津县雷集镇冯堂	51	男	1938 年
倪文度	夏津县雷集镇倪庄村	37	男	1938 年
谭金龙	夏津县雷集镇大张庄	21	男	1938 年
郑玉璞	夏津县雷集镇大张庄	28	男	1938 年
王九齐之妻	夏津县雷集镇沟王庄	42	女	1938 年
王金庆	夏津县雷集镇沟王庄	65	男	1938 年
王明生	夏津县雷集镇沟王庄	70	男	1938 年
于一廷	夏津县雷集镇西于庄	39	男	1938 年

续表

姓名	籍贯	年龄	性别	死难时间
崔立唐	夏津县雷集镇东于村	60	男	1938 年
李　银	夏津县雷集镇朱庄	47	男	1938 年
付玉生	夏津县雷集镇付庄村	41	男	1938 年
赵付来	夏津县雷集镇庞庄	31	男	1938 年
边召合	夏津县雷集镇康寺	51	男	1938 年
黄合天	夏津县雷集镇黄庄村	20	男	1938 年
刘金林	夏津县雷集镇齐营	28	男	1938 年
宋张氏	夏津县雷集镇齐营	40	女	1938 年
高长富	夏津县雷集镇陈尤庄	26	男	1938 年
王占侠	夏津县雷集镇陈尤庄	33	男	1938 年
李清春	夏津县雷集镇马官屯	35	男	1938 年
马庆年	夏津县雷集镇东马村	76	男	1938 年
周洪训	夏津县东李镇马庄村	78	男	1938 年
冯金堂之母	夏津县银城街道冯庄	39	女	1938 年 11 月 21 日
商兴昌之父	夏津县银城街道冯庄	42	男	1938 年 11 月 21 日
商立山之兄弟	夏津县银城街道冯庄	16	男	1938 年 11 月 21 日
商　氏	夏津县银城街道冯庄	29	女	1938 年 11 月 21 日
商立柱	夏津县银城街道冯庄	27	男	1938 年 11 月 21 日
冯　氏	夏津县银城街道冯庄	28	女	1938 年
商立成	夏津县银城街道冯庄	36	男	1938 年
冯玉臣	夏津县银城街道冯庄	23	男	1938 年 11 月 21 日
封选清之弟	夏津县银城街道冯庄	17	男	1938 年 11 月 21 日
封希信之弟	夏津县银城街道冯庄	15	男	1938 年 11 月 21 日
王希岭之父	夏津县银城街道冯庄	40	男	1938 年 11 月 21 日
李家素之妻	夏津县银城街道八里庄	32	女	1938 年 11 月 21 日
李希祯	夏津县银城街道八里庄	40	男	1938 年 11 月 21 日
李存珠	夏津县银城街道八里庄	32	男	1938 年 11 月 21 日
李国军	夏津县银城街道八里庄	20	男	1938 年 11 月 21 日
李国平	夏津县银城街道八里庄	38	男	1938 年 11 月 21 日
李家志	夏津县银城街道八里庄	27	男	1938 年 11 月 21 日
李文祥	夏津县银城街道八里庄	19	男	1938 年 11 月 21 日
李家顺	夏津县银城街道八里庄	36	男	1938 年 11 月 21 日
李家敬	夏津县银城街道八里庄	25	男	1938 年
李家英	夏津县银城街道八里庄	40	男	1938 年

续表

姓名	籍贯	年龄	性别	死难时间
张益三	夏津县银城街道塔坡	33	男	1938 年
金文浩	夏津县南城镇小殷庄	27	男	1938 年
宋征峰	夏津县渡口驿乡渡东	39	男	1938 年
夏文耀	夏津县渡口驿乡夏庄	27	男	1938 年
刘振昌	夏津县渡口驿乡刘堤	35	男	1938 年
王文元	夏津县渡口驿乡许胡同	38	男	1938 年
刘兴方	夏津县渡口驿乡李王庄	31	男	1938 年
张俊峰	夏津县渡口驿乡三屯	39	男	1938 年
宰现良	夏津县新盛店镇三教堂	26	男	1938 年
宰现华	夏津县新盛店镇三教堂	19	男	1938 年
郭　孬	夏津县新盛店镇三教堂	23	男	1938 年
郭三捷	夏津县白马湖镇九营村	28	男	1938 年
任华一	夏津县白马湖镇九营村	63	男	1938 年
刘保贵	夏津县白马湖镇九营村	20	男	1938 年
董金书	夏津县白马湖镇九营村	28	男	1938 年
许风共	夏津县白马湖镇九营村	26	男	1938 年
郭振江	夏津县白马湖镇九营村	28	男	1938 年
杨　氏	夏津县白马湖镇九营村	27	女	1938 年
虞保林	夏津县白马湖镇九营村	24	男	1938 年
虞　池	夏津县白马湖镇九营村	23	男	1938 年
李自贞	夏津县白马湖镇九营村	29	男	1938 年
李保禄	夏津县白马湖镇九营村	28	男	1938 年
虞　水	夏津县白马湖镇九营村	30	男	1938 年
李保太	夏津县白马湖镇九营村	31	男	1938 年
郭在毫	夏津县白马湖镇九营村	20	男	1938 年
虞保良	夏津县白马湖镇九营村	、23	男	1938 年
任子位	夏津县白马湖镇九营村	48	男	1938 年
任孝兰	夏津县白马湖镇九营村	14	女	1938 年
郭电毫	夏津县白马湖镇九营村	26	男	1938 年
郭兆洪	夏津县白马湖镇九营村	28	男	1938 年
郭兆贞	夏津县白马湖镇九营村	24	男	1938 年
郭　端	夏津县白马湖镇九营村	50	男	1938 年
郭肖逊	夏津县白马湖镇九营村	28	男	1938 年
郭肖成	夏津县白马湖镇九营村	31	男	1938 年

续表

姓名	籍贯	年龄	性别	死难时间
郭三单	夏津县白马湖镇九营村	47	男	1938 年
郭三资	夏津县白马湖镇九营村	28	男	1938 年
任德新	夏津县白马湖镇九营村	31	男	1938 年
郭兆岭	夏津县白马湖镇九营村	28	男	1938 年
郭尚毫	夏津县白马湖镇九营村	20	男	1938 年
孙文田	夏津县白马湖镇卞官桥	36	男	1938 年
刘宗银	夏津县东李镇刘兴于	24	男	1938 年
张宝荣	夏津县东李镇史官屯	18	男	1938 年
姚昌奎	夏津县香赵庄镇姚寨	35	男	1938 年
迟等普	夏津县香赵庄镇姚寨	35	男	1938 年
姚昌文	夏津县香赵庄镇姚寨	34	男	1938 年
姚助青	夏津县香赵庄镇姚寨	31	男	1938 年
栾庆宪	夏津县新盛店镇张石庄	25	男	1939 年 3 月
寇文建	夏津县新盛店镇张石庄	19	男	1939 年 3 月
徐纯华	夏津县田庄	19	男	1939 年 6 月
范协春	夏津县北城许老庄	27	男	1939 年
夏金堂	夏津县雷集镇雷集村	62	男	1939 年
孙希武	夏津县雷集镇雷集村	30	男	1939 年
孙黄氏	夏津县雷集镇雷集村	50	女	1939 年
雷　旭	夏津县雷集镇雷集村	41	男	1939 年
雷传明	夏津县雷集镇雷集村	64	男	1939 年
祁刘氏	夏津县雷集镇马辛庄	37	女	1939 年
赵秀清	夏津县雷集镇赵庄村	78	男	1939 年
马永廷	夏津县雷集镇谢王庄	45	男	1939 年
倪德臣	夏津县雷集镇倪庄村	26	男	1939 年
德万顺	夏津县雷集镇倪庄村	40	男	1939 年
王小女	夏津县雷集镇沟王庄	2	女	1939 年
王朝瑞	夏津县雷集镇沟王庄	38	男	1939 年
庞金生	夏津县雷集镇沈庄村	22	男	1939 年
耿亭麻	夏津县雷集镇沈庄村	22	男	1939 年
申召岭	夏津县雷集镇申张大	29	男	1939 年
王长庆	夏津县雷集镇左庄	62	男	1939 年
牟天良	夏津县雷集镇牟庄	47	男	1939 年
崔成顺	夏津县雷集镇东于村	40	男	1939 年

续表

姓 名	籍 贯	年 龄	性 别	死难时间
崔 氏	夏津县雷集镇东于村	60	女	1939 年
崔立发	夏津县雷集镇东于村	60	男	1939 年
崔成化	夏津县雷集镇东于村	22	男	1939 年
李春斗	夏津县雷集镇朱庄	32	男	1939 年
郑西华	夏津县雷集镇刘宪庄村	30	男	1939 年
郑希连	夏津县雷集镇刘宪庄村	27	男	1939 年
陈希恩	夏津县雷集镇刘宪庄村	23	男	1939 年
刘法名	夏津县雷集镇刘宪庄村	20	男	1939 年
郭平发	夏津县雷集镇后于村	41	男	1939 年
郭平林	夏津县雷集镇后于村	36	男	1939 年
付玉华	夏津县雷集镇付庄村	38	男	1939 年
刘振美	夏津县雷集镇郭蔡庄	40	男	1939 年
郭学才	夏津县雷集镇郭蔡庄	42	男	1939 年
边秀岭	夏津县雷集镇康寺	39	男	1939 年
王朝训	夏津县雷集镇康寺	42	男	1939 年
邹玉生	夏津县雷集镇大官屯	60	男	1939 年
黄天合	夏津县雷集镇黄庄村	5	男	1939 年
谢天林	夏津县雷集镇齐营	31	男	1939 年
谢金山	夏津县雷集镇齐营	32	男	1939 年
张关林	夏津县雷集镇齐营	27	男	1939 年
牟天林	夏津县雷集镇齐营	27	男	1939 年
李维道	夏津县雷集镇陈尤庄	18	男	1939 年
李国富	夏津县雷集镇肖庄	36	男	1939 年
李国钲	夏津县雷集镇肖庄	64	男	1939 年
宋洪岭	夏津县雷集镇郎庄村	72	男	1939 年
陈子山	夏津县雷集镇穆王庄	51	男	1939 年
朱文旭	夏津县银城街道高庄村	26	男	1939 年
朱文明	夏津县银城街道高庄村	32	男	1939 年
宋成路	夏津县宋楼镇窦姚村	27	男	1939 年
宋成秀	夏津县宋楼镇窦姚村	25	男	1939 年
宋王生	夏津县渡口驿乡渡东	36	男	1939 年
李吉和	夏津县渡口驿乡夏庄	35	男	1939 年
李杰林	夏津县渡口驿乡夏庄	27	男	1939 年
许德林	夏津县渡口驿乡曲堤	30	男	1939 年

续表

姓名	籍贯	年龄	性别	死难时间
许清元	夏津县渡口驿乡曲堤	35	男	1939 年
王一贞	夏津县渡口驿乡刘堤	30	女	1939 年
管以祥	夏津县渡口驿乡管新庄	29	男	1939 年
管功文	夏津县渡口驿乡管新庄	29	男	1939 年
徐金保	夏津县渡口驿乡太平庄	29	男	1939 年
靳迎晨	夏津县渡口驿乡渡西	37	男	1939 年
闫宿玲	夏津县渡口驿乡闫庄村	27	男	1939 年
陈振龙	夏津县渡口驿乡三屯	27	男	1939 年
于光亮	夏津县苏留庄镇于家仓	16	男	1939 年
高东海	夏津县新盛店镇殷堤口	28	男	1939 年
赵洪录	夏津县东李镇东屯	36	男	1939 年
李刀如	夏津县香赵庄镇北门里	60	男	1939 年
李江青	夏津县香赵庄镇北门里	50	男	1939 年
马祥恩	夏津县香赵庄镇北门里	30	男	1939 年
李沼晨	夏津县香赵庄镇北门里	40	男	1939 年
贺　小	夏津县香赵庄镇北门里	20	男	1939 年
李太守	夏津县渡口驿乡夏庄	33	男	1939 年
袁仲三	夏津县苏留庄镇温辛庄	26	男	1940 年 4 月
王金堂	夏津县白马镇县刘庄	16	男	1940 年 5 月
雷忠田	夏津县雷集镇雷集村	49	男	1940 年
李春心	夏津县雷集镇雷集村	41	男	1940 年
李二小	夏津县雷集镇雷集村	48	男	1940 年
程　五	夏津县雷集镇雷集村	39	男	1940 年
任善修	夏津县雷集镇马辛庄	54	男	1940 年
王莲玉	夏津县雷集镇小石庄	25	男	1940 年
左兴春	夏津县雷集镇小石庄	20	男	1940 年
倪万先	夏津县雷集镇倪庄村	28	男	1940 年
王小小	夏津县雷集镇沟王庄	18	男	1940 年
于友庆	夏津县雷集镇沟王庄	70	男	1940 年
于友芳	夏津县雷集镇沟王庄	55	男	1940 年
王征福	夏津县雷集镇沟王庄	70	男	1940 年
王征功	夏津县雷集镇沟王庄	65	男	1940 年
王陈氏	夏津县雷集镇沟王庄	23	女	1940 年
王黄氏	夏津县雷集镇沟王庄	24	女	1940 年

续表

姓名	籍贯	年龄	性别	死难时间
王王氏	夏津县雷集镇沟王庄	20	女	1940年
王玉兰	夏津县雷集镇沟王庄	—	女	1940年
王朝伍	夏津县雷集镇沟王庄	70	男	1940年
方德顺	夏津县雷集镇沟王庄	61	男	1940年
王牟氏	夏津县雷集镇沟王庄	68	女	1940年
王清林	夏津县雷集镇沈庄村	20	男	1940年
高文李	夏津县雷集镇牟庄	54	男	1940年
郭本富	夏津县雷集镇东于村	50	男	1940年
崔　氏	夏津县雷集镇东于村	61	女	1940年
崔成祥	夏津县雷集镇东于村	50	男	1940年
宋清晨	夏津县雷集镇许庄村	28	男	1940年
许金元	夏津县雷集镇许庄村	24	男	1940年
郭平印	夏津县雷集镇后于村	42	男	1940年
庞回水	夏津县雷集镇庞庄	27	男	1940年
申　×	夏津县雷集镇三教堂	27	男	1940年
宋黄氏	夏津县雷集镇黄庄村	40	女	1940年
郑山林	夏津县雷集镇常安集	32	男	1940年
毕　苦	夏津县雷集镇常安集	46	男	1940年
管几举	夏津县雷集镇常安集	27	男	1940年
谢金珍	夏津县雷集镇齐营	32	女	1940年
牟金关	夏津县雷集镇齐营	22	男	1940年
丁光义	夏津县雷集镇马官屯	56	男	1940年
马四年	夏津县雷集镇东马村	69	男	1940年
郑士庆	夏津县银城街道前韩庄	22	男	1940年
付　军	夏津县雷集镇耿庄村	51	男	1940年
姚石祥	夏津县宋楼镇窦姚村	27	男	1940年
李天顺	夏津县南城镇小殷庄	29	男	1940年
刘仁国	夏津县渡口驿乡渡东	30	男	1940年
刘金才	夏津县渡口驿乡二屯	27	男	1940年
王振文	夏津县渡口驿乡曲堤	27	男	1940年
谷德文	夏津县渡口驿乡李庄	20	男	1940年
许德贵	夏津县渡口驿乡许胡同	40	男	1940年
许万先	夏津县渡口驿乡许胡同	37	男	1940年
许万德	夏津县渡口驿乡许胡同	40	男	1940年

续表

姓 名	籍 贯	年 龄	性 别	死难时间
寇文香	夏津县新盛店镇镇张石庄	26	男	1940 年
刘庆海	夏津县新盛店镇张石庄	38	男	1940 年
栾庆珠	夏津县新盛店镇张石庄	19	男	1940 年
郭成贵	夏津县新盛店镇周寨村	22	男	1940 年
郭银春	夏津县新盛店镇三教堂	35	男	1940 年
霍士同	夏津县新盛店镇前霍	24	男	1940 年
崔慎江	夏津县白马湖镇崔庄村	25	男	1940 年
齐从洲	夏津县白马湖镇崔庄村	23	男	1940 年
房抡祥	夏津县东李镇高庄	18	男	1940 年
孙开训	夏津县东李镇王世寨	35	男	1940 年
程绍祥	夏津县东李镇程庄	22	男	1940 年
张瑞福	夏津县北城椅子张村	50	男	1941 年
杜九岭	夏津县北城董仓	25	男	1941 年
雷羊善	夏津县雷集镇雷集村	68	男	1941 年
夏 印	夏津县雷集镇雷集村	36	男	1941 年
马付文	夏津县雷集镇谢王庄	21	男	1941 年
王战熬	夏津县雷集镇小石庄	21	男	1941 年
左文青	夏津县雷集镇郑庄村	29	男	1941 年
左文峰	夏津县雷集镇郑庄村	37	男	1941 年
倪万达	夏津县雷集镇倪庄村	22	男	1941 年
倪德括	夏津县雷集镇倪庄村	27	男	1941 年
于友义之妻	夏津县雷集镇沟王庄	45	女	1941 年
于现如	夏津县雷集镇沟王庄	65	男	1941 年
于仉氏	夏津县雷集镇沟王庄	68	女	1941 年
于友安	夏津县雷集镇沟王庄	62	男	1941 年
于现刘	夏津县雷集镇沟王庄	60	男	1941 年
王朝文	夏津县雷集镇沟王庄	60	男	1941 年
王孙氏	夏津县雷集镇沟王庄	23	女	1941 年
王金良	夏津县雷集镇沟王庄	70	男	1941 年
王雪氏	夏津县雷集镇沟王庄	65	女	1941 年
王邱氏	夏津县雷集镇沟王庄	35	女	1941 年
王九齐	夏津县雷集镇沟王庄	69	男	1941 年
王德玉	夏津县雷集镇沟王庄	68	男	1941 年
王李氏	夏津县雷集镇沟王庄	32	女	1941 年

续表

姓 名	籍 贯	年 龄	性 别	死难时间
王改歌	夏津县雷集镇沟王庄	4	女	1941 年
王英敬	夏津县雷集镇沟王庄	78	男	1941 年
方德田	夏津县雷集镇沟王庄	56	男	1941 年
王中朝	夏津县雷集镇沟王庄	72	男	1941 年
王配羊	夏津县雷集镇沟王庄	23	男	1941 年
陈光信	夏津县雷集镇牟庄	60	男	1941 年
宋全胜	夏津县雷集镇许庄村	25	男	1941 年
宋殿臣	夏津县雷集镇许庄村	13	男	1941 年
李宏祥	夏津县雷集镇朱庄	36	男	1941 年
刘振志	夏津县雷集镇刘宪庄村	25	男	1941 年
刘法玉	夏津县雷集镇刘宪庄村	24	男	1941 年
刘德斗	夏津县雷集镇刘宪庄村	21	男	1941 年
郑振山	夏津县雷集镇刘宪庄村	20	男	1941 年
庞玉美	夏津县雷集镇庞庄	30	男	1941 年
徐王氏	夏津县雷集镇三教堂	32	女	1941 年
郭希臣	夏津县雷集镇康寺	41	男	1941 年
高付×	夏津县雷集镇高庄	32	男	1941 年
牟三天	夏津县雷集镇齐营	24	男	1941 年
李洪奎	夏津县雷集镇肖庄	63	男	1941 年
李清宾	夏津县雷集镇马官屯	40	男	1941 年
宋兴财	夏津县雷集镇郎庄村	79	男	1941 年
陈祖岭	夏津县雷集镇穆王庄	61	男	1941 年
宋玉静	夏津县宋楼镇窦姚村	38	男	1941 年
李成岩	夏津县宋楼镇窦姚村	40	男	1941 年
管以正	夏津县渡口驿乡管新庄	36	男	1941 年
魏会春	夏津县渡口驿乡二屯	35	男	1941 年
杨会文	夏津县渡口驿乡二屯	27	男	1941 年
李兆俊	夏津县渡口驿乡夏庄	34	男	1941 年
李文玉	夏津县渡口驿乡刘堤	37	男	1941 年
刘庆元	夏津县渡口驿乡太平庄	50	男	1941 年
闫任昌	夏津县渡口驿乡闫庄村	30	男	1941 年
韩家庆	夏津县新盛店镇盐厂	26	男	1941 年
王云清	夏津县新盛店镇韩庄村	18	男	1941 年
王云香	夏津县新盛店镇韩庄村	23	男	1941 年

续表

姓 名	籍 贯	年 龄	性 别	死难时间
卢金革	夏津县新盛店镇前胡官屯	32	男	1941 年
李二秃	夏津县白马湖镇白庄村	48	男	1941 年
杨　思	夏津县白马湖镇白庄村	25	男	1941 年
于泽生	夏津县东李镇于桥	36	男	1941 年
张春岭	夏津县东李镇于桥	28	男	1941 年
王以耀	夏津县东李镇张官屯	33	男	1941 年
房祥山	夏津县东李镇房庄	18	男	1941 年
王九河	夏津县双庙	26	男	1941 年
王金成	夏津县田庄乡八方塔	26	男	1942 年 2 月
孟昭常	夏津县胡里长屯	21	男	1942 年 6 月
赵金祥	夏津县香赵庄打帘王	20	男	1942 年 6 月
张合林	夏津县田庄乡八方塔	21	男	1942 年 9 月
王岳先	夏津县开发区中七里屯	53	男	1942 年
孙　城	夏津县北城许小庄	18	男	1942 年
王家本	夏津县北城苦水	29	男	1942 年
霍型利	夏津县开发区霍庄	86	男	1942 年
董家修	夏津县北城董仓	27	男	1942 年
雷洪烈	夏津县雷集镇雷集村	50	男	1942 年
李董氏	夏津县雷集镇雷集村	60	女	1942 年
雷　宣	夏津县雷集镇雷集村	30	男	1942 年
程三姑	夏津县雷集镇雷集村	30	女	1942 年
雷　山	夏津县雷集镇雷集村	42	男	1942 年
赵志福	夏津县雷集镇赵庄村	58	男	1942 年
赵刘氏	夏津县雷集镇赵庄村	69	女	1942 年
郑礼义	夏津县雷集镇郑庄村	45	男	1942 年
郭范氏	夏津县雷集镇郑庄村	43	女	1942 年
郑李氏	夏津县雷集镇郑庄村	60	女	1942 年
张志山	夏津县雷集镇大张庄	22	男	1942 年
雷圣福	夏津县雷集镇大张庄	29	男	1942 年
谭玉峰	夏津县雷集镇大张庄	30	男	1942 年
郑玉堂	夏津县雷集镇大张庄	30	男	1942 年
于刘氏	夏津县雷集镇沟王庄	30	女	1942 年
于韩氏	夏津县雷集镇沟王庄	60	女	1942 年
于良右	夏津县雷集镇沟王庄	65	男	1942 年

续表

姓 名	籍 贯	年 龄	性 别	死难时间
于良右之妻	夏津县雷集镇沟王庄	65	女	1942 年
王友昌	夏津县雷集镇沟王庄	70	男	1942 年
王雪氏	夏津县雷集镇沟王庄	68	女	1942 年
王孙氏	夏津县雷集镇沟王庄	55	女	1942 年
王小女	夏津县雷集镇沟王庄	22	女	1942 年
王张女	夏津县雷集镇沟王庄	13	女	1942 年
王朝宗	夏津县雷集镇沟王庄	63	男	1942 年
王明东	夏津县雷集镇沟王庄	60	男	1942 年
王明清	夏津县雷集镇沟王庄	61	男	1942 年
王张氏	夏津县雷集镇沟王庄	38	女	1942 年
王小女	夏津县雷集镇沟王庄	3	女	1942 年
王朝林	夏津县雷集镇沟王庄	72	男	1942 年
王朝荣	夏津县雷集镇沟王庄	68	男	1942 年
王明理	夏津县雷集镇沟王庄	38	男	1942 年
方雷氏	夏津县雷集镇沟王庄	27	女	1942 年
方小女	夏津县雷集镇沟王庄	5	女	1942 年
姚金升	夏津县雷集镇姚庄村	63	男	1942 年
左洪玉	夏津县雷集镇左庄	58	男	1942 年
朱廷阴	夏津县雷集镇朱庄	46	男	1942 年
杨希胜	夏津县雷集镇杨庄	22	男	1942 年
刘吉祥	夏津县雷集镇前于村	23	男	1942 年
郑希山	夏津县雷集镇常安集	38	男	1942 年
耿玉片	夏津县雷集镇常安集	16	女	1942 年
李维同	夏津县雷集镇陈尤庄	23	男	1942 年
田二小	夏津县雷集镇田刘庄	22	男	1942 年
刘吉青	夏津县雷集镇古城村	31	男	1942 年
宋清渭	夏津县雷集镇郎庄村	68	男	1942 年
姚　氏	夏津县雷集镇小郭庄	38	女	1942 年
王勤达	夏津县南城镇小殷庄	37	男	1942 年
宋久远	夏津县渡口驿乡渡东	31	男	1942 年
杨益哨	夏津县渡口驿乡二屯	41	男	1942 年
夏幼衍	夏津县渡口驿乡夏庄	31	男	1942 年
杨金延	夏津县渡口驿乡夏庄	29	男	1942 年
刘　斌	夏津县渡口驿乡刘堤	26	男	1942 年

续表

姓 名	籍 贯	年 龄	性 别	死难时间
高德春	夏津县渡口驿乡李庄	30	男	1942 年
王国太	夏津县渡口驿乡太平庄	41	男	1942 年
梁召平	夏津县渡口驿乡渡西	30	男	1942 年
李海风	夏津县渡口驿乡渡西	41	男	1942 年
闫学辉	夏津县渡口驿乡闫庄村	29	男	1942 年
周文勇	夏津县渡口驿乡李王庄	45	男	1942 年
刘方玉	夏津县渡口驿乡三屯	41	男	1942 年
陈光辉	夏津县渡口驿乡三屯	40	男	1942 年
管同平	夏津县苏留庄镇小辛庄	16	男	1942 年
牟岳禄之子	夏津县苏留庄镇北铺店	22	男	1942 年
贺万倡	夏津县苏留庄镇孙贺拐	52	男	1942 年
牟高楼之母	夏津县苏留庄镇北铺店	50	女	1942 年
王成功	夏津县新盛店镇后肖	36	男	1942 年
高寿峰	夏津县新盛店镇后肖	26	男	1942 年
刘万秋	夏津县新盛店镇西菜庄	24	男	1942 年
刘爱国	夏津县新盛店镇西菜庄	18	男	1942 年
张丙宽	夏津县新盛店镇前肖庄	35	男	1942 年
杨多贞	夏津县新盛店镇毕庄村	24	男	1942 年
李英荣	夏津县新盛店镇西李	30	男	1942 年
李英弟	夏津县新盛店镇西李	19	男	1942 年
许功富	夏津县白马湖镇崔庄村	23	男	1942 年
宋开运	夏津县白马湖镇马堤村	26	男	1942 年
马金明	夏津县白马湖镇马堤村	25	男	1942 年
李兴元	夏津县白马湖镇马堤村	24	男	1942 年
李庆爵	夏津县白马湖镇师堤村	20	男	1942 年
吉洪全	夏津县白马湖镇师堤村	30	男	1942 年
荆信发	夏津县白马湖镇师堤村	25	男	1942 年
李庆山	夏津县白马湖镇师堤村	26	男	1942 年
李金堂	夏津县白马湖镇师堤村	29	男	1942 年
李庆俊	夏津县白马湖镇师堤村	40	男	1942 年
孙寿显	夏津县白马湖镇枣林村	20	男	1942 年
孙登榜	夏津县白马湖镇枣林村	15	男	1942 年
王兴让	夏津县白马湖镇枣林村	44	男	1942 年
王由仁	夏津县白马湖镇枣林村	31	男	1942 年

续表

姓 名	籍 贯	年 龄	性 别	死难时间
孙寿天	夏津县白马湖镇枣林村	13	男	1942 年
李大林	夏津县白马湖镇白马湖村	20	男	1942 年
任德昌	夏津县白马湖镇九营村	20	男	1942 年
于泽福	夏津县东李镇于桥	36	男	1942 年
赵恩庆	夏津县东李镇西街	23	男	1942 年
李车文	夏津县东李镇西街	28	男	1942 年
李养锌	夏津县东李镇李楼	16	男	1942 年
张克纯	夏津县东李镇张里庄	23	男	1942 年
李其山	夏津县银城街道刘江庄	24	男	1942 年
潘洪贵	夏津县银城街道淡官屯	41	男	1942 年
董自明	夏津县银城街道四联	36	男	1942 年
迟善兴	夏津县银城街道八里庄	28	男	1942 年
王以芝	夏津县东李镇张官屯	48	男	1942 年
房益良	夏津县东李镇房庄	21	男	1942 年
陈友平	夏津县东李镇靳庄	44	男	1942 年
郭清春	夏津县东李镇靳庄	27	男	1942 年
刘吉忠	夏津县雷集镇古城	22	男	1942 年
王凤歧	夏津县雷集镇三教堂	22	男	1942 年
刘占水	夏津县苏留庄镇许庄	25	男	1942 年
刘建朝	夏津县苏留庄镇尤王庄	19	男	1942 年
王学孟	夏津县苏留庄镇前杏	21	男	1942 年
刘长山	夏津县田庄乡八方塔	20	男	1942 年
徐祖忠	夏津县田庄乡	19	男	1942 年
王立仁	夏津县北城王庄	30	男	1942 年
张兴波	夏津县双庙镇王堂	37	男	1942 年
范玉珠	夏津县双庙镇范楼	29	男	1942 年
管三明	夏津县渡口驿乡管辛庄	19	男	1942 年
叶玉春	夏津县渡口驿渡乡西	25	男	1942 年
刘洪和	夏津县郑保屯乡八屯	40	男	1942 年
赵佃青	夏津县苏留庄镇温辛庄	23	男	1943 年 1 月
王希荣	夏津县东李镇卞官桥	19	男	1943 年 11 月
黄英林	夏津县雷集镇黄庄	25	男	1943 年 12 月
阎子府	夏津县苏留庄镇刘堤	23	男	1943 年 12 月
李治堂	夏津县香赵庄镇莫庄	30	男	1943 年 3 月

续表

姓名	籍贯	年龄	性别	死难时间
刘香芝	夏津县西李镇万庄	27	男	1943 年 3 月
卢长太	夏津县西李镇乔庄	17	男	1943 年 3 月
周培富	夏津县田庄镇裴官屯	26	男	1943 年 3 月
葛翠生	夏津县渡口驿乡夏庄	28	男	1943 年 3 月
李祥瑞	夏津县渡口驿乡夏庄	27	男	1943 年 3 月
刘富阶	夏津县渡口驿乡夏庄	26	男	1943 年 3 月
刘东记	夏津县郑保屯乡八屯	18	男	1943 年 3 月
孟宪训	夏津县胡里镇长屯	26	男	1943 年 4 月
周培江	夏津县田庄镇裴官屯	21	男	1943 年 7 月
金怀常	夏津县郭盛店镇老金庄	28	男	1943 年 8 月
韩玉祥	夏津县东李镇韩庄	19	男	1943 年 9 月
吴老三	夏津县开发区中七里屯	28	男	1943 年
王兰珂之妻	夏津县开发区中七里屯	35	女	1943 年
雷云祥	夏津县雷集镇雷集村	50	男	1943 年
郭二恒	夏津县雷集镇雷集村	50	男	1943 年
雷　修	夏津县雷集镇雷集村	51	男	1943 年
赵马氏	夏津县雷集镇赵庄村	26	女	1943 年
王召武	夏津县雷集镇谢王庄	39	男	1943 年
张芯生	夏津县雷集镇冯堂	30	男	1943 年
左洪亮	夏津县雷集镇小石庄	29	男	1943 年
郑玉岭	夏津县雷集镇郑庄村	56	男	1943 年
倪知祥	夏津县雷集镇倪庄村	35	男	1943 年
于现切	夏津县雷集镇沟王庄	71	男	1943 年
于友成	夏津县雷集镇沟王庄	68	男	1943 年
王刘氏	夏津县雷集镇沟王庄	29	女	1943 年
王登小	夏津县雷集镇沟王庄	18	男	1943 年
李　金	夏津县雷集镇朱庄	42	男	1943 年
孟庆林	夏津县雷集镇谭庄村	30	男	1943 年
刘吉善	夏津县雷集镇谭庄村	30	男	1943 年
郑法树	夏津县雷集镇刘宪庄村	30	男	1943 年
郑法瑞	夏津县雷集镇刘宪庄村	26	男	1943 年
宋明生	夏津县雷集镇大官屯	51	男	1943 年
王风明	夏津县雷集镇张集村	19	男	1943 年
王东升	夏津县雷集镇张集村	27	男	1943 年

续表

姓 名	籍 贯	年 龄	性 别	死难时间
牟天贵	夏津县雷集镇齐营	23	男	1943 年
李秋春	夏津县雷集镇陈尤庄	34	男	1943 年
郭云峰	夏津县雷集镇肖庄	61	男	1943 年
李洪祥	夏津县雷集镇肖庄	69	男	1943 年
纪又镇	夏津县前汉庄	20	男	1943 年
郭　氏	夏津县雷集镇小郭庄	47	女	1943 年
孟召风	夏津县银城街道南关村	26	男	1943 年
许德和	夏津县宋楼镇许堤	32	男	1943 年
刘克良	夏津县宋楼镇刘芦	35	男	1943 年
刘金岫	夏津县宋楼镇刘芦	20	男	1943 年
刘玉成	夏津县渡口驿乡刘堤	37	男	1943 年
刘敬先	夏津县渡口驿乡渡西	29	男	1943 年
王振明	夏津县渡口驿乡李王庄	34	男	1943 年
李英瑞	夏津县新盛店镇东风村	25	男	1943 年
葛文敬	夏津县新盛店镇西李	30	男	1943 年
杨生堂	夏津县新盛店镇永安庄村	18	男	1943 年
李金生	夏津县新盛店镇永安庄村	26	男	1943 年
李金岭	夏津县新盛店镇永安庄村	35	男	1943 年
李金桥	夏津县新盛店镇永安庄村	43	男	1943 年
梁云昌	夏津县新盛店镇永安庄村	36	男	1943 年
杨脉堂	夏津县新盛店镇永安庄村	28	男	1943 年
李金斗	夏津县新盛店镇永安庄村	33	男	1943 年
李金山	夏津县新盛店镇永安庄村	24	男	1943 年
林召友	夏津县新盛店镇永安庄村	18	男	1943 年
王金龙	夏津县新盛店镇永安庄村	32	男	1943 年
王金龙之子	夏津县新盛店镇永安庄村	10	男	1943 年
小　群	夏津县新盛店镇永安庄村	16	男	1943 年
老　胖	夏津县新盛店镇永安庄村	26	男	1943 年
王金利	夏津县新盛店镇老金庄	18	男	1943 年
神　四	夏津县新盛店镇老金庄	35	男	1943 年
周配甲	夏津县新盛店镇前堂	37	男	1943 年
李兴全	夏津县新盛店镇前堂	26	男	1943 年
霍世常	夏津县新盛店镇前霍	32	男	1943 年
霍型汉	夏津县新盛店镇前霍	29	男	1943 年

续表

姓 名	籍 贯	年 龄	性 别	死难时间
霍型雁	夏津县新盛店镇前霍	23	男	1943 年
王传和	夏津县新盛店镇西菜庄	18	男	1943 年
王传学	夏津县新盛店镇西菜庄	35	男	1943 年
王延成	夏津县新盛店镇西菜庄	26	男	1943 年
王敬胜	夏津县新盛店镇西菜庄	19	男	1943 年
王学敏	夏津县新盛店镇西菜庄	23	男	1943 年
王传业	夏津县新盛店镇西菜庄	23	男	1943 年
王敬法	夏津县新盛店镇西菜庄	46	男	1943 年
王敬起	夏津县新盛店镇西菜庄	38	男	1943 年
王敬山	夏津县新盛店镇西菜庄	19	男	1943 年
王法奎	夏津县新盛店镇西菜庄	27	男	1943 年
孙佃元	夏津县新盛店镇西菜庄	35	男	1943 年
陈德厚	夏津县新盛店镇刘辛庄	26	男	1943 年
霍世柱	夏津县新盛店镇刘辛庄	33	男	1943 年
尚士道	夏津县新盛店镇刘辛庄	29	男	1943 年
岳子志	夏津县新盛店镇岳集村	24	男	1943 年
王　六	夏津县新盛店镇新韩	19	男	1943 年
韩靖庆	夏津县新盛店镇新韩	23	男	1943 年
李义祥	夏津县白马湖镇白马湖村	43	男	1943 年
崔金造	夏津县白马湖镇白马湖村	26	男	1943 年
韩文奎	夏津县白马湖镇白马湖村	24	男	1943 年
李大贤	夏津县白马湖镇白马湖村	26	男	1943 年
赵书财	夏津县东李镇前赵庄	19	男	1943 年
陈金贵	夏津县东李镇	26	男	1943 年
张道兴	夏津县雷集镇张集	28	男	1943 年
张一春	夏津县雷集镇张集	29	男	1943 年
张化治	夏津县雷集镇张集	28	男	1943 年
褚长茂	夏津县苏留庄镇前屯	31	男	1943 年
杨长春	夏津县渡口驿乡夏庄	17	男	1943 年
吕现瑞	夏津县郑保屯	20	男	1943 年
李永其	夏津县郑保屯乡八屯	22	男	1943 年
马成明	夏津县雷集镇谢王庄	20	男	1944 年 1 月
孙长宽	夏津县渡口驿乡三屯	25	男	1944 年 1 月
陈　江	夏津县渡口驿乡三屯	22	男	1944 年 1 月

续表

姓名	籍贯	年龄	性别	死难时间
栗普全	夏津县栗庄	22	男	1944年12月
范炳辰	夏津县雷集镇范庄	23	男	1944年12月
石善奎	夏津县苏留庄镇大石堂	25	男	1944年12月
周庆荣	夏津县银城街道朱寿庄	33	男	1944年3月
范钧耕	夏津县双庙镇范楼	24	男	1944年4月
卢建桥	夏津县银城街道四联	24	男	1944年5月
张延堂	夏津县宋楼镇黄官屯	20	男	1944年7月
刘彩庆	夏津县南城镇小殷庄	31	男	1944年7月
王九和	夏津县雷集镇津期店	27	男	1944年8月
葛文玉	夏津县苏留庄镇仁育官	23	男	1944年8月
刘世显	夏津县新盛店镇马辛庄	20	男	1944年9月
杨老英	夏津县开发区后七里屯	48	男	1944年
许功荣	夏津县北城许小庄	18	男	1944年
王家安	夏津县北城苦水	24	男	1944年
王长德	夏津县北城苦水	26	男	1944年
雷成仙	夏津县雷集镇雷集村	57	男	1944年
李春齐	夏津县雷集镇雷集村	54	男	1944年
雷狗二	夏津县雷集镇雷集村	38	男	1944年
李　全	夏津县雷集镇雷集村	40	男	1944年
陈立祥	夏津县雷集镇赵庄村	58	男	1944年
赵建秀	夏津县雷集镇赵庄村	63	男	1944年
赵平安	夏津县雷集镇赵庄村	6	男	1944年
郑玉成	夏津县雷集镇赵庄村	54	男	1944年
郭玉玺	夏津县雷集镇郑庄村	42	男	1944年
郑振荣	夏津县雷集镇郑庄村	39	男	1944年
郑飞华	夏津县雷集镇郑庄村	49	男	1944年
郑秀成	夏津县雷集镇郑庄村	52	男	1944年
倪岳明	夏津县雷集镇倪庄村	37	男	1944年
倪万双	夏津县雷集镇倪庄村	35	男	1944年
倪文革	夏津县雷集镇倪庄村	21	男	1944年
倪万岭	夏津县雷集镇倪庄村	19	男	1944年
王化明	夏津县雷集镇前魏寨	27	男	1944年
姚在平	夏津县雷集镇姚庄村	28	男	1944年
付文全	夏津县雷集镇津期店	89	男	1944年

续表

姓 名	籍 贯	年 龄	性 别	死难时间
王风奇	夏津县雷集镇三教堂	28	男	1944 年
柳 ×	夏津县雷集镇高庄	26	男	1944 年
王化雨	夏津县雷集镇黄庄村	28	男	1944 年
黄洪池	夏津县雷集镇黄庄村	31	男	1944 年
东玉祥	夏津县雷集镇黄庄村	16	男	1944 年
黄元廷	夏津县雷集镇黄庄村	15	男	1944 年
张士越	夏津县雷集镇小张庄	38	男	1944 年
张士文	夏津县雷集镇小张庄	41	男	1944 年
张连功	夏津县雷集镇小张庄	38	男	1944 年
张 氏	夏津县雷集镇小张庄	39	女	1944 年
张假女	夏津县雷集镇小张庄	16	男	1944 年
张 氏	夏津县雷集镇小张庄	36	女	1944 年
张连弟	夏津县雷集镇小张庄	42	男	1944 年
张寺燕	夏津县雷集镇小张庄	43	男	1944 年
张化同	夏津县雷集镇小张庄	37	男	1944 年
张士杰	夏津县雷集镇小张庄	40	男	1944 年
刘吉文	夏津县雷集镇古城村	37	男	1944 年
马风来	夏津县银城街道前韩庄	24	男	1944 年
李永山	夏津县银城街道王堤	26	男	1944 年
刘克修	夏津县宋楼镇刘芦	33	男	1944 年
管玉范	夏津县渡口驿乡管新庄	27	男	1944 年
刘振明	夏津县渡口驿乡二屯	37	男	1944 年
寇金堂	夏津县新盛店镇张石庄	30	男	1944 年
卢金成	夏津县新盛店镇乔庄村	28	男	1944 年
冉庄华	夏津县新盛店镇冉庄村	20	男	1944 年
杨亭西之妻	夏津县新盛店镇永安庄村	26	女	1944 年
梁云道	夏津县新盛店镇永安庄村	35	男	1944 年
曹登可	夏津县新盛店镇曹庄村	18	男	1944 年
李登海	夏津县新盛店镇徐庄	23	男	1944 年
崔延义	夏津县白马湖镇崔庄村	26	男	1944 年
张书文	夏津县白马湖镇崔庄村	30	男	1944 年
黄泽庆	夏津县白马湖镇崔庄村	19	男	1944 年
祁殿录	夏津县白马湖镇祁庄村	23	男	1944 年
王庆祥	夏津县白马湖镇祁庄村	35	男	1944 年

续表

姓名	籍贯	年龄	性别	死难时间
王洪明	夏津县白马湖镇祁庄村	26	男	1944 年
祁庆海	夏津县白马湖镇祁庄村	35	男	1944 年
祁万玉	夏津县白马湖镇祁庄村	18	男	1944 年
王日奎	夏津县白马湖镇祁庄村	24	男	1944 年
王雷先	夏津县白马湖镇崔楼村	24	男	1944 年
崔士宗	夏津县白马湖镇崔楼村	65	男	1944 年
叶如可	夏津县白马湖镇崔楼村	23	男	1944 年
崔知肖	夏津县白马湖镇崔楼村	36	男	1944 年
高登坡	夏津县东李镇高庄	30	男	1944 年
王经善	夏津县东李镇程庄	26	男	1944 年
王绍俊	夏津县东李镇程庄	24	男	1944 年
赵德安	夏津县银城街道后赵庄	22	男	1944 年
张文学	夏津县雷集镇大张庄	29	男	1944 年
刘国友	夏津县雷集镇齐营	19	男	1944 年
郭道清	夏津县常安集镇双庙	28	男	1944 年
刘庆林	夏津县新盛店镇宋里长屯	42	男	1944 年
谢富华	夏津县新盛店镇西寨	18	男	1944 年
许宗荣	夏津县双庙镇王堂	21	男	1944 年
位长荣	夏津县渡口驿乡三屯	21	男	1944 年
马连法	夏津县渡口驿乡殷小庄	16	男	1944 年
李季炎	夏津县郑保屯乡珠西	38	男	1944 年
李太俊	夏津县渡口驿夏庄	44	男	1945 年 1 月
张武林	夏津县南城小殷庄	25	男	1945 年 1 月
赵书范	夏津县渡口驿三屯	45	男	1945 年 1 月
霍启富	夏津县新盛店后霍庄	12	男	1945 年 3 月
霍世岭	夏津县新盛店后霍庄	22	男	1945 年 3 月
陈金栋	夏津县新盛店陈寨	31	男	1945 年 3 月
杨　森	夏津县渡口驿夏庄	30	男	1945 年 3 月
王有成	夏津县郑保屯珠东	22	男	1945 年 3 月
石善喜	夏津县苏留庄镇大石堂	18	男	1945 年 4 月
王国志	夏津县苏留庄镇小王庄	45	男	1945 年 4 月
刘茂斋	夏津县白马湖箭口	24	男	1945 年 4 月
靳德翠	夏津县东李靳庄	21	男	1945 年 5 月
李希彦	夏津县苏留庄镇大石堂	23	男	1945 年 5 月

续表

姓 名	籍 贯	年 龄	性 别	死难时间
任绍玉	夏津县苏留庄镇双庙	20	男	1945 年 6 月
周兴仁	夏津县田庄陈庄	19	男	1945 年 6 月
李长荣	夏津县渡口驿渡西	17	男	1945 年 6 月
孙廷安	夏津县渡口驿渡西	20	男	1945 年 6 月
杨书汉	夏津县郑保屯	33	男	1945 年 6 月
刘德斗	夏津县雷集刘宪庄	18	男	1945 年 7 月
刘庆臣	夏津县雷集马官屯	23	男	1945 年 7 月
王兴茂	夏津县苏留庄	28	男	1945 年 7 月
陈付贵	夏津县苏留庄肖官屯	37	男	1945 年 7 月
潘仲达	夏津县新盛店郑庄	28	男	1945 年 7 月
赵有德	夏津县新盛店周寨	22	男	1945 年 7 月
孙树春	夏津县新盛店镇孙窑	18	男	1945 年 7 月
孙金钟	夏津县新盛店镇孙窑	18	男	1945 年 7 月
王德庆	夏津县南城镇仁庄	19	男	1945 年 8 月
张德富	夏津县南城镇吴庄	25	男	1945 年 8 月
柳振贵	夏津县南城镇袁庄	24	男	1945 年 8 月
崔成仁	夏津县雷集东于	30	男	1945 年 8 月
马金明	夏津县雷集郭菜庄	25	男	1945 年 8 月
田文如	夏津县后屯	24	男	1945 年 8 月
王九官	夏津县苏留庄	28	男	1945 年 8 月
梁子昌	夏津县苏留庄	40	男	1945 年 8 月
王月堂	夏津县苏留庄	41	男	1945 年 8 月
孙吉会	夏津县苏留庄大兴庄	22	男	1945 年 8 月
刘兆平	夏津县苏留庄范窑	20	男	1945 年 8 月
刘林台	夏津县苏留庄范窑	20	男	1945 年 8 月
赵金荣	夏津县左王庄	38	男	1945 年 8 月
寇玉领	夏津县新盛店大李庄	15	男	1945 年 8 月
李保先	夏津县新盛店大李庄	23	男	1945 年 8 月
李兆忠	夏津县新盛店大李庄	16	男	1945 年 8 月
李其堂	夏津县新盛店大李庄	25	男	1945 年 8 月
韩敬礼	夏津县新盛店韩庄	25	男	1945 年 8 月
张玉洪	夏津县双庙王堂	25	男	1945 年 8 月
刘仁田	夏津县双庙前柳	33	男	1945 年 8 月
邓士魁	夏津县双庙六屯	28	男	1945 年 8 月

续表

姓 名	籍 贯	年 龄	性 别	死难时间
牛学江	夏津县郑保屯珠东	20	男	1945 年 8 月
贾振才	夏津县郑保屯八屯	23	男	1945 年 8 月
王延建	夏津县开发区中七里屯	63	男	1945 年
王安余	夏津县北城管庄村	28	男	1945 年
刘 小	夏津县雷集镇雷集村	27	男	1945 年
朱兴旺	夏津县雷集镇雷集村	60	男	1945 年
夏春兰	夏津县雷集镇雷集村	43	男	1945 年
刘 胜	夏津县雷集镇雷集村	53	男	1945 年
马吉祥	夏津县雷集镇马辛庄	27	男	1945 年
赵福常	夏津县雷集镇赵庄村	59	男	1945 年
赵平兴	夏津县雷集镇赵庄村	3	男	1945 年
郑玉清	夏津县雷集镇郑庄村	52	男	1945 年
郑马氏	夏津县雷集镇郑庄村	41	女	1945 年
倪会祥	夏津县雷集镇倪庄村	30	男	1945 年
倪玉泉	夏津县雷集镇倪庄村	25	男	1945 年
倪德敬	夏津县雷集镇倪庄村	27	男	1945 年
倪德玲	夏津县雷集镇倪庄村	48	男	1945 年
张德顺	夏津县雷集镇大张庄	26	男	1945 年
张太明	夏津县雷集镇大张庄	25	男	1945 年
张太良	夏津县雷集镇大张庄	27	男	1945 年
姚善冰	夏津县雷集镇姚庄村	42	男	1945 年
王玉岭	夏津县雷集镇左庄	71	男	1945 年
谭玉明	夏津县雷集镇左庄	37	男	1945 年
宋功兴	夏津县雷集镇大官屯	49	男	1945 年
王立中	夏津县雷集镇常安集	30	男	1945 年
耿洪祥	夏津县雷集镇常安集	23	女	1945 年
郑德信	夏津县雷集镇常安集	18	女	1945 年
李延荣	夏津县雷集镇肖庄	68	男	1945 年
邢古先	夏津县银城街道前韩庄	25	男	1945 年
韩太奎	夏津县银城街道韩庄村	19	男	1945 年
周兴仁	夏津县银城街道陈庄	18	男	1945 年
冯桂珍	夏津县银城街道陈庄	32	男	1945 年
魏振方	夏津县渡口驿乡二屯	32	男	1945 年
李海文	夏津县渡口驿乡李庄	27	男	1945 年

续表

姓 名	籍 贯	年 龄	性 别	死难时间
小 元	夏津县新盛店镇老金庄	13	男	1945 年
陈学银	夏津县新盛店镇岳集村	28	男	1945 年
李学涛	夏津县新盛店镇东马村	35	男	1945 年
许光显	夏津县新盛店镇东马村	23	男	1945 年
汪福善	夏津县白马湖镇韩桥村	34	男	1945 年
李义祥	夏津县白马湖镇韩桥村	32	男	1945 年
许万玉	夏津县白马湖镇韩桥村	29	男	1945 年
王桂令	夏津县白马湖镇韩桥村	35	男	1945 年
冉祥海	夏津县银城街道刘江庄	32	男	1945 年
王其玉	夏津县东李镇张官屯	18	男	1945 年
付善全	夏津县雷集镇耿庄	35	男	1945 年
张志远	夏津县雷集镇大张庄	22	男	1945 年
王清山	夏津县雷集镇沈庄	16	男	1945 年
黄祥生	夏津县雷集镇黄庄	18	男	1945 年
黄连桂	夏津县雷集镇黄庄	22	男	1945 年
刘清泗	夏津县雷集镇范庄	22	男	1945 年
赵凌广	夏津县雷集镇赵庄	25	男	1945 年
马如荣	夏津县苏留庄镇西闫	36	男	1945 年
王传禹	夏津县苏留庄镇大王庄	20	男	1945 年
卢红昌	夏津县新盛店镇曹庄	20	男	1945 年
尹化道	夏津县新盛店镇前堂	17	男	1945 年
王庆山	夏津县双庙镇王堂	26	男	1945 年
张成元	夏津县双庙镇王堂	25	男	1945 年
陈洪芳	夏津县渡口驿乡三屯	23	男	1945 年
李兆太	夏津县渡口驿乡夏庄	15	男	1945 年
夏文富	夏津县渡口驿乡夏庄	32	男	1945 年
韩明庆	夏津县渡口驿乡刘堤	25	男	1945 年
刘兆芳	夏津县渡口驿乡刘堤	16	男	1945 年
郭长连	夏津县渡口驿乡曲堤	24	男	1945 年
许万高	夏津县渡口驿乡曲堤	15	男	1945 年
管昆范	夏津县渡口驿乡管辛庄	21	男	1945 年
管谨范	夏津县渡口驿乡管辛庄	17	男	1945 年
王以祯	夏津县渡口驿乡管辛庄	17	男	1945 年
李有山	夏津县渡口驿乡李庄	19	男	1945 年

续表

姓 名	籍 贯	年 龄	性 别	死难时间
杨金忠	夏津县郑保屯镇	21	男	1945 年
王守开	夏津县郑保屯镇柳元庄	21	男	1945 年
张传海	夏津县郑保屯镇柳元庄	23	男	1945 年
王大田	夏津县郑保屯镇柳元庄	21	男	1945 年
孙洪喜	夏津县郑保屯镇柳元庄	20	男	1945 年
刘忠堂	夏津县郑保屯八屯	22	男	1945 年
孙晕胜	夏津县郑保屯八屯	29	男	1945 年
曲芳山	夏津县郑保屯邢庄	19	男	1945 年
邢子福	夏津县郑保屯南口	33	男	1945 年
合　计	**788**			

责任人：傅浩青　　　　核实人：宋明柱　　　　填表人：马玉涛

填报单位（签章）：夏津县委党史研究室　　　　填报时间：2009 年 5 月 10 日

庆云县抗日战争时期死难者名录

姓名	籍贯	年龄	性别	死难时间
张青山	庆云县庆云镇西后马村	53	男	1937年11月
张义宾	庆云县庆云镇西后马村	40	男	1937年11月
刘玉池	庆云县庆云镇崔家村	57	男	1937年11月
侯三胜	庆云县庆云镇和尚村	29	男	1937年11月
杨洪波	庆云县庆云镇杨庄子村	20	男	1937年11月
张希庆	庆云县东辛店乡万顷刘村	27	男	1937年11月
吴殿发	庆云县东辛店乡大丁村	40	男	1937年11月
郑学士	庆云县东辛店乡东辛店村	21	男	1937年11月
常青华	庆云县东辛店乡东辛店村	26	男	1937年11月
李丙诚	庆云县东辛店乡北孔村	29	男	1937年11月
邓本华	庆云县东辛店乡前邓村	43	男	1937年11月
谢玉贵	庆云县尚堂镇菜张村	29	男	1937年11月
刘龙泰	庆云县尚堂镇北堂村	23	男	1937年11月
刘月兵	庆云县尚堂镇南堂村	21	男	1937年11月
王士坤	庆云县尚堂镇北王村	21	男	1937年11月
刘广田	庆云县庆云镇小刘村	19	男	1937年12月
杨奉君	庆云县庆云镇东杨村	25	男	1937年12月
杨秀丽	庆云县庆云镇杨庄子村	15	男	1937年12月
杨恩志	庆云县庆云镇杨庄子村	38	男	1937年12月
李玉环	庆云县东辛店乡坊子村	40	男	1937年12月
李世成	庆云县东辛店乡坊子村	32	男	1937年12月
刘殿营	庆云县东辛店乡东阁村	31	男	1937年12月
姚文成	庆云县东辛店乡姚家村	40	男	1937年12月
范俊耀	庆云县东辛店乡小范村	40	男	1937年12月
范炳海	庆云县东辛店乡大范村	37	男	1937年12月
王洪玉	庆云县尚堂镇兴隆店村	45	男	1937年12月
王玉英	庆云县庆云镇石佛寺村	23	女	1937年
陈伯通	庆云县庆云镇三陈村	47	男	1937年
张玉平	庆云县东辛店乡张家村	40	男	1937年
王书贞	庆云县东辛店乡南赵村	38	男	1937年
赵怀明	庆云县东辛店乡南赵村	33	男	1937年

续表

姓 名	籍 贯	年 龄	性 别	死难时间
赵福山	庆云县东辛店乡南赵村	40	男	1937 年
韦学洪	庆云县庆云镇前于村	33	男	1937 年
韦保臣	庆云县庆云镇前于村	35	男	1937 年
张小轩	庆云县庆云镇前于村	35	男	1937 年
韦小柱	庆云县庆云镇前于村	33	男	1937 年
张福寿	庆云县庆云镇前于村	33	男	1937 年
韦三宝	庆云县庆云镇前于村	37	男	1937 年
刘俊娥	庆云县庆云镇石佛寺村	28	女	1937 年
吴炳烦	庆云县庆云镇郭楼村	48	男	1937 年
陈立军	庆云县庆云镇三陈村	41	男	1937 年
杨洪涛	庆云县庆云镇杨庄子村	21	男	1937 年
李天路	庆云县东辛店乡坊子村	40	男	1937 年
常青军	庆云县东辛店乡小丁村	28	男	1937 年
郑书香	庆云县尚堂镇郑家村	8	男	1937 年
张玉仓	庆云县庆云镇西后马村	65	男	1937 年
王德胜	庆云县庆云镇王知县村	60	男	1937 年
于泽阳	庆云县庆云镇前于村	27	男	1937 年
李玉英	庆云县庆云镇袁家村	23	女	1937 年
刘玉祥	庆云县庆云镇崔家村	37	男	1937 年
刘 肖	庆云县庆云镇刘漠村	21	男	1937 年
李忠明	庆云县庆云镇前官村	37	男	1937 年
刘明峰	庆云县庆云镇前官村	38	男	1937 年
张福生	庆云县庆云镇三陈村	45	男	1937 年
陈志法	庆云县庆云镇一陈村	58	男	1937 年
刘广东	庆云县庆云镇一陈村	44	男	1937 年
陈先堂	庆云县庆云镇东三里村	38	男	1937 年
刘建通	庆云县东辛店乡姜家村	19	男	1937 年
刘玉西	庆云县街道办任店村	30	男	1937 年
刘同和	庆云县街道办任店村	21	男	1937 年
王保全	庆云县街道办养马王村	18	男	1937 年
王书彬	庆云县街道办养马王村	16	男	1937 年
王同山	庆云县街道办东刘村	23	男	1937 年
马宝善	庆云县严务乡关家村	31	男	1937 年
张西岭	庆云县严务乡关家村	33	男	1937 年

续表

姓名	籍贯	年龄	性别	死难时间
冯如怀	庆云县严务乡冯桥村	50	男	1937年
马春山	庆云县严务乡黄邱马村	50	男	1937年
侯景贵	庆云县严务乡黄邱马村	45	男	1937年
田希得	庆云县庆云镇东后马村	37	男	1938年1月
马树红	庆云县庆云镇东后马村	45	男	1938年1月
于红军	庆云县庆云镇后于村	40	男	1938年1月
于宝德	庆云县庆云镇后于村	40	男	1938年1月
于明山	庆云县庆云镇后于村	29	男	1938年1月
于明开	庆云县庆云镇后于村	28	男	1938年1月
于金乾	庆云县庆云镇前于村	33	男	1938年1月
刘玉凤	庆云县庆云镇石佛寺村	24	女	1938年1月
杨奉堂	庆云县庆云镇东杨村	27	男	1938年1月
张如伟	庆云县庆云镇郭楼村	45	男	1938年1月
马海文	庆云县庆云镇郭楼村	66	男	1938年1月
陈关才	庆云县庆云镇一陈村	45	男	1938年1月
刘志正	庆云县庆云镇一陈村	43	男	1938年1月
王艳荣	庆云县庆云镇程家村	41	男	1938年1月
刘金珠	庆云县庆云镇李泮池村	71	男	1938年1月
刘庆祥	庆云县庆云镇李泮池村	62	男	1938年1月
高怀梦	庆云县庆云镇松树高村	31	男	1938年1月
周明明	庆云县庆云镇周尹村	35	男	1938年1月
周国章	庆云县庆云镇周尹村	18	男	1938年1月
周建亮	庆云县庆云镇周尹村	38	男	1938年1月
尹文青	庆云县庆云镇周尹村	22	男	1938年1月
王秀臣	庆云县庆云镇菜王村	76	男	1938年1月
杨德强	庆云县庆云镇杨庄子村	41	男	1938年1月
杨秋峰	庆云县庆云镇杨庄子村	23	男	1938年1月
韩春鲁	庆云县东辛店乡西韩村	41	男	1938年1月
李玉才	庆云县东辛店乡坊子村	30	男	1938年1月
李世思	庆云县东辛店乡坊子村	30	男	1938年1月
李小孔之妻	庆云县东辛店乡东阁村	24	女	1938年1月
李小孔	庆云县东辛店乡东阁村	25	男	1938年1月
杜福建	庆云县东辛店乡南杜村	49	男	1938年1月
段洪光	庆云县东辛店乡大范村	51	男	1938年1月

续表

姓 名	籍 贯	年 龄	性 别	死难时间
刘云府	庆云县东辛店乡志门刘村	20	男	1938 年 1 月
王朝占	庆云县东辛店乡大李村	29	男	1938 年 1 月
王自林	庆云县尚堂镇枣王村	15	男	1938 年 1 月
王道齐	庆云县尚堂镇枣王村	42	男	1938 年 1 月
王维章	庆云县尚堂镇枣王村	31	男	1938 年 1 月
韦代来	庆云县庆云镇前于村	37	男	1938 年 2 月
于卫刚	庆云县庆云镇前于村	36	男	1938 年 2 月
李洪兰	庆云县庆云镇袁家村	32	女	1938 年 2 月
张玉英	庆云县庆云镇袁家村	28	女	1938 年 2 月
程　花	庆云县庆云镇程太监村	37	女	1938 年 2 月
李大妮	庆云县庆云镇甄家村	39	女	1938 年 2 月
刘明利	庆云县庆云镇前官村	63	男	1938 年 2 月
马立云	庆云县庆云镇郭楼村	49	男	1938 年 2 月
高怀成	庆云县庆云镇松树高村	39	男	1938 年 2 月
周少森	庆云县庆云镇周尹村	30	男	1938 年 2 月
韩政荣	庆云县庆云镇卞家村	40	男	1938 年 2 月
王怀清	庆云县庆云镇菜王村	17	男	1938 年 2 月
王青峰	庆云县庆云镇菜王村	26	男	1938 年 2 月
杨青州	庆云县庆云镇杨庄子村	34	男	1938 年 2 月
李振玉	庆云县常家镇小李村	49	男	1938 年 2 月
王应寿	庆云县常家镇大唐村	41	男	1938 年 2 月
刘全林	庆云县东辛店乡姜家村	18	男	1938 年 2 月
高云飞	庆云县东辛店乡东辛店村	18	男	1938 年 2 月
李士孔	庆云县东辛店乡大李村	28	男	1938 年 2 月
刘万军	庆云县东辛店乡小吴村	19	男	1938 年 2 月
姚春花	庆云县尚堂镇北堂村	20	女	1938 年 2 月
马爱军	庆云县尚堂镇东吴村	21	男	1938 年 2 月
杨惠朝	庆云县庆云镇杨钦思村	19	男	1938 年 3 月
于海立	庆云县庆云镇前于村	28	男	1938 年 3 月
李玉娥	庆云县庆云镇袁家村	26	女	1938 年 3 月
屠秀珍	庆云县庆云镇石佛寺村	27	女	1938 年 3 月
李大花	庆云县庆云镇甄家村	30	女	1938 年 3 月
王二柱	庆云县庆云镇甄家村	35	男	1938 年 3 月
白枫晨	庆云县庆云镇甄家村	31	男	1938 年 3 月

续表

姓 名	籍 贯	年 龄	性 别	死难时间
任宝勇	庆云县庆云镇三陈村	49	男	1938 年 3 月
任德平	庆云县庆云镇三陈村	42	男	1938 年 3 月
陈宝利	庆云县庆云镇一陈村	46	男	1938 年 3 月
陈美玉	庆云县庆云镇二陈村	10	男	1938 年 3 月
高怀国	庆云县庆云镇松树高村	41	男	1938 年 3 月
尹国庆	庆云县庆云镇周尹村	29	男	1938 年 3 月
吴兴邦	庆云县庆云镇卞家村	38	男	1938 年 3 月
王怀智	庆云县庆云镇菜王村	18	男	1938 年 3 月
马玉华	庆云县庆云镇西南马村	15	女	1938 年 3 月
孙广立	庆云县庆云镇西南马村	29	男	1938 年 3 月
常洪乐	庆云县东辛店乡东辛店村	46	男	1938 年 3 月
李云善	庆云县东辛店乡大李村	27	男	1938 年 3 月
王 氏	庆云县东辛店乡大李村	21	女	1938 年 3 月
李兴林	庆云县尚堂镇纪王桥村	12	男	1938 年 3 月
李丙岐	庆云县尚堂镇纪王桥村	25	男	1938 年 3 月
张文山	庆云县尚堂镇纪王桥村	15	男	1938 年 3 月
刘明德	庆云县尚堂镇北王村	19	男	1938 年 3 月
王清州	庆云县尚堂镇北王村	25	男	1938 年 3 月
杨跃树	庆云县庆云镇杨钦思村	23	男	1938 年 4 月
杨永强	庆云县庆云镇杨钦思村	40	男	1938 年 4 月
杨国荣	庆云县庆云镇杨钦思村	47	男	1938 年 4 月
于卫江	庆云县庆云镇前于村	28	男	1938 年 4 月
于孟胜	庆云县庆云镇前于村	32	男	1938 年 4 月
陈玉英	庆云县庆云镇袁家村	28	女	1938 年 4 月
林秀英	庆云县庆云镇石佛寺村	27	女	1938 年 4 月
司利堂	庆云县庆云镇崔家村	57	男	1938 年 4 月
付廷刚	庆云县庆云镇香坊村	65	男	1938 年 4 月
周丙明	庆云县庆云镇周尹村	26	男	1938 年 4 月
尹宋华	庆云县庆云镇周尹村	41	男	1938 年 4 月
尹新华	庆云县庆云镇周尹村	39	女	1938 年 4 月
尹国臣	庆云县庆云镇周尹村	27	男	1938 年 4 月
吴永玉	庆云县庆云镇卞家村	35	男	1938 年 4 月
王青义	庆云县庆云镇菜王村	31	男	1938 年 4 月
杨世杰	庆云县庆云镇杨庄子村	12	女	1938 年 4 月

续表

姓 名	籍 贯	年 龄	性 别	死难时间
张殿池	庆云县常家镇西张村	17	男	1938 年 4 月
刘 举	庆云县东辛店乡西阁村	24	男	1938 年 4 月
李学孔之家属	庆云县东辛店乡西阁村	29	女	1938 年 4 月
孔令峦	庆云县东辛店乡北孔村	20	男	1938 年 4 月
张元义	庆云县尚堂镇纪王桥村	35	男	1938 年 4 月
刘玉娥	庆云县庆云镇袁家村	26	女	1938 年 5 月
侯书得	庆云县庆云镇石佛寺村	24	男	1938 年 5 月
郭二柱	庆云县庆云镇甄家村	31	男	1938 年 5 月
刘宏涛	庆云县庆云镇刘漠村	25	男	1938 年 5 月
任宝民	庆云县庆云镇三陈村	52	男	1938 年 5 月
陈民万	庆云县庆云镇三陈村	28	男	1938 年 5 月
任宝庆	庆云县庆云镇三陈村	64	男	1938 年 5 月
陈关平	庆云县庆云镇一陈村	51	男	1938 年 5 月
刘之明	庆云县庆云镇李泮池村	69	男	1938 年 5 月
刘之銮	庆云县庆云镇李泮池村	76	男	1938 年 5 月
刘合星	庆云县庆云镇李泮池村	67	男	1938 年 5 月
刘金福	庆云县庆云镇李泮池村	32	男	1938 年 5 月
周秀成	庆云县庆云镇周尹村	18	男	1938 年 5 月
周浩鹏	庆云县庆云镇周尹村	37	男	1938 年 5 月
程书起	庆云县庆云镇卞家村	38	男	1938 年 5 月
王学民	庆云县庆云镇卞家村	34	男	1938 年 5 月
李世州	庆云县东辛店乡坊子村	38	男	1938 年 5 月
刘德祥	庆云县东辛店乡姜家村	17	男	1938 年 5 月
刘玉蓉	庆云县东辛店乡东辛店村	19	男	1938 年 5 月
程洪弟	庆云县庆云镇程家村	30	男	1938 年 5 月
李保恒	庆云县庆云镇张马郎村	17	男	1938 年 6 月
侯书宝	庆云县庆云镇石佛寺村	20	男	1938 年 6 月
陈希代	庆云县庆云镇小刘村	51	男	1938 年 6 月
马国堂	庆云县庆云镇魏洼村	60	男	1938 年 6 月
白枫习	庆云县庆云镇甄家村	32	男	1938 年 6 月
刘文珍	庆云县庆云镇西宗村	40	女	1938 年 6 月
尹占芬	庆云县庆云镇周尹村	28	女	1938 年 6 月
周日凤	庆云县庆云镇周尹村	20	女	1938 年 6 月
程 阳	庆云县庆云镇卞家村	30	男	1938 年 6 月

续表

姓 名	籍 贯	年 龄	性 别	死难时间
王青天	庆云县庆云镇菜王村	33	男	1938 年 6 月
马俊成	庆云县常家镇东行村	42	男	1938 年 6 月
李秀英	庆云县东辛店乡北孔村	22	女	1938 年 6 月
王 × ×	庆云县东辛店乡南赵村	30	男	1938 年 6 月
张云岚	庆云县东辛店乡小吴村	38	男	1938 年 6 月
侯希平	庆云县尚堂镇北侯村	22	女	1938 年 6 月
高存先	庆云县庆云镇张马郎村	17	男	1938 年 7 月
杨洪现	庆云县庆云镇杨钦思村	50	男	1938 年 7 月
杨国文	庆云县庆云镇杨钦思村	50	男	1938 年 7 月
杨德新	庆云县庆云镇杨钦思村	37	男	1938 年 7 月
杨文利	庆云县庆云镇杨钦思村	42	男	1938 年 7 月
杨国玉	庆云县庆云镇杨钦思村	46	男	1938 年 7 月
杨海庆	庆云县庆云镇杨钦思村	39	男	1938 年 7 月
陈希望	庆云县庆云镇小刘村	39	男	1938 年 7 月
刘树行	庆云县庆云镇刘漠村	43	男	1938 年 7 月
付振军	庆云县庆云镇香坊村	40	男	1938 年 7 月
王　猛	庆云县庆云镇慈家村	46	男	1938 年 7 月
任宝江	庆云县庆云镇三陈村	47	男	1938 年 7 月
任德才	庆云县庆云镇三陈村	38	男	1938 年 7 月
任玉庆	庆云县庆云镇三陈村	51	男	1938 年 7 月
刘祥銮	庆云县庆云镇李泮池村	65	男	1938 年 7 月
刘合珠	庆云县庆云镇李泮池村	39	男	1938 年 7 月
刘合军	庆云县庆云镇李泮池村	41	男	1938 年 7 月
刘合迁	庆云县庆云镇李泮池村	45	男	1938 年 7 月
民书文	庆云县庆云镇前马村	23	男	1938 年 7 月
刘新奎	庆云县庆云镇西宗村	42	男	1938 年 7 月
尹全芝	庆云县庆云镇周尹村	27	女	1938 年 7 月
周德奎	庆云县庆云镇周尹村	29	男	1938 年 7 月
周洪建	庆云县庆云镇周尹村	34	男	1938 年 7 月
周俊连	庆云县庆云镇周尹村	25	男	1938 年 7 月
路幼殿	庆云县东辛店乡西韩村	41	男	1938 年 7 月
范孔氏	庆云县东辛店乡小范村	43	女	1938 年 7 月
刘德晓	庆云县东辛店乡东辛店村	20	男	1938 年 7 月
李广然	庆云县东辛店乡刘双全村	21	男	1938 年 7 月

续表

姓名	籍贯	年龄	性别	死难时间
乔云祥	庆云县尚堂镇梁家村	14	男	1938 年 7 月
乔相林	庆云县尚堂镇梁家村	25	男	1938 年 7 月
侯广平	庆云县尚堂镇北侯村	18	男	1938 年 7 月
侯希领	庆云县尚堂镇北侯村	31	男	1938 年 7 月
吴寿章	庆云县尚堂镇西吴村	60	男	1938 年 7 月
王介忠	庆云县尚堂镇西吴村	22	男	1938 年 7 月
胡德昌	庆云县尚堂镇大胡楼村	50	男	1938 年 7 月
张桂兰	庆云县尚堂镇大郝村	43	男	1938 年 7 月
吕洪升	庆云县尚堂镇兴隆店村	43	男	1938 年 7 月
撒元亮	庆云县尚堂镇东撒村	45	男	1938 年 7 月
王　娜	庆云县庆云镇程家村	29	男	1938 年 8 月
刘合祥	庆云县庆云镇李泮池村	29	男	1938 年 8 月
刘全兴	庆云县庆云镇李泮池村	31	男	1938 年 8 月
刘金营	庆云县庆云镇李泮池村	37	男	1938 年 8 月
周进超	庆云县庆云镇周尹村	36	男	1938 年 8 月
齐保祥	庆云县常家镇北齐村	38	男	1938 年 8 月
杨秀章	庆云县常家镇东行村	43	男	1938 年 8 月
杨风奎	庆云县东辛店乡汾水杨村	38	男	1938 年 8 月
杨月英	庆云县东辛店乡汾水杨村	36	女	1938 年 8 月
徐宫殿	庆云县东辛店乡汾水杨村	27	男	1938 年 8 月
石成林	庆云县东辛店乡石高村	30	男	1938 年 8 月
曹　升	庆云县庆云镇前于村	42	男	1938 年 9 月
韦双营	庆云县庆云镇前于村	19	男	1938 年 9 月
任德龙	庆云县庆云镇三陈村	61	男	1938 年 9 月
刘金顺	庆云县庆云镇李泮池村	33	男	1938 年 9 月
刘金庆	庆云县庆云镇李泮池村	76	男	1938 年 9 月
刘金恒	庆云县庆云镇李泮池村	74	男	1938 年 9 月
周　静	庆云县庆云镇周尹村	37	女	1938 年 9 月
周向阳	庆云县庆云镇周尹村	40	男	1938 年 9 月
周玉桥	庆云县庆云镇周尹村	38	男	1938 年 9 月
尹丛军	庆云县庆云镇周尹村	19	男	1938 年 9 月
王秀连	庆云县庆云镇菜王村	72	男	1938 年 9 月
杨月光	庆云县庆云镇杨庄子村	23	女	1938 年 9 月
张运峰	庆云县东辛店乡小张村	43	男	1938 年 9 月

续表

姓名	籍贯	年龄	性别	死难时间
李文×	庆云县东辛店乡北赵村	20	男	1938年9月
赵××	庆云县东辛店乡北赵村	18	男	1938年9月
马恒德	庆云县东辛店乡汾水马村	40	男	1938年9月
刘东来	庆云县东辛店乡志门刘村	30	男	1938年9月
王书林	庆云县东辛店乡李壮宇村	21	男	1938年9月
张　莹	庆云县庆云镇陶家村	41	男	1938年11月
王梅龙	庆云县庆云镇甄家村	35	男	1938年11月
马金广	庆云县庆云镇前马村	61	男	1938年11月
马金锋	庆云县庆云镇前马村	61	男	1938年11月
马新力	庆云县庆云镇前马村	18	男	1938年11月
周秀山	庆云县庆云镇周尹村	38	男	1938年11月
周洪东	庆云县庆云镇周尹村	37	男	1938年11月
王如意	庆云县庆云镇卞家村	28	男	1938年11月
王秀翠	庆云县庆云镇菜王村	18	女	1938年11月
李福贵	庆云县东辛店乡姜家村	21	男	1938年11月
孔德山	庆云县东辛店乡北孔村	32	男	1938年11月
王学梦	庆云县东辛店乡李壮宇村	30	男	1938年11月
李兆亭	庆云县尚堂镇南侯村	32	男	1938年11月
于希烟	庆云县庆云镇后于村	40	男	1938年12月
韩荣池	庆云县庆云镇后于村	65	男	1938年12月
杨希洪	庆云县庆云镇西杨村	69	男	1938年12月
高怀莲	庆云县庆云镇松树高村	31	女	1938年12月
韩得来	庆云县庆云镇卞家村	40	男	1938年12月
王学军	庆云县庆云镇卞家村	39	男	1938年12月
宗保贤	庆云县常家镇二十里村	41	男	1938年12月
姚德云	庆云县东辛店乡姚家村	19	男	1938年12月
刘忠义	庆云县东辛店乡刘双全村	22	男	1938年12月
王建功	庆云县尚堂镇西白村	45	男	1938年12月
乔东云	庆云县街道办豆家村	22	男	1938年
徐云田	庆云县街道办范庵村	25	男	1938年
张步营	庆云县街道办范庵村	26	男	1938年
李德成	庆云县街道办东周村	39	男	1938年
王书密	庆云县街道办养马王村	19	男	1938年
王国臣	庆云县街道办养马王村	22	男	1938年

续表

姓 名	籍 贯	年 龄	性 别	死难时间
朱德立	庆云县街道办信家村	26	男	1938 年
撒久放	庆云县街道办撒家村	39	男	1938 年
张长泽	庆云县街道办西歪村	25	男	1938 年
张之光	庆云县街道办西歪村	32	男	1938 年
李 氏	庆云县街道办西胡村	32	女	1938 年
贾 氏	庆云县街道办西胡村	32	女	1938 年
李德芳	庆云县街道办西胡村	29	男	1938 年
齐观祥	庆云县街道办齐家村	25	男	1938 年
李 二	庆云县街道办齐家村	19	男	1938 年
李 三	庆云县街道办齐家村	17	男	1938 年
齐宝正	庆云县街道办齐家村	21	男	1938 年
李云祥	庆云县中丁乡东梁村	30	男	1938 年
段华春	庆云县中丁乡前段村	38	男	1938 年
徐万祥	庆云县东辛店乡李孝忠村	39	男	1938 年
王冠法	庆云县徐园子乡刘贵村	19	男	1938 年
王丙南	庆云县徐园子乡刘贵村	12	男	1938 年
歪书清	庆云县严务乡柴林庄村	19	男	1938 年
冯有怀	庆云县严务乡冯桥村	43	男	1938 年
杨佩旭	庆云县严务乡蒋家村	63	男	1938 年
蒋奉晨	庆云县严务乡蒋家村	61	男	1938 年
张国通	庆云县庆云镇陶家村	37	男	1939 年 1 月
张 峰	庆云县庆云镇陶家村	39	男	1939 年 1 月
张国举	庆云县庆云镇陶家村	42	男	1939 年 1 月
马希良	庆云县庆云镇东后马村	45	男	1939 年 1 月
马鑫宝	庆云县庆云镇东后马村	37	男	1939 年 1 月
田万红	庆云县庆云镇东后马村	32	男	1939 年 1 月
于晓丽	庆云县庆云镇后于村	31	男	1939 年 1 月
王德立	庆云县庆云镇石佛寺村	22	男	1939 年 1 月
李玉田	庆云县庆云镇甄家村	33	女	1939 年 1 月
杨金荣	庆云县庆云镇小窑村	21	男	1939 年 1 月
王景光	庆云县庆云镇小窑村	17	男	1939 年 1 月
刘保全	庆云县庆云镇包泉庙村	21	男	1939 年 1 月
杨树枝	庆云县庆云镇东杨村	19	男	1939 年 1 月
付言康	庆云县庆云镇香坊村	42	男	1939 年 1 月

续表

姓 名	籍 贯	年 龄	性 别	死难时间
孔 超	庆云县庆云镇香坊村	39	男	1939 年 1 月
张春秉	庆云县庆云镇张桃府村	17	男	1939 年 1 月
任德芹	庆云县庆云镇三陈村	43	男	1939 年 1 月
陈万才	庆云县庆云镇三陈村	45	男	1939 年 1 月
王秀敬	庆云县庆云镇菜王村	61	男	1939 年 1 月
托宝善	庆云县崔口镇四屯村	18	男	1939 年 1 月
刘志民	庆云县崔口镇四屯村	40	男	1939 年 1 月
孟召海	庆云县崔口镇四屯村	50	男	1939 年 1 月
杨月坡	庆云县东辛店乡汾水杨村	27	男	1939 年 1 月
杨秋龄	庆云县东辛店乡汾水杨村	32	男	1939 年 1 月
李玉鲁	庆云县东辛店乡坊子村	30	男	1939 年 1 月
薛丙祥	庆云县东辛店乡薛家村	29	男	1939 年 1 月
刘云山	庆云县东辛店乡杨家村	20	男	1939 年 1 月
马恒杰	庆云县东辛店乡汾水马村	80	男	1939 年 1 月
李丙希	庆云县东辛店乡北孔村	28	男	1939 年 1 月
邓本玉之妻	庆云县东辛店乡前邓村	51	女	1939 年 1 月
赵玉华	庆云县东辛店乡刘双全村	24	女	1939 年 1 月
赵二祥	庆云县东辛店乡南赵村	25	男	1939 年 1 月
赵王氏	庆云县东辛店乡南赵村	23	女	1939 年 1 月
郭 利	庆云县徐园子乡后道口村	10	男	1939 年 1 月
文清玉	庆云县徐园子乡黄道口村	31	男	1939 年 1 月
宋士法	庆云县严务乡前庄科村	47	男	1939 年 1 月
吴寿国	庆云县尚堂镇东吴村	37	男	1939 年 1 月
姜介滨	庆云县严务乡姜屯村	66	男	1939 年 1 月
李白狗	庆云县严务乡姜屯村	70	男	1939 年 1 月
姜万峰	庆云县严务乡姜屯村	45	男	1939 年 1 月
于晓娜	庆云县庆云镇后于村	20	女	1939 年 2 月
于桂凤	庆云县庆云镇后于村	18	女	1939 年 2 月
韩丙林	庆云县庆云镇后于村	20	男	1939 年 2 月
韦青山	庆云县庆云镇前于村	37	男	1939 年 2 月
于卫东	庆云县庆云镇前于村	21	男	1939 年 2 月
杜振祥	庆云县庆云镇前于村	37	男	1939 年 2 月
韦金池	庆云县庆云镇前于村	36	男	1939 年 2 月
韦俊兰	庆云县庆云镇前于村	33	女	1939 年 2 月

续表

姓 名	籍 贯	年 龄	性 别	死难时间
于德才	庆云县庆云镇前于村	33	男	1939 年 2 月
于金波	庆云县庆云镇前于村	32	男	1939 年 2 月
于建光	庆云县庆云镇前于村	24	男	1939 年 2 月
韦根浩	庆云县庆云镇前于村	37	男	1939 年 2 月
侯书明	庆云县庆云镇石佛寺村	26	男	1939 年 2 月
张东成	庆云县庆云镇东杨村	29	男	1939 年 2 月
付　波	庆云县庆云镇香坊村	37	男	1939 年 2 月
付德生	庆云县庆云镇香坊村	47	男	1939 年 2 月
张　飞	庆云县庆云镇张桃府村	33	男	1939 年 2 月
马书祥	庆云县庆云镇前马村	53	女	1939 年 2 月
马文玉	庆云县庆云镇前马村	52	男	1939 年 2 月
马金凯	庆云县庆云镇前马村	9	男	1939 年 2 月
冯金株	庆云县庆云镇后张村	30	男	1939 年 2 月
周少甫	庆云县庆云镇周尹村	41	男	1939 年 2 月
田维洲	庆云县常家镇西田村	85	男	1939 年 2 月
袁寿先	庆云县常家镇西张村	20	男	1939 年 2 月
刘保元	庆云县东辛店乡姜家村	20	男	1939 年 2 月
常洪志	庆云县东辛店乡小丁村	52	男	1939 年 2 月
郑建设	庆云县东辛店乡东辛店村	20	男	1939 年 2 月
刘学胜	庆云县东辛店乡东辛店村	19	男	1939 年 2 月
常洪生	庆云县东辛店乡东辛店村	37	男	1939 年 2 月
李景山	庆云县徐园子乡龙王庙村	31	男	1939 年 2 月
冯金依	庆云县徐园子乡小赵村	12	男	1939 年 2 月
李树太	庆云县尚堂镇后李村	20	男	1939 年 2 月
张爱民	庆云县尚堂镇北堂村	20	男	1939 年 2 月
张玉环	庆云县庆云镇张马郎村	73	男	1939 年 3 月
王之昌	庆云县庆云镇东杨村	58	男	1939 年 3 月
陈明秦	庆云县庆云镇一陈村	58	男	1939 年 3 月
陈　东	庆云县庆云镇一陈村	41	男	1939 年 3 月
荣军凤	庆云县庆云镇程家村	27	男	1939 年 3 月
马金峰	庆云县庆云镇前马村	56	男	1939 年 3 月
高汉亭	庆云县庆云镇松树高村	37	男	1939 年 3 月
张明亮	庆云县庆云镇后张村	20	男	1939 年 3 月
周玉芝	庆云县庆云镇周尹村	36	女	1939 年 3 月

续表

姓名	籍贯	年龄	性别	死难时间
王清秀	庆云县庆云镇菜王村	19	男	1939 年 3 月
王清华	庆云县庆云镇李博士村	26	男	1939 年 3 月
焦保堂	庆云县常家镇大唐村	15	男	1939 年 3 月
张希芝	庆云县东辛店乡万顷刘村	19	男	1939 年 3 月
李胜叶	庆云县东辛店乡王铁匠村	42	男	1939 年 3 月
杨丙荣	庆云县东辛店乡杨家村	31	男	1939 年 3 月
王香立	庆云县东辛店乡刘双全村	25	女	1939 年 3 月
刘福亭	庆云县东辛店乡刘双全村	20	男	1939 年 3 月
张士勇	庆云县东辛店乡小吴村	21	男	1939 年 3 月
李新明	庆云县庆云镇张马郎村	21	男	1939 年 4 月
于龙寿	庆云县庆云镇前于村	30	男	1939 年 4 月
于国良	庆云县庆云镇前于村	31	男	1939 年 4 月
韦连凤	庆云县庆云镇前于村	26	男	1939 年 4 月
于建兴	庆云县庆云镇前于村	23	男	1939 年 4 月
司国庆	庆云县庆云镇崔家村	42	男	1939 年 4 月
王梅生	庆云县庆云镇甄家村	20	男	1939 年 4 月
范建帮	庆云县庆云镇东贾村	38	男	1939 年 4 月
王　成	庆云县庆云镇慈家村	37	男	1939 年 4 月
张华胜	庆云县庆云镇西宗村	24	男	1939 年 4 月
刘二龙	庆云县庆云镇西宗村	29	男	1939 年 4 月
周云升	庆云县庆云镇周尹村	41	男	1939 年 4 月
周连芬	庆云县庆云镇周尹村	44	女	1939 年 4 月
王敬利	庆云县庆云镇菜王村	21	男	1939 年 4 月
张景文	庆云县常家镇常家村	30	男	1939 年 4 月
张维忠	庆云县东辛店乡东阁村	24	男	1939 年 4 月
杨张氏	庆云县东辛店乡杨家村	40	女	1939 年 4 月
胡茶广	庆云县东辛店乡西阁村	28	男	1939 年 4 月
魏大同	庆云县东辛店乡小魏村	27	男	1939 年 4 月
冯西华	庆云县尚堂镇颊河冯村	30	男	1939 年 4 月
李振兴	庆云县尚堂镇颊河冯村	29	男	1939 年 4 月
姚玉江	庆云县尚堂镇姚千村	19	男	1939 年 4 月
李维兴	庆云县庆云镇张马郎村	37	男	1939 年 5 月
勾　朋	庆云县庆云镇崔家村	17	男	1939 年 5 月
刘国辉	庆云县庆云镇刘漠村	35	男	1939 年 5 月

续表

姓 名	籍 贯	年 龄	性 别	死难时间
张玉荣	庆云县庆云镇张桃府村	28	男	1939年5月
陈秀英	庆云县庆云镇二陈村	33	男	1939年5月
高怀银	庆云县庆云镇松树高村	26	男	1939年5月
周一飞	庆云县庆云镇周尹村	28	男	1939年5月
王秀敏	庆云县庆云镇菜王村	25	男	1939年5月
李春华	庆云县庆云镇李博士村	42	女	1939年5月
王道军	庆云县常家镇任家村	21	男	1939年5月
李进义	庆云县东辛店乡坊子村	35	男	1939年5月
李世儒	庆云县东辛店乡坊子村	50	男	1939年5月
邓光友	庆云县东辛店乡后邓村	50	男	1939年5月
吴玉祥	庆云县东辛店乡王铁匠村	33	男	1939年5月
尹松×	庆云县东辛店乡小尹村	25	男	1939年5月
郑长宽	庆云县东辛店乡东辛店村	21	男	1939年5月
靳风青	庆云县尚堂镇大靳村	32	男	1939年5月
高保成	庆云县庆云镇张马郎村	19	男	1939年6月
李保太	庆云县庆云镇张马郎村	21	男	1939年6月
李敬元	庆云县庆云镇张马郎村	25	男	1939年6月
李　忠	庆云县庆云镇崔家村	19	男	1939年6月
李文东	庆云县庆云镇前官村	44	男	1939年6月
陈玉兴	庆云县庆云镇三陈村	36	男	1939年6月
任爱国	庆云县庆云镇三陈村	41	男	1939年6月
马金玉	庆云县庆云镇前马村	69	女	1939年6月
高成州	庆云县庆云镇和尚村	60	男	1939年6月
王海明	庆云县庆云镇东三里村	43	男	1939年6月
李玉琴	庆云县东辛店乡坊子村	28	男	1939年6月
李修明	庆云县东辛店乡北赵村	21	男	1939年6月
李修德	庆云县东辛店乡北赵村	20	男	1939年6月
丁风洪	庆云县东辛店乡大丁村	20	男	1939年6月
范长锁	庆云县东辛店乡小范村	38	男	1939年6月
南有忠	庆云县严务乡大淀村	34	男	1939年6月
张玉坤	庆云县严务乡大淀村	39	男	1939年6月
张风山	庆云县严务乡大淀村	15	男	1939年6月
姚圣銮	庆云县尚堂镇姚千村	32	男	1939年6月
李道林	庆云县尚堂镇李梓村	26	男	1939年6月

续表

姓 名	籍 贯	年 龄	性 别	死难时间
李希堂	庆云县尚堂镇李梓村	18	男	1939 年 6 月
王忠玉	庆云县尚堂镇东堰村	38	男	1939 年 6 月
张总会	庆云县尚堂镇大郝村	39	男	1939 年 6 月
刘其德	庆云县尚堂镇东刘村	45	男	1939 年 6 月
侯书昌	庆云县庆云镇石佛寺村	27	男	1939 年 7 月
侯书文	庆云县庆云镇石佛寺村	23	男	1939 年 7 月
王怀恩	庆云县庆云镇石佛寺村	21	男	1939 年 7 月
王大庆	庆云县庆云镇甄家村	27	男	1939 年 7 月
张双喜	庆云县庆云镇甄家村	39	女	1939 年 7 月
张英方	庆云县庆云镇甄家村	40	女	1939 年 7 月
刘振东	庆云县庆云镇前官村	55	男	1939 年 7 月
慈玉兰	庆云县庆云镇慈家村	20	女	1939 年 7 月
陈怀庆	庆云县庆云镇三陈村	41	男	1939 年 7 月
陈　廷	庆云县庆云镇二陈村	29	女	1939 年 7 月
马金池	庆云县庆云镇前马村	71	男	1939 年 7 月
闫双龙	庆云县庆云镇北小刘村	18	男	1939 年 7 月
周喜悦	庆云县庆云镇周尹村	32	男	1939 年 7 月
刘国青	庆云县常家镇前柳村	22	男	1939 年 7 月
刘云东	庆云县常家镇吕家村	15	男	1939 年 7 月
付青×	庆云县东辛店乡北赵村	15	男	1939 年 7 月
李修敬	庆云县东辛店乡北赵村	19	男	1939 年 7 月
张　氏	庆云县东辛店乡北赵村	38	女	1939 年 7 月
刘全德	庆云县东辛店乡姜家村	22	男	1939 年 7 月
周希祥	庆云县东辛店乡小范村	33	男	1939 年 7 月
范炳文	庆云县东辛店乡大范村	34	男	1939 年 7 月
范成东	庆云县东辛店乡大范村	47	男	1939 年 7 月
范跃光	庆云县东辛店乡大范村	43	男	1939 年 7 月
邓云学	庆云县东辛店乡小吴村	17	男	1939 年 7 月
李国玉	庆云县尚堂镇灶户李村	17	男	1939 年 7 月
王德明	庆云县庆云镇石佛寺村	23	男	1939 年 8 月
刘玉田	庆云县庆云镇小刘村	37	男	1939 年 8 月
刘文博	庆云县庆云镇刘漠村	55	男	1939 年 8 月
刘国强	庆云县庆云镇刘漠村	54	男	1939 年 8 月
张玉青	庆云县庆云镇郭楼村	60	男	1939 年 8 月

续表

姓 名	籍 贯	年 龄	性 别	死难时间
陈桂环	庆云县庆云镇香坊村	25	女	1939 年 8 月
张世英	庆云县庆云镇张桃府村	40	男	1939 年 8 月
张　海	庆云县庆云镇张桃府村	26	男	1939 年 8 月
张风仙	庆云县庆云镇张桃府村	26	女	1939 年 8 月
马忠超	庆云县庆云镇前马村	68	男	1939 年 8 月
陈八两	庆云县庆云镇西宗村	39	男	1939 年 8 月
薛刘氏	庆云县东辛店乡薛家村	38	女	1939 年 8 月
李光寅	庆云县东辛店乡北赵村	39	男	1939 年 8 月
于张氏	庆云县东辛店乡小营村	25	女	1939 年 8 月
刘全文	庆云县东辛店乡姜家村	19	男	1939 年 8 月
王金枝	庆云县庆云镇王知县村	52	男	1939 年 9 月
尹清明	庆云县庆云镇崔家村	62	男	1939 年 9 月
程太海	庆云县庆云镇程太监村	37	男	1939 年 9 月
李少忠	庆云县庆云镇前官村	44	男	1939 年 9 月
张亭海	庆云县庆云镇郭楼村	36	男	1939 年 9 月
尚云树	庆云县庆云镇郭楼村	33	男	1939 年 9 月
张春强	庆云县庆云镇张桃府村	25	男	1939 年 9 月
陈文奎	庆云县庆云镇二陈村	23	男	1939 年 9 月
刘二牛	庆云县庆云镇西宗村	51	男	1939 年 9 月
王长新	庆云县庆云镇东三里村	58	男	1939 年 9 月
路正殿	庆云县东辛店乡西韩村	41	男	1939 年 9 月
李德×	庆云县东辛店乡北赵村	25	男	1939 年 9 月
薛文林之伯父	庆云县东辛店乡小营村	32	男	1939 年 9 月
刘东振	庆云县东辛店乡志门刘村	20	男	1939 年 9 月
刘希顾	庆云县东辛店乡志门刘村	40	男	1939 年 9 月
张广树	庆云县尚堂镇菜张村	53	男	1939 年 9 月
刘爱武	庆云县尚堂镇南堂村	12	男	1939 年 9 月
马万强	庆云县庆云镇东后马村	30	男	1939 年 11 月
李房昌	庆云县庆云镇张马郎村	35	男	1939 年 11 月
李昌武	庆云县庆云镇张马郎村	37	男	1939 年 11 月
郭和妮	庆云县庆云镇甄家村	27	女	1939 年 11 月
胡二妮	庆云县庆云镇甄家村	30	女	1939 年 11 月
王书林	庆云县庆云镇小窑村	18	男	1939 年 11 月
刘召明	庆云县庆云镇刘漠村	28	男	1939 年 11 月

续表

姓名	籍贯	年龄	性别	死难时间
刘小龙	庆云县庆云镇西宗村	29	男	1939年11月
刘花枝	庆云县庆云镇北小刘村	23	女	1939年11月
刘连二	庆云县东辛店乡小马村	30	男	1939年11月
孙　玉	庆云县严务乡单屯村	17	男	1939年11月
王宝友	庆云县严务乡单屯村	53	男	1939年11月
单保林	庆云县严务乡单屯村	34	男	1939年11月
马希超	庆云县庆云镇东后马村	29	男	1939年12月
马　秀	庆云县庆云镇东后马村	31	男	1939年12月
李武兴	庆云县庆云镇张马郎村	41	男	1939年12月
燕　梅	庆云县庆云镇包泉庙村	15	女	1939年12月
蔡玉林	庆云县庆云镇东杨村	18	男	1939年12月
刘玉岭	庆云县庆云镇北小刘村	43	女	1939年12月
胡新成	庆云县庆云镇陈瑞芝村	18	男	1939年12月
张清兰	庆云县东辛店乡姚家村	50	女	1939年12月
范德祥	庆云县东辛店乡姚家村	52	男	1939年12月
范德荣	庆云县东辛店乡大范村	45	男	1939年12月
李保庆	庆云县徐园子乡后道口村	10	男	1939年12月
李　喜	庆云县徐园子乡后道口村	9	男	1939年12月
于美双	庆云县庆云镇后于村	27	男	1939年
刘金玉	庆云县街道办任店村	27	男	1939年
刘文田	庆云县街道办范庵村	40	男	1939年
李德祥	庆云县街道办东周村	25	男	1939年
王同民	庆云县街道办养马王村	18	男	1939年
朱德平	庆云县街道办信家村	24	男	1939年
乔汉臣	庆云县街道办乔万村	28	男	1939年
撒英立	庆云县街道办撒家村	40	男	1939年
撒宝刚	庆云县街道办撒家村	32	男	1939年
刘　深	庆云县街道办西石村	23	男	1939年
张之恒	庆云县街道办西歪村	27	男	1939年
张之兴	庆云县街道办西歪村	29	男	1939年
张如吉	庆云县街道办西歪村	29	男	1939年
李连鲁	庆云县街道办东胡村	22	男	1939年
都福田	庆云县街道办东胡村	20	男	1939年
崔喜武	庆云县中丁乡东崔村	31	男	1939年

续表

姓 名	籍 贯	年 龄	性 别	死难时间
杨可宾	庆云县中丁乡茂杨村	27	男	1939 年
杨风任	庆云县中丁乡茂杨村	31	男	1939 年
张子钢	庆云县中丁乡徐家村	21	男	1939 年
刘玉行	庆云县中丁乡堤刘村	31	男	1939 年
刘云堂	庆云县中丁乡堤刘村	34	男	1939 年
刘云端	庆云县中丁乡堤刘村	29	男	1939 年
范基胜	庆云县中丁乡中崔村	31	男	1939 年
刘书路	庆云县东辛店乡万顷刘村	25	男	1939 年
刘希文	庆云县东辛店乡万顷刘村	31	男	1939 年
冯庆怀	庆云县严务乡冯桥村	60	男	1939 年
崔书梅	庆云县严务乡刁家村	26	女	1939 年
杜淑坤	庆云县严务乡刁家村	24	女	1939 年
田玉兰	庆云县庆云镇西宗村	17	女	1940 年 1 月
张书义	庆云县庆云镇陶家村	35	男	1940 年 1 月
张书元	庆云县庆云镇陶家村	45	男	1940 年 1 月
陈玉良	庆云县庆云镇西后马村	40	男	1940 年 1 月
张希顺	庆云县庆云镇西后马村	32	男	1940 年 1 月
张三妮	庆云县庆云镇甄家村	40	女	1940 年 1 月
张二蒙	庆云县庆云镇甄家村	40	女	1940 年 1 月
王得才	庆云县庆云镇香坊村	28	男	1940 年 1 月
王大海	庆云县庆云镇慈家村	47	男	1940 年 1 月
陈　政	庆云县庆云镇二陈村	40	男	1940 年 1 月
马玉成	庆云县庆云镇前马村	58	男	1940 年 1 月
高福田	庆云县庆云镇松树高村	21	男	1940 年 1 月
高胜利	庆云县庆云镇松树高村	25	男	1940 年 1 月
刘洪格	庆云县庆云镇王文郭村	72	男	1940 年 1 月
张俊胜	庆云县庆云镇西宗村	60	男	1940 年 1 月
陈永汉	庆云县庆云镇西宗村	49	男	1940 年 1 月
周倍连	庆云县庆云镇周尹村	27	男	1940 年 1 月
王德荣	庆云县庆云镇李博士村	30	男	1940 年 1 月
王玉容	庆云县庆云镇李博士村	21	女	1940 年 1 月
霍洪彬	庆云县常家镇东行村	36	男	1940 年 1 月
杨万朋	庆云县东辛店乡汾水杨村	52	男	1940 年 1 月
李洪亮	庆云县东辛店乡汾水杨村	37	男	1940 年 1 月

续表

姓名	籍贯	年龄	性别	死难时间
李　边	庆云县东辛店乡汾水杨村	35	男	1940 年 1 月
李小二	庆云县东辛店乡汾水杨村	13	男	1940 年 1 月
姚祥如	庆云县东辛店乡姚家村	45	男	1940 年 1 月
王付春	庆云县东辛店乡王铁匠村	39	男	1940 年 1 月
马柿瑞	庆云县东辛店乡汾水马村	40	男	1940 年 1 月
马丕德	庆云县东辛店乡汾水马村	20	男	1940 年 1 月
常书良	庆云县东辛店乡小丁村	46	男	1940 年 1 月
丁李氏	庆云县东辛店乡大丁村	60	女	1940 年 1 月
刘从国	庆云县东辛店乡张家村	15	男	1940 年 1 月
韩玉西	庆云县东辛店乡张货郎村	33	男	1940 年 1 月
王水善	庆云县东辛店乡王官村	31	男	1940 年 1 月
范云彩	庆云县徐园子乡西袁村	12	女	1940 年 1 月
程安林	庆云县尚堂镇和睦程村	17	男	1940 年 1 月
靳玉明	庆云县尚堂镇大靳村	21	男	1940 年 1 月
李万芝	庆云县尚堂镇后李村	24	男	1940 年 1 月
胡明周	庆云县尚堂镇大胡楼村	38	男	1940 年 1 月
苗凤英	庆云县尚堂镇西白村	43	女	1940 年 1 月
姚秀英	庆云县尚堂镇小姚村	35	女	1940 年 1 月
王洪路	庆云县尚堂镇北王村	18	男	1940 年 1 月
郭海亭	庆云县庆云镇西后马村	53	男	1940 年 1 月
高福增	庆云县庆云镇松树高村	36	男	1940 年 1 月
张风刚	庆云县庆云镇陶家村	76	男	1940 年 2 月
韦长明	庆云县庆云镇东后马村	62	男	1940 年 2 月
张铁忠	庆云县庆云镇西后马村	38	男	1940 年 2 月
杨军明	庆云县庆云镇东杨村	37	男	1940 年 2 月
慈　萌	庆云县庆云镇慈家村	37	女	1940 年 2 月
陈成景	庆云县庆云镇三陈村	38	男	1940 年 2 月
马金生	庆云县庆云镇前马村	60	男	1940 年 2 月
马玉祥	庆云县庆云镇前马村	57	男	1940 年 2 月
马新文	庆云县庆云镇前马村	19	男	1940 年 2 月
马红寿	庆云县庆云镇前马村	12	男	1940 年 2 月
马红明	庆云县庆云镇前马村	23	男	1940 年 2 月
马成志	庆云县庆云镇前马村	46	男	1940 年 2 月
高怀秀	庆云县庆云镇松树高村	37	男	1940 年 2 月

续表

姓 名	籍 贯	年 龄	性 别	死难时间
刘尚祥	庆云县庆云镇王文郭村	65	男	1940 年 2 月
张富环	庆云县庆云镇西三里村	51	男	1940 年 2 月
周　燕	庆云县庆云镇周尹村	29	女	1940 年 2 月
王防贞	庆云县庆云镇菜王村	42	男	1940 年 2 月
王秀华	庆云县庆云镇菜王村	46	男	1940 年 2 月
王秀珍	庆云县庆云镇菜王村	51	男	1940 年 2 月
杨小六	庆云县东辛店乡汾水杨村	13	男	1940 年 2 月
杨石头	庆云县东辛店乡汾水杨村	10	男	1940 年 2 月
徐忠国	庆云县东辛店乡汾水杨村	23	男	1940 年 2 月
李学琴	庆云县东辛店乡东阁村	30	男	1940 年 2 月
张云德	庆云县东辛店乡王铁匠村	35	男	1940 年 2 月
薛金成	庆云县东辛店乡南孔村	22	男	1940 年 2 月
马柿良	庆云县东辛店乡汾水马村	20	男	1940 年 2 月
孙童文	庆云县东辛店乡付兴宇村	30	男	1940 年 2 月
娄占华	庆云县东辛店乡东辛店村	21	男	1940 年 2 月
黄清明	庆云县徐园子乡黄道口村	35	男	1940 年 2 月
宗伟彬	庆云县尚堂镇西宗村	24	男	1940 年 2 月
宗文彬	庆云县尚堂镇西宗村	24	男	1940 年 2 月
周占凤	庆云县尚堂镇西宗村	24	男	1940 年 2 月
勾洪海	庆云县尚堂镇小勾村	40	男	1940 年 2 月
马金贵	庆云县庆云镇前马村	63	男	1940 年 3 月
张汉中	庆云县庆云镇陶家村	22	男	1940 年 3 月
马秀岭	庆云县庆云镇东后马村	38	男	1940 年 3 月
马存明	庆云县庆云镇中马村	35	男	1940 年 3 月
张吉刚	庆云县庆云镇西后马村	43	男	1940 年 3 月
张连成	庆云县庆云镇西后马村	46	男	1940 年 3 月
张希华	庆云县庆云镇西后马村	20	男	1940 年 3 月
陈清华	庆云县庆云镇陈贤村	20	女	1940 年 3 月
任书俭	庆云县庆云镇石佛寺村	22	男	1940 年 3 月
王怀堂	庆云县庆云镇石佛寺村	38	男	1940 年 3 月
王大龙	庆云县庆云镇甄家村	20	男	1940 年 3 月
周洪军	庆云县庆云镇南周村	47	男	1940 年 3 月
任宝堂	庆云县庆云镇三陈村	31	男	1940 年 3 月
刘广占	庆云县庆云镇一陈村	23	男	1940 年 3 月

续表

姓 名	籍 贯	年 龄	性 别	死难时间
刘建党	庆云县庆云镇一陈村	39	男	1940 年 3 月
陈玉环	庆云县庆云镇二陈村	39	男	1940 年 3 月
马玉文	庆云县庆云镇前马村	40	男	1940 年 3 月
马德权	庆云县庆云镇前马村	18	男	1940 年 3 月
马德豹	庆云县庆云镇前马村	26	男	1940 年 3 月
马忠金	庆云县庆云镇前马村	38	男	1940 年 3 月
马丛新	庆云县庆云镇前马村	46	男	1940 年 3 月
马瑞华	庆云县庆云镇前马村	46	女	1940 年 3 月
董风冲	庆云县庆云镇王东宗村	31	男	1940 年 3 月
王防振	庆云县庆云镇菜王村	43	男	1940 年 3 月
王秀荧	庆云县庆云镇菜王村	49	男	1940 年 3 月
张风采	庆云县常家镇西张村	15	男	1940 年 3 月
李　田	庆云县常家镇二十里村	10	男	1940 年 3 月
齐承球	庆云县常家镇南齐村	35	男	1940 年 3 月
史德扑	庆云县常家镇史家坊村	30	男	1940 年 3 月
史绍轩	庆云县东辛店乡东阁村	48	男	1940 年 3 月
邓兴践	庆云县东辛店乡后邓村	52	男	1940 年 3 月
邓李氏	庆云县东辛店乡后邓村	50	女	1940 年 3 月
范存峰	庆云县东辛店乡南孔村	35	男	1940 年 3 月
赵广×	庆云县东辛店乡北赵村	20	男	1940 年 3 月
史浩轩	庆云县东辛店乡顾家村	31	男	1940 年 3 月
王亭举	庆云县东辛店乡顾家村	31	男	1940 年 3 月
史德民	庆云县东辛店乡顾家村	28	男	1940 年 3 月
范跃新	庆云县东辛店乡大范村	38	男	1940 年 3 月
段洪利	庆云县东辛店乡大范村	42	男	1940 年 3 月
段振兴	庆云县东辛店乡大范村	48	男	1940 年 3 月
孔令章	庆云县东辛店乡北孔村	30	男	1940 年 3 月
赵怀行	庆云县东辛店乡南赵村	27	男	1940 年 3 月
鲁长清	庆云县东辛店乡鲁家村	27	男	1940 年 3 月
袁天佑	庆云县徐园子乡东袁村	29	男	1940 年 3 月
王洪兰	庆云县尚堂镇兴隆店村	45	女	1940 年 3 月
刘俊亮	庆云县庆云镇西宗村	20	女	1940 年 4 月
张福光	庆云县庆云镇陶家村	25	男	1940 年 4 月
赵国强	庆云县庆云镇赵腊台村	64	男	1940 年 4 月

续表

姓名	籍贯	年龄	性别	死难时间
程日月	庆云县庆云镇程太监村	42	男	1940年4月
周振岐	庆云县庆云镇东周村	56	男	1940年4月
常洪林	庆云县庆云镇北小刘村	56	男	1940年4月
陈二小	庆云县庆云镇西三里村	20	男	1940年4月
周淑英	庆云县庆云镇周尹村	33	女	1940年4月
刘保玲	庆云县常家镇张巧村	15	男	1940年4月
尹殿会	庆云县东辛店乡小尹村	26	男	1940年4月
高广山	庆云县东辛店乡南孔村	35	男	1940年4月
李朋×	庆云县东辛店乡北赵村	33	男	1940年4月
马丁氏	庆云县东辛店乡汾水马村	30	女	1940年4月
张文绅	庆云县严务乡大淀村	17	男	1940年4月
李荣德	庆云县尚堂镇李含贲村	29	男	1940年4月
李荣海	庆云县尚堂镇李含贲村	33	男	1940年4月
张风元	庆云县庆云镇陶家村	21	男	1940年5月
李向东	庆云县庆云镇陶家村	65	男	1940年5月
马存德	庆云县庆云镇中马村	42	男	1940年5月
侯立新	庆云县庆云镇石佛寺村	24	男	1940年5月
李大龙	庆云县庆云镇甄家村	30	男	1940年5月
李保柱	庆云县庆云镇甄家村	20	男	1940年5月
张　二	庆云县庆云镇甄家村	40	男	1940年5月
李伟数	庆云县庆云镇包泉庙村	45	男	1940年5月
李天庆	庆云县庆云镇前官村	31	男	1940年5月
李军利	庆云县庆云镇前官村	41	男	1940年5月
杨透明	庆云县庆云镇西杨村	68	男	1940年5月
张秀军	庆云县庆云镇郭楼村	40	男	1940年5月
周天清	庆云县庆云镇南周村	15	男	1940年5月
田小华	庆云县庆云镇西宗村	24	男	1940年5月
刘洪立	庆云县庆云镇北小刘村	30	女	1940年5月
王秀环	庆云县庆云镇菜王村	55	男	1940年5月
王秀玉	庆云县庆云镇李博士村	22	女	1940年5月
张怀芝	庆云县东辛店乡万顷刘村	37	男	1940年5月
李文华之母	庆云县东辛店乡北赵村	30	女	1940年5月
娄保珍	庆云县东辛店乡姜家村	31	男	1940年5月
刘德洪	庆云县东辛店乡姜家村	17	男	1940年5月

续表

姓 名	籍 贯	年 龄	性 别	死难时间
邓在轩	庆云县东辛店乡小吴村	26	男	1940 年 5 月
吴秀彬	庆云县东辛店乡小吴村	19	男	1940 年 5 月
邓玉岚	庆云县东辛店乡小吴村	21	男	1940 年 5 月
冯其贵	庆云县尚堂镇冯家村	38	男	1940 年 5 月
刘中庆	庆云县尚堂镇南堂村	22	男	1940 年 5 月
张希合	庆云县庆云镇西后马村	54	男	1940 年 5 月
马树荣	庆云县庆云镇东后马村	43	男	1940 年 6 月
杨　二	庆云县庆云镇甄家村	30	男	1940 年 6 月
孙玉树	庆云县庆云镇小窑村	16	男	1940 年 6 月
胡天东	庆云县庆云镇前官村	42	男	1940 年 6 月
李昌中	庆云县庆云镇前官村	51	男	1940 年 6 月
马文炳	庆云县庆云镇前马村	43	男	1940 年 6 月
董赞亭	庆云县庆云镇东宗村	20	男	1940 年 6 月
陈二佰	庆云县庆云镇西宗村	60	男	1940 年 6 月
马树海	庆云县庆云镇和尚村	28	男	1940 年 6 月
高书文	庆云县庆云镇和尚村	38	男	1940 年 6 月
韩景龙	庆云县东辛店乡西韩村	23	男	1940 年 6 月
尹殿信	庆云县东辛店乡小尹村	24	男	1940 年 6 月
马　亮	庆云县东辛店乡松树马村	39	男	1940 年 6 月
王吉恒	庆云县东辛店乡小孙村	38	男	1940 年 6 月
贾秀林	庆云县尚堂镇贾家村	27	男	1940 年 6 月
周付山	庆云县尚堂镇颊河徐村	35	男	1940 年 6 月
常风伍	庆云县尚堂镇马徐村	20	男	1940 年 6 月
张青书	庆云县尚堂镇菜张村	25	男	1940 年 6 月
李振岭	庆云县庆云镇陶家村	70	女	1940 年 7 月
张占岭	庆云县庆云镇陶家村	21	男	1940 年 7 月
王德道	庆云县庆云镇石佛寺村	27	男	1940 年 7 月
刘　健	庆云县庆云镇刘漠村	42	男	1940 年 7 月
刘建合	庆云县庆云镇一陈村	39	男	1940 年 7 月
董文先	庆云县庆云镇东宗村	18	男	1940 年 7 月
刘述林	庆云县庆云镇西宗村	41	男	1940 年 7 月
刘玉荣	庆云县庆云镇西宗村	42	男	1940 年 7 月
常壮柱	庆云县庆云镇北小刘村	16	男	1940 年 7 月
陈中堂	庆云县庆云镇东三里村	72	男	1940 年 7 月

续表

姓名	籍贯	年龄	性别	死难时间
刘振岚	庆云县常家镇李店村	20	男	1940 年 7 月
王平汉	庆云县常家镇东行村	38	男	1940 年 7 月
霍增云	庆云县常家镇霍家村	50	男	1940 年 7 月
齐胜堂	庆云县常家镇大唐村	76	男	1940 年 7 月
贾万志	庆云县东辛店乡小王村	32	男	1940 年 7 月
田松茂	庆云县东辛店乡小尹村	25	男	1940 年 7 月
姜保平	庆云县东辛店乡姜家村	19	男	1940 年 7 月
郭洪凯	庆云县东辛店乡大丁村	20	男	1940 年 7 月
刘之朋	庆云县东辛店乡志门刘村	40	男	1940 年 7 月
范立华	庆云县东辛店乡小魏村	23	女	1940 年 7 月
赵和玉	庆云县东辛店乡李壮宇村	59	男	1940 年 7 月
张立干	庆云县东辛店乡王官村	37	男	1940 年 7 月
姜云清	庆云县严务乡姜屯村	32	男	1940 年 7 月
老年糕	庆云县尚堂镇南王村	47	男	1940 年 7 月
杨秀廷	庆云县尚堂镇大郝村	48	男	1940 年 7 月
常秀英	庆云县尚堂镇东白村	46	女	1940 年 7 月
董文贤	庆云县庆云镇东宗村	20	男	1940 年 7 月
杨东来	庆云县庆云镇东杨村	18	男	1940 年 8 月
张世祥	庆云县庆云镇张桃府村	19	男	1940 年 8 月
程　明	庆云县庆云镇程家村	41	男	1940 年 8 月
陈　林	庆云县庆云镇西宗村	42	男	1940 年 8 月
李建强	庆云县庆云镇李博士村	21	男	1940 年 8 月
刘路玉	庆云县常家镇南板村	17	男	1940 年 8 月
秦长亭	庆云县崔口镇三屯村	51	男	1940 年 8 月
张祖轩	庆云县崔口镇三屯村	40	男	1940 年 8 月
鲍新晓	庆云县崔口镇三屯村	34	男	1940 年 8 月
周庆春	庆云县崔口镇周辛村	40	男	1940 年 8 月
郝　氏	庆云县崔口镇黄屯村	30	女	1940 年 8 月
黄三强	庆云县崔口镇黄屯村	34	男	1940 年 8 月
杜美成	庆云县东辛店乡南杜村	51	男	1940 年 8 月
付尚全	庆云县东辛店乡北赵村	28	男	1940 年 8 月
付之×	庆云县东辛店乡北赵村	19	男	1940 年 8 月
李元成	庆云县东辛店乡西阁村	25	男	1940 年 8 月
崔文秀	庆云县尚堂镇东吴村	37	女	1940 年 8 月

续表

姓 名	籍 贯	年 龄	性 别	死难时间
田文光	庆云县庆云镇西宗村	29	男	1940 年 9 月
张文秀	庆云县庆云镇陶家村	20	男	1940 年 9 月
王保林	庆云县庆云镇甄家村	21	男	1940 年 9 月
蔡 三	庆云县庆云镇东杨村	27	男	1940 年 9 月
杨二喜	庆云县庆云镇东杨村	24	男	1940 年 9 月
陈玉朋	庆云县庆云镇二陈村	32	男	1940 年 9 月
高怀珍	庆云县庆云镇松树高村	45	女	1940 年 9 月
解龙楼	庆云县庆云镇北小刘村	27	男	1940 年 9 月
刘淑娥	庆云县庆云镇北小刘村	24	女	1940 年 9 月
陈兴堂	庆云县庆云镇东三里村	37	男	1940 年 9 月
霍芝云	庆云县常家镇王挂村	16	男	1940 年 9 月
齐炳玉	庆云县常家镇大唐村	27	男	1940 年 9 月
张 喜	庆云县崔口镇四屯村	36	男	1940 年 9 月
孟 考	庆云县崔口镇四屯村	20	男	1940 年 9 月
刘书香	庆云县东辛店乡万顷刘村	21	男	1940 年 9 月
杜广宇	庆云县东辛店乡南杜村	53	男	1940 年 9 月
李德×	庆云县东辛店乡北赵村	16	男	1940 年 9 月
刘荣花	庆云县尚堂镇北堂村	31	女	1940 年 9 月
高存智	庆云县庆云镇张马郎村	15	男	1940 年 11 月
王德阳	庆云县庆云镇石佛寺村	24	男	1940 年 11 月
李保栓	庆云县庆云镇甄家村	22	男	1940 年 11 月
刘尚兴	庆云县庆云镇王文郭村	30	男	1940 年 11 月
刘洪军	庆云县庆云镇王文郭村	24	男	1940 年 11 月
刘小换	庆云县庆云镇西宗村	37	男	1940 年 11 月
高连中	庆云县庆云镇和尚村	24	男	1940 年 11 月
周洪成	庆云县庆云镇周尹村	26	男	1940 年 11 月
王文泰	庆云县庆云镇李博士村	21	男	1940 年 11 月
王井臣	庆云县严务乡单屯村	20	男	1940 年 11 月
王秋田	庆云县尚堂镇北王村	26	男	1940 年 11 月
马开春	庆云县庆云镇中马村	23	女	1940 年 12 月
刘洪兴	庆云县庆云镇王文郭村	63	男	1940 年 12 月
董秀昌	庆云县庆云镇东宗村	18	男	1940 年 12 月
田出尤	庆云县庆云镇西宗村	28	男	1940 年 12 月
陈宝山	庆云县庆云镇西宗村	24	男	1940 年 12 月

续表

姓 名	籍 贯	年 龄	性 别	死难时间
闫小妹	庆云县庆云镇北小刘村	17	女	1940 年 12 月
唐洪国	庆云县常家镇大唐村	30	男	1940 年 12 月
赵德田	庆云县东辛店乡北赵村	27	男	1940 年 12 月
李桂来	庆云县东辛店乡王官村	30	女	1940 年 12 月
薛翠英	庆云县东辛店乡王官村	38	女	1940 年 12 月
王泽富	庆云县东辛店乡王官村	51	男	1940 年 12 月
薛多×	庆云县东辛店乡王官村	63	男	1940 年 12 月
张立先	庆云县东辛店乡王官村	30	男	1940 年 12 月
高福甲	庆云县庆云镇松树高村	76	男	1940 年 12 月
豆书香	庆云县街道办豆家村	23	男	1940 年
姚俊山	庆云县街道办洼于村	34	男	1940 年
郝万合	庆云县街道办后官村	26	男	1940 年
冯学良	庆云县街道办东周村	27	男	1940 年
解希銮	庆云县街道办小解村	18	男	1940 年
解道存	庆云县街道办小解村	21	男	1940 年
解结义	庆云县街道办小解村	26	男	1940 年
解德保	庆云县街道办小解村	25	男	1940 年
解德信	庆云县街道办小解村	26	男	1940 年
解道庆	庆云县街道办小解村	24	男	1940 年
刘希胜	庆云县街道办东刘村	18	男	1940 年
王希中	庆云县街道办东刘村	26	男	1940 年
王伴林	庆云县街道办东刘村	18	男	1940 年
王文祥	庆云县街道办东刘村	17	男	1940 年
王保继	庆云县街道办东刘村	18	男	1940 年
杨世贤	庆云县街道办东刘村	24	男	1940 年
王文春	庆云县街道办东刘村	18	女	1940 年
王文街	庆云县街道办东刘村	12	女	1940 年
杨玉板	庆云县街道办东刘村	18	女	1940 年
张如岐	庆云县街道办西歪村	40	男	1940 年
张如海	庆云县街道办西歪村	38	男	1940 年
张之青	庆云县街道办西歪村	25	男	1940 年
张之元	庆云县街道办西歪村	29	男	1940 年
张元德	庆云县街道办西歪村	30	男	1940 年
张之忠	庆云县街道办西歪村	30	男	1940 年

续表

姓 名	籍 贯	年 龄	性 别	死难时间
张之千	庆云县街道办西歪村	32	男	1940 年
张元如	庆云县街道办西歪村	29	男	1940 年
张国清	庆云县街道办东歪村	33	男	1940 年
张林长	庆云县街道办东歪村	20	男	1940 年
刘海成	庆云县街道办东歪村	18	男	1940 年
刘明俊	庆云县街道办东歪村	32	男	1940 年
张治田	庆云县街道办东歪村	24	男	1940 年
张荣田	庆云县街道办东歪村	30	男	1940 年
张之治	庆云县街道办东歪村	28	男	1940 年
张明义	庆云县街道办东歪村	26	男	1940 年
张长胜	庆云县街道办东歪村	16	男	1940 年
张长忠	庆云县街道办东歪村	22	男	1940 年
刘荣胜	庆云县街道办东歪村	36	男	1940 年
张长勇	庆云县街道办东歪村	24	男	1940 年
都保森	庆云县街道办东胡村	24	男	1940 年
柳之文	庆云县街道办柳家村	28	男	1940 年
张知德	庆云县中丁乡张家村	30	男	1940 年
张长城	庆云县中丁乡张家村	33	男	1940 年
郑兆星	庆云县中丁乡郑庙村	32	男	1940 年
崔 × ×	庆云县中丁乡西崔村	15	男	1940 年
刘原祥	庆云县中丁乡小辛村	35	男	1940 年
刘玉昆	庆云县中丁乡堤刘村	30	男	1940 年
赵连秀	庆云县东辛店乡万顷刘村	28	男	1940 年
赵德国	庆云县东辛店乡万顷刘村	31	男	1940 年
徐万如	庆云县东辛店乡李孝忠村	40	男	1940 年
胡文选	庆云县严务乡王皇村	46	男	1940 年
党立明	庆云县严务乡柴林庄村	15	男	1940 年
冯松山	庆云县严务乡冯桥村	19	男	1940 年
冯泮海	庆云县严务乡冯桥村	71	男	1940 年
冯如修	庆云县严务乡冯桥村	19	男	1940 年
郑风林	庆云县严务乡前庄科村	22	男	1940 年
郑秀林	庆云县严务乡前庄科村	18	男	1940 年
张文治	庆云县严务乡严务村	45	男	1940 年
常保庆	庆云县严务乡严务村	47	男	1940 年

续表

姓 名	籍 贯	年 龄	性 别	死难时间
王丙正	庆云县严务乡严务村	33	男	1940 年
张建龙	庆云县严务乡严务村	41	男	1940 年
张芝成	庆云县严务乡严务村	69	男	1940 年
张艰永	庆云县严务乡严务村	25	男	1940 年
李俊海	庆云县严务乡严务村	57	男	1940 年
张秀俊	庆云县严务乡严务村	27	女	1940 年
张福江	庆云县严务乡严务村	24	男	1940 年
李俊岭	庆云县严务乡严务村	57	男	1940 年
都宏林	庆云县严务乡严务村	—	男	1940 年
于景龙	庆云县严务乡严务村	63	男	1940 年
于海龙	庆云县严务乡严务村	66	男	1940 年
胡玉兰	庆云县严务乡严务村	30	女	1940 年
于世家	庆云县严务乡严务村	54	男	1940 年
于桂銮	庆云县严务乡严务村	46	男	1940 年
孙景堂	庆云县严务乡严务村	17	男	1940 年
于观清	庆云县严务乡严务村	40	男	1940 年
高绍山	庆云县严务乡沙家村	30	男	1940 年
李　德	庆云县严务乡邓家村	10	男	1940 年
李　彦	庆云县严务乡邓家村	12	男	1940 年
冯华山	庆云县严务乡刁家村	50	男	1940 年
胡长命	庆云县严务乡刁家村	40	男	1940 年
张翠荣	庆云县庆云镇张马郎村	59	男	1941 年 1 月
李秀文	庆云县庆云镇王知县村	42	女	1941 年 1 月
范　合	庆云县庆云镇崔家村	61	男	1941 年 1 月
尹培元	庆云县庆云镇崔家村	42	男	1941 年 1 月
李　崇	庆云县庆云镇崔家村	18	男	1941 年 1 月
刘国胜	庆云县庆云镇小刘村	23	男	1941 年 1 月
刘　刚	庆云县庆云镇小刘村	28	男	1941 年 1 月
白焕弟	庆云县庆云镇甄家村	29	男	1941 年 1 月
王梅英	庆云县庆云镇甄家村	24	男	1941 年 1 月
刘健英	庆云县庆云镇刘漠村	41	男	1941 年 1 月
刘　猛	庆云县庆云镇刘漠村	22	男	1941 年 1 月
刘少朋	庆云县庆云镇刘漠村	47	男	1941 年 1 月
范安山	庆云县庆云镇东贾村	46	男	1941 年 1 月

续表

姓 名	籍 贯	年 龄	性 别	死难时间
刘振修	庆云县庆云镇前官村	21	男	1941 年 1 月
付成才	庆云县庆云镇香坊村	29	男	1941 年 1 月
王 强	庆云县庆云镇慈家村	23	男	1941 年 1 月
慈立娟	庆云县庆云镇慈家村	26	女	1941 年 1 月
张建和	庆云县庆云镇三陈村	21	男	1941 年 1 月
陈玉花	庆云县庆云镇二陈村	16	女	1941 年 1 月
范文莹	庆云县庆云镇后张村	42	女	1941 年 1 月
侯俊香	庆云县庆云镇和尚村	18	女	1941 年 1 月
杨国通	庆云县庆云镇杨庄子村	26	男	1941 年 1 月
张维芹	庆云县东辛店乡东阁村	40	男	1941 年 1 月
刘思福	庆云县东辛店乡杨家村	15	男	1941 年 1 月
杜刘氏	庆云县东辛店乡南杜村	52	女	1941 年 1 月
常青强	庆云县东辛店乡小丁村	26	男	1941 年 1 月
魏伟地	庆云县东辛店乡小魏村	25	男	1941 年 1 月
杜兰英	庆云县东辛店乡小魏村	24	女	1941 年 1 月
赵同春	庆云县东辛店乡南赵村	19	男	1941 年 1 月
赵张氏	庆云县东辛店乡南赵村	21	女	1941 年 1 月
赵林氏	庆云县东辛店乡南赵村	18	女	1941 年 1 月
鲁吉森之祖母	庆云县东辛店乡鲁家村	45	女	1941 年 1 月
周李氏	庆云县东辛店乡王官村	49	女	1941 年 1 月
孙井周	庆云县徐园子乡西安务村	27	男	1941 年 1 月
陈永秀	庆云县严务乡小武村	34	男	1941 年 1 月
张玉恒	庆云县严务乡大淀村	20	男	1941 年 1 月
南希春	庆云县严务乡大淀村	41	男	1941 年 1 月
宋景西	庆云县严务乡前庄科村	68	男	1941 年 1 月
李希龙	庆云县尚堂镇前李村	16	男	1941 年 1 月
齐九迁	庆云县尚堂镇兴隆店村	47	男	1941 年 1 月
王金英	庆云县尚堂镇西白村	43	女	1941 年 1 月
王瑞风	庆云县庆云镇前于村	23	男	1941 年 2 月
王道昌	庆云县庆云镇石佛寺村	33	男	1941 年 2 月
刘 强	庆云县庆云镇崔家村	19	男	1941 年 2 月
陈宝良	庆云县庆云镇小刘村	21	男	1941 年 2 月
陈福合	庆云县庆云镇小刘村	20	女	1941 年 2 月
刘兴叶	庆云县庆云镇前官村	42	男	1941 年 2 月

续表

姓 名	籍 贯	年 龄	性 别	死难时间
张连英	庆云县庆云镇张桃府村	22	女	1941 年 2 月
高怀臣	庆云县庆云镇松树高村	63	男	1941 年 2 月
张　国	庆云县庆云镇东宗村	30	男	1941 年 2 月
董照辉	庆云县庆云镇东宗村	20	男	1941 年 2 月
冯二林	庆云县庆云镇后张村	24	男	1941 年 2 月
侯宝清	庆云县庆云镇和尚村	17	男	1941 年 2 月
周绍康	庆云县庆云镇周尹村	30	男	1941 年 2 月
周秀辉	庆云县庆云镇周尹村	35	男	1941 年 2 月
周跃文	庆云县庆云镇周尹村	35	男	1941 年 2 月
周　兵	庆云县庆云镇周尹村	28	男	1941 年 2 月
胡振岭	庆云县庆云镇西南马村	38	男	1941 年 2 月
王振华	庆云县庆云镇东三里村	36	男	1941 年 2 月
杨汉玉	庆云县庆云镇杨庄子村	14	女	1941 年 2 月
孙宝祥	庆云县常家镇小李村	29	男	1941 年 2 月
肖保深	庆云县常家镇肖寺村	34	男	1941 年 2 月
王达林	庆云县常家镇吕家村	30	男	1941 年 2 月
王　味	庆云县常家镇吕家村	10	男	1941 年 2 月
李玉成	庆云县东辛店乡坊子村	43	男	1941 年 2 月
杜张氏	庆云县东辛店乡南杜村	55	女	1941 年 2 月
杜文成	庆云县东辛店乡南杜村	48	男	1941 年 2 月
刘方亭	庆云县东辛店乡刘双全村	29	男	1941 年 2 月
张怀刚	庆云县东辛店乡小吴村	19	男	1941 年 2 月
孙广瑞	庆云县东辛店乡小孙村	51	男	1941 年 2 月
袁克和	庆云县徐园子乡东袁村	27	男	1941 年 2 月
侯泗海	庆云县尚堂镇朱家村	17	—	1941 年 2 月
李文伟	庆云县庆云镇陶家村	31	男	1941 年 3 月
张玉秀	庆云县庆云镇张马郎村	71	男	1941 年 3 月
马森林	庆云县庆云镇中马村	36	男	1941 年 3 月
马右新	庆云县庆云镇中马村	58	男	1941 年 3 月
王敬仙	庆云县庆云镇石佛寺村	25	女	1941 年 3 月
李　枝	庆云县庆云镇崔家村	24	男	1941 年 3 月
崔保森	庆云县庆云镇崔家村	47	男	1941 年 3 月
林　明	庆云县庆云镇崔家村	14	男	1941 年 3 月
尹　波	庆云县庆云镇崔家村	16	男	1941 年 3 月

续表

姓 名	籍 贯	年 龄	性 别	死难时间
马荣荣	庆云县庆云镇魏洼村	56	男	1941年3月
马荣跃	庆云县庆云镇魏洼村	36	男	1941年3月
王保东	庆云县庆云镇甄家村	22	男	1941年3月
李大春	庆云县庆云镇甄家村	28	男	1941年3月
薛兰秀	庆云县庆云镇东杨村	19	女	1941年3月
刘振河	庆云县庆云镇前官村	51	男	1941年3月
刘文希	庆云县庆云镇前官村	32	男	1941年3月
付振明	庆云县庆云镇香坊村	58	男	1941年3月
尚 冬	庆云县庆云镇香坊村	18	女	1941年3月
慈美玉	庆云县庆云镇慈家村	24	女	1941年3月
周立德	庆云县庆云镇南周村	29	男	1941年3月
陈军长	庆云县庆云镇三陈村	47	男	1941年3月
陈万军	庆云县庆云镇三陈村	36	男	1941年3月
陈文生	庆云县庆云镇三陈村	51	男	1941年3月
马金海	庆云县庆云镇前马村	40	男	1941年3月
刘尚边	庆云县庆云镇王文郭村	37	男	1941年3月
刘洪昌	庆云县庆云镇王文郭村	45	男	1941年3月
常元功	庆云县庆云镇北小刘村	23	男	1941年3月
王桂枝	庆云县庆云镇西三里村	34	女	1941年3月
周文会	庆云县庆云镇周尹村	31	男	1941年3月
周 霞	庆云县庆云镇周尹村	18	男	1941年3月
周 朴	庆云县庆云镇周尹村	37	男	1941年3月
周秀山	庆云县庆云镇周尹村	29	男	1941年3月
周风莲	庆云县庆云镇周尹村	29	女	1941年3月
王秀清	庆云县庆云镇菜王村	64	男	1941年3月
王清敬	庆云县庆云镇菜王村	37	男	1941年3月
王振平	庆云县庆云镇东三里村	37	男	1941年3月
于朝旗	庆云县常家镇于店村	23	男	1941年3月
赵元青	庆云县东辛店乡万顷刘村	29	男	1941年3月
赵元新	庆云县东辛店乡万顷刘村	32	女	1941年3月
李玉寨	庆云县东辛店乡坊子村	40	男	1941年3月
赵刘氏	庆云县东辛店乡小范村	39	女	1941年3月
赵刘氏之子	庆云县东辛店乡小范村	9	男	1941年3月
张玉锋	庆云县东辛店乡张家村	20	男	1941年3月

续表

姓 名	籍 贯	年 龄	性 别	死难时间
李聪祥	庆云县东辛店乡西阁村	28	男	1941 年 3 月
史俊功	庆云县东辛店乡西阁村	24	男	1941 年 3 月
李玉卫	庆云县东辛店乡西阁村	22	男	1941 年 3 月
史俊光	庆云县东辛店乡西阁村	21	男	1941 年 3 月
胡向阳	庆云县东辛店乡西阁村	25	男	1941 年 3 月
张云銮	庆云县东辛店乡小吴村	28	男	1941 年 3 月
薛仁贵	庆云县东辛店乡王官村	47	男	1941 年 3 月
袁天祥	庆云县徐园子乡大袁村	29	男	1941 年 3 月
翟丙胜	庆云县尚堂镇前翟村	51	男	1941 年 3 月
王道祥	庆云县尚堂镇枣王村	38	男	1941 年 3 月
王自奎	庆云县尚堂镇枣王村	27	男	1941 年 3 月
刘 二	庆云县尚堂镇枣王村	19	男	1941 年 3 月
马东林	庆云县庆云镇东后马村	65	男	1941 年 4 月
赵风明	庆云县庆云镇赵腊台村	63	男	1941 年 4 月
张保全	庆云县庆云镇赵腊台村	58	男	1941 年 4 月
陈希照	庆云县庆云镇小刘村	30	男	1941 年 4 月
马金生	庆云县庆云镇魏洼村	43	男	1941 年 4 月
王希英	庆云县庆云镇王文郭村	39	女	1941 年 4 月
陈 兰	庆云县庆云镇西宗村	39	男	1941 年 4 月
田俊先	庆云县庆云镇西宗村	71	女	1941 年 4 月
刘建立	庆云县庆云镇后张村	51	男	1941 年 4 月
尹星丽	庆云县庆云镇周尹村	21	男	1941 年 4 月
王荣刚	庆云县庆云镇东三里村	37	男	1941 年 4 月
陈国贞	庆云县庆云镇东三里村	39	女	1941 年 4 月
薛亭福	庆云县东辛店乡王官村	43	男	1941 年 4 月
王登民	庆云县尚堂镇王高村	20	男	1941 年 4 月
张跃贵	庆云县尚堂镇李店村	28	男	1941 年 4 月
郝翠堂	庆云县尚堂镇大郝村	42	男	1941 年 4 月
马洪权	庆云县庆云镇中马村	51	男	1941 年 5 月
韩书明	庆云县庆云镇前于村	37	男	1941 年 5 月
刘玉刚	庆云县庆云镇崔家村	31	男	1941 年 5 月
程安心	庆云县庆云镇程太监村	19	男	1941 年 5 月
李大双	庆云县庆云镇甄家村	39	女	1941 年 5 月
王二保	庆云县庆云镇甄家村	20	男	1941 年 5 月

续表

姓 名	籍 贯	年 龄	性 别	死难时间
郭大柱	庆云县庆云镇甄家村	27	男	1941 年 5 月
刘忠立	庆云县庆云镇刘漠村	31	男	1941 年 5 月
刘书芹	庆云县庆云镇张桃府村	20	女	1941 年 5 月
慈荷花	庆云县庆云镇慈家村	26	女	1941 年 5 月
慈海兰	庆云县庆云镇慈家村	17	女	1941 年 5 月
陈卫新	庆云县庆云镇三陈村	39	男	1941 年 5 月
陈志刚	庆云县庆云镇二陈村	30	男	1941 年 5 月
高善亭	庆云县庆云镇松树高村	31	男	1941 年 5 月
王风贵	庆云县庆云镇松树高村	28	男	1941 年 5 月
高福祥	庆云县庆云镇松树高村	21	男	1941 年 5 月
刘尚言	庆云县庆云镇王文郭村	32	男	1941 年 5 月
刘尚通	庆云县庆云镇王文郭村	45	男	1941 年 5 月
刘思荣	庆云县庆云镇北小刘村	21	男	1941 年 5 月
张新元	庆云县庆云镇后张村	60	男	1941 年 5 月
徐忠祥	庆云县东辛店乡汾水杨村	41	男	1941 年 5 月
徐东明	庆云县东辛店乡汾水杨村	38	男	1941 年 5 月
张治祥	庆云县东辛店乡万粮张村	34	男	1941 年 5 月
张清国	庆云县东辛店乡姚家村	43	男	1941 年 5 月
邓本成	庆云县东辛店乡前邓村	32	男	1941 年 5 月
王精贵	庆云县东辛店乡刘双全村	28	男	1941 年 5 月
马老五	庆云县东辛店乡小马村	28	男	1941 年 5 月
张元震	庆云县严务乡大淀村	30	男	1941 年 5 月
马万成	庆云县严务乡大淀村	31	男	1941 年 5 月
张狗剩	庆云县严务乡大淀村	28	男	1941 年 5 月
靳寿生	庆云县尚堂镇大靳村	27	男	1941 年 5 月
宗银洪	庆云县尚堂镇西宗村	19	男	1941 年 5 月
马玉顺	庆云县庆云镇中马村	53	男	1941 年 6 月
马玉荣	庆云县庆云镇中马村	27	男	1941 年 6 月
李　泉	庆云县庆云镇崔家村	17	男	1941 年 6 月
李大柱	庆云县庆云镇甄家村	29	男	1941 年 6 月
付天青	庆云县庆云镇香坊村	20	女	1941 年 6 月
王向月	庆云县庆云镇慈家村	29	男	1941 年 6 月
陈明云	庆云县庆云镇一陈村	34	男	1941 年 6 月
陈福权	庆云县庆云镇一陈村	37	男	1941 年 6 月

续表

姓名	籍贯	年龄	性别	死难时间
常洪奎	庆云县庆云镇北小刘村	28	男	1941年6月
张胜宪	庆云县庆云镇后张村	38	男	1941年6月
李道治	庆云县庆云镇李博士村	42	男	1941年6月
马德胜	庆云县庆云镇西南马村	26	男	1941年6月
王荣堂	庆云县常家镇前王村	14	男	1941年6月
王金奎	庆云县常家镇后五村	43	男	1941年6月
郭文贵	庆云县常家镇后田村	62	男	1941年6月
王枫林	庆云县常家镇任家村	23	男	1941年6月
韩关升	庆云县常家镇刁家村	36	男	1941年6月
王　文	庆云县常家镇大唐村	10	男	1941年6月
胡万森	庆云县常家镇大胡村	19	男	1941年6月
李井兰	庆云县常家镇史家坊村	21	女	1941年6月
刘贵河	庆云县东辛店乡刘双全村	25	男	1941年6月
李延龙	庆云县东辛店乡大李村	26	男	1941年6月
肖桂祥	庆云县尚堂镇肖家村	38	男	1941年6月
王万太	庆云县尚堂镇东翟村	40	男	1941年6月
程素美	庆云县尚堂镇西撒村	35	女	1941年6月
刘月平	庆云县尚堂镇北堂村	22	男	1941年6月
张世恩	庆云县庆云镇陶家村	34	男	1941年7月
马玉贞	庆云县庆云镇中马村	52	女	1941年7月
郭希山	庆云县庆云镇西后马村	27	男	1941年7月
韦齐印	庆云县庆云镇前于村	21	男	1941年7月
周振洪	庆云县庆云镇东周村	45	男	1941年7月
刘健平	庆云县庆云镇东周村	56	男	1941年7月
张风英	庆云县庆云镇张桃府村	46	女	1941年7月
周淑芹	庆云县庆云镇南周村	7	女	1941年7月
周玉良	庆云县庆云镇南周村	26	男	1941年7月
陈玉东	庆云县庆云镇西宗村	41	男	1941年7月
刘大柱	庆云县庆云镇后张村	19	男	1941年7月
张广胜	庆云县庆云镇后张村	43	男	1941年7月
胡希成	庆云县庆云镇陈瑞芝村	20	男	1941年7月
王秀员	庆云县庆云镇李博士村	19	女	1941年7月
王孟华	庆云县庆云镇东三里村	68	女	1941年7月
王绍面	庆云县常家镇后王村	60	男	1941年7月

续表

姓 名	籍 贯	年 龄	性 别	死难时间
郭志远	庆云县常家镇后田村	18	男	1941 年 7 月
刘延荣	庆云县常家镇李店村	19	男	1941 年 7 月
于文木	庆云县常家镇于店村	30	男	1941 年 7 月
王唯一	庆云县东辛店乡万粮张村	16	男	1941 年 7 月
李书岩之父	庆云县东辛店乡北赵村	51	男	1941 年 7 月
李书明	庆云县东辛店乡北赵村	27	男	1941 年 7 月
马佩奇	庆云县东辛店乡汾水马村	22	男	1941 年 7 月
马 × ×	庆云县东辛店乡小马村	32	男	1941 年 7 月
王福善之母	庆云县东辛店乡小孙村	48	女	1941 年 7 月
孙建山	庆云县东辛店乡小孙村	57	男	1941 年 7 月
王良田	庆云县尚堂镇李店村	27	男	1941 年 7 月
刘洪奎	庆云县尚堂镇李店村	34	男	1941 年 7 月
于学民	庆云县尚堂镇南侯村	20	—	1941 年 7 月
吴边峰	庆云县尚堂镇北王村	35	男	1941 年 7 月
张连山	庆云县庆云镇陶家村	32	男	1941 年 8 月
张顺利	庆云县庆云镇西后马村	29	男	1941 年 8 月
于金胜	庆云县庆云镇前于村	20	男	1941 年 8 月
王德文	庆云县庆云镇石佛寺村	15	男	1941 年 8 月
王怀升	庆云县庆云镇石佛寺村	37	男	1941 年 8 月
刘志会	庆云县庆云镇前官村	38	男	1941 年 8 月
付胜勇	庆云县庆云镇香坊村	36	男	1941 年 8 月
陈风东	庆云县庆云镇一陈村	21	男	1941 年 8 月
高福纯	庆云县庆云镇松树高村	25	男	1941 年 8 月
张明焕	庆云县庆云镇后张村	46	男	1941 年 8 月
胡国智	庆云县庆云镇陈瑞芝村	25	男	1941 年 8 月
陈国堂	庆云县庆云镇东三里村	10	男	1941 年 8 月
杨风青	庆云县庆云镇杨庄子村	15	男	1941 年 8 月
王玉弈	庆云县常家镇李店村	30	男	1941 年 8 月
马利祯	庆云县常家镇小马村	50	男	1941 年 8 月
邓安云	庆云县常家镇大胡村	15	男	1941 年 8 月
张希青	庆云县东辛店乡万顷刘村	26	男	1941 年 8 月
邓兴路	庆云县东辛店乡后邓村	43	男	1941 年 8 月
李秀兰	庆云县东辛店乡后邓村	41	女	1941 年 8 月
吴殿良	庆云县东辛店乡大丁村	20	男	1941 年 8 月

续表

姓 名	籍 贯	年 龄	性 别	死难时间
肖有根	庆云县尚堂镇东翟村	35	男	1941 年 8 月
姚翠云	庆云县尚堂镇小姚村	18	男	1941 年 8 月
王文亭	庆云县庆云镇王知县村	58	男	1941 年 9 月
韦明东	庆云县庆云镇前于村	20	男	1941 年 9 月
刘玉英	庆云县庆云镇袁家村	23	女	1941 年 9 月
范红浩	庆云县庆云镇东贾村	26	男	1941 年 9 月
范振业	庆云县庆云镇东贾村	37	男	1941 年 9 月
胡进军	庆云县庆云镇前官村	42	男	1941 年 9 月
张俊智	庆云县庆云镇张桃府村	14	男	1941 年 9 月
陈寿军	庆云县庆云镇一陈村	35	男	1941 年 9 月
冯福昌	庆云县庆云镇后张村	18	男	1941 年 9 月
陈文元	庆云县庆云镇东三里村	62	男	1941 年 9 月
王俊堂	庆云县庆云镇东三里村	46	男	1941 年 9 月
杨光美	庆云县庆云镇杨庄子村	10	女	1941 年 9 月
杨学义	庆云县庆云镇杨庄子村	15	男	1941 年 9 月
杨智荣	庆云县庆云镇杨庄子村	33	男	1941 年 9 月
杨恩举	庆云县庆云镇杨庄子村	55	男	1941 年 9 月
胡振华	庆云县常家镇胡店村	30	男	1941 年 9 月
胡完章	庆云县常家镇胡店村	24	男	1941 年 9 月
张国生	庆云县常家镇霍家村	7	男	1941 年 9 月
刘贫山	庆云县东辛店乡小王村	46	男	1941 年 9 月
于炳瑞	庆云县徐园子乡后安务村	10	女	1941 年 9 月
周成恩	庆云县尚堂镇颊河徐村	27	男	1941 年 9 月
周树敖	庆云县尚堂镇颊河徐村	26	男	1941 年 9 月
张俊义	庆云县尚堂镇西郎坞村	49	女	1941 年 9 月
姚玉胡	庆云县尚堂镇姚千村	21	男	1941 年 9 月
胡焕泉	庆云县尚堂镇大胡楼村	42	男	1941 年 9 月
杨金宝	庆云县尚堂镇东白村	47	男	1941 年 9 月
韦利东	庆云县庆云镇东后马村	61	男	1941 年 11 月
张广庆	庆云县庆云镇后张村	38	男	1941 年 11 月
刘福山	庆云县庆云镇后张村	21	男	1941 年 11 月
胡国芝	庆云县庆云镇陈瑞芝村	19	男	1941 年 11 月
杨振峦	庆云县庆云镇杨庄子村	40	男	1941 年 11 月
马振和	庆云县常家镇小马村	41	男	1941 年 11 月

续表

姓 名	籍 贯	年 龄	性 别	死难时间
陈××	庆云县徐园子乡东安务村	—	男	1941 年 11 月
撒富跃	庆云县尚堂镇东撒村	43	男	1941 年 11 月
撒志树	庆云县尚堂镇东撒村	40	男	1941 年 11 月
许广明	庆云县尚堂镇北王村	37	男	1941 年 11 月
张贵杨	庆云县庆云镇崔家村	43	男	1941 年 12 月
杨会东	庆云县庆云镇西杨村	38	男	1941 年 12 月
马建忠	庆云县庆云镇前马村	36	男	1941 年 12 月
张明冲	庆云县庆云镇后张村	32	男	1941 年 12 月
王立堂	庆云县庆云镇东三里村	43	男	1941 年 12 月
姚思桂	庆云县尚堂镇姚千村	65	男	1941 年 12 月
李云清	庆云县街道办豆家村	21	男	1941 年
于晓密	庆云县街道办洼于村	16	女	1941 年
刘金松	庆云县街道办后官村	24	男	1941 年
冯学堂	庆云县街道办东周村	36	男	1941 年
王汉忠	庆云县街道办养马王村	31	男	1941 年
马秀英	庆云县街道办李云曲村	30	女	1941 年
李如春	庆云县街道办李云曲村	19	女	1941 年
李吉祥	庆云县街道办东刘村	32	男	1941 年
李清祥	庆云县街道办东刘村	26	男	1941 年
刘清海	庆云县街道办东刘村	27	男	1941 年
李文岭	庆云县街道办东刘村	27	男	1941 年
吕宗利	庆云县街道办东刘村	26	女	1941 年
尹天柱	庆云县街道办小郑村	24	男	1941 年
王玉山	庆云县街道办西石村	40	男	1941 年
刘忠成	庆云县街道办西石村	25	男	1941 年
张如池	庆云县街道办西歪村	39	男	1941 年
张荣义	庆云县街道办东歪村	23	男	1941 年
柳光星	庆云县街道办柳家村	24	男	1941 年
柳月德	庆云县街道办柳家村	26	男	1941 年
韩廷栋	庆云县街道办韩家村	40	男	1941 年
韩升福	庆云县街道办韩家村	29	男	1941 年
杨洪春	庆云县中丁乡何家村	30	男	1941 年
杨树深	庆云县中丁乡何家村	37	男	1941 年
何志武	庆云县中丁乡何家村	34	男	1941 年

续表

姓 名	籍 贯	年 龄	性 别	死难时间
田　仪	庆云县中丁乡徐家村	32	男	1941 年
段秀顺	庆云县中丁乡前段村	36	男	1941 年
小　春	庆云县中丁乡杨和寺村	27	男	1941 年
何井仁	庆云县中丁乡何家村	35	男	1941 年
马方柱	庆云县严务乡关家村	41	男	1941 年
胡万选	庆云县严务乡柴林庄村	24	男	1941 年
冯丙都	庆云县严务乡冯桥村	33	男	1941 年
冯喜梅	庆云县严务乡冯桥村	66	男	1941 年
王玉西	庆云县严务乡前庄科村	60	男	1941 年
宋士楼	庆云县严务乡前庄科村	47	男	1941 年
张海亮	庆云县严务乡张辛村	47	男	1941 年
张泮刷	庆云县严务乡严务村	17	男	1941 年
孙秀山	庆云县严务乡严务村	71	女	1941 年
豆洪庆	庆云县严务乡严务村	53	男	1941 年
豆保田	庆云县严务乡严务村	11	男	1941 年
于观岭	庆云县严务乡严务村	48	男	1941 年
于树生	庆云县严务乡严务村	59	男	1941 年
于峰亭	庆云县严务乡严务村	20	男	1941 年
于洪林	庆云县严务乡严务村	10	男	1941 年
王树林	庆云县严务乡严务村	49	男	1941 年
于关涛	庆云县严务乡严务村	35	男	1941 年
韦红莲	庆云县庆云镇东后马村	60	男	1942 年 1 月
马海亭	庆云县庆云镇中马村	39	男	1942 年 1 月
刘书阁	庆云县庆云镇崔家村	61	男	1942 年 1 月
尹世强	庆云县庆云镇崔家村	37	男	1942 年 1 月
李二愣	庆云县庆云镇甄家村	29	男	1942 年 1 月
刘　仑	庆云县庆云镇刘漠村	13	男	1942 年 1 月
张二歪	庆云县庆云镇东杨村	60	男	1942 年 1 月
范安祥	庆云县庆云镇东贾村	36	男	1942 年 1 月
刘文华	庆云县庆云镇前官村	38	男	1942 年 1 月
梁文兴	庆云县庆云镇前官村	43	男	1942 年 1 月
李志如	庆云县庆云镇前官村	67	男	1942 年 1 月
杨果坤	庆云县庆云镇西杨村	70	男	1942 年 1 月
程　祥	庆云县庆云镇程家村	23	男	1942 年 1 月

续表

姓名	籍贯	年龄	性别	死难时间
程　良	庆云县庆云镇程家村	33	男	1942 年 1 月
马忠兴	庆云县庆云镇前马村	32	男	1942 年 1 月
刘尚陈	庆云县庆云镇王文郭村	9	男	1942 年 1 月
胡新房	庆云县庆云镇陈瑞芝村	76	男	1942 年 1 月
陈申元	庆云县庆云镇西三里村	44	男	1942 年 1 月
纪井云	庆云县常家镇纪家铺村	31	男	1942 年 1 月
徐子光	庆云县东辛店乡汾水杨村	42	男	1942 年 1 月
徐明国	庆云县东辛店乡汾水杨村	37	男	1942 年 1 月
杨光来	庆云县东辛店乡汾水杨村	28	男	1942 年 1 月
王大朋	庆云县东辛店乡万粮张村	25	男	1942 年 1 月
张立云	庆云县东辛店乡万粮张村	22	女	1942 年 1 月
张维代	庆云县东辛店乡东阁村	38	男	1942 年 1 月
吴云生	庆云县东辛店乡东阁村	29	男	1942 年 1 月
李和义	庆云县东辛店乡东阁村	37	女	1942 年 1 月
张青云	庆云县东辛店乡薛家村	28	男	1942 年 1 月
孔繁岭之父	庆云县东辛店乡南孔村	46	男	1942 年 1 月
孔繁岭之妻	庆云县东辛店乡南孔村	29	女	1942 年 1 月
孔繁岭之母	庆云县东辛店乡南孔村	49	女	1942 年 1 月
孔繁岭之兄	庆云县东辛店乡南孔村	29	男	1942 年 1 月
张连儒	庆云县东辛店乡张立村	30	男	1942 年 1 月
刘东成	庆云县东辛店乡志门刘村	20	男	1942 年 1 月
赵福泉	庆云县东辛店乡南赵村	68	男	1942 年 1 月
鲁吉星	庆云县东辛店乡鲁家村	23	男	1942 年 1 月
孙希山	庆云县东辛店乡小孙村	58	男	1942 年 1 月
孙广西之婶	庆云县东辛店乡小孙村	45	女	1942 年 1 月
张宝玉	庆云县徐园子乡巴古村	29	男	1942 年 1 月
孙金占	庆云县徐园子乡西安务村	17	男	1942 年 1 月
刘万春	庆云县徐园子乡西安务村	10	男	1942 年 1 月
姜云岭	庆云县严务乡姜屯村	27	男	1942 年 1 月
王井彦	庆云县尚堂镇南王村	41	男	1942 年 1 月
高福先	庆云县庆云镇松树高村	65	男	1942 年 1 月
马明武	庆云县庆云镇东后马村	43	男	1942 年 2 月
马俊山	庆云县庆云镇东后马村	36	男	1942 年 2 月
田万清	庆云县庆云镇东后马村	35	男	1942 年 2 月

续表

姓 名	籍 贯	年 龄	性 别	死难时间
李月江	庆云县庆云镇张马郎村	49	男	1942 年 2 月
李月秀	庆云县庆云镇张马郎村	51	男	1942 年 2 月
王德数	庆云县庆云镇石佛寺村	19	男	1942 年 2 月
马兴堂	庆云县庆云镇魏洼村	17	男	1942 年 2 月
刘明奎	庆云县庆云镇魏洼村	46	男	1942 年 2 月
杨奉伍	庆云县庆云镇东杨村	20	男	1942 年 2 月
范关兴	庆云县庆云镇东贾村	34	男	1942 年 2 月
李文华	庆云县庆云镇前官村	42	男	1942 年 2 月
张玉华	庆云县庆云镇张桃府村	31	男	1942 年 2 月
陈凤军	庆云县庆云镇程家村	27	男	1942 年 2 月
刘弟玲	庆云县庆云镇西宗村	7	女	1942 年 2 月
刘文增	庆云县庆云镇后张村	18	男	1942 年 2 月
李云祯	庆云县常家镇前柳村	25	男	1942 年 2 月
魏德兰	庆云县东辛店乡小魏村	24	女	1942 年 2 月
李方英	庆云县东辛店乡刘双全村	27	女	1942 年 2 月
张殿枝	庆云县东辛店乡大李村	27	男	1942 年 2 月
鲁长信	庆云县东辛店乡鲁家村	28	男	1942 年 2 月
周立涛	庆云县东辛店乡王官村	55	男	1942 年 2 月
张长付	庆云县东辛店乡王官村	39	男	1942 年 2 月
李希珍	庆云县尚堂镇李店村	37	男	1942 年 2 月
南　方	庆云县尚堂镇朱家村	31	男	1942 年 2 月
于凤山	庆云县尚堂镇南侯村	42	男	1942 年 2 月
郝法堂	庆云县尚堂镇大郝村	46	男	1942 年 2 月
李长治	庆云县尚堂镇西白村	45	男	1942 年 2 月
张鲁星	庆云县庆云镇西三里村	30	男	1942 年 3 月
张林梅	庆云县庆云镇陶家村	51	男	1942 年 3 月
李月新	庆云县庆云镇张马郎村	45	男	1942 年 3 月
韦红君	庆云县庆云镇前于村	21	男	1942 年 3 月
韩国涛	庆云县庆云镇前于村	37	男	1942 年 3 月
刘金香	庆云县庆云镇崔家村	41	女	1942 年 3 月
周清健	庆云县庆云镇东周村	45	男	1942 年 3 月
刘秀明	庆云县庆云镇东周村	47	男	1942 年 3 月
刘俊泉	庆云县庆云镇东周村	44	男	1942 年 3 月
王保柱	庆云县庆云镇甄家村	28	男	1942 年 3 月

续表

姓 名	籍 贯	年 龄	性 别	死难时间
刘德帅	庆云县庆云镇刘漠村	27	男	1942 年 3 月
刘雪松	庆云县庆云镇刘漠村	46	男	1942 年 3 月
王光义	庆云县庆云镇东杨村	32	男	1942 年 3 月
范安邦	庆云县庆云镇东贾村	58	男	1942 年 3 月
李文兴	庆云县庆云镇前官村	44	男	1942 年 3 月
孔新刚	庆云县庆云镇香坊村	56	男	1942 年 3 月
张志满	庆云县庆云镇香坊村	23	女	1942 年 3 月
范书明	庆云县庆云镇香坊村	46	女	1942 年 3 月
张金逸	庆云县庆云镇张桃府村	53	男	1942 年 3 月
张文田	庆云县庆云镇张桃府村	28	男	1942 年 3 月
张 俊	庆云县庆云镇张桃府村	16	男	1942 年 3 月
王义民	庆云县庆云镇慈家村	53	男	1942 年 3 月
周国栋	庆云县庆云镇南周村	35	男	1942 年 3 月
程洪华	庆云县庆云镇程家村	28	男	1942 年 3 月
刘尚荣	庆云县庆云镇王文郭村	56	男	1942 年 3 月
刘洪臣	庆云县庆云镇王文郭村	33	男	1942 年 3 月
刘新成	庆云县庆云镇王文郭村	67	男	1942 年 3 月
董照颜	庆云县庆云镇东宗村	20	女	1942 年 3 月
陈秀枝	庆云县庆云镇西宗村	44	男	1942 年 3 月
侯俊刚	庆云县庆云镇和尚村	24	男	1942 年 3 月
胡连全	庆云县庆云镇陈瑞芝村	39	男	1942 年 3 月
周 明	庆云县庆云镇周尹村	38	男	1942 年 3 月
王玉祥	庆云县庆云镇李博士村	26	男	1942 年 3 月
胡秀岭	庆云县常家镇肖寺村	42	男	1942 年 3 月
赵云江	庆云县常家镇东行村	46	男	1942 年 3 月
魏长太	庆云县常家镇吕家村	17	男	1942 年 3 月
李玉峰	庆云县常家镇王卦村	7	女	1942 年 3 月
李大秃子	—	32	男	1942 年 3 月
王立业	庆云县东辛店乡万粮张村	26	男	1942 年 3 月
李王氏	庆云县东辛店乡坊子村	40	女	1942 年 3 月
邓光海	庆云县东辛店乡后邓村	37	男	1942 年 3 月
邓光田	庆云县东辛店乡后邓村	39	男	1942 年 3 月
姚文先	庆云县东辛店乡姚家村	38	男	1942 年 3 月
马同德	庆云县东辛店乡汾水马村	40	男	1942 年 3 月

续表

姓名	籍贯	年龄	性别	死难时间
马柿全之妻	庆云县东辛店乡汾水马村	40	女	1942年3月
常忠华	庆云县东辛店乡小丁村	52	男	1942年3月
丁凤林	庆云县东辛店乡大丁村	40	男	1942年3月
李文军之祖父	庆云县东辛店乡西阁村	61	男	1942年3月
李　氏	庆云县东辛店乡小魏村	27	女	1942年3月
李同现	庆云县东辛店乡东辛店村	18	男	1942年3月
李孔氏	庆云县东辛店乡刘双全村	34	女	1942年3月
张连涛	庆云县东辛店乡大李村	28	男	1942年3月
吕富廷	庆云县徐园子乡马古台村	20	男	1942年3月
陈永勤	庆云县严务乡小武村	15	男	1942年3月
李振魁	庆云县尚堂镇东吴村	19	男	1942年3月
田文健	庆云县庆云镇东后马村	33	男	1942年4月
李维昌	庆云县庆云镇张马郎村	70	男	1942年4月
马存蝉	庆云县庆云镇中马村	49	男	1942年4月
马万兴	庆云县庆云镇中马村	60	男	1942年4月
张忠会	庆云县庆云镇赵腊台村	49	男	1942年4月
于转弟	庆云县庆云镇前于村	9	女	1942年4月
马中堂	庆云县庆云镇魏洼村	43	男	1942年4月
范义海	庆云县庆云镇东贾村	60	男	1942年4月
马金相	庆云县庆云镇前马村	60	男	1942年4月
马德修	庆云县庆云镇前马村	40	男	1942年4月
王希臣	庆云县庆云镇王文郭村	41	男	1942年4月
常洪瑞	庆云县庆云镇北小刘村	36	男	1942年4月
马　海	庆云县庆云镇和尚村	17	男	1942年4月
高广泛	庆云县庆云镇和尚村	21	男	1942年4月
高保义	庆云县庆云镇和尚村	34	男	1942年4月
周学爱	庆云县庆云镇周尹村	37	男	1942年4月
王书义	庆云县庆云镇东三里村	36	男	1942年4月
张洪儒	庆云县常家镇西张村	47	男	1942年4月
张同会	庆云县常家镇常家村	32	男	1942年4月
齐宗仁	庆云县常家镇南板村	40	男	1942年4月
张克荣	庆云县东辛店乡万粮张村	26	男	1942年4月
张克水	庆云县东辛店乡万粮张村	32	男	1942年4月
周天然	庆云县东辛店乡万粮张村	29	男	1942年4月

续表

姓名	籍贯	年龄	性别	死难时间
王序华	庆云县东辛店乡王铁匠村	65	男	1942年4月
丁永华	庆云县东辛店乡大丁村	20	男	1942年4月
张会民	庆云县东辛店乡张家村	20	男	1942年4月
李延大	庆云县东辛店乡大李村	27	男	1942年4月
李英明	庆云县东辛店乡李孝忠村	51	男	1942年4月
许尚卫	庆云县东辛店乡李孝忠村	28	男	1942年4月
李荣明之妻	庆云县东辛店乡李孝忠村	52	女	1942年4月
许尚卫之妻	庆云县东辛店乡李孝忠村	25	女	1942年4月
李荣明之子	庆云县东辛店乡李孝忠村	30	男	1942年4月
靳宝兴	庆云县尚堂镇大靳村	20	男	1942年4月
周体深	庆云县尚堂镇小周村	24	男	1942年4月
周中云	庆云县尚堂镇小周村	37	男	1942年4月
张树田	庆云县严务乡单屯村	52	男	1942年4月
王立东	庆云县庆云镇王古泉村	18	男	1942年5月
董向志	庆云县庆云镇王古泉村	38	男	1942年5月
王金龙	庆云县庆云镇王古泉村	46	男	1942年5月
杨双喜	庆云县庆云镇甄家村	39	男	1942年5月
刘建国	庆云县庆云镇刘漠村	35	男	1942年5月
杨伟连	庆云县庆云镇东杨村	24	男	1942年5月
李志军	庆云县庆云镇前官村	45	男	1942年5月
杨希明	庆云县庆云镇西杨村	68	男	1942年5月
周兴顺	庆云县庆云镇南周村	37	男	1942年5月
周清胜	庆云县庆云镇南周村	55	男	1942年5月
任德山	庆云县庆云镇三陈村	31	男	1942年5月
高洪强	庆云县庆云镇松树高村	69	男	1942年5月
刘增涛	庆云县庆云镇后张村	38	男	1942年5月
胡新葶	庆云县庆云镇陈瑞芝村	44	女	1942年5月
周秀药	庆云县庆云镇周尹村	24	男	1942年5月
胡德胜	庆云县庆云镇西南马村	35	男	1942年5月
杨志龙	庆云县庆云镇杨庄子村	12	男	1942年5月
王宝殿	庆云县常家镇后田村	16	男	1942年5月
张　锁	庆云县东辛店乡万粮张村	19	男	1942年5月
马××	庆云县东辛店乡汾水马村	36	男	1942年5月
孙　刚	庆云县东辛店乡付兴宇村	36	男	1942年5月

续表

姓 名	籍 贯	年 龄	性 别	死难时间
孙之利	庆云县东辛店乡付兴宇村	42	男	1942 年 5 月
薛胡晨	庆云县东辛店乡松树马村	40	男	1942 年 5 月
李玉堂	庆云县东辛店乡李壮宇村	37	男	1942 年 5 月
李玉英	庆云县东辛店乡刘双全村	27	女	1942 年 5 月
李泽功	庆云县东辛店乡大李村	28	男	1942 年 5 月
张连才	庆云县东辛店乡小吴村	21	男	1942 年 5 月
贾培荣	庆云县尚堂镇贾家村	29	男	1942 年 5 月
翟福中	庆云县尚堂镇西撒村	45	男	1942 年 5 月
刘月强	庆云县尚堂镇南堂村	20	男	1942 年 5 月
马开利	庆云县庆云镇东后马村	37	男	1942 年 6 月
张翠英	庆云县庆云镇张马郎村	53	男	1942 年 6 月
李保臣	庆云县庆云镇张马郎村	15	男	1942 年 6 月
冯桂喜	庆云县庆云镇中马村	62	女	1942 年 6 月
李玉治	庆云县庆云镇石佛寺村	21	男	1942 年 6 月
陈德才	庆云县庆云镇小刘村	17	女	1942 年 6 月
李书华	庆云县庆云镇包泉庙村	40	男	1942 年 6 月
王英彬	庆云县庆云镇东贾村	19	女	1942 年 6 月
杨　成	庆云县庆云镇西杨村	69	男	1942 年 6 月
陈立宾	庆云县庆云镇程家村	41	男	1942 年 6 月
陈路宁	庆云县庆云镇程家村	28	男	1942 年 6 月
高洪贤	庆云县庆云镇松树高村	68	男	1942 年 6 月
高洪昌	庆云县庆云镇松树高村	66	男	1942 年 6 月
高洪臣	庆云县庆云镇松树高村	61	男	1942 年 6 月
高瑞清	庆云县庆云镇松树高村	38	男	1942 年 6 月
高建柱	庆云县庆云镇和尚村	18	男	1942 年 6 月
胡新艳	庆云县庆云镇陈瑞芝村	32	男	1942 年 6 月
杨光华	庆云县庆云镇杨庄子村	45	男	1942 年 6 月
李小福	庆云县常家镇东柳村	23	男	1942 年 6 月
马振西	庆云县常家镇北齐村	45	男	1942 年 6 月
吕丫头	庆云县常家镇吕家村	30	女	1942 年 6 月
周丙全	庆云县东辛店乡万粮张村	30	男	1942 年 6 月
周端水	庆云县东辛店乡万粮张村	21	男	1942 年 6 月
孙庐周	庆云县东辛店乡小张村	42	男	1942 年 6 月
王付童	庆云县东辛店乡小王村	31	男	1942 年 6 月

续表

姓 名	籍 贯	年 龄	性 别	死难时间
贾万田	庆云县东辛店乡小王村	37	男	1942年6月
张立祥	庆云县东辛店乡薛家村	45	男	1942年6月
孔繁岭	庆云县东辛店乡南孔村	27	男	1942年6月
于同安	庆云县东辛店乡小营村	40	男	1942年6月
马庆忠	庆云县东辛店乡汾水马村	19	男	1942年6月
范石头	庆云县东辛店乡小范村	41	男	1942年6月
范俊久	庆云县东辛店乡小范村	29	男	1942年6月
范宝祥	庆云县东辛店乡小范村	45	男	1942年6月
赵尹氏	庆云县东辛店乡小范村	32	女	1942年6月
张兴俊之父	庆云县东辛店乡张家村	49	男	1942年6月
营余娥	庆云县东辛店乡刘双全村	26	女	1942年6月
赵桂兰	庆云县东辛店乡王官村	45	女	1942年6月
王朋尊	庆云县尚堂镇西仓村	45	男	1942年6月
胡业明	庆云县尚堂镇大胡楼村	38	男	1942年6月
李廷友	庆云县庆云镇石佛寺村	15	男	1942年7月
张德清	庆云县庆云镇崔家村	42	男	1942年7月
陈希光	庆云县庆云镇小刘村	31	男	1942年7月
刘宝来	庆云县庆云镇东周村	33	男	1942年7月
张荣昌	庆云县庆云镇小窑村	21	男	1942年7月
五进军	庆云县庆云镇慈家村	51	男	1942年7月
王官忠	庆云县庆云镇慈家村	51	男	1942年7月
周兴跃	庆云县庆云镇南周村	31	男	1942年7月
周清博	庆云县庆云镇南周村	56	男	1942年7月
王洪岐	庆云县庆云镇王文郭村	56	男	1942年7月
王安红	庆云县庆云镇东三里村	43	女	1942年7月
王国贞	庆云县庆云镇东三里村	37	男	1942年7月
杨宝田	庆云县庆云镇杨庄子村	43	男	1942年7月
杨保大	庆云县常家镇东小杨村	22	男	1942年7月
齐景夏	庆云县常家镇北齐村	39	男	1942年7月
胡金山	庆云县常家镇张半街村	38	男	1942年7月
胡献池	庆云县常家镇张半街村	14	男	1942年7月
霍焕云	庆云县常家镇霍家村	10	男	1942年7月
魏长庆	庆云县常家镇吕家村	26	男	1942年7月
刘占敖	庆云县常家镇大胡村	30	男	1942年7月

续表

姓 名	籍 贯	年 龄	性 别	死难时间
韩青云	庆云县崔口镇齐西北村	29	男	1942 年 7 月
周 虎	庆云县东辛店乡万粮张村	16	男	1942 年 7 月
张全友	庆云县东辛店乡薛家村	38	男	1942 年 7 月
薛大锤	庆云县东辛店乡薛家村	31	男	1942 年 7 月
杜闫氏	庆云县东辛店乡南杜村	55	女	1942 年 7 月
杜书田	庆云县东辛店乡南杜村	47	男	1942 年 7 月
高风岭之妻	庆云县东辛店乡石高村	40	女	1942 年 7 月
范连汪	庆云县东辛店乡大范村	27	男	1942 年 7 月
范连坤	庆云县东辛店乡大范村	41	男	1942 年 7 月
范大陆	庆云县东辛店乡大范村	36	男	1942 年 7 月
范跃×	庆云县东辛店乡大范村	38	男	1942 年 7 月
范跃江	庆云县东辛店乡大范村	40	男	1942 年 7 月
范孙氏	庆云县东辛店乡大范村	51	女	1942 年 7 月
张寿生	庆云县东辛店乡松树马村	42	男	1942 年 7 月
刘东升	庆云县东辛店乡志门刘村	40	男	1942 年 7 月
李孔氏	庆云县东辛店乡刘双全村	34	女	1942 年 7 月
王光鹏	庆云县东辛店乡刘双全村	48	男	1942 年 7 月
王光鹏之妻	庆云县东辛店乡刘双全村	47	女	1942 年 7 月
刘光鹏之父	庆云县东辛店乡刘双全村	67	男	1942 年 7 月
刘光鹏之母	庆云县东辛店乡刘双全村	61	女	1942 年 7 月
刘光鹏之长子	庆云县东辛店乡刘双全村	22	男	1942 年 7 月
刘光鹏之长女	庆云县东辛店乡刘双全村	20	女	1942 年 7 月
刘光鹏之次女	庆云县东辛店乡刘双全村	18	女	1942 年 7 月
刘光鹏之次子	庆云县东辛店乡刘双全村	13	男	1942 年 7 月
李泽钱	庆云县东辛店乡大李村	27	男	1942 年 7 月
李泽福	庆云县东辛店乡大李村	26	男	1942 年 7 月
周岐闲	庆云县尚堂镇颊河徐村	31	男	1942 年 7 月
侯泗发	庆云县尚堂镇朱家村	34	男	1942 年 7 月
常春岚	庆云县尚堂镇东白村	47	男	1942 年 7 月
杨明星	庆云县庆云镇杨庄子村	50	男	1942 年 7 月
李保军	庆云县庆云镇崔家村	44	男	1942 年 8 月
程维环	庆云县庆云镇程太监村	21	男	1942 年 8 月
马宝山	庆云县庆云镇魏洼村	28	男	1942 年 8 月
范国亮	庆云县庆云镇东贾村	20	男	1942 年 8 月

续表

姓名	籍贯	年龄	性别	死难时间
范国政	庆云县庆云镇东贾村	19	男	1942年8月
范义荣	庆云县庆云镇东贾村	36	男	1942年8月
任宝亮	庆云县庆云镇三陈村	27	男	1942年8月
杨秀荣	庆云县常家镇大杨村	26	男	1942年8月
齐殿元	庆云县常家镇小胡村	39	男	1942年8月
李玉治	庆云县常家镇大唐村	7	男	1942年8月
刘东义	庆云县常家镇郭家村	25	男	1942年8月
王　兴	庆云县东辛店乡万粮张村	18	男	1942年8月
周小英	庆云县东辛店乡万粮张村	6	女	1942年8月
张连恒	庆云县尚堂镇张拔贡村	24	男	1942年8月
李宪荣	庆云县尚堂镇李含赉村	25	男	1942年8月
李东升	庆云县尚堂镇李含赉村	38	男	1942年8月
马来弟	庆云县尚堂镇东刘村	48	男	1942年8月
董立营	庆云县庆云镇王古泉村	32	男	1942年9月
王新明	庆云县庆云镇王知县村	31	女	1942年9月
王顺利	庆云县庆云镇王知县村	24	男	1942年9月
王中林	庆云县庆云镇王知县村	30	男	1942年9月
韦金成	庆云县庆云镇前于村	27	男	1942年9月
李文荣	庆云县庆云镇前官村	38	男	1942年9月
刘美峰	庆云县庆云镇前官村	21	男	1942年9月
胡建设	庆云县庆云镇香坊村	72	男	1942年9月
周清路	庆云县庆云镇南周村	56	男	1942年9月
张军峰	庆云县庆云镇三陈村	38	男	1942年9月
杨书清	庆云县庆云镇杨庄子村	52	男	1942年9月
杨德顺	庆云县庆云镇杨庄子村	38	男	1942年9月
杨恩华	庆云县庆云镇杨庄子村	18	男	1942年9月
张云锋	庆云县常家镇前行村	38	男	1942年9月
刘顺义	庆云县常家镇北齐村	43	男	1942年9月
张大夫	庆云县东辛店乡万粮张村	18	男	1942年9月
张维国	庆云县东辛店乡万粮张村	18	男	1942年9月
王乃根	庆云县东辛店乡万粮张村	19	男	1942年9月
李天义	庆云县东辛店乡坊子村	29	男	1942年9月
张征远	庆云县东辛店乡薛家村	67	男	1942年9月
杜新田之父	庆云县东辛店乡南杜村	48	男	1942年9月

续表

姓 名	籍 贯	年 龄	性 别	死难时间
刘文祥	庆云县东辛店乡张立村	28	男	1942 年 9 月
娄民生	庆云县东辛店乡东辛店村	20	男	1942 年 9 月
张连栋	庆云县严务乡小淀村	28	男	1942 年 9 月
肖桂儒	庆云县尚堂镇肖家村	36	男	1942 年 9 月
王文兵	庆云县尚堂镇前翟村	19	男	1942 年 9 月
宗洪祥	庆云县尚堂镇西宗村	22	男	1942 年 9 月
王连雨	庆云县尚堂镇南王村	33	男	1942 年 9 月
孙中英	庆云县尚堂镇北堂村	20	男	1942 年 9 月
郭双喜	庆云县庆云镇甄家村	40	男	1942 年 11 月
范建明	庆云县庆云镇东贾村	30	男	1942 年 11 月
马文新	庆云县庆云镇前马村	35	男	1942 年 11 月
冯　英	庆云县庆云镇后张村	18	女	1942 年 11 月
杨振田	庆云县庆云镇杨庄子村	56	男	1942 年 11 月
王豹子	庆云县东辛店乡万粮张村	30	男	1942 年 11 月
张桂林	庆云县东辛店乡小张村	37	男	1942 年 11 月
张云瑞	庆云县尚堂镇小牌村	23	男	1942 年 11 月
李福贵	庆云县庆云镇崔家村	42	男	1942 年 12 月
李炳数	庆云县庆云镇包泉庙村	12	男	1942 年 12 月
范纪刚	庆云县庆云镇东贾村	40	男	1942 年 12 月
胡万芝	庆云县庆云镇陈瑞芝村	47	男	1942 年 12 月
杨文荣	庆云县庆云镇杨庄子村	48	女	1942 年 12 月
郑天平	庆云县常家镇前行村	43	男	1942 年 12 月
杜广甫	庆云县东辛店乡南杜村	52	男	1942 年 12 月
李殿元	庆云县东辛店乡姜家村	22	男	1942 年 12 月
李东峦	庆云县东辛店乡李壮宇村	40	男	1942 年 12 月
张元山	庆云县严务乡大淀村	29	男	1942 年 12 月
胡蓝田	庆云县徐园子乡东安务村	30	男	1942 年
张延元	庆云县徐园子乡东安务村	20	男	1942 年
胡文明	庆云县严务乡单屯村	37	男	1942 年
豆保祥	庆云县街道办豆家村	22	男	1942 年
于化州	庆云县街道办洼于村	25	男	1942 年
于兰亭	庆云县街道办洼于村	31	男	1942 年
张书合	庆云县街道办小都村	26	男	1942 年
刘金祥	庆云县街道办后官村	25	男	1942 年

续表

姓名	籍贯	年龄	性别	死难时间
冯学通	庆云县街道办东周村	23	男	1942年
朱立云	庆云县街道办信家村	32	男	1942年
李宝岐	庆云县街道办李云曲村	15	男	1942年
王清贤	庆云县街道办东刘村	25	男	1942年
王思安	庆云县街道办东刘村	24	男	1942年
王云贵	庆云县街道办西刘村	30	男	1942年
王书义	庆云县街道办西刘村	7	男	1942年
尹玉刚	庆云县街道办小郑村	30	男	1942年
刘秀亭	庆云县街道办西石村	22	女	1942年
刘秀山	庆云县街道办西石村	20	女	1942年
张元海	庆云县街道办西歪村	27	男	1942年
李军奇	庆云县街道办西胡村	24	男	1942年
王风胜	庆云县街道办王南津村	37	男	1942年
韩同升	庆云县街道办韩家村	45	男	1942年
韩路林	庆云县街道办韩家村	32	男	1942年
韩玉芹	庆云县街道办韩家村	41	女	1942年
张义文	庆云县街道办齐家村	19	男	1942年
张世成	庆云县中丁乡张家村	31	男	1942年
刘关升	庆云县中丁乡刘古风村	15	男	1942年
郑德辉	庆云县中丁乡郑庙村	31	男	1942年
范金河	庆云县中丁乡东崔村	32	男	1942年
刘玉锡	庆云县中丁乡东崔村	31	男	1942年
任右贵	庆云县中丁乡田家村	32	男	1942年
苗宝林	庆云县中丁乡苗辛村	35	男	1942年
刘金岭	庆云县中丁乡仁和刘村	27	男	1942年
李道堂	庆云县中丁乡仁和刘村	33	男	1942年
丁洪玉	庆云县中丁乡后丁村	33	男	1942年
张长龄	庆云县中丁乡后丁村	35	男	1942年
丁九仙	庆云县中丁乡后丁村	30	男	1942年
丁树德	庆云县中丁乡后丁村	32	男	1942年
丁晓军	庆云县中丁乡前丁村	32	男	1942年
胡文学	庆云县严务乡王皇村	29	男	1942年
周树森	庆云县严务乡王皇村	36	男	1942年
胡玉坤	庆云县严务乡王皇村	34	男	1942年

续表

姓名	籍贯	年龄	性别	死难时间
王泽青	庆云县严务乡王皇村	30	男	1942 年
王有明	庆云县严务乡坡徐村	11	男	1942 年
王海成	庆云县严务乡坡徐村	51	男	1942 年
刘洪云	庆云县严务乡坡徐村	11	男	1942 年
张银芝	庆云县严务乡坡徐村	23	女	1942 年
张树义	庆云县严务乡守义村	29	男	1942 年
张树庄	庆云县严务乡守义村	29	男	1942 年
张玉农	庆云县严务乡守义村	27	男	1942 年
张金来	庆云县严务乡守义村	31	男	1942 年
赵义书	庆云县严务乡守义村	35	男	1942 年
赵晏旺	庆云县严务乡守义村	32	男	1942 年
张有才	庆云县严务乡守义村	40	男	1942 年
石长道	庆云县严务乡柴林庄村	34	男	1942 年
宋陈土	庆云县严务乡前庄科村	41	女	1942 年
郑保林	庆云县严务乡前庄科村	37	男	1942 年
唐玉庆	庆云县严务乡张辛村	49	男	1942 年
唐金廷	庆云县严务乡张辛村	28	男	1942 年
唐振太	庆云县严务乡张辛村	22	男	1942 年
于永亭	庆云县严务乡严务村	11	男	1942 年
杨金海	庆云县严务乡严务村	25	男	1942 年
王法奎	庆云县严务乡严务村	17	男	1942 年
姜玉銮	庆云县严务乡严务村	40	女	1942 年
杨洪思	庆云县严务乡严务村	42	男	1942 年
杨俊英	庆云县严务乡严务村	45	女	1942 年
张玉芹	庆云县庆云镇陶家村	59	女	1943 年 1 月
张玉香	庆云县庆云镇陶家村	65	女	1943 年 1 月
李保智	庆云县庆云镇张马郎村	65	男	1943 年 1 月
李保武	庆云县庆云镇张马郎村	67	男	1943 年 1 月
马存利	庆云县庆云镇中马村	58	男	1943 年 1 月
张廷合	庆云县庆云镇西后马村	42	男	1943 年 1 月
侯书青	庆云县庆云镇石佛寺村	21	男	1943 年 1 月
李怀中	庆云县庆云镇石佛寺村	19	男	1943 年 1 月
杨书义	庆云县庆云镇东杨村	18	男	1943 年 1 月
范安红	庆云县庆云镇东贾村	52	男	1943 年 1 月

续表

姓名	籍贯	年龄	性别	死难时间
刘云河	庆云县庆云镇前官村	42	男	1943年1月
梁文华	庆云县庆云镇前官村	42	男	1943年1月
周兴元	庆云县庆云镇南周村	31	男	1943年1月
陈　果	庆云县庆云镇二陈村	18	男	1943年1月
王国治	庆云县庆云镇李博士村	29	男	1943年1月
陈军堂	庆云县庆云镇东三里村	18	男	1943年1月
张维全	庆云县东辛店乡万粮张村	26	男	1943年1月
李玉芬	庆云县东辛店乡东阁村	9	女	1943年1月
张清潭	庆云县东辛店乡姚家村	45	男	1943年1月
吴希来	庆云县东辛店乡王铁匠村	28	男	1943年1月
王付祥	庆云县东辛店乡王铁匠村	21	男	1943年1月
穆　氏	庆云县东辛店乡王铁匠村	26	女	1943年1月
王兰香	庆云县东辛店乡薛家村	43	女	1943年1月
张同周	庆云县东辛店乡薛家村	57	男	1943年1月
张立长	庆云县东辛店乡薛家村	66	男	1943年1月
杜福荣	庆云县东辛店乡南杜村	52	男	1943年1月
付尚壁	庆云县东辛店乡北赵村	33	男	1943年1月
李凤青	庆云县东辛店乡北赵村	31	男	1943年1月
史德荣	庆云县东辛店乡顾家村	31	男	1943年1月
李凤同	庆云县东辛店乡顾家村	29	男	1943年1月
于大链	庆云县东辛店乡小营村	26	男	1943年1月
丁永福	庆云县东辛店乡大丁村	20	男	1943年1月
刘立山	庆云县东辛店乡刘双全村	20	男	1943年1月
韩书山	庆云县东辛店乡李孝忠村	58	男	1943年1月
谭希龙	庆云县严务乡单屯村	38	男	1943年1月
胡洪祥	庆云县严务乡单屯村	40	男	1943年1月
郑文杰	庆云县严务乡前庄科村	48	男	1943年1月
吴献寿	庆云县尚堂镇颊河徐村	33	男	1943年1月
张保国	庆云县尚堂镇菜张村	31	男	1943年1月
张高林	庆云县尚堂镇东刘村	22	男	1943年1月
张洪刚	庆云县庆云镇西后马村	31	男	1943年2月
韦国防	庆云县庆云镇前于村	28	男	1943年2月
刘荣华	庆云县庆云镇魏洼村	52	男	1943年2月
周清江	庆云县庆云镇东周村	21	男	1943年2月

续表

姓名	籍贯	年龄	性别	死难时间
刘福堂	庆云县庆云镇刘漠村	61	男	1943年2月
王小山	庆云县庆云镇东杨村	21	男	1943年2月
范关中	庆云县庆云镇东贾村	35	男	1943年2月
刘金同	庆云县庆云镇前官村	51	男	1943年2月
张　贵	庆云县庆云镇张桃府村	22	男	1943年2月
张玉兰	庆云县庆云镇张桃府村	21	女	1943年2月
张玉英	庆云县庆云镇张桃府村	21	女	1943年2月
陈思思	庆云县庆云镇二陈村	17	男	1943年2月
程洪翠	庆云县庆云镇程家村	29	男	1943年2月
陈小曾	庆云县庆云镇西三里村	18	男	1943年2月
李华强	庆云县庆云镇李博士村	28	男	1943年2月
胡保国	庆云县庆云镇西南马村	25	男	1943年2月
王荣庆	庆云县庆云镇东三里村	58	男	1943年2月
杨春华	庆云县庆云镇杨庄子村	50	女	1943年2月
杨贵兰	庆云县庆云镇杨庄子村	58	女	1943年2月
午福贵	庆云县常家镇中王村	12	男	1943年2月
纪井增	庆云县常家镇纪家铺村	23	男	1943年2月
郑清明	庆云县常家镇东石村	39	男	1943年2月
王文贵	庆云县常家镇大刘村	17	男	1943年2月
王田云	庆云县常家镇王卦村	10	男	1943年2月
胡丫头	庆云县常家镇大胡村	3	女	1943年2月
徐　三	庆云县东辛店乡汾水杨村	42	男	1943年2月
杨凤园	庆云县东辛店乡汾水杨村	24	男	1943年2月
王万祥	庆云县东辛店乡万粮张村	32	男	1943年2月
郑春花	庆云县东辛店乡薛家村	48	女	1943年2月
杜张氏	庆云县东辛店乡南杜村	51	女	1943年2月
王玉勤	庆云县东辛店乡顾家村	32	男	1943年2月
菅××	庆云县东辛店乡小菅村	儿童	男	1943年2月
常洪祥	庆云县东辛店乡小丁村	27	男	1943年2月
范成延	庆云县东辛店乡大范村	33	男	1943年2月
刘东方之妻	庆云县东辛店乡志门刘村	30	女	1943年2月
魏孔氏	庆云县东辛店乡小魏村	43	女	1943年2月
王孟林	庆云县东辛店乡东辛店村	21	男	1943年2月
娄　氏	庆云县东辛店乡东辛店村	19	女	1943年2月

续表

姓名	籍贯	年龄	性别	死难时间
邓维贵	庆云县东辛店乡小吴村	19	男	1943 年 2 月
王荣明	庆云县尚堂镇马徐村	17	男	1943 年 2 月
刘红枝	庆云县尚堂镇马徐村	18	女	1943 年 2 月
王义民	庆云县尚堂镇前翟村	21	男	1943 年 2 月
程春里	庆云县尚堂镇和睦程村	51	男	1943 年 2 月
李月成	庆云县庆云镇张马郎村	41	男	1943 年 3 月
于丫头	庆云县庆云镇前于村	10	女	1943 年 3 月
李玉恒	庆云县庆云镇石佛寺村	23	男	1943 年 3 月
刘　庆	庆云县庆云镇崔家村	19	男	1943 年 3 月
陈长庆	庆云县庆云镇三陈村	39	男	1943 年 3 月
程艳红	庆云县庆云镇程家村	40	男	1943 年 3 月
胡万祥	庆云县庆云镇陈瑞芝村	43	男	1943 年 3 月
午福禄	庆云县常家镇中王村	74	男	1943 年 3 月
张风林	庆云县常家镇西张村	14	男	1943 年 3 月
王经礼	庆云县常家镇大道王村	20	男	1943 年 3 月
李玉珍	庆云县崔口镇陈庄村	11	男	1943 年 3 月
刘青臣之祖父	庆云县崔口镇陈庄村	67	男	1943 年 3 月
谭云西之三姑	庆云县崔口镇陈庄村	29	女	1943 年 3 月
张锦民	庆云县东辛店乡万粮张村	30	男	1943 年 3 月
王　栓	庆云县东辛店乡万粮张村	18	男	1943 年 3 月
张维东	庆云县东辛店乡万粮张村	24	男	1943 年 3 月
王春英	庆云县东辛店乡薛家村	44	女	1943 年 3 月
马柿国	庆云县东辛店乡汾水马村	18	男	1943 年 3 月
薛玉田	庆云县东辛店乡松树马村	40	男	1943 年 3 月
胡广西	庆云县东辛店乡西阁村	32	男	1943 年 3 月
刘张氏	庆云县东辛店乡刘双全村	24	女	1943 年 3 月
韩荣官	庆云县东辛店乡张货郎村	38	男	1943 年 3 月
韩奎昌	庆云县东辛店乡张货郎村	31	男	1943 年 3 月
韩奎新	庆云县东辛店乡张货郎村	32	男	1943 年 3 月
李　氏	庆云县东辛店乡鲁家村	22	女	1943 年 3 月
薛多元	庆云县东辛店乡王官村	39	男	1943 年 3 月
张王氏	庆云县东辛店乡王官村	49	女	1943 年 3 月
张福林	庆云县尚堂镇东翟村	38	男	1943 年 3 月
郝朝芹	庆云县尚堂镇大郝村	43	男	1943 年 3 月

续表

姓 名	籍 贯	年 龄	性 别	死难时间
张学义	庆云县尚堂镇东郎坞村	38	男	1943 年 3 月
于卫亮	庆云县庆云镇前于村	28	男	1943 年 4 月
梁文荣	庆云县庆云镇前官村	35	男	1943 年 4 月
王洪兴	庆云县庆云镇王文郭村	44	男	1943 年 4 月
胡殿兴	庆云县庆云镇陈瑞芝村	65	男	1943 年 4 月
陈小三	庆云县庆云镇西三里村	34	男	1943 年 4 月
胡　勇	庆云县庆云镇西南马村	28	男	1943 年 4 月
张福和	庆云县常家镇西张村	49	男	1943 年 4 月
杨淑兰	庆云县常家镇史家坊村	47	女	1943 年 4 月
杨三田	庆云县崔口镇杨呈村	16	男	1943 年 4 月
杨炳义之伯父	庆云县崔口镇杨呈村	49	男	1943 年 4 月
杨杰臣	庆云县崔口镇杨呈村	51	男	1943 年 4 月
崔明先	庆云县崔口镇前呈村	30	男	1943 年 4 月
薛刘氏	庆云县东辛店乡薛家村	19	女	1943 年 4 月
孔繁义	庆云县东辛店乡南孔村	44	男	1943 年 4 月
马柿彦之妻	庆云县东辛店乡汾水马村	40	女	1943 年 4 月
范　猛	庆云县东辛店乡大范村	37	男	1943 年 4 月
薛风晨	庆云县东辛店乡松树马村	45	男	1943 年 4 月
李华义	庆云县东辛店乡东辛店村	20	男	1943 年 4 月
李延秋	庆云县东辛店乡北孔村	32	男	1943 年 4 月
邓本正	庆云县东辛店乡前邓村	45	男	1943 年 4 月
李发然	庆云县东辛店乡刘双全村	26	男	1943 年 4 月
张　氏	庆云县东辛店乡鲁家村	26	女	1943 年 4 月
周之江	庆云县东辛店乡王官村	44	男	1943 年 4 月
张合梅	庆云县东辛店乡王官村	42	女	1943 年 4 月
刘东林	庆云县尚堂镇刘家村	48	男	1943 年 4 月
王希平	庆云县庆云镇王古泉村	38	男	1943 年 5 月
王立生	庆云县庆云镇王古泉村	17	男	1943 年 5 月
王有生	庆云县庆云镇王古泉村	22	男	1943 年 5 月
董向辉	庆云县庆云镇王古泉村	47	男	1943 年 5 月
王金祥	庆云县庆云镇王古泉村	46	男	1943 年 5 月
韦玉青	庆云县庆云镇前于村	26	男	1943 年 5 月
韦勇庆	庆云县庆云镇前于村	28	男	1943 年 5 月
于桂岭	庆云县庆云镇前于村	34	男	1943 年 5 月

续表

姓 名	籍 贯	年 龄	性 别	死难时间
韦海涛	庆云县庆云镇前于村	36	男	1943 年 5 月
王道义	庆云县庆云镇石佛寺村	35	男	1943 年 5 月
周元荣	庆云县庆云镇东周村	17	男	1943 年 5 月
张书荣	庆云县庆云镇包泉庙村	20	男	1943 年 5 月
刘文选	庆云县庆云镇前官村	34	男	1943 年 5 月
付松明	庆云县庆云镇西杨村	70	男	1943 年 5 月
张学周	庆云县庆云镇三陈村	36	男	1943 年 5 月
陈广民	庆云县庆云镇一陈村	43	男	1943 年 5 月
陈建慧	庆云县庆云镇程家村	35	男	1943 年 5 月
程书华	庆云县庆云镇程家村	31	男	1943 年 5 月
马海军	庆云县庆云镇前马村	42	男	1943 年 5 月
董先勇	庆云县庆云镇东宗村	20	男	1943 年 5 月
侯德祥	庆云县庆云镇和尚村	31	男	1943 年 5 月
陈连峻	庆云县庆云镇屠户崔村	43	女	1943 年 5 月
陈金升	庆云县庆云镇东三里村	36	男	1943 年 5 月
杨新华	庆云县庆云镇杨庄子村	32	男	1943 年 5 月
杨文亮	庆云县庆云镇杨庄子村	45	男	1943 年 5 月
杨占岭	庆云县庆云镇杨庄子村	61	男	1943 年 5 月
王元奎	庆云县常家镇小胡村	53	男	1943 年 5 月
魏宪明	庆云县崔口镇东齐村	43	男	1943 年 5 月
李进康	庆云县东辛店乡坊子村	39	男	1943 年 5 月
邓元良	庆云县东辛店乡后邓村	41	男	1943 年 5 月
张俊梅	庆云县东辛店乡薛家村	62	男	1943 年 5 月
刘华山	庆云县东辛店乡刘双全村	19	男	1943 年 5 月
张云内	庆云县东辛店乡小吴村	21	男	1943 年 5 月
陈永贵	庆云县严务乡小武村	45	男	1943 年 5 月
陈永学	庆云县严务乡小武村	42	男	1943 年 5 月
闫秀章	庆云县严务乡单屯村	45	男	1943 年 5 月
范红林	庆云县尚堂镇梁家村	31	男	1943 年 5 月
王玉祥	庆云县尚堂镇纪王桥村	19	男	1943 年 5 月
王玉良	庆云县尚堂镇纪王桥村	34	男	1943 年 5 月
张文利	庆云县尚堂镇纪王桥村	32	男	1943 年 5 月
李兴成	庆云县尚堂镇纪王桥村	27	男	1943 年 5 月
吴文岐	庆云县尚堂镇西吴村	21	男	1943 年 5 月

续表

姓 名	籍 贯	年 龄	性 别	死难时间
吴丙祥	庆云县尚堂镇西吴村	32	男	1943 年 5 月
吴寿文	庆云县尚堂镇西吴村	28	男	1943 年 5 月
李金德	庆云县尚堂镇北王村	24	男	1943 年 5 月
李　霞	庆云县庆云镇陶家村	35	女	1943 年 6 月
张广发	庆云县庆云镇陶家村	49	女	1943 年 6 月
张俊智	庆云县庆云镇陶家村	61	男	1943 年 6 月
马玉通	庆云县庆云镇中马村	36	男	1943 年 6 月
马玉海	庆云县庆云镇中马村	72	男	1943 年 6 月
张青合	庆云县庆云镇西后马村	44	男	1943 年 6 月
陈希宾	庆云县庆云镇西后马村	36	男	1943 年 6 月
韦金明	庆云县庆云镇前于村	18	男	1943 年 6 月
于春芬	庆云县庆云镇前于村	18	女	1943 年 6 月
于应伟	庆云县庆云镇前于村	17	男	1943 年 6 月
杜红兵	庆云县庆云镇前于村	21	男	1943 年 6 月
于春兰	庆云县庆云镇前于村	20	女	1943 年 6 月
韦翠红	庆云县庆云镇前于村	21	女	1943 年 6 月
燕　三	庆云县庆云镇包泉庙村	32	男	1943 年 6 月
张洪林	庆云县庆云镇三陈村	42	男	1943 年 6 月
冯万横	庆云县庆云镇后张村	19	男	1943 年 6 月
王文章	庆云县庆云镇李博士村	28	男	1943 年 6 月
杨国道	庆云县庆云镇杨庄子村	19	男	1943 年 6 月
吕连森	庆云县常家镇牟家村	25	男	1943 年 6 月
赵万瑞	庆云县常家镇西柳村	37	男	1943 年 6 月
杨五强	庆云县常家镇东行村	29	男	1943 年 6 月
霍田云	庆云县常家镇霍家村	15	男	1943 年 6 月
郑孔修	庆云县常家镇东石村	27	男	1943 年 6 月
张维职	庆云县东辛店乡东阁村	39	男	1943 年 6 月
吴云如	庆云县东辛店乡东阁村	39	男	1943 年 6 月
张　辉	庆云县东辛店乡薛家村	9	男	1943 年 6 月
张美艳	庆云县东辛店乡北孔村	29	女	1943 年 6 月
刘书和	庆云县东辛店乡刘双全村	28	男	1943 年 6 月
孙为友	庆云县东辛店乡小孙村	62	男	1943 年 6 月
孙殿军	庆云县东辛店乡小孙村	56	男	1943 年 6 月
郑元坤	庆云县尚堂镇郑家村	29	男	1943 年 6 月

续表

姓名	籍贯	年龄	性别	死难时间
杜文学	庆云县尚堂镇枣王村	19	男	1943 年 6 月
王维男	庆云县尚堂镇枣王村	23	男	1943 年 6 月
刘希文	庆云县尚堂镇南王村	37	男	1943 年 6 月
李　英	庆云县庆云镇陶家村	26	女	1943 年 7 月
马玉材	庆云县庆云镇中马村	42	男	1943 年 7 月
马桂林	庆云县庆云镇中马村	58	男	1943 年 7 月
陈书汉	庆云县庆云镇西后马村	32	男	1943 年 7 月
王路喜	庆云县庆云镇石佛寺村	31	男	1943 年 7 月
杨在春	庆云县庆云镇甄家村	29	男	1943 年 7 月
王三东	庆云县庆云镇韦家村	31	男	1943 年 7 月
周卫东	庆云县庆云镇南周村	42	男	1943 年 7 月
陈广德	庆云县庆云镇二陈村	20	男	1943 年 7 月
重金銮	庆云县庆云镇东宗村	29	男	1943 年 7 月
闫洪松	庆云县庆云镇北小刘村	25	男	1943 年 7 月
张立明	庆云县庆云镇后张村	27	男	1943 年 7 月
周秀岚	庆云县庆云镇李博士村	36	女	1943 年 7 月
王建宾	庆云县庆云镇李博士村	18	男	1943 年 7 月
陈明生	庆云县庆云镇东三里村	63	男	1943 年 7 月
李士德	庆云县常家镇小唐村	20	男	1943 年 7 月
刘海连	庆云县常家镇吕家村	15	男	1943 年 7 月
齐路玉	庆云县常家镇南齐村	31	男	1943 年 7 月
何宗彬	庆云县常家镇大高村	7	男	1943 年 7 月
崔付合	庆云县崔口镇前呈村	19	男	1943 年 7 月
赵广山	庆云县崔口镇前呈村	51	男	1943 年 7 月
张希武	庆云县东辛店乡万顷刘村	23	男	1943 年 7 月
李世界	庆云县东辛店乡东阁村	39	男	1943 年 7 月
薛秀清	庆云县东辛店乡薛家村	24	男	1943 年 7 月
薛　乐	庆云县东辛店乡薛家村	13	女	1943 年 7 月
长　路	庆云县东辛店乡南杜村	55	男	1943 年 7 月
李全德	庆云县东辛店乡顾家村	27	男	1943 年 7 月
史浩洁	庆云县东辛店乡顾家村	32	男	1943 年 7 月
闫　龙	庆云县东辛店乡小范村	45	男	1943 年 7 月
范东先	庆云县东辛店乡小范村	37	男	1943 年 7 月
左如林	庆云县东辛店乡付兴宇村	36	男	1943 年 7 月

续表

姓 名	籍 贯	年 龄	性 别	死难时间
李方贵	庆云县东辛店乡付兴宇村	28	男	1943 年 7 月
刘书林	庆云县东辛店乡志门刘村	20	男	1943 年 7 月
宗秋英	庆云县东辛店乡北孔村	35	女	1943 年 7 月
李丙礼	庆云县东辛店乡李壮宇村	47	男	1943 年 7 月
邓本积	庆云县东辛店乡前邓村	29	男	1943 年 7 月
赵怀义	庆云县东辛店乡南赵村	21	男	1943 年 7 月
王寿义	庆云县东辛店乡南赵村	23	男	1943 年 7 月
刘同山	庆云县严务乡单屯村	36	男	1943 年 7 月
秦征地	庆云县尚堂镇马家村	30	男	1943 年 7 月
周天会	庆云县尚堂镇马家村	55	男	1943 年 7 月
王廷辉	庆云县尚堂镇纪王桥村	29	男	1943 年 7 月
贾文贵	庆云县尚堂镇南侯村	40	男	1943 年 7 月
孙连玉	庆云县尚堂镇北堂村	26	男	1943 年 7 月
王龙新	庆云县庆云镇王知县村	30	女	1943 年 8 月
王延印	庆云县庆云镇石佛寺村	17	男	1943 年 8 月
李玉银	庆云县庆云镇石佛寺村	30	男	1943 年 8 月
马万里	庆云县庆云镇香坊村	46	男	1943 年 8 月
张洪峰	庆云县庆云镇三陈村	42	男	1943 年 8 月
刘广春	庆云县庆云镇一陈村	21	男	1943 年 8 月
陈志顺	庆云县庆云镇一陈村	37	男	1943 年 8 月
杨文举	庆云县庆云镇杨庄子村	19	男	1943 年 8 月
张希亭	庆云县常家镇东石村	17	男	1943 年 8 月
秦云秀	庆云县崔口镇一屯村	66	男	1943 年 8 月
张玉和	庆云县崔口镇一屯村	46	男	1943 年 8 月
张培旭	庆云县崔口镇一屯村	49	男	1943 年 8 月
张路林	庆云县东辛店乡小张村	47	男	1943 年 8 月
王殿元	庆云县东辛店乡小王村	43	男	1943 年 8 月
张立志	庆云县东辛店乡薛家村	36	男	1943 年 8 月
杜荣义	庆云县东辛店乡南杜村	59	男	1943 年 8 月
马天雷	庆云县东辛店乡汾水马村	40	男	1943 年 8 月
李东河	庆云县东辛店乡李壮宇村	40	男	1943 年 8 月
张玉合	庆云县东辛店乡王官村	36	女	1943 年 8 月
张玉才	庆云县严务乡大淀村	38	男	1943 年 8 月
张玉环	庆云县庆云镇陶家村	67	女	1943 年 9 月

续表

姓 名	籍 贯	年 龄	性 别	死难时间
马洪林	庆云县庆云镇中马村	43	男	1943 年 9 月
张国胜	庆云县庆云镇西后马村	53	男	1943 年 9 月
王国华	庆云县庆云镇王知县村	28	女	1943 年 9 月
王爱奎	庆云县庆云镇王知县村	31	男	1943 年 9 月
李 强	庆云县庆云镇石佛寺村	38	男	1943 年 9 月
谭书文	庆云县庆云镇魏洼村	50	男	1943 年 9 月
刘自成	庆云县庆云镇东周村	58	男	1943 年 9 月
刘志伦	庆云县庆云镇刘漠村	41	男	1943 年 9 月
李云海	庆云县庆云镇前官村	45	男	1943 年 9 月
陈小胜	庆云县庆云镇西宗村	14	男	1943 年 9 月
杨恩西	庆云县庆云镇杨庄子村	25	男	1943 年 9 月
杨广田	庆云县庆云镇杨庄子村	16	男	1943 年 9 月
杨文治	庆云县庆云镇杨庄子村	18	男	1943 年 9 月
张 皮	庆云县常家镇前行村	18	男	1943 年 9 月
常吉禹	庆云县常家镇常家村	31	男	1943 年 9 月
张 德	庆云县崔口镇崔西北村	68	男	1943 年 9 月
刘 虎	庆云县崔口镇齐西北村	30	男	1943 年 9 月
刘焕文	庆云县崔口镇齐西北村	30	男	1943 年 9 月
高××	—	49	男	1943 年 9 月
黄清德	庆云县崔口镇二屯村	44	男	1943 年 9 月
石长山	庆云县东辛店乡石高村	40	男	1943 年 9 月
张怀玉	庆云县东辛店乡东辛店村	26	男	1943 年 9 月
王丙义	庆云县尚堂镇后翟村	21	男	1943 年 9 月
李振岐	庆云县尚堂镇李梓村	21	男	1943 年 9 月
张洪波	庆云县庆云镇陶家村	31	男	1943 年 11 月
李廷玉	庆云县庆云镇石佛寺村	29	男	1943 年 11 月
刘云海	庆云县庆云镇前官村	41	男	1943 年 11 月
冯小山	庆云县庆云镇后张村	15	男	1943 年 11 月
杨俊玉	庆云县庆云镇杨庄子村	43	男	1943 年 11 月
刘文堂	庆云县东辛店乡小王村	52	男	1943 年 11 月
于振山	庆云县东辛店乡小营村	22	男	1943 年 11 月
李中关	庆云县东辛店乡东辛店村	19	男	1943 年 11 月
陈永连	庆云县严务乡小武村	58	男	1943 年 11 月
张风云	庆云县严务乡小淀村	22	女	1943 年 11 月

续表

姓 名	籍 贯	年 龄	性 别	死难时间
肖厚德	庆云县尚堂镇肖家村	37	男	1943 年 11 月
王延标	庆云县庆云镇石佛寺村	20	男	1943 年 12 月
李廷道	庆云县庆云镇石佛寺村	41	男	1943 年 12 月
张英春	庆云县庆云镇后张村	67	男	1943 年 12 月
侯胜中	庆云县庆云镇和尚村	37	男	1943 年 12 月
王青怀	庆云县庆云镇东三里村	37	男	1943 年 12 月
于元东	庆云县东辛店乡小营村	27	男	1943 年 12 月
靳明周	庆云县尚堂镇小靳村	29	男	1943 年 12 月
刘方林	庆云县东辛店乡姜家村	22	男	1943 年
刘文发	庆云县街道办任店村	25	男	1943 年
于连普	庆云县街道办洼于村	29	男	1943 年
张书军	庆云县街道办小都村	18	男	1943 年
刘德祥	庆云县街道办后官村	38	男	1943 年
冯学章	庆云县街道办东周村	34	男	1943 年
信之合	庆云县街道办信家村	24	男	1943 年
魏仁发	庆云县街道办信家村	25	男	1943 年
陈云凤	庆云县街道办李云曲村	22	女	1943 年
王保庆	庆云县街道办东刘村	18	男	1943 年
刘德伦	庆云县街道办西石村	25	男	1943 年
刘成端	庆云县街道办西石村	18	男	1943 年
王风文	庆云县街道办王南津村	41	男	1943 年
王志涛	庆云县街道办王南津村	32	男	1943 年
王志堂	庆云县街道办王南津村	36	男	1943 年
韩金升之姑奶	庆云县街道办韩家村	47	女	1943 年
许风林	庆云县街道办小徐村	40	男	1943 年
屠炳文	庆云县街道办齐家村	36	男	1943 年
屠炳炎	庆云县街道办齐家村	34	男	1943 年
屠云升	庆云县街道办齐家村	54	男	1943 年
屠玉征	庆云县街道办齐家村	52	男	1943 年
刘关海	庆云县中丁乡刘古风村	31	男	1943 年
李文明	庆云县中丁乡杨和寺村	31	男	1943 年
刘天成	庆云县中丁乡仁和刘村	33	男	1943 年
崔连登	庆云县中丁乡中崔村	32	男	1943 年
张瑞房	庆云县徐园子乡后安务村	50	男	1943 年

续表

姓 名	籍 贯	年 龄	性 别	死难时间
武风仪	庆云县徐园子乡后安务村	31	男	1943 年
王树林	庆云县徐园子乡刘贵村	17	男	1943 年
杨会来	庆云县徐园子乡刘贵村	10	男	1943 年
郭大营	庆云县徐园子乡刘贵村	5	男	1943 年
胡玉香	庆云县严务乡王皇村	32	男	1943 年
皮西明	庆云县严务乡柴林庄村	41	男	1943 年
石风仙	庆云县严务乡柴林庄村	23	男	1943 年
刘连云	庆云县严务乡柴林庄村	29	男	1943 年
党树堂	庆云县严务乡柴林庄村	32	男	1943 年
冯梅林	庆云县严务乡冯桥村	57	男	1943 年
宋井森	庆云县严务乡前庄科村	42	男	1943 年
郑洪照	庆云县严务乡前庄科村	70	男	1943 年
郑龙林	庆云县严务乡前庄科村	28	男	1943 年
唐庆富	庆云县严务乡张辛村	22	男	1943 年
唐振元	庆云县严务乡张辛村	19	男	1943 年
张英阁	庆云县严务乡张辛村	33	男	1943 年
邓延田	庆云县严务乡严务村	30	男	1943 年
张秀荣	庆云县严务乡严务村	30	女	1943 年
于金光	庆云县严务乡严务村	25	男	1943 年
于桂富	庆云县严务乡严务村	48	男	1943 年
杨树明	庆云县严务乡严务村	17	男	1943 年
于桂刚	庆云县严务乡严务村	12	男	1943 年
张秀兰	庆云县严务乡严务村	62	女	1943 年
莫少贤	庆云县严务乡严务村	45	男	1943 年
邓世旺	庆云县严务乡严务村	19	男	1943 年
马书兰	庆云县严务乡东左耳村	25	女	1943 年
张风明	庆云县庆云镇陶家村	19	男	1944 年 1 月
田　凯	庆云县庆云镇东后马村	58	男	1944 年 1 月
郭秀良	庆云县庆云镇西后马村	32	男	1944 年 1 月
李玉星	庆云县庆云镇石佛寺村	18	男	1944 年 1 月
刘金海	庆云县庆云镇崔家村	42	男	1944 年 1 月
程　三	庆云县庆云镇程太监村	51	男	1944 年 1 月
王洪亮	庆云县庆云镇西杨村	67	男	1944 年 1 月
周新堂	庆云县庆云镇南周村	52	男	1944 年 1 月

续表

姓名	籍贯	年龄	性别	死难时间
周天贞	庆云县庆云镇南周村	14	男	1944 年 1 月
刘文尧	庆云县庆云镇一陈村	58	男	1944 年 1 月
高怀翠	庆云县庆云镇松树高村	27	女	1944 年 1 月
王太峰	庆云县庆云镇王文郭村	45	男	1944 年 1 月
董寿树	庆云县庆云镇西宗村	21	男	1944 年 1 月
陈二换	庆云县庆云镇西宗村	59	男	1944 年 1 月
韩玉山	庆云县崔口镇崔东北村	30	男	1944 年 1 月
韩玉曾	庆云县崔口镇崔西北村	33	男	1944 年 1 月
李天恩	庆云县东辛店乡坊子村	32	男	1944 年 1 月
高介山	庆云县东辛店乡南孔村	25	男	1944 年 1 月
于兴安	庆云县东辛店乡小营村	38	男	1944 年 1 月
常青峰	庆云县东辛店乡小丁村	30	男	1944 年 1 月
李茂林	庆云县东辛店乡李壮字村	47	男	1944 年 1 月
刘佑军	庆云县徐园子乡苏家村	30	男	1944 年 1 月
武兰亭	庆云县严务乡小武村	20	男	1944 年 1 月
郑腰林	庆云县严务乡前庄科村	55	男	1944 年 1 月
乔云朋	庆云县尚堂镇梁家村	10	男	1944 年 1 月
乔云成	庆云县尚堂镇梁家村	36	男	1944 年 1 月
刘月宣	庆云县尚堂镇北堂村	25	男	1944 年 1 月
李青会	庆云县庆云镇石佛寺村	16	男	1944 年 2 月
杨凤甫	庆云县庆云镇东杨村	60	男	1944 年 2 月
杨海峰	庆云县庆云镇西杨村	69	男	1944 年 2 月
付具文	庆云县庆云镇西杨村	66	男	1944 年 2 月
张保利	庆云县庆云镇香坊村	28	男	1944 年 2 月
王洪祥	庆云县庆云镇王文郭村	47	男	1944 年 2 月
董金村	庆云县庆云镇西宗村	22	男	1944 年 2 月
董颜新	庆云县庆云镇东宗村	19	男	1944 年 2 月
张庆功	庆云县庆云镇西三里村	29	男	1944 年 2 月
纪荣海	庆云县常家镇纪家铺村	25	男	1944 年 2 月
刀关山	庆云县常家镇刁家村	35	男	1944 年 2 月
刀玉升	庆云县常家镇刁家村	18	男	1944 年 2 月
张保重	庆云县常家镇常家村	30	男	1944 年 2 月
杨清荣	庆云县常家镇东石村	19	男	1944 年 2 月
王景章	庆云县常家镇郭家村	25	男	1944 年 2 月

续表

姓 名	籍 贯	年 龄	性 别	死难时间
武殿霄	庆云县常家镇郭家村	50	男	1944 年 2 月
杨万森	庆云县东辛店乡汾水杨村	28	男	1944 年 2 月
杨万倾	庆云县东辛店乡汾水杨村	21	男	1944 年 2 月
范建兵	庆云县东辛店乡小范村	51	男	1944 年 2 月
范俊达	庆云县东辛店乡小范村	49	男	1944 年 2 月
范元峰	庆云县东辛店乡小范村	47	男	1944 年 2 月
赵玉俊	庆云县东辛店乡小范村	36	男	1944 年 2 月
赵玉男	庆云县东辛店乡南赵村	45	女	1944 年 2 月
赵李氏	庆云县东辛店乡南赵村	51	女	1944 年 2 月
赵小妹	庆云县东辛店乡南赵村	13	女	1944 年 2 月
赵玉西	庆云县东辛店乡南赵村	47	男	1944 年 2 月
勾井峰	庆云县尚堂镇大勾村	48	男	1944 年 2 月
李同武	庆云县尚堂镇官庄村	19	男	1944 年 2 月
于换换	庆云县庆云镇前于村	7	女	1944 年 3 月
程云月	庆云县庆云镇程太监村	12	男	1944 年 3 月
周宝忠	庆云县庆云镇东周村	43	男	1944 年 3 月
李之宝	庆云县庆云镇香坊村	53	男	1944 年 3 月
陈跃祥	庆云县庆云镇一陈村	42	男	1944 年 3 月
陈荣德	庆云县庆云镇二陈村	28	男	1944 年 3 月
董寿生	庆云县庆云镇西宗村	22	男	1944 年 3 月
张寿祥	庆云县庆云镇后张村	21	男	1944 年 3 月
陈光庆	庆云县庆云镇西三里村	29	男	1944 年 3 月
常吉森	庆云县常家镇常家村	41	男	1944 年 3 月
刘长功	庆云县常家镇洼刘村	34	男	1944 年 3 月
王秀兰	庆云县东辛店乡坊子村	38	男	1944 年 3 月
姚德猛	庆云县东辛店乡姚家村	46	男	1944 年 3 月
姚王氏	庆云县东辛店乡姚家村	49	女	1944 年 3 月
范存沱	庆云县东辛店乡小范村	16	男	1944 年 3 月
李丙行	庆云县东辛店乡李壮宇村	36	男	1944 年 3 月
张吉海	庆云县尚堂镇李店村	20	男	1944 年 3 月
撒荣俊	庆云县尚堂镇西撒村	43	男	1944 年 3 月
张洪臣	庆云县庆云镇陶家村	25	男	1944 年 4 月
赵 国	庆云县庆云镇赵腊台村	19	男	1944 年 4 月
赵丙正	庆云县庆云镇赵腊台村	61	男	1944 年 4 月

续表

姓 名	籍 贯	年 龄	性 别	死难时间
程太炮	庆云县庆云镇程太监村	46	男	1944 年 4 月
陈春生	庆云县庆云镇三陈村	46	男	1944 年 4 月
刘新房	庆云县庆云镇王文郭村	47	男	1944 年 4 月
张胜中	庆云县庆云镇后张村	18	男	1944 年 4 月
王敬普	庆云县庆云镇菜王村	45	男	1944 年 4 月
杨秋东	庆云县东辛店乡汾水杨村	22	男	1944 年 4 月
徐义孝	庆云县东辛店乡汾水杨村	19	男	1944 年 4 月
杨秋明	庆云县东辛店乡汾水杨村	26	男	1944 年 4 月
杨秋亮	庆云县东辛店乡汾水杨村	51	男	1944 年 4 月
孔伟祥	庆云县东辛店乡南孔村	17	男	1944 年 4 月
马　辅	庆云县严务乡大淀村	35	男	1944 年 4 月
刘福海	庆云县严务乡小淀村	28	男	1944 年 4 月
郝世然	庆云县尚堂镇大郝村	45	男	1944 年 4 月
王希志	庆云县庆云镇王古泉村	37	男	1944 年 5 月
韩寿山	庆云县庆云镇前于村	28	男	1944 年 5 月
刘享华	庆云县庆云镇东周村	60	男	1944 年 5 月
周振勇	庆云县庆云镇东周村	18	男	1944 年 5 月
范新柱	庆云县庆云镇东贾村	28	男	1944 年 5 月
刘陪勇	庆云县庆云镇前官村	41	男	1944 年 5 月
刘金岭	庆云县庆云镇前官村	37	男	1944 年 5 月
刘明军	庆云县庆云镇前官村	65	男	1944 年 5 月
周兴礼	庆云县庆云镇南周村	53	男	1944 年 5 月
陈新东	庆云县庆云镇一陈村	40	男	1944 年 5 月
陈建军	庆云县庆云镇一陈村	31	男	1944 年 5 月
程金忠	庆云县庆云镇程家村	20	男	1944 年 5 月
刘金山	庆云县常家镇大道王村	50	男	1944 年 5 月
吴云太	庆云县东辛店乡东阁村	38	男	1944 年 5 月
杜前荣	庆云县东辛店乡南杜村	51	男	1944 年 5 月
范连和	庆云县东辛店乡大范村	32	男	1944 年 5 月
常青松	庆云县东辛店乡东辛店村	32	男	1944 年 5 月
丁春兰	庆云县东辛店乡东辛店村	30	女	1944 年 5 月
徐殿义	庆云县东辛店乡鲁家村	60	男	1944 年 5 月
杜文田	庆云县尚堂镇枣王村	25	男	1944 年 5 月
王泽星	庆云县尚堂镇枣王村	17	男	1944 年 5 月

续表

姓 名	籍 贯	年 龄	性 别	死难时间
王兰田	庆云县尚堂镇枣王村	36	男	1944 年 5 月
胡胜国	庆云县尚堂镇大胡楼村	41	男	1944 年 5 月
马荣平	庆云县庆云镇东后马村	46	男	1944 年 6 月
李德会	庆云县庆云镇石佛寺村	26	男	1944 年 6 月
周宝政	庆云县庆云镇东周村	17	男	1944 年 6 月
刘金昌	庆云县庆云镇前官村	61	男	1944 年 6 月
张秀星	庆云县庆云镇东宗村	30	女	1944 年 6 月
陈孟卫	庆云县庆云镇东三里村	63	男	1944 年 6 月
李太平	庆云县东辛店乡东阁村	37	男	1944 年 6 月
马孝德	庆云县东辛店乡汾水马村	40	男	1944 年 6 月
撒荣府	庆云县尚堂镇西撒村	27	男	1944 年 6 月
王金英	庆云县尚堂镇西撒村	30	女	1944 年 6 月
田 利	庆云县庆云镇东后马村	48	男	1944 年 7 月
王延军	庆云县庆云镇石佛寺村	19	男	1944 年 7 月
刘明利	庆云县庆云镇崔家村	37	男	1944 年 7 月
程丽丽	庆云县庆云镇程太监村	38	女	1944 年 7 月
张洪善	庆云县庆云镇三陈村	38	男	1944 年 7 月
董玉昌	庆云县庆云镇东宗村	20	男	1944 年 7 月
常二妮	庆云县庆云镇北小刘村	19	女	1944 年 7 月
韩喜新	庆云县庆云镇韩家村	20	女	1944 年 7 月
张占力	庆云县庆云镇韩家村	40	男	1944 年 7 月
杨严贵	庆云县东辛店乡杨家村	30	男	1944 年 7 月
张来甲	庆云县东辛店乡张家村	20	男	1944 年 7 月
张秋军	庆云县东辛店乡张家村	30	男	1944 年 7 月
刘金猛	庆云县东辛店乡小马村	34	男	1944 年 7 月
范德祥之妻	庆云县东辛店乡小孙村	38	女	1944 年 7 月
王军帆	庆云县尚堂镇纪王桥村	28	男	1944 年 7 月
张云清	庆云县尚堂镇纪王桥村	24	男	1944 年 7 月
冯金明	庆云县尚堂镇冯家村	41	男	1944 年 7 月
吕洪玉	庆云县尚堂镇兴隆店村	41	男	1944 年 7 月
张学周	庆云县尚堂镇东郎坞村	42	男	1944 年 7 月
田有壮	庆云县庆云镇东后马村	52	男	1944 年 8 月
刘利国	庆云县庆云镇崔家村	23	男	1944 年 8 月
李永刚	庆云县庆云镇前官村	38	男	1944 年 8 月

续表

姓名	籍贯	年龄	性别	死难时间
张世元	庆云县庆云镇张桃府村	18	男	1944年8月
冯洪义	庆云县庆云镇后张村	34	男	1944年8月
韩增胜	庆云县庆云镇韩家村	29	男	1944年8月
韩卫星	庆云县庆云镇韩家村	21	男	1944年8月
刀信庆	庆云县常家镇刁家村	20	男	1944年8月
王芸生	庆云县常家镇王卦村	31	男	1944年8月
王忠岳	庆云县常家镇大道王村	49	男	1944年8月
耿玉卓	庆云县常家镇郭家村	15	男	1944年8月
韩青山	庆云县崔口镇崔西北村	54	男	1944年8月
于海安	庆云县东辛店乡小营村	42	男	1944年8月
李丙政	庆云县东辛店乡李壮宇村	38	男	1944年8月
邓洪昌	庆云县东辛店乡前邓村	42	男	1944年8月
邓本军	庆云县东辛店乡前邓村	57	男	1944年8月
邓维涛	庆云县东辛店乡前邓村	29	男	1944年8月
宗喜成	庆云县尚堂镇西宗村	21	男	1944年8月
李怀林	庆云县尚堂镇南侯村	44	男	1944年8月
王立强	庆云县尚堂镇菜张村	20	男	1944年8月
董立先	庆云县庆云镇王古泉村	37	男	1944年9月
范先峰	庆云县庆云镇东贾村	35	男	1944年9月
陈好中	庆云县庆云镇一陈村	43	男	1944年9月
陈关营	庆云县庆云镇一陈村	31	男	1944年9月
张德臣	庆云县常家镇张巧村	7	男	1944年9月
丁保先	庆云县常家镇常家村	19	男	1944年9月
赵书元	庆云县常家镇郭家村	31	男	1944年9月
邓元居	庆云县东辛店乡后邓村	49	男	1944年9月
马善德	庆云县东辛店乡汾水马村	20	男	1944年9月
刘东如之妻	庆云县东辛店乡志门刘村	40	女	1944年9月
司洪利	庆云县庆云镇崔家村	42	男	1944年11月
李　贵	庆云县庆云镇崔家村	32	男	1944年11月
邓本轩	庆云县东辛店乡前邓村	38	男	1944年11月
王仁义	庆云县东辛店乡王官村	48	男	1944年11月
王公寿	庆云县尚堂镇大王村	31	男	1944年11月
王圣林	庆云县尚堂镇大王村	29	男	1944年11月
刘玉芬	庆云县庆云镇崔家村	42	女	1944年12月

续表

姓 名	籍 贯	年 龄	性 别	死难时间
马书通	庆云县庆云镇前马村	43	男	1944 年 12 月
菅云峰	庆云县东辛店乡小菅村	45	男	1944 年 12 月
杨春洪	庆云县尚堂镇东白村	45	男	1944 年 12 月
撒井彦	庆云县尚堂镇西白村	45	男	1944 年 12 月
赵广玉	庆云县严务乡单屯村	17	男	1944 年
张炳元	庆云县严务乡单屯村	21	男	1944 年
周保营	庆云县严务乡单屯村	41	男	1944 年
刘金庆	庆云县街道办后官村	25	男	1944 年
王保明	庆云县街道办东周村	26	男	1944 年
王占山	庆云县街道办养马王村	19	男	1944 年
刘天成	庆云县街道办信家村	17	男	1944 年
王思春	庆云县街道办东刘村	10	男	1944 年
王风德	庆云县街道办王南津村	29	男	1944 年
韩清林	庆云县街道办韩家村	35	男	1944 年
孙连成	庆云县街道办刘南纯村	32	男	1944 年
孙继兴	庆云县街道办刘南纯村	31	男	1944 年
孙书善	庆云县街道办刘南纯村	27	男	1944 年
孙世德	庆云县街道办刘南纯村	29	男	1944 年
王福兴	庆云县街道办刘南纯村	31	男	1944 年
屠汉文	庆云县街道办齐家村	45	男	1944 年
张印奎	庆云县街道办齐家村	49	男	1944 年
屠清文	庆云县街道办齐家村	52	男	1944 年
屠焕文	庆云县街道办齐家村	59	男	1944 年
李连祥	庆云县街道办齐家村	47	男	1944 年
李德福	庆云县街道办齐家村	43	男	1944 年
李德海	庆云县街道办齐家村	42	男	1944 年
齐保贵	庆云县街道办齐家村	32	男	1944 年
田之东	庆云县中丁乡徐家村	33	男	1944 年
刘佩仁	庆云县中丁乡仁和刘村	31	男	1944 年
李富成	庆云县中丁乡仁和刘村	32	男	1944 年
程海明	庆云县严务乡坡徐村	30	男	1944 年
冯希贤	庆云县严务乡冯桥村	33	男	1944 年
杨功普	庆云县严务乡前庄科村	19	男	1944 年
唐庆先	庆云县严务乡张辛村	19	男	1944 年

续表

姓 名	籍 贯	年 龄	性 别	死难时间
张国庆	庆云县严务乡严务村	59	男	1944 年
刘　月	庆云县庆云镇崔家村	—	男	1945 年 1 月
刘占魁	庆云县庆云镇东杨村	67	男	1945 年 1 月
杨福堂	庆云县庆云镇西杨村	68	男	1945 年 1 月
张保胜	庆云县庆云镇香坊村	36	男	1945 年 1 月
马子成	庆云县庆云镇香坊村	20	男	1945 年 1 月
张广全	庆云县庆云镇张桃府村	21	男	1945 年 1 月
张全文	庆云县庆云镇张桃府村	30	男	1945 年 1 月
张秀娥	庆云县庆云镇张桃府村	24	女	1945 年 1 月
陈明新	庆云县庆云镇一陈村	37	男	1945 年 1 月
陈关英	庆云县庆云镇一陈村	31	男	1945 年 1 月
王云刚	庆云县庆云镇东三里村	52	男	1945 年 1 月
王思任	庆云县常家镇大道王村	26	男	1945 年 1 月
赵金山	庆云县常家镇郭家村	17	男	1945 年 1 月
张玉山	庆云县东辛店乡东阁村	39	男	1945 年 1 月
高凤岐之妻	庆云县东辛店乡石高村	40	女	1945 年 1 月
范成治	庆云县东辛店乡小范村	36	男	1945 年 1 月
范俊增	庆云县东辛店乡小范村	37	男	1945 年 1 月
勾清利	庆云县庆云镇崔家村	42	男	1945 年 2 月
李　海	庆云县庆云镇崔家村	23	男	1945 年 2 月
程德月	庆云县庆云镇程太监村	48	男	1945 年 2 月
李司庆	庆云县庆云镇前官村	37	男	1945 年 2 月
张世奎	庆云县庆云镇张桃府村	28	男	1945 年 2 月
陈振岭	庆云县庆云镇一陈村	44	男	1945 年 2 月
姚文豹	庆云县东辛店乡姚家村	42	男	1945 年 2 月
范长贵	庆云县东辛店乡大范村	40	男	1945 年 2 月
范连友	庆云县东辛店乡大范村	37	男	1945 年 2 月
范跃志	庆云县东辛店乡大范村	43	男	1945 年 2 月
范跃富	庆云县东辛店乡大范村	29	男	1945 年 2 月
王世臣	庆云县东辛店乡王官村	21	男	1945 年 2 月
李玉仙	庆云县庆云镇陶家村	45	男	1945 年 3 月
李玉环	庆云县庆云镇陶家村	47	女	1945 年 3 月
任长青	庆云县庆云镇石佛寺村	38	男	1945 年 3 月
刘智高	庆云县庆云镇崔家村	72	男	1945 年 3 月

续表

姓 名	籍 贯	年 龄	性 别	死难时间
范景云	庆云县庆云镇东贾村	33	男	1945 年 3 月
陈封福	庆云县庆云镇一陈村	44	男	1945 年 3 月
李天旭	庆云县东辛店乡坊子村	36	男	1945 年 3 月
张振荣	庆云县徐园子乡张培元村	19	男	1945 年 3 月
李红祥	庆云县尚堂镇李梓村	39	男	1945 年 3 月
郝之超	庆云县尚堂镇大郝村	46	男	1945 年 3 月
李文山	庆云县庆云镇陶家村	29	男	1945 年 4 月
李玉容	庆云县庆云镇陶家村	41	男	1945 年 4 月
常春林	庆云县尚堂镇东白村	43	男	1945 年 4 月
陈义昌	庆云县庆云镇三陈村	25	男	1945 年 5 月
闫文昌	庆云县庆云镇北小刘村	30	男	1945 年 5 月
刘之轩之妻	庆云县东辛店乡志门刘村	50	女	1945 年 5 月
张树信	庆云县严务乡大淀村	18	男	1945 年 5 月
张懂臣	庆云县严务乡大淀村	30	男	1945 年 5 月
张万军	庆云县庆云镇崔家村	41	男	1945 年 6 月
赵华田	庆云县尚堂镇枣王村	18	男	1945 年 6 月
刘光平	庆云县尚堂镇枣王村	19	男	1945 年 6 月
王银田	庆云县尚堂镇西吴村	31	男	1945 年 6 月
齐金林	庆云县尚堂镇兴隆店村	43	男	1945 年 6 月
王崇江	庆云县常家镇大道王村	17	男	1945 年 7 月
侯亮亮	庆云县尚堂镇北侯村	3	男	1945 年 7 月
司清昌	庆云县庆云镇崔家村	57	男	1945 年 8 月
勾兴荣	庆云县庆云镇崔家村	68	男	1945 年 8 月
刘林智	庆云县庆云镇崔家村	47	男	1945 年 8 月
张清泉	庆云县庆云镇崔家村	40	男	1945 年 8 月
付海海	庆云县庆云镇西杨村	67	男	1945 年 8 月
李兴明	庆云县尚堂镇纪王桥村	9	男	1945 年 8 月
杨世廷	庆云县街道办东刘村	22	男	1945 年
冯丙义	庆云县严务乡冯桥村	24	男	1945 年
蒋学礼	庆云县严务乡前庄科村	56	男	1945 年
宋景玉	庆云县严务乡前庄科村	65	男	1945 年
唐云苓	庆云县严务乡张辛村	50	男	1945 年
唐庆希	庆云县严务乡张辛村	17	男	1945 年
张保治	庆云县严务乡严务村	23	男	1945 年

续表

姓 名	籍 贯	年 龄	性 别	死难时间
张进伸	庆云县严务乡严务村	22	男	1945 年
冯严林	庆云县严务乡冯桥村	33	男	1945 年
赵德方	庆云县庆云镇赵腊台村	20	男	1937 年
张秀蛮	庆云县庆云镇赵腊台村	38	男	1937 年
马东堂	庆云县庆云镇魏洼村	29	男	1937 年
马　华	庆云县庆云镇魏洼村	30	男	1937 年
刘振华	庆云县庆云镇魏洼村	42	男	1937 年
谭金明	庆云县庆云镇魏洼村	40	男	1937 年
谭海青	庆云县庆云镇魏洼村	38	男	1937 年
刘金辉	庆云县庆云镇魏洼村	43	男	1937 年
付书琛	庆云县庆云镇香坊村	34	男	1939 年
付文波	庆云县庆云镇香坊村	43	男	1939 年
朱明建	庆云县庆云镇香坊村	31	男	1939 年
高怀金	庆云县庆云镇松树高村	27	男	1939 年
王清池	庆云县庆云镇菜王村	35	男	1939 年
王青池	庆云县庆云镇菜王村	37	男	1939 年
王春荣	庆云县庆云镇菜王村	39	男	1939 年
毕希成	庆云县庆云镇菜王村	41	男	1941 年
王新雨	庆云县庆云镇菜王村	34	男	1941 年
王新男	庆云县庆云镇菜王村	45	男	1941 年
王寿成	庆云县中丁乡甄家村	28	男	1941 年
刘云平	庆云县中丁乡堤刘村	34	男	1945 年
宋连沟	庆云县严务乡前庄科村	27	男	1945 年
宋景印	庆云县严务乡前庄科村	22	男	1942 年
宋连手	庆云县严务乡前庄科村	18	男	1942 年
蒋寿松	庆云县严务乡前庄科村	28	男	1942 年
郑元林	庆云县严务乡前庄科村	67	男	1945 年
郑玉林	庆云县严务乡前庄科村	53	男	1945 年
郑洪池	庆云县严务乡前庄科村	42	男	1945 年
郑子芹	庆云县严务乡前庄科村	33	男	1939 年
郑松林	庆云县严务乡前庄科村	67	男	1939 年
郑山林	庆云县严务乡前庄科村	28	男	1945 年
郑洪志	庆云县严务乡前庄科村	27	男	1945 年
宋景奎	庆云县严务乡前庄科村	48	男	1945 年

续表

姓 名	籍 贯	年 龄	性 别	死难时间
郑洪岭	庆云县严务乡前庄科村	23	男	1937 年 3 月
郑井林	庆云县严务乡前庄科村	65	男	1937 年 3 月
宋士香	庆云县严务乡前庄科村	53	男	1937 年 3 月
宋士喜	庆云县严务乡前庄科村	19	男	1937 年 3 月
郑洪元	庆云县严务乡前庄科村	40	男	1937 年 3 月
刘元文	庆云县严务乡张辛村	53	女	1937 年 3 月
李洪刚	庆云县严务乡张辛村	33	男	1937 年 3 月
张敬涛	庆云县严务乡张辛村	64	男	1937 年 3 月
唐云圆	庆云县严务乡张辛村	28	男	1937 年 3 月
张伟升	庆云县严务乡张辛村	27	男	1937 年 3 月
唐金芳	庆云县严务乡张辛村	60	男	1937 年 3 月
唐玉连	庆云县严务乡张辛村	74	女	1937 年 3 月
张吉文	庆云县严务乡严务村	41	男	1937 年 3 月
王立英	庆云县严务乡严务村	30	女	1937 年 3 月
张元峰	庆云县严务乡严务村	55	男	1937 年 3 月
李俊峰	庆云县严务乡严务村	65	男	1937 年 3 月
唐保贤	庆云县严务乡严务村	33	女	1937 年 3 月
陈新英	庆云县庆云镇李博士村	28	男	1937 年 7 月
马房德	庆云县东辛店乡汾水马村	—	男	1937 年 9 月
马宏德	庆云县东辛店乡汾水马村	—	男	1937 年 9 月
张明升	庆云县东辛店乡小吴村	23	男	1937 年 9 月
邓本议	庆云县东辛店乡前邓村	40	男	1937 年 11 月
邓维志	庆云县东辛店乡前邓村	49	男	1937 年 11 月
李丙山	庆云县东辛店乡李壮宇村	47	男	1937 年 11 月
邓本礼	庆云县东辛店乡前邓村	32	男	1937 年 12 月
邓本增	庆云县东辛店乡前邓村	27	男	1937 年 12 月
邓明祥	庆云县东辛店乡后邓村	40	男	1937 年 12 月
邓青才	庆云县东辛店乡前邓村	28	男	1937 年 12 月
邓振水	庆云县东辛店乡后邓村	42	男	1937 年 12 月
付彦石	庆云县东辛店乡北赵村	37	男	1937 年 12 月
李玉清	庆云县东辛店乡李壮宇村	46	男	1937 年 12 月
李玉庆	庆云县东辛店乡李壮宇村	40	男	1937 年 12 月
王福善	庆云县东辛店乡李壮宇村	41	男	1937 年 12 月
赵金海	庆云县东辛店乡北赵村	29	男	1937 年 12 月

续表

姓 名	籍 贯	年 龄	性 别	死难时间
张大成	庆云县东辛店乡小吴村	24	男	1937 年
李进德	庆云县东辛店乡坊子村	39	男	1938 年 1 月
李世重	庆云县东辛店乡坊子村	53	男	1938 年 1 月
马佩合	庆云县东辛店乡汾水马村	20	男	1938 年 1 月
常良建	庆云县东辛店乡东辛店村	42	男	1938 年 2 月
李祝辉	庆云县东辛店乡北赵村	26	男	1938 年 2 月
孙连奎	庆云县东辛店乡小孙村	38	男	1938 年 2 月
孙如让	庆云县东辛店乡小孙村	32	男	1938 年 2 月
李天星	庆云县东辛店乡坊子村	35	男	1938 年 4 月
刘玉和	庆云县东辛店乡刘双全村	26	男	1938 年 4 月
邓云来	庆云县东辛店乡小吴村	21	男	1938 年 5 月
李希智	庆云县东辛店乡北赵村	38	男	1938 年 5 月
刘金利	庆云县东辛店乡刘双全村	43	男	1938 年 6 月
王小十	庆云县尚堂镇南王村	35	男	1938 年 6 月
赵怀通	庆云县东辛店乡南赵村	29	男	1938 年 6 月
赵怀希	庆云县东辛店乡南赵村	32	男	1938 年 6 月
赵同杰	庆云县东辛店乡南赵村	38	男	1938 年 6 月
周宪增	庆云县尚堂镇东堰村	37	男	1938 年 6 月
陈希成	庆云县庆云镇李博士村	34	男	1938 年 7 月
刘金明	庆云县东辛店乡刘双全村	40	男	1938 年 8 月
李文涛	庆云县东辛店乡北赵村	19	男	1938 年 9 月
张士岐	庆云县东辛店乡东辛店村	18	男	1938 年 9 月
何连力	庆云县东辛店乡东辛店村	17	男	1938 年 11 月
李书春	庆云县东辛店乡北赵村	38	男	1938 年 11 月
娄中华	庆云县东辛店乡东辛店村	20	男	1938 年 11 月
李殿祥	庆云县东辛店乡姜家村	19	男	1938 年
李凤田	庆云县东辛店乡坊子村	48	男	1939 年 1 月
李天池	庆云县东辛店乡坊子村	50	男	1939 年 1 月
李　文	庆云县东辛店乡北赵村	22	男	1939 年 1 月
马广发	庆云县庆云镇西南马村	38	男	1939 年 1 月
王方洪	庆云县东辛店乡万粮张村	28	男	1939 年 1 月
吴连重	庆云县东辛店乡小吴村	20	男	1939 年 1 月
张会吉	庆云县东辛店乡薛家村	42	男	1939 年 1 月
张俊岐	庆云县东辛店乡薛家村	38	男	1939 年 1 月

续表

姓 名	籍 贯	年 龄	性 别	死难时间
张汝杰	庆云县徐园子乡马古台村	19	男	1939 年 1 月
李延会	庆云县东辛店乡北赵村	36	男	1939 年 2 月
李泽东	庆云县东辛店乡大李村	31	男	1939 年 2 月
孙之成	庆云县东辛店乡付兴宇村	50	男	1939 年 2 月
王保德	庆云县东辛店乡大李村	31	男	1939 年 2 月
王保良	庆云县东辛店乡大李村	32	男	1939 年 2 月
徐法新	庆云县尚堂镇东堰村	35	男	1939 年 2 月
张纯仁	庆云县东辛店乡大丁村	50	男	1939 年 2 月
李壁然	庆云县东辛店乡北赵村	35	男	1939 年 3 月
李书亭	庆云县东辛店乡北赵村	23	男	1939 年 3 月
姚东亮	庆云县东辛店乡姚家村	43	男	1939 年 3 月
胡荣阁	庆云县尚堂镇大胡楼村	45	男	1939 年 4 月
王文玉	庆云县常家镇西张村	83	男	1939 年 4 月
张茂林	庆云县东辛店乡张家村	21	男	1939 年 4 月
邓绪奎	庆云县东辛店乡后邓村	49	男	1939 年 5 月
李方州	庆云县东辛店乡付兴宇村	51	男	1939 年 6 月
李玉香	庆云县东辛店乡坊子村	46	女	1939 年 6 月
鲁长群	庆云县东辛店乡鲁家村	28	男	1939 年 6 月
鲁吉发	庆云县东辛店乡鲁家村	32	男	1939 年 6 月
许殿信	庆云县东辛店乡鲁家村	21	男	1939 年 6 月
李　甲	庆云县东辛店乡付兴宇村	32	男	1939 年 7 月
刘德山	庆云县东辛店乡刘双全村	23	男	1939 年 7 月
徐殿友	庆云县东辛店乡坊子村	39	男	1939 年 7 月
赵金明	庆云县东辛店乡北赵村	25	男	1939 年 8 月
王万春	庆云县东辛店乡万粮张村	23	男	1939 年 9 月
杨金全	庆云县东辛店乡坊子村	48	男	1939 年 9 月
张士博	庆云县东辛店乡东辛店村	20	男	1939 年 9 月
李庆德	庆云县东辛店乡北赵村	37	男	1939 年 11 月
李伟凡	庆云县徐园子乡后道口村	25	男	1939 年 12 月
刘吉全	庆云县东辛店乡刘双全村	29	男	1939 年 12 月
刘文金	庆云县东辛店乡刘双全村	31	男	1939 年 12 月
刘文新	庆云县东辛店乡刘双全村	32	男	1939 年 12 月
娄古五	庆云县东辛店乡东辛店村	19	男	1939 年 12 月
王云河	庆云县东辛店乡刘双全村	28	男	1939 年 12 月

续表

姓名	籍贯	年龄	性别	死难时间
王云山	庆云县东辛店乡刘双全村	24	男	1939 年 12 月
张学孔	庆云县徐园子乡后道口村	16	男	1939 年 12 月
都保强	庆云县街道办东胡村	26	男	1939 年
王重英	庆云县东辛店乡小吴村	27	女	1939 年
姜淑林	庆云县尚堂镇东堰村	38	男	1940 年 1 月
张凤银	庆云县东辛店乡小张村	40	男	1940 年 1 月
常宝青	庆云县东辛店乡东辛店村	31	男	1940 年 2 月
李桂田	庆云县东辛店乡坊子村	40	男	1940 年 2 月
王福元	庆云县尚堂镇南王村	35	男	1940 年 2 月
王少銮	庆云县尚堂镇南王村	32	男	1940 年 2 月
王少枝	庆云县尚堂镇南王村	30	男	1940 年 2 月
杨金光	庆云县东辛店乡坊子村	60	男	1940 年 3 月
张万九	庆云县中丁乡张家村	32	男	1940 年 3 月
张王氏	庆云县东辛店乡南赵村	45	女	1940 年 3 月
张召阳	庆云县东辛店乡南赵村	38	男	1940 年 3 月
吴秀芝	庆云县崔口乡齐东南村	31	女	1940 年 4 月
郑　三	庆云县东辛店乡东辛店村	19	男	1940 年 4 月
李云发	庆云县东辛店乡大李村	29	男	1940 年 5 月
刘永胜	庆云县东辛店乡东辛店村	18	男	1940 年 5 月
王保福	庆云县东辛店乡大李村	30	男	1940 年 5 月
王长龙	庆云县东辛店乡大李村	27	男	1940 年 5 月
王景礼	庆云县尚堂镇李店村	35	男	1940 年 5 月
王深玉	庆云县东辛店乡小王村	39	男	1940 年 5 月
王世亮	庆云县东辛店乡大李村	29	男	1940 年 5 月
杨石头	庆云县东辛店乡杨家村	30	男	1940 年 5 月
姚先良	庆云县东辛店乡姚家村	42	男	1940 年 5 月
张秉中	庆云县常家镇街西徐村	75	男	1940 年 5 月
赵洪义	庆云县中丁乡杨和寺村	37	男	1940 年 5 月
李少栾	庆云县尚堂镇南侯村	11	男	1940 年 6 月
常洪华	庆云县尚堂镇东白村	47	男	1940 年 7 月
李卫水	庆云县东辛店乡坊子村	45	男	1940 年 7 月
孙广辅	庆云县庆云镇西南马村	31	男	1940 年 7 月
张明志	庆云县东辛店乡张家村	20	男	1940 年 7 月
张　元	庆云县东辛店乡小吴村	17	男	1940 年 7 月

续表

姓 名	籍 贯	年 龄	性 别	死难时间
李德胜	庆云县中丁乡徐家村	27	男	1940 年 8 月
刘保楚	庆云县常家镇吕家村	15	男	1940 年 8 月
王金林	庆云县东辛店乡刘双全村	41	男	1940 年 8 月
杨广石	庆云县东辛店乡杨家村	30	男	1940 年 8 月
马保证	庆云县庆云镇西南马村	36	男	1940 年 9 月
李先起	庆云县东辛店乡北赵村	20	男	1940 年 11 月
张占合	庆云县东辛店乡小吴村	22	男	1940 年 11 月
范秀河	庆云县东辛店乡刘双全村	31	女	1940 年 12 月
韩荣英	庆云县东辛店乡王官村	46	女	1940 年 12 月
张　立	庆云县东辛店乡王官村	61	男	1940 年 12 月
张振昌	庆云县东辛店乡王官村	42	男	1940 年 12 月
邓维清	庆云县东辛店乡小吴村	20	男	1940 年
邓维贤	庆云县东辛店乡小吴村	25	男	1940 年
刘德成	庆云县东辛店乡姜家村	20	男	1940 年
刘金治	庆云县东辛店乡姜家村	19	男	1940 年
常春强	庆云县东辛店乡东辛店村	26	男	1941 年 1 月
常金玉	庆云县尚堂镇东白村	43	男	1941 年 1 月
刘张氏	庆云县东辛店乡刘双全村	27	女	1941 年 1 月
鲁长山	庆云县东辛店乡鲁家村	29	男	1941 年 1 月
鲁长用	庆云县东辛店乡鲁家村	28	男	1941 年 1 月
鲁吉店	庆云县东辛店乡鲁家村	30	男	1941 年 1 月
孙福成	庆云县东辛店乡小孙村	35	男	1941 年 1 月
孙广和	庆云县东辛店乡小孙村	41	男	1941 年 1 月
王丽华	庆云县东辛店乡刘双全村	26	女	1941 年 1 月
杨金傲	庆云县东辛店乡坊子村	46	男	1941 年 1 月
杨荣新	庆云县东辛店乡坊子村	47	男	1941 年 1 月
张洪恩	庆云县东辛店乡东阁村	39	男	1941 年 1 月
张希云	庆云县东辛店乡万倾刘村	36	男	1941 年 1 月
赵　刚	庆云县东辛店乡北赵村	22	男	1941 年 1 月
常俊良	庆云县东辛店乡东辛店村	30	男	1941 年 2 月
常玉荣	庆云县东辛店乡东辛店村	31	男	1941 年 2 月
邓先典	庆云县东辛店乡后邓村	57	男	1941 年 2 月
付　文	庆云县东辛店乡北赵村	20	男	1941 年 2 月
胡志新	庆云县庆云镇李博士村	42	男	1941 年 2 月

续表

姓 名	籍 贯	年 龄	性 别	死难时间
李花兰	庆云县东辛店乡后邓村	52	男	1941 年 2 月
李世仁	庆云县东辛店乡坊子村	51	男	1941 年 2 月
徐殿友	庆云县东辛店乡鲁家村	30	男	1941 年 2 月
陈新太	庆云县庆云镇李博士村	27	男	1941 年 3 月
李宣同	庆云县东辛店乡大李村	29	男	1941 年 3 月
李元一	庆云县东辛店乡东阁村	39	男	1941 年 3 月
李云德	庆云县东辛店乡大李村	30	男	1941 年 3 月
刘民生	庆云县东辛店乡东辛店村	19	男	1941 年 3 月
王长涛	庆云县东辛店乡大李村	30	男	1941 年 3 月
王世太	庆云县东辛店乡大李村	29	男	1941 年 3 月
杨金杰	庆云县东辛店乡坊子村	55	男	1941 年 3 月
杨金銮	庆云县东辛店乡坊子村	50	男	1941 年 3 月
胡清泉	庆云县庆云镇李博士村	43	男	1941 年 4 月
李功田	庆云县东辛店乡坊子村	39	男	1941 年 4 月
王青云	庆云县东辛店乡刘双全村	30	男	1941 年 4 月
张福荣	庆云县东辛店乡松树马村	54	男	1941 年 4 月
张其重	庆云县东辛店乡松树马村	39	男	1941 年 4 月
张兴林	庆云县尚堂镇李店村	29	男	1941 年 4 月
陈成山	庆云县东辛店乡东辛店村	19	男	1941 年 5 月
邓学民	庆云县东辛店乡小吴村	17	男	1941 年 5 月
刘青华	庆云县东辛店乡刘双全村	21	男	1941 年 5 月
陈国成	庆云县庆云镇李博士村	43	男	1941 年 6 月
陈拥军	庆云县庆云镇李博士村	25	男	1941 年 6 月
范炳刚	庆云县东辛店乡大范村	37	男	1941 年 6 月
范炳祥	庆云县东辛店乡大范村	42	男	1941 年 6 月
范成军	庆云县东辛店乡大范村	39	男	1941 年 6 月
李天泽	庆云县东辛店乡坊子村	39	男	1941 年 6 月
刘文力	庆云县东辛店乡刘双全村	26	男	1941 年 6 月
张吉军	庆云县中丁乡徐家村	21	男	1941 年 6 月
陈文堂	庆云县庆云镇陈瑞芝村	41	男	1941 年 7 月
邓美英	庆云县东辛店乡前邓村	28	男	1941 年 7 月
邓万重	庆云县东辛店乡小吴村	22	男	1941 年 7 月
邓玉兰	庆云县东辛店乡前邓村	45	男	1941 年 7 月
关秀英	庆云县东辛店乡前邓村	35	男	1941 年 7 月

续表

姓 名	籍 贯	年 龄	性 别	死难时间
李梅秀	庆云县尚堂镇李店村	25	男	1941 年 7 月
刘明涛	庆云县东辛店乡东辛店村	18	男	1941 年 7 月
史绍辉	庆云县东辛店乡东阁村	45	男	1941 年 7 月
徐殿才	庆云县东辛店乡坊子村	46	男	1941 年 7 月
张立英	庆云县东辛店乡刘双全村	31	女	1941 年 7 月
甄世美	庆云县东辛店乡前邓村	34	女	1941 年 7 月
李云彪	庆云县中丁乡徐家村	31	男	1941 年 8 月
李非然	庆云县尚堂镇南侯村	39	男	1941 年 9 月
李元菊	庆云县东辛店乡东阁村	46	男	1941 年 9 月
李振义	庆云县中丁乡小李村	36	男	1941 年 9 月
刘文文	庆云县东辛店乡小吴村	20	男	1941 年 9 月
孙金和	庆云县常家镇后田村	70	男	1941 年 9 月
赵德宝	庆云县东辛店乡万倾刘村	29	男	1941 年 9 月
赵风青	庆云县东辛店乡万倾刘村	53	男	1941 年 9 月
赵元杰	庆云县东辛店乡万倾刘村	41	男	1941 年 9 月
张和民	庆云县东辛店乡姚家村	45	男	1941 年 11 月
张思林	庆云县东辛店乡小张村	39	男	1941 年 12 月
陈立姚	庆云县严务乡邓家村	16	男	1941 年
邓安帮	庆云县东辛店乡小吴村	30	男	1941 年
李俊荣	庆云县严务乡邓家村	15	男	1941 年
李荣井	庆云县东辛店乡张立村	7	男	1941 年
张连代	庆云县东辛店乡张立村	6	男	1941 年
张连文	庆云县东辛店乡张立村	5	男	1941 年
宗秀英	庆云县严务乡邓家村	20	女	1941 年
郭德兴	庆云县东辛店乡东阁村	36	男	1942 年 1 月
何书楼	庆云县东辛店乡顾家村	27	男	1942 年 1 月
李风云	庆云县东辛店乡顾家村	32	男	1942 年 1 月
李世芬	庆云县东辛店乡坊子村	46	男	1942 年 1 月
李 亭	庆云县东辛店乡北赵村	20	男	1942 年 1 月
刘方森	庆云县东辛店乡姜家村	21	男	1942 年 1 月
刘书堂	庆云县东辛店乡小王村	39	男	1942 年 1 月
孙长水	庆云县东辛店乡小孙村	17	男	1942 年 1 月
孙长泽	庆云县东辛店乡小孙村	42	男	1942 年 1 月
孙东山	庆云县东辛店乡小孙村	37	男	1942 年 1 月

续表

姓名	籍贯	年龄	性别	死难时间
孙俊儒	庆云县东辛店乡小孙村	45	男	1942年1月
王春燕	庆云县东辛店乡坊子村	43	女	1942年1月
王松柱	庆云县东辛店乡万粮张村	18	男	1942年1月
吴希孔	庆云县东辛店乡王铁匠村	28	男	1942年1月
吴云峰	庆云县东辛店乡王铁匠村	29	男	1942年1月
张文玉	庆云县尚堂镇颊河冯村	26	男	1942年1月
周立善	庆云县东辛店乡王官村	33	男	1942年1月
李希武	庆云县东辛店乡付兴宇村	44	男	1942年2月
李　仲	庆云县东辛店乡付兴宇村	47	男	1942年2月
吴明玉	庆云县东辛店乡付兴宇村	42	男	1942年2月
郑秀如	庆云县东辛店乡汾水马村	20	男	1942年2月
陈福祥	庆云县庆云镇李博士村	29	男	1942年3月
陈国通	庆云县庆云镇李博士村	36	男	1942年3月
邓洪新	庆云县东辛店乡前邓村	37	男	1942年3月
杜荣仁	庆云县东辛店乡南杜村	50	男	1942年3月
杜荣增	庆云县东辛店乡南杜村	39	男	1942年3月
胡殿行	庆云县庆云镇陈瑞芝村	29	男	1942年3月
李景天	庆云县东辛店乡东辛店村	17	男	1942年3月
李天枫	庆云县东辛店乡东辛店村	19	男	1942年3月
李文州	庆云县东辛店乡付兴宇村	32	男	1942年3月
刘书国	庆云县东辛店乡万倾刘村	20	男	1942年3月
刘书明	庆云县东辛店乡万倾刘村	19	男	1942年3月
刘书青	庆云县东辛店乡万倾刘村	21	男	1942年3月
刘书荣	庆云县东辛店乡万倾刘村	18	男	1942年3月
刘玉明	庆云县东辛店乡小吴村	19	男	1942年3月
张连贵	庆云县东辛店乡东阁村	49	男	1942年3月
贾红梅	庆云县东辛店乡小王村	12	女	1942年4月
李广林	庆云县东辛店乡付兴宇村	40	男	1942年4月
李元源	庆云县东辛店乡东阁村	41	男	1942年4月
李左州	庆云县东辛店乡付兴宇村	37	男	1942年4月
王丙燕	庆云县东辛店乡坊子村	40	女	1942年4月
张希栋	庆云县东辛店乡松树马村	32	男	1942年4月
张希民	庆云县东辛店乡松树马村	42	男	1942年4月
张秀林	庆云县东辛店乡松树马村	37	男	1942年4月

续表

姓 名	籍 贯	年 龄	性 别	死难时间
邓保善	庆云县东辛店乡后邓村	38	男	1942 年 5 月
邓明朝	庆云县东辛店乡后邓村	41	男	1942 年 5 月
邓清贤	庆云县东辛店乡后邓村	48	男	1942 年 5 月
邓希山	庆云县东辛店乡后邓村	49	男	1942 年 5 月
邓玉河	庆云县东辛店乡后邓村	37	男	1942 年 5 月
邓玉民	庆云县东辛店乡前邓村	32	男	1942 年 5 月
李风浩	庆云县东辛店乡顾家村	30	男	1942 年 5 月
刘洪玉	庆云县东辛店乡东辛店村	19	男	1942 年 5 月
刘俊东	庆云县东辛店乡小马村	41	男	1942 年 5 月
王功拳	庆云县东辛店乡顾家村	30	男	1942 年 5 月
王功同	庆云县东辛店乡顾家村	31	男	1942 年 5 月
姚家华	庆云县东辛店乡姚家村	29	男	1942 年 5 月
姚世茂	庆云县东辛店乡姚家村	51	男	1942 年 5 月
张大元	庆云县庆云镇西三里村	24	男	1942 年 5 月
张桂青	庆云县东辛店乡小张村	43	男	1942 年 5 月
王主迁	庆云县常家镇吕家村	21	男	1942 年 6 月
徐殿成	庆云县东辛店乡坊子村	46	男	1942 年 6 月
丛占风	庆云县尚堂镇东白村	48	男	1942 年 7 月
邓本言	庆云县东辛店乡前邓村	29	男	1942 年 7 月
李德荣	庆云县东辛店乡北赵村	22	男	1942 年 7 月
李林明	庆云县东辛店乡东辛店村	21	男	1942 年 7 月
张玉芬	庆云县中丁乡小尹村	30	女	1942 年 7 月
李殿伟	庆云县东辛店乡姜家村	19	男	1942 年 8 月
李洪祥	庆云县东辛店乡大李村	30	男	1942 年 8 月
王保青	庆云县东辛店乡大李村	21	男	1942 年 8 月
丛兆风	庆云县尚堂镇东白村	41	男	1942 年 9 月
范姜村	庆云县东辛店乡大范村	45	男	1942 年 9 月
范跃虎	庆云县东辛店乡大范村	41	男	1942 年 9 月
刘深成	庆云县东辛店乡小王村	42	男	1942 年 9 月
张本庆	庆云县常家镇东张村	91	男	1942 年 9 月
张洪义	庆云县东辛店乡东阁村	40	男	1942 年 9 月
李希顾	庆云县东辛店乡北赵村	38	男	1942 年 11 月
吴德进	庆云县东辛店乡王铁匠村	21	男	1942 年 11 月
付玉荣	庆云县东辛店乡北赵村	21	男	1942 年 12 月

续表

姓 名	籍 贯	年 龄	性 别	死难时间
李德发	庆云县东辛店乡北赵村	21	男	1942 年 12 月
许文平	庆云县常家镇常家村	95	男	1942 年 12 月
李德安	庆云县东辛店乡张立村	19	男	1942 年
李德成	庆云县东辛店乡张立村	18	男	1942 年
李殿祥	庆云县东辛店乡张立村	20	男	1942 年
李福常	庆云县东辛店乡姜家村	18	男	1942 年
吴方兰	庆云县东辛店乡小吴村	19	女	1942 年
张德寿	庆云县东辛店乡张立村	18	男	1942 年
常 雷	庆云县东辛店乡东辛店村	29	男	1943 年 1 月
常青峰	庆云县东辛店乡东辛店村	38	男	1943 年 1 月
邓立红	庆云县东辛店乡后邓村	43	男	1943 年 1 月
邓清立	庆云县东辛店乡后邓村	45	男	1943 年 1 月
邓战敖	庆云县东辛店乡后邓村	46	男	1943 年 1 月
杜福恒	庆云县东辛店乡南杜村	50	男	1943 年 1 月
高风楼	庆云县东辛店乡顾家村	38	男	1943 年 1 月
韩奎胜	庆云县东辛店乡张货郎村	30	男	1943 年 1 月
韩奎洲	庆云县东辛店乡张货郎村	33	男	1943 年 1 月
韩玉白	庆云县东辛店乡张货郎村	35	男	1943 年 1 月
韩玉连	庆云县东辛店乡张货郎村	21	男	1943 年 1 月
韩玉良	庆云县东辛店乡张货郎村	31	男	1943 年 1 月
韩玉田	庆云县东辛店乡张货郎村	27	男	1943 年 1 月
李光彬	庆云县东辛店乡北赵村	19	男	1943 年 1 月
石兆华	庆云县东辛店乡石高村	30	男	1943 年 1 月
史景庆	庆云县东辛店乡顾家村	39	男	1943 年 1 月
田松臣	庆云县东辛店乡张货郎村	28	男	1943 年 1 月
田松良	庆云县东辛店乡张货郎村	29	男	1943 年 1 月
王昌杨	庆云县东辛店乡大李村	28	男	1943 年 1 月
王庆利	庆云县东辛店乡王铁匠村	30	男	1943 年 1 月
杨 花	庆云县东辛店乡坊子村	43	女	1943 年 1 月
姚德亮	庆云县东辛店乡姚家村	39	男	1943 年 1 月
姚路瑞	庆云县东辛店乡姚家村	39	男	1943 年 1 月
张桂国	庆云县东辛店乡坊子村	43	男	1943 年 1 月
张洪民	庆云县东辛店乡东阁村	38	男	1943 年 1 月
张进元	庆云县东辛店乡姚家村	39	男	1943 年 1 月

续表

姓 名	籍 贯	年 龄	性 别	死难时间
张瑞歧	庆云县东辛店乡姚家村	40	男	1943 年 1 月
张忠义	庆云县东辛店乡姚家村	40	男	1943 年 1 月
常宝山	庆云县东辛店乡东辛店村	31	男	1943 年 2 月
胡焕明	庆云县尚堂镇大胡楼村	40	男	1943 年 2 月
李保贵	庆云县东辛店乡姜家村	18	男	1943 年 2 月
李佑山	庆云县东辛店乡坊子村	50	男	1943 年 2 月
李元恒	庆云县东辛店乡东阁村	37	男	1943 年 2 月
李远田	庆云县东辛店乡坊子村	43	男	1943 年 2 月
李月田	庆云县东辛店乡坊子村	45	男	1943 年 2 月
王金贵	庆云县东辛店乡刘双全村	20	男	1943 年 2 月
于居忠	庆云县常家镇常家村	15	男	1943 年 2 月
张月祥	庆云县东辛店乡王铁匠村	68	男	1943 年 2 月
左朝贵	庆云县东辛店乡付兴宇村	47	男	1943 年 2 月
杜新连	庆云县东辛店乡南杜村	57	男	1943 年 3 月
史沼如	庆云县东辛店乡东阁村	48	男	1943 年 3 月
王泽云	庆云县东辛店乡王铁匠村	41	男	1943 年 3 月
张丙义	庆云县东辛店乡大丁村	40	男	1943 年 3 月
马秀文	庆云县东辛店乡松树马村	37	男	1943 年 4 月
马玉新	庆云县东辛店乡松树马村	34	男	1943 年 4 月
马玉珍	庆云县东辛店乡松树马村	36	男	1943 年 4 月
许保家	庆云县东辛店乡李孝忠村	47	男	1943 年 4 月
许保来	庆云县东辛店乡李孝忠村	48	男	1943 年 4 月
许尚海	庆云县东辛店乡李孝忠村	42	男	1943 年 4 月
许尚伟	庆云县东辛店乡李孝忠村	57	男	1943 年 4 月
张东海	庆云县东辛店乡松树马村	44	男	1943 年 4 月
张希海	庆云县东辛店乡松树马村	31	男	1943 年 4 月
张秀良	庆云县东辛店乡松树马村	36	男	1943 年 4 月
边宝辉	庆云县尚堂镇西宗村	22	男	1943 年 5 月
常洪波	庆云县东辛店乡东辛店村	38	男	1943 年 5 月
常建新	庆云县东辛店乡东辛店村	32	男	1943 年 5 月
邓本顺	庆云县东辛店乡前邓村	47	男	1943 年 5 月
邓本尧	庆云县东辛店乡前邓村	32	男	1943 年 5 月
邓洪和	庆云县东辛店乡前邓村	35	男	1943 年 5 月
杜福发	庆云县东辛店乡南杜村	52	男	1943 年 5 月

续表

姓名	籍贯	年龄	性别	死难时间
李方明	庆云县东辛店乡付兴宇村	40	男	1943 年 5 月
马锁德	庆云县东辛店乡汾水马村	27	男	1943 年 5 月
王宝玉	庆云县东辛店乡小王村	63	男	1943 年 5 月
张小虎	庆云县东辛店乡王铁匠村	31	男	1943 年 5 月
陈建祥	庆云县庆云镇李博士村	37	男	1943 年 6 月
陈新国	庆云县庆云镇李博士村	39	男	1943 年 6 月
段吉科	庆云县东辛店乡大范村	41	男	1943 年 6 月
范小中	庆云县东辛店乡大范村	39	男	1943 年 6 月
范跃建	庆云县东辛店乡大范村	28	男	1943 年 6 月
李玉顺	庆云县东辛店乡坊子村	50	男	1943 年 6 月
孙广俭	庆云县东辛店乡小孙村	41	男	1943 年 6 月
孙世儒	庆云县东辛店乡小孙村	48	男	1943 年 6 月
孙亚儒	庆云县东辛店乡小孙村	44	男	1943 年 6 月
范连义	庆云县东辛店乡大范村	45	男	1943 年 7 月
訾陈民	庆云县常家镇西行村	4	女	1943 年 7 月
李丙军	庆云县东辛店乡李壮宇村	30	男	1943 年 7 月
李丙仁	庆云县东辛店乡李壮宇村	32	男	1943 年 7 月
李延寿	庆云县东辛店乡李壮宇村	37	男	1943 年 7 月
李玉升	庆云县东辛店乡李壮宇村	43	男	1943 年 7 月
陶增加	庆云县东辛店乡东辛店村	20	男	1943 年 7 月
王喜吉	庆云县东辛店乡小张村	39	男	1943 年 7 月
徐殿坤	庆云县东辛店乡坊子村	43	男	1943 年 7 月
徐殿忠	庆云县东辛店乡坊子村	40	男	1943 年 7 月
张本月	庆云县常家镇东张村	79	男	1943 年 7 月
张维森	庆云县东辛店乡东阁村	48	男	1943 年 7 月
赵怀正	庆云县东辛店乡南赵村	38	男	1943 年 7 月
赵同祥	庆云县东辛店乡南赵村	21	男	1943 年 7 月
左朝花	庆云县东辛店乡付兴宇村	33	男	1943 年 7 月
韩　冰	庆云县东辛店乡李孝忠村	19	男	1943 年 8 月
韩　波	庆云县东辛店乡李孝忠村	18	男	1943 年 8 月
李石头	庆云县东辛店乡付兴宇村	43	男	1943 年 8 月
孙殿文	庆云县东辛店乡小孙村	41	男	1943 年 8 月
张本平	庆云县常家镇东张村	83	男	1943 年 8 月
张云如	庆云县东辛店乡李孝忠村	28	男	1943 年 8 月

续表

姓 名	籍 贯	年 龄	性 别	死难时间
张云伟	庆云县东辛店乡李孝忠村	28	男	1943 年 8 月
张云项	庆云县东辛店乡李孝忠村	27	男	1943 年 8 月
左如友	庆云县东辛店乡付兴宇村	35	男	1943 年 8 月
李书林	庆云县东辛店乡北赵村	30	男	1943 年 9 月
马佩虎	庆云县东辛店乡汾水马村	20	男	1943 年 9 月
王世起	庆云县东辛店乡大李村	29	男	1943 年 9 月
张维明	庆云县东辛店乡东阁村	30	男	1943 年 9 月
杜长贵	庆云县东辛店乡南杜村	52	男	1943 年 11 月
姜保明	庆云县东辛店乡姜家村	23	男	1943 年 11 月
刘志现	庆云县东辛店乡东辛店村	23	男	1943 年 11 月
马立德	庆云县东辛店乡汾水马村	21	男	1943 年 11 月
张士富	庆云县东辛店乡小吴村	18	男	1943 年 11 月
杜长路	庆云县东辛店乡南杜村	55	男	1943 年 12 月
李福庆	庆云县东辛店乡姜家村	19	男	1943 年 12 月
刘德保	庆云县东辛店乡姜家村	20	男	1943 年 12 月
刘金通	庆云县东辛店乡姜家村	18	男	1943 年 12 月
马恒明	庆云县东辛店乡汾水马村	20	男	1943 年 12 月
刘金池	庆云县街道办信家村	21	男	1943 年
刘仁宽	庆云县街道办信家村	31	男	1943 年
刘尚海	庆云县街道办信家村	24	男	1943 年
刘升福	庆云县街道办信家村	35	男	1943 年
刘文举	庆云县街道办信家村	31	男	1943 年
刘文欣	庆云县街道办信家村	29	男	1943 年
牟安东	庆云县街道办信家村	30	男	1943 年
信子明	庆云县街道办信家村	33	男	1943 年
张福玲	庆云县东辛店乡小吴村	26	女	1943 年
朱清明	庆云县街道办信家村	33	男	1943 年
朱同森	庆云县街道办信家村	27	男	1943 年
朱义坤	庆云县街道办信家村	28	男	1943 年
朱玉芹	庆云县街道办信家村	29	男	1943 年
李保文	庆云县东辛店乡姜家村	22	男	1944 年 1 月
刘东阁	庆云县东辛店乡志门刘村	20	男	1944 年 1 月
史德庆	庆云县东辛店乡顾家村	30	男	1944 年 1 月
史号令	庆云县东辛店乡顾家村	29	男	1944 年 1 月

续表

姓名	籍贯	年龄	性别	死难时间
张振荣	庆云县东辛店乡小张村	40	男	1944年1月
张中华	庆云县东辛店乡东辛店村	19	男	1944年1月
郑峰彬	庆云县东辛店乡李壮宇村	46	男	1944年1月
常俊平	庆云县东辛店乡东辛店村	31	男	1944年2月
常书良	庆云县东辛店乡东辛店村	28	男	1944年2月
贾登祥	庆云县东辛店乡小王村	46	男	1944年2月
刘希全	庆云县东辛店乡姜家村	21	男	1944年2月
王景会	庆云县常家镇大道王村	82	男	1944年2月
邓飞龙	庆云县东辛店乡小吴村	18	男	1944年3月
李凤兰	庆云县尚堂镇李店村	27	男	1944年3月
刘士前	庆云县东辛店乡小吴村	21	男	1944年3月
刘万宫	庆云县东辛店乡小吴村	20	男	1944年3月
孙占奎	庆云县尚堂镇李店村	30	男	1944年3月
张吉相	庆云县尚堂镇李店村	21	男	1944年3月
高华宾	庆云县东辛店乡东辛店村	20	男	1944年4月
胡明銮	庆云县尚堂镇大胡楼村	42	男	1944年4月
刘青礼	庆云县东辛店乡刘双全村	26	男	1944年4月
张清奎	庆云县东辛店乡东辛店村	21	男	1944年4月
胡荣同	庆云县尚堂镇大胡楼村	45	男	1944年5月
李福彪	庆云县东辛店乡姜家村	22	男	1944年5月
王刘氏	庆云县东辛店乡刘双全村	37	女	1944年5月
张洪銮	庆云县常家镇东张村	15	男	1944年6月
张义山	庆云县东辛店乡东阁村	41	男	1944年6月
邓战营	庆云县东辛店乡后邓村	39	男	1944年7月
高亮明	庆云县东辛店乡东辛店村	19	男	1944年7月
孙德儒	庆云县东辛店乡小孙村	37	男	1944年7月
孙广臣	庆云县东辛店乡小孙村	41	男	1944年7月
孙书花	庆云县东辛店乡后邓村	39	男	1944年7月
杨振玉	庆云县东辛店乡北孔村	32	男	1944年7月
袁俊红	庆云县东辛店乡后邓村	41	男	1944年7月
张士元	庆云县东辛店乡东辛店村	20	男	1944年7月
邓本喜	庆云县东辛店乡前邓村	29	男	1944年8月
丁泮林	庆云县尚堂镇西宗村	20	男	1944年8月
范玉田	庆云县东辛店乡姚家村	51	男	1944年8月

续表

姓 名	籍 贯	年 龄	性 别	死难时间
姜保来	庆云县东辛店乡姜家村	19	男	1944 年 8 月
张丰先	庆云县东辛店乡姚家村	51	男	1944 年 8 月
张乐康	庆云县东辛店乡姚家村	49	男	1944 年 8 月
高莱清	庆云县东辛店乡东辛店村	18	男	1944 年 9 月
李殿亭	庆云县东辛店乡姜家村	20	男	1944 年 9 月
李先宗	庆云县东辛店乡北赵村	32	男	1944 年 9 月
李元哲	庆云县东辛店乡坊子村	45	男	1944 年 9 月
常士龙	庆云县常家镇常家村	84	男	1944 年 11 月
常士信	庆云县常家镇常家村	82	男	1944 年 11 月
陈殿春	庆云县东辛店乡大丁村	30	男	1944 年 11 月
邓本林	庆云县东辛店乡前邓村	37	男	1944 年 11 月
李吉志	庆云县东辛店乡大李村	30	男	1944 年 11 月
李宣范	庆云县东辛店乡大李村	33	男	1944 年 11 月
马祥德	庆云县东辛店乡汾水马村	22	男	1944 年 11 月
陶俊清	庆云县东辛店乡东辛店村	20	男	1944 年 11 月
刘连芝	庆云县东辛店乡小马村	24	男	1944 年 12 月
马连生	庆云县东辛店乡小马村	38	男	1944 年 12 月
马普德	庆云县东辛店乡汾水马村	23	男	1944 年 12 月
马庆民	庆云县东辛店乡汾水马村	28	男	1944 年 12 月
邓维康	庆云县东辛店乡小吴村	27	男	1944 年
李青田	庆云县东辛店乡坊子村	42	男	1945 年 1 月
刘　进	庆云县东辛店乡小吴村	19	男	1945 年 1 月
郑兴旺	庆云县东辛店乡东辛店村	19	男	1945 年 1 月
李胜坤	庆云县东辛店乡坊子村	42	男	1945 年 2 月
李世荣	庆云县东辛店乡坊子村	46	男	1945 年 2 月
李世亿	庆云县东辛店乡坊子村	40	男	1945 年 2 月
李兄茂	庆云县东辛店乡坊子村	45	男	1945 年 2 月
徐殿军	庆云县东辛店乡坊子村	42	男	1945 年 2 月
高云力	庆云县东辛店乡东辛店村	20	男	1945 年 3 月
李　德	庆云县东辛店乡坊子村	46	男	1945 年 3 月
马俊德	庆云县东辛店乡汾水马村	24	男	1945 年 4 月
马明德	庆云县东辛店乡汾水马村	25	男	1945 年 4 月
李德陆	庆云县东辛店乡李壮宇村	40	男	1945 年 5 月
李德强	庆云县东辛店乡李壮宇村	37	男	1945 年 5 月

续表

姓 名	籍 贯	年 龄	性 别	死难时间
李德山	庆云县东辛店乡李壮宇村	30	男	1945 年 5 月
刘红彪	庆云县东辛店乡姜家村	20	男	1945 年 5 月
王义元	庆云县东辛店乡李壮宇村	41	男	1945 年 5 月
王大同	庆云县东辛店乡顾家村	31	男	1945 年 6 月
刘德友	庆云县东辛店乡姜家村	20	男	1945 年
刘永红	庆云县东辛店乡姜家村	19	男	1945 年
张云汉	庆云县东辛店乡小吴村	28	男	1945 年
合 计	**2894**			

负责人：刘福明　姜云广　　　核实人：王文升　王娜娜　　　填表人：李　民　王娜娜
填报单位（签章）：庆云县委党史研究室　　　填报时间：2009 年 5 月 13 日

聊城市东昌府区抗日战争时期死难者名录

姓 名	籍 贯	年 龄	性 别	死难时间
黄福田	东昌府区堂邑镇北街	39	男	1938 年 11 月
倪晓林	东昌府区古楼办事处南关	60	男	1938 年 11 月
路云德	东昌府区古楼办事处北关	31	男	1938 年 11 月
黄步善	东昌府区古楼办事处北关	50	男	1938 年 11 月
肖风池之妻	东昌府区古楼办事处西关	70	女	1938 年 11 月
付老抓	东昌府区堂邑镇西关	62	男	1938 年 11 月
张金昌	东昌府区古楼办事处西街	50	男	1938 年 11 月
郭少俭	东昌府区	62	男	1938 年 11 月
路希林	东昌府区古楼办事处西关	69	男	1938 年 11 月
金玉池	东昌府区古楼办事处南关南	80	男	1938 年 11 月
许 六	东昌府区古楼办事处西街	58	男	1938 年 11 月
许明山	东昌府区堂邑镇西街	34	男	1938 年 11 月
哑 巴	东昌府区古楼办事处西街	65	女	1938 年 11 月
王士发	东昌府区梁水镇王铺村	57	男	1937 年 12 月
赵青山	东昌府区郑家镇赵家村	—	男	1937 年 12 月
丁租武	东昌府区	32	男	1938 年
董建叶	东昌府区	35	男	1938 年
李垫增	东昌府区郑家镇李东村	—	男	1938 年
高法荣	东昌府区	50	男	1938 年
郭希路	东昌府区堂邑镇蒲屯村	24	男	1937 年
李青云	东昌府区郑家镇赵家村	—	男	1937 年
韩庆于	东昌府区北城办事处大瓜元村	—	男	1938 年
霍双庆	东昌府区沙镇绳家村	—	男	1937 年
金 荣	东昌府区	70	男	1938 年
孔凡叶	东昌府区闫寺办事处闫皋村	17	男	1937 年
孔兆春	东昌府区堂邑镇西关	27	男	1937 年
老 憨	东昌府区	20	男	1938 年
李小三	东昌府区	20	男	1938 年
李占元	东昌府区	25	男	1938 年

续表

姓 名	籍 贯	年 龄	性 别	死难时间
刘洪珍	东昌府区于集镇林庙村	27	男	1938 年
刘希度	东昌府区	25	男	1938 年
路支福	东昌府区	40	男	1938 年
吕玉友	东昌府区闫寺办事处老吕村	30	男	1937 年
宁兆才	东昌府区堂邑镇宁庄村	54	男	1937 年
齐登荣	东昌府区堂邑镇西关	30	男	1937 年
任之国	东昌府区	56	男	1938 年
石　氏	东昌府区堂邑镇西关	35	女	1938 年
王长松	东昌府区堂邑镇南关	47	男	1938 年
王广生	东昌府区梁水镇郑堂村	28	男	1937 年
王双占	东昌府区闫寺办事处老吕村	29	男	1937 年
魏云祥	东昌府区	40	男	1938 年
吴顺成	东昌府区	38	男	1938 年
吴兆度	东昌府区	60	男	1938 年
吴兆法	东昌府区	57	男	1938 年
小　牛	东昌府区堂邑镇路西村	23	男	1937 年
肖际海	东昌府区堂邑镇肖菜园村	—	男	1937 年
肖　氏	东昌府区堂邑镇西关	40	女	1938 年
徐清祥	东昌府区	30	男	1938 年
业度宇	东昌府区	18	男	1938 年
业度云	东昌府区	41	男	1938 年
赵克正	东昌府区	36	男	1938 年
苏昌颜	东昌府区梁水镇西苏村	29	男	1938 年 1 月
樊建业	东昌府区梁水镇张樊村	30	男	1938 年 1 月
张任化之父	东昌府区梁水镇任香坊村	—	男	1938 年 2 月
李洪民	东昌府区梁水镇后李村	34	男	1938 年 2 月
张任化之母	东昌府区梁水镇任香坊村	—	女	1938 年 2 月
齐　宗	东昌府区闫寺办事处玉皇庙村	—	男	1938 年 3 月
李正杰	东昌府区梁水镇后李村	29	男	1938 年 4 月
李正太	东昌府区梁水镇后李村	17	男	1938 年 5 月
任义喜	东昌府区沙镇任庄村	18	男	1938 年 6 月
范树民	东昌府区	—	男	1938 年 8 月 28 日

续表

姓 名	籍 贯	年 龄	性 别	死难时间
何 方	东昌府区	—	男	1938 年 8 月 28 日
吴保生	东昌府区	—	男	1938 年 8 月 28 日
张庆明	东昌府区于集镇姚集村	—	男	1938 年 8 月 28 日
王安全	东昌府区	—	男	1938 年 8 月 28 日
孙振风	东昌府区	—	男	1938 年 8 月 28 日
焦西海	东昌府区湖西办事处五里屯村	—	男	1938 年 8 月 28 日
刘荣篁	东昌府区古楼办事处马宅街居委	—	男	1938 年 8 月 28 日
吴保生	东昌府区湖西办事处邓楼村	—	男	1938 年 8 月 28 日
邓清元	东昌府区	55	男	1938 年
刁辛如	东昌府区	53	男	1938 年
高师祥	东昌府区于集镇孙堂村	—	男	1938 年 11 月
牟春元	东昌府区	66	男	1938 年
王开俭	东昌府区堂邑镇	—	男	1938 年
康老头	东昌府区	—	男	1938 年
张振华	东昌府区沙镇报本堂村	33	男	1938 年
孙芳石	东昌府区沙镇孙老庄村	38	男	1938 年
孙永升	东昌府区于集镇孙堂村	24	男	1938 年 11 月 15 日
张万成	东昌府区闫寺办事处后田村	25	男	1938 年 11 月 15 日
朱成玉	东昌府区许营乡朱庄村	—	男	1938 年 11 月 15 日
李之法	东昌府区于集镇王庄村	22	男	1938 年 11 月 15 日
连万举	东昌府区于集镇连海村	20	男	1938 年 11 月 15 日
朱正贵	东昌府区于集镇连海村	35	男	1938 年 11 月 15 日
陈保安	东昌府区古楼办事处观后街	—	男	1938 年 11 月
陈玉许	东昌府区于集镇牛王庄村	—	男	1938 年 11 月
楚兆岭	东昌府区沙镇楚庄村	—	男	1938 年 11 月
崔存良	东昌府区湖西办事处郭屯村	—	男	1938 年 11 月
邓金贵	东昌府区柳园办事处前罗村	—	男	1938 年 11 月
刁风岭	东昌府区于集镇前高村	—	男	1938 年 11 月
丁演义	东昌府区湖西办事处十二里营村	—	男	1938 年 11 月
窦余泉	东昌府区古楼办事处米寺街	—	男	1938 年 11 月
杜万岭	东昌府区朱老庄乡杜庄村	—	男	1938 年 11 月
傅长海	东昌府区湖西办事处杨胡村	—	男	1938 年 11 月

续表

姓 名	籍 贯	年 龄	性 别	死难时间
高云喜	东昌府区柳园办事处土城村	—	男	1938 年 11 月
郭保甲	东昌府区朱老庄乡朱老庄村	—	男	1938 年 11 月
杭玉岩	东昌府区朱老庄乡杭海村	—	男	1938 年 11 月
郝润峰	东昌府区凤凰办事处郝路口村	—	男	1938 年 11 月
郝万生	东昌府区朱老庄乡徐集村	—	男	1938 年 11 月
黄士云	东昌府区柳园办事处土城村	—	男	1938 年 11 月
蒋东岭	东昌府区古楼办事处米寺街	—	男	1938 年 11 月
蒋士芳	东昌府区古楼办事处礼拜寺街	—	男	1938 年 11 月
康永福	东昌府区柳园办事处利民街	—	男	1938 年 11 月
李保田	东昌府区李海务镇李庄村	—	男	1938 年 11 月
李纯华	东昌府区沙镇镇湾里村	—	男	1938 年 11 月
李广才	东昌府区凤凰办事处王堂村	—	男	1938 年 11 月
李庆云	东昌府区凤凰办事处代庄村	—	男	1938 年 11 月
连万山	东昌府区朱老庄乡徐集村	—	男	1938 年 11 月
梁传水	东昌府区于集镇前高村	—	男	1938 年 11 月
梁彦昌	东昌府区于集镇李海村	—	男	1938 年 11 月
刘保太	东昌府区朱老庄乡甄庄村	—	男	1938 年 11 月
刘风格	东昌府区新区办事处库财刘村	—	男	1938 年 11 月
刘风义	东昌府区湖西办事处五里屯村	—	男	1938 年 11 月
刘广伦	东昌府区凤凰办事处张疙村	—	男	1938 年 11 月
刘广元	东昌府区凤凰办事处张疙村	—	男	1938 年 11 月
刘文奎	东昌府区古楼办事处米寺街	—	男	1938 年 11 月
刘相军	东昌府区沙镇镇齐楼村	—	男	1938 年 11 月
罗金敬	东昌府区湖西办事处齐南村	—	男	1938 年 11 月
苗玉池	东昌府区沙镇镇沙南村	—	男	1938 年 11 月
闵宪亮	东昌府区凤凰办事处张疙村	—	男	1938 年 11 月
牛振全	东昌府区古楼办事处米寺街	—	男	1938 年 11 月
荣金福	东昌府区梁水镇大荣庄村	—	男	1938 年 11 月
宋连元	东昌府区新区办事处郑坑村	21	男	1938 年 11 月
宋孟年	东昌府区湖西办事处五里屯村	—	男	1938 年 11 月
宋泽广	东昌府区凤凰办事处郑官屯村	32	男	1938 年 11 月
孙殿奎	东昌府区凤凰工业园张飞村	—	男	1938 年 11 月

续表

姓 名	籍 贯	年 龄	性 别	死难时间
孙殿生	东昌府区侯营镇孙庄村	—	男	1938 年 11 月
孙殿月	东昌府区侯营镇孙庄村	—	男	1938 年 11 月
谭顺增	东昌府区凤凰办事处谭庄	34	男	1938 年 11 月
陶文政	东昌府区柳园办事处土城村	—	男	1938 年 11 月
王笃元	东昌府区古楼办事处米寺街	—	男	1938 年 11 月
王金提	东昌府区凤凰办事处军屯村	—	男	1938 年 11 月
王连生	东昌府区于集镇王庄村	—	男	1938 年 11 月
席守庆	东昌府区于集镇席庙村	—	男	1938 年 11 月
徐树杭	东昌府区朱老庄乡徐集村	—	男	1938 年 11 月
许广庆	东昌府区许营乡侯营村	—	男	1938 年 11 月
姚振祥	东昌府区凤凰办事处姚庄村	—	男	1938 年 11 月
张继和	东昌府区侯营镇孙庄村	—	男	1938 年 11 月
张景臣	东昌府区凤凰办事处大柳张村	—	男	1938 年 11 月
张永平	东昌府区凤凰办事处后屯村	—	男	1938 年 11 月
张玉吉	东昌府区朱老庄乡二张村	—	男	1938 年 11 月
赵克政	东昌府区古楼办事处猪市街	—	男	1938 年 11 月
赵绍山	东昌府区湖西办事处八里屯村	—	男	1938 年 11 月
赵玉震	东昌府区湖西办事处八里屯村	—	男	1938 年 11 月
郑风海	东昌府区湖西办事处魏大庙村	—	男	1938 年 11 月
周迈岐	东昌府区古楼办事处龙湾村	—	男	1938 年 11 月
邹景元	东昌府区凤凰办事处大柳张村	—	男	1938 年 11 月
付长海	东昌府区湖西办事处杨胡村	—	男	1938 年 11 月
郭金山	东昌府区湖西办事处北顾村	—	男	1938 年 11 月
穆子 ×	东昌府区	—	男	1938 年 12 月
常法明	东昌府区	35	男	1938 年
齐宗青	东昌府区闫寺办事处玉皇庙村	—	男	1938 年
齐树元	东昌府区闫寺办事处玉皇庙村	—	男	1938 年
齐宗科	东昌府区闫寺办事处玉皇庙村	—	男	1938 年
陈大牙	东昌府区	62	男	1938 年
陈风林	东昌府区	42	男	1938 年
陈金阶	东昌府区凤凰办事处郑官屯村	29	男	1938 年
陈玉海	东昌府区	57	男	1938 年

续表

姓名	籍贯	年龄	性别	死难时间
崔宋氏	东昌府区古楼办事处郁光街	50	女	1938年
崔王氏	东昌府区古楼办事处郁光街	45	女	1938年
邓金生	东昌府区古楼办事处考院街	22	男	1938年
邓金友	东昌府区古楼办事处考院街	19	男	1938年
樊永祥	东昌府区梁水镇张樊村	29	男	1938年
郭存路	东昌府区	—	男	1938年
郭允宽	东昌府区堂邑镇蒲屯村	40	男	1938年
郭允山	东昌府区堂邑镇蒲屯村	44	男	1938年
韩广银	东昌府区凤凰办事处老韩村	18	男	1938年
黄丙成	东昌府区闫寺办事处前屯	19	男	1938年
黄士元	东昌府区柳园办事处土城村	—	男	1938年
李××	东昌府区	45	男	1938年
李大旺	东昌府区闫寺办事处老吕村	30	男	1938年
李老闷	东昌府区古楼办事处郁光街	55	男	1938年
李民中	东昌府区	60	男	1938年
李钱修	东昌府区古楼办事处民主大街	65	男	1938年
李文彬	东昌府区	44	男	1938年
李小成	东昌府区	30	男	1938年
李月秋	东昌府区	63	男	1938年
刘西增	东昌府区古楼办事处安宅巷村	18	男	1938年
刘亚俊	东昌府区堂邑镇赵子营村	82	男	1938年
刘张代	东昌府区	25	男	1938年
吕金成	东昌府区柳园办事处付庄村	—	男	1938年
马存良	东昌府区堂邑镇赵子营村	81	男	1938年
牛振华	东昌府区柳园办事处龙山居委	—	男	1938年
潘春和之父	东昌府区	65	男	1938年
钱义山	东昌府区	55	男	1938年
任广韩	东昌府区	50	男	1938年
任国君	东昌府区	60	男	1938年
任士祥之兄	东昌府区	35	男	1938年
石学功	东昌府区堂邑镇西关	24	男	1938年
孙安邦	东昌府区古楼办事处郁光街	52	男	1938年

续表

姓 名	籍 贯	年 龄	性 别	死难时间
田肖氏	东昌府区	65	女	1938 年
王长令	东昌府区	64	男	1938 年
王安国	东昌府区郑家镇闫家村	—	男	1938 年
刘万选	东昌府区郑家镇邴家村	30	男	1938 年
王金堤	东昌府区凤凰办事处前屯村	23	男	1938 年
王瞎五	东昌府区古楼办事处民主大街	45	男	1938 年
王玉领	东昌府区	28	男	1938 年
王保明	东昌府区郑家镇王庄	30	男	1938 年
王锁贵	东昌府区郑家镇王庄	42	男	1938 年
王之林	东昌府区闫寺办事处辛王村	23	男	1938 年
魏合年	东昌府区	58	男	1938 年
吴维仁	东昌府区梁水镇张水坑村	24	男	1938 年
小王三	东昌府区	—	男	1938 年
谢玉兰	东昌府区张炉集镇祝庄村	45	男	1938 年
徐法星	东昌府区张炉集镇高寺村	—	男	1938 年
闫保江	东昌府区梁水镇闫谭村	25	男	1938 年
燕新民	东昌府区张炉集镇高寺村	—	男	1938 年
杨夫瑞	东昌府区	—	男	1938 年
杨印彩	东昌府区梁水镇杨庄村	—	男	1938 年
姚长太	东昌府区凤凰办事处姚庄	40	男	1938 年
姚长云	东昌府区凤凰办事处姚庄	38	男	1938 年
姚树明	东昌府区闫寺办事处闫皋村	19	男	1938 年
衣恒庆	东昌府区新区办事处董桥村	19	男	1938 年
于合礼	东昌府区	—	男	1938 年
张付旺	东昌府区沙镇金庄村	21	男	1938 年
张金亭	东昌府区凤凰办事处李海务村	—	男	1938 年
张克近	东昌府区沙镇绳家村	31	男	1938 年
张立明	东昌府区	19	男	1938 年
张汝聪	东昌府区闫寺办事处西张村	17	男	1938 年
张宜信	东昌府区古楼办事处民主大街	35	男	1938 年
张元春	东昌府区凤凰工业园张飞村	22	男	1938 年
赵长安	东昌府区	70	男	1938 年

续表

姓 名	籍 贯	年 龄	性 别	死难时间
赵明元	东昌府区张炉集镇祝庄村	47	男	1938 年
赵先生	东昌府区	50	男	1938 年
周怀义	东昌府区古楼办事处米寺街	—	男	1938 年
周林阁	东昌府区沙镇金庄	22	男	1938 年
徐立锋	东昌府区	—	男	1939 年 1 月
王清合	—	—	男	1939 年 3 月
田怀涛	东昌府区古楼办事处北口街	—	男	1939 年 5 月
吴 × ×	东昌府区	—	男	1939 年 9 月
徐六祥	东昌府区	—	男	1939 年 9 月
高学道	东昌府区道口铺办事处田庙村	—	男	1939 年 10 月
周克春	东昌府区道口铺办事处田庙村	—	男	1939 年 10 月
程金环	东昌府区堂邑镇区闫邵屯	—	男	1939 年冬
边丁氏	东昌府区古楼办事处民主大街	33	女	1939 年
曹永华	东昌府区凤凰办事处郑官屯村	—	男	1939 年
陈金 ×	东昌府区古楼办事处民主大街	45	男	1939 年
邓百祥	东昌府区	34	男	1939 年
二歪腚	东昌府区沙镇任庄村	—	男	1939 年
傅金合	东昌府区	42	男	1939 年
冈西彦	东昌府区古楼办事处民主大街	50	男	1939 年
郝振祥	东昌府区	28	男	1939 年
何 × ×	东昌府区	—	男	1939 年
侯传太	东昌府区	—	男	1939 年
李 福	东昌府区	25	男	1939 年
李棠月之母	东昌府区道口铺办事处四甲李村	—	女	1939 年
李玉华	东昌府区	18	男	1939 年
李中元	东昌府区古楼办事处民主大街	25	男	1939 年
刘 宝	东昌府区沙镇任庄村	—	男	1939 年
刘春来	东昌府区闫寺办事处刘庄	23	男	1939 年
刘春銮	东昌府区闫寺办事处刘庄	18	男	1939 年
刘汝安	东昌府区郑家镇小屯村	35	男	1939 年
刘天福	东昌府区	30	男	1939 年
刘延成	东昌府区于集镇刘子园村	18	男	1939 年

续表

姓 名	籍 贯	年 龄	性 别	死难时间
罗××	东昌府区	—	男	1939年
苗洪延	东昌府区凤凰办事处周店村	—	男	1939年
蒲西保	东昌府区沙镇朱楼村	41	男	1939年
孙安祥	东昌府区	59	男	1939年
谭万桥	东昌府区梁水镇闫谭村	21	男	1939年
谭文灿	东昌府区凤凰办事处谭庄	24	男	1939年
唐 其	东昌府区古楼办事处民主大街	65	男	1939年
王长青	东昌府区朱老庄乡李庙村	26	男	1939年
王植会	东昌府区梁水镇张水坑村	32	男	1939年
武维奇	东昌府区	—	男	1939年
徐得福	东昌府区古楼办事处民主大街	19	男	1939年
衣恒银	东昌府区许营乡西衣村	17	男	1939年
张保全	东昌府区沙镇镇任庄村	19	女	1939年
张窦氏	东昌府区	—	女	1939年
张付红	东昌府区沙镇镇金庄村	19	男	1939年
张 三	东昌府区	16	男	1939年
张玉合	东昌府区郑家镇邴家村	35	男	1939年
张文平	东昌府区沙镇镇任庄村	—	男	1939年
张西柱	东昌府区古楼办事处民主大街	28	男	1939年
张闫氏	东昌府区古楼办事处民主大街	43	女	1939年
柴广月	东昌府区于集镇祝柴村	—	男	1940年1月
姚井明	东昌府区梁水镇姚堤口村	9	男	1940年1月
周茂旺	东昌府区于集镇西太平村	50	男	1940年1月
耿书堂	东昌府区沙镇镇后李堂村	—	男	1940年2月
李维中	东昌府区堂邑镇齐庄	—	男	1940年2月
王宪伦	东昌府区北城办事处北杨集村	—	男	1940年2月
翟 秋	东昌府区于集镇西太平村	39	男	1940年2月
翟修安	东昌府区北城办事处北杨集村	—	男	1940年2月
张振山	东昌府区斗虎屯镇蔡庄	26	男	1940年2月
周茂肆	东昌府区于集镇西太平村	26	男	1940年2月
赵春湖	东昌府区北城办事处北杨集村	38	男	1940年3月10日
赵春华	东昌府区北城办事处北杨集村	39	男	1940年3月10日

续表

姓 名	籍 贯	年 龄	性 别	死难时间
张子杰	东昌府区北城办事处北杨集村	51	男	1940 年 3 月 10 日
牟金月	东昌府区于集镇冷庄村	—	男	1940 年 3 月
王玉哲	东昌府区梁水镇姚堤口村	37	男	1940 年 3 月
张青启	东昌府区梁水镇张庄村	19	男	1940 年 3 月
周茂窃	东昌府区于集镇西太平村	48	男	1940 年 3 月
周孙氏	东昌府区于集镇西太平村	56	女	1940 年 3 月
曲金声	东昌府区闫寺办事处大屯村	—	男	1940 年 4 月
曲龙章	东昌府区闫寺办事处大屯村	—	男	1940 年 4 月
田绪广	东昌府区于集镇西太平村	40	男	1940 年 4 月
翟林臣	东昌府区北城办事处北杨集村	30	男	1940 年 4 月
周庆良	东昌府区于集镇西太平村	61	男	1940 年 4 月
江学坤	东昌府区梁水镇镇江庄	—	男	1940 年 5 月
张振维	东昌府区沙镇镇二张村	—	男	1940 年 5 月
周脉良	东昌府区于集镇西太平村	—	男	1940 年 5 月
周茂星	东昌府区于集镇西太平村	65	男	1940 年 5 月
周庆连	东昌府区于集镇西太平村	25	男	1940 年 5 月
崔文武	东昌府区许营乡崔庄	—	男	1940 年 6 月
赵以堂	东昌府区古楼办事处姚家园子	—	男	1940 年 6 月
胡寅斗	东昌府区闫寺办事处凤凰集村	—	男	1940 年 7 月
吕明文	东昌府区于集镇东太平村	32	男	1940 年 7 月
梁伯河	东昌府区于集镇梁庄村	38	男	1940 年 8 月
于云汽	东昌府区于集镇于集村	—	男	1940 年 8 月
栾继孔之祖父	东昌府区	—	男	1940 年 9 月
苏太昌	东昌府区梁水镇西苏村	19	男	1940 年 9 月
高玉洪	东昌府区朱老庄乡高堤口村	—	男	1940 年 10 月
金方昌	东昌府区古楼办事处步云阁街	19	男	1940 年 12 月 3 日
高福祥	东昌府区朱老庄乡高堤口村	—	男	1940 年 12 月
高虎臣	东昌府区朱老庄乡高堤口村	—	男	1940 年 12 月
高清芳	东昌府区朱老庄乡高堤口村	—	男	1940 年 12 月
高清怀	东昌府区朱老庄乡高堤口村	—	男	1940 年 12 月
高清太	东昌府区朱老庄乡高堤口村	—	男	1940 年 12 月
高三白	东昌府区朱老庄乡高堤口村	—	男	1940 年 12 月

续表

姓 名	籍 贯	年 龄	性 别	死难时间
高士成	东昌府区朱老庄乡高堤口村	—	男	1940 年 12 月
高兴功	东昌府区朱老庄乡高堤口村	—	男	1940 年 12 月
杨成祥	东昌府区朱老庄乡南杨集村	—	男	1940 年 12 月
杨登祥	东昌府区朱老庄乡南杨集村	—	男	1940 年 12 月
安文东	东昌府区梁水镇郑堂	31	男	1940 年
陈福武	东昌府区斗虎屯镇	—	男	1940 年
德 偕	—	—	男	1940 年
杜训之	东昌府区凤凰办事处老韩村	29	男	1940 年
高文兴	东昌府区道口铺办事处田庙村	—	男	1940 年
韩霍氏	东昌府区于集镇韩庄村	28	女	1940 年
韩尚文	东昌府区于集镇韩庄村	—	男	1940 年
胡长法	东昌府区	41	男	1940 年
胡刘氏	东昌府区闫寺办事处前屯	42	女	1940 年
崔文成	东昌府区许营乡崔庄	—	男	1940 年
胡玉河之兄	东昌府区闫寺办事处后胡屯	20	男	1940 年
黄文兴	东昌府区梁水镇房屯	13	男	1940 年
姜发成	东昌府区古楼办事处邓元村	47	男	1940 年
解铁山	东昌府区闫寺办事处凤凰集村	—	男	1940 年
孔郝氏	东昌府区闫寺办事处闫皋村	40	女	1940 年
孔昭星	东昌府区许营乡崔官屯村	14	男	1940 年
李长海	东昌府区郑家镇五圣村	32	男	1940 年
李建安	东昌府区凤凰办事处周店村	—	男	1940 年
李金巨之兄	东昌府区沙镇镇金庄村	29	男	1940 年
李庆云	东昌府区凤凰办事处东李庄村	25	男	1940 年
李欣孔	东昌府区于集镇郭庄	—	男	1940 年
林 × ×	东昌府区闫寺办事处辛庄	—	男	1940 年
三 × 子	东昌府区堂邑镇前程庄	—	男	1940 年
四老头	东昌府区堂邑镇前程庄	—	男	1940 年
孙登明	东昌府区沙镇镇孙老庄村	—	男	1940 年
孙方石	东昌府区沙镇镇孙老庄	38	男	1940 年
王长大	东昌府区堂邑镇	—	男	1940 年
王道正	东昌府区凤凰办事处王庄	—	男	1940 年

续表

姓名	籍贯	年龄	性别	死难时间
王 ×	东昌府区沙镇镇宋庄	39	男	1940 年
王学孟	东昌府区沙镇镇沙北村	27	男	1940 年
王子禄	东昌府区古楼办事处米寺街	—	男	1940 年
吴金明	东昌府区闫寺办事处老吕村	28	男	1940 年
徐尚荣	东昌府区沙镇镇徐庄	32	男	1940 年
徐延生	东昌府区斗虎屯镇云水村	—	男	1940 年
许大中	东昌府区道口铺办事处	—	男	1940 年
阎德林	东昌府区凤凰办事处阎庄村	—	男	1940 年
杨大脸	东昌府区道口铺办事处黄瓜园村	—	男	1940 年
杨王氏之夫	东昌府区闫寺办事处辛庄	—	男	1940 年
衣恒年	东昌府区于集镇沙店集村	—	男	1940 年
于永勤	东昌府区斗虎屯镇云水村	—	男	1940 年
田宗贵	东昌府区郑家镇西王村	—	男	1940 年
张法山	东昌府区于集镇沙店集村	—	男	1940 年
张付德	东昌府区沙镇镇金庄村	31	男	1940 年
张希古	东昌府区梁水镇张水坑村	24	男	1940 年
赵金山	东昌府区凤凰办事处李海务村	—	男	1940 年
郑学武	东昌府区梁水镇郑屯	26	男	1940 年
周德洪	东昌府区梁水镇郑堂村	32	男	1940 年
周脉奇	东昌府区	35	男	1940 年
祝士海	东昌府区于集镇蔺皋村	20	男	1940 年
王印夫	东昌府区梁水镇张水坑村	28	男	1941 年 2 月 10 日
黄洪明	东昌府区梁水镇姚堤口村	21	男	1941 年 3 月
孙毓生	东昌府区于集镇孙堂村	—	男	1941 年 3 月
吴兰访	东昌府区许营乡崔官屯村	39	男	1941 年 3 月
孔照星	东昌府区许营乡崔官屯村	—	男	1941 年 3 月
谷文友	东昌府区郑家镇前靳村	—	男	1941 年 4 月
马玉坤	东昌府区沙镇镇黄东村	—	男	1941 年 4 月
王晋亭	东昌府区梁水镇冯段王村	—	男	1941 年 4 月
胡长奇	东昌府区	—	男	1941 年 5 月
李 二	东昌府区	—	男	1941 年 5 月
王修可	东昌府区	—	男	1941 年 5 月

续表

姓 名	籍 贯	年 龄	性 别	死难时间
许幼新	东昌府区	—	男	1941 年 5 月
王庆山	东昌府区堂邑镇三里庄	—	男	1941 年 6 月
许金荣	东昌府区	—	男	1941 年 6 月
戴占松	东昌府区斗虎屯镇云水村	—	男	1941 年 7 月
孙洪英	东昌府区于集镇孙堂村	—	男	1941 年 7 月
白 果	东昌府区古楼街道办事处	—	男	1941 年 8 月
胡代成	东昌府区朱老庄乡朱连子村	—	男	1941 年 10 月
苏玉阳	东昌府区梁水镇西苏村	31	男	1941 年 10 月
刘润都	东昌府区于集镇李海村	—	男	1941 年 12 月
王芝功	东昌府区堂邑镇三里庄	—	男	1941 年 12 月
白风龙	东昌府区堂邑镇谢家庄	—	男	1941 年
白广新	东昌府区于集镇白堌堆村	—	男	1941 年
程兴旺	东昌府区道口铺办事处程庄	—	男	1941 年
大 牛	东昌府区堂邑镇谢家庄	—	男	1941 年
董丙玉	东昌府区于集镇董庄村	33	男	1941 年
高金月	东昌府区闫寺办事处老吕村	18	男	1941 年
韩培成	东昌府区于集镇韩庄村	—	男	1941 年
侯见生	东昌府区堂邑镇高家村	—	男	1941 年
侯万珠	东昌府区沙镇镇侯家村	18	男	1941 年
解占伯	东昌府区闫寺办事处凤凰集村	—	男	1941 年
金福禄	东昌府区堂邑镇斗东村	—	男	1941 年
李 忠	东昌府区斗虎屯镇西吕村	—	男	1941 年
李长平	东昌府区于集镇蔺皋村	18	男	1941 年
李长兴	东昌府区于集镇蔺皋村	16	男	1941 年
李德明	东昌府区凤凰办事处河洼村	26	男	1941 年
李广山	东昌府区凤凰办事处东李庄村	23	男	1941 年
李连成	东昌府区堂邑镇教场李村	—	男	1941 年
刘保禄之父	东昌府区沙镇镇前刘村	—	男	1941 年
李培明	东昌府区	—	男	1941 年
梁占×	东昌府区堂邑镇谢家庄	—	男	1941 年
刘宝元	东昌府区于集镇刘子园村	20	男	1941 年
刘金生	东昌府区许营乡大石村	14	男	1941 年

续表

姓 名	籍 贯	年 龄	性 别	死难时间
刘 ×	东昌府区沙镇镇前刘村	63	男	1941 年
吕东元	东昌府区闫寺办事处老吕村	19	男	1941 年
吕广思	东昌府区闫寺办事处老吕村	35	男	1941 年
吕甲子	东昌府区堂邑镇	—	男	1941 年
栾继焕	东昌府区堂邑镇谢家庄	—	男	1941 年
罗宝发	东昌府区堂邑镇苏堤口村	30	男	1941 年
毛怀荣	东昌府区	—	男	1941 年
毛文营	东昌府区朱老庄乡毛营村	20	男	1941 年
孟继福	东昌府区堂邑镇	—	男	1941 年
范兴仁	东昌府区许营乡东衣村	—	男	1941 年
宓乐堂	东昌府区朱老庄乡韩庄村	21	男	1941 年
崔天瑞	东昌府区许营乡崔庄村	—	男	1941 年
潘 兰	东昌府区沙镇报本堂村	22	女	1941 年
潘文明	东昌府区沙镇报本堂村	25	男	1941 年
庞风友	东昌府区闫寺办事处庞庄	17	男	1941 年
乔 官	东昌府区许营乡付老庄	—	男	1941 年
任林台	东昌府区	—	男	1941 年
任伍安	东昌府区于集镇任寨村	—	男	1941 年
荣得魁	东昌府区堂邑镇谢家庄	—	男	1941 年
孙桂英之父	东昌府区梁水镇镇孙路口村	—	男	1941 年
王宪文	东昌府区郑家镇闫家村	41	男	1941 年
王 安	东昌府区郑家镇闫家村	41	男	1941 年
王大松	东昌府区于集镇任寨村	—	男	1941 年
王登齐	东昌府区凤凰办事处王庄村	—	男	1941 年
王金河	东昌府区梁水镇镇王东渐村	—	男	1941 年
王云慧	东昌府区	—	女	1941 年
魏尚法	东昌府区于集镇魏庄村	—	男	1941 年
吴继亭	东昌府区	—	男	1941 年
谢桂海之妻	东昌府区郑家镇谢家村	55	女	1941 年
邢广岭	东昌府区于集镇邢庄村	—	男	1941 年
修秋姐	东昌府区	—	女	1941 年
修展才	东昌府区沙镇沙镇街	22	男	1941 年

续表

姓 名	籍 贯	年 龄	性 别	死难时间
杨二妮	东昌府区凤凰办事处杨庙村	—	女	1941 年
杨风江	东昌府区斗虎镇西吕村	—	男	1941 年
于保瑞	东昌府区凤凰工业园代庄村	20	男	1941 年
岳长法之母	东昌府区道口铺办事处邵月河村	—	女	1941 年
曾宪文	东昌府区凤凰办事处西白村	29	男	1941 年
曾昭章	东昌府区凤凰办事处西白村	24	男	1941 年
张大肚	东昌府区	—	男	1941 年
张士柱	东昌府区凤凰办事处张疙村	21	男	1941 年
张树生	东昌府区	—	男	1941 年
张学文	东昌府区于集镇沙店集村	—	男	1941 年
周金田	东昌府区	—	男	1941 年
周茂胜	东昌府区于集镇蔺皋村	28	男	1941 年
周茂香	东昌府区于集镇蔺皋村	16	男	1941 年
周明伦	东昌府区堂邑镇谢家庄	—	男	1941 年
周脉安	东昌府区于集镇西太平村	32	男	1942 年 1 月
田绪荣	东昌府区于集镇西太平村	31	男	1942 年 1 月
张青元	东昌府区于集镇西太平村	49	男	1942 年 1 月
王石头	东昌府区	—	男	1942 年 1 月
侯青海	东昌府区郑家镇烟墩村	33	男	1942 年 3 月 3 日
李玉伦	东昌府区于集镇王庄村	—	男	1942 年 3 月
芦德连	东昌府区凤凰办事处马黄村	—	男	1942 年 3 月
邱郭氏	东昌府区	—	女	1942 年 3 月
王兴邦	东昌府区	—	男	1942 年 3 月
阮随之	东昌府区斗虎屯镇阮庄村	—	男	1942 年春
王继福	东昌府区斗虎屯镇辛庄村	—	男	1942 年春
吴风合	东昌府区	—	男	1942 年 4 月
张德胜	东昌府区许营乡崔官屯村	24	男	1942 年 4 月
郑长伍	东昌府区许营乡崔官屯村	31	男	1942 年 4 月
郑长玉	东昌府区许营乡崔官屯村	26	男	1942 年 4 月
高士泉	东昌府区	—	男	1942 年 5 月
李洪信	东昌府区朱老庄乡东十里村	—	男	1942 年 5 月
李广余	东昌府区朱老庄乡东十里村	—	男	1942 年 6 月

续表

姓 名	籍 贯	年 龄	性 别	死难时间
孙广法	东昌府区于集镇孙堂村	—	男	1942 年 6 月
姚万红	东昌府区	—	男	1942 年 6 月
李怀美	东昌府区	—	男	1942 年 7 月
刘万义	东昌府区	—	男	1942 年 7 月
苏风暄	东昌府区	—	男	1942 年 7 月
张长余	东昌府区梁水镇胡楼村	—	男	1942 年 7 月
陈宝年之女	东昌府区斗虎屯镇张李村	—	女	1942 年夏
李铁林	东昌府区斗虎屯镇王庙村	—	男	1942 年夏
李铁林之妻	东昌府区斗虎屯镇王庙村	—	女	1942 年夏
杜金焕	东昌府区于集镇位庄	—	男	1942 年 8 月
杜玉奇	东昌府区于集镇位庄	54	男	1942 年 8 月
李二白	东昌府区朱老庄乡辛十李村	—	男	1942 年 8 月
刘永元	东昌府区	—	男	1942 年 8 月
王廷林	东昌府区梁水镇王铺村	32	男	1942 年 8 月
萧文德	东昌府区朱老庄乡大徐村	—	男	1942 年 8 月
杜金环	东昌府区于集镇位庄	56	男	1942 年 9 月
李茂昌	东昌府区	—	男	1942 年 9 月
梁金田	东昌府区	—	男	1942 年 9 月
位付氏	东昌府区于集镇位庄	62	女	1942 年 9 月
位张氏	东昌府区于集镇位庄	52	女	1942 年 9 月
白风合	东昌府区于集镇白庄	—	男	1942 年 10 月
姜连海	东昌府区湖西办事处双庙村	—	男	1942 年 10 月
柳双成	东昌府区朱老庄乡刘集村	—	男	1942 年 10 月
陈大毛	东昌府区	—	男	1942 年 11 月
曹连成	东昌府区许营乡三亢村	—	男	1942 年 12 月
江式功	东昌府区梁水镇江庄	—	男	1942 年 12 月
田玉璜	东昌府区郑家镇东王村	37	男	1942 年 12 月 30 日
田发顺	东昌府区郑家镇东王村	20	男	1942 年 12 月 30 日
田永德	东昌府区郑家镇东王村	21	男	1942 年 12 月 30 日
岳长法	东昌府区	—	男	1942 年冬
蔡金江之兄	东昌府区	—	男	1942 年
陈红玉之母	东昌府区斗虎屯镇张李村	—	女	1942 年

续表

姓 名	籍 贯	年 龄	性 别	死难时间
褚立成	东昌府区闫寺办事处苏南村	21	男	1942 年
杜传文	东昌府区于集镇魏庄村	—	男	1942 年
杜尚勤	东昌府区于集镇东杜村	21	男	1942 年
杜仰镇	东昌府区于集镇东杜村	17	男	1942 年
高殿扬	东昌府区湖西办事处刘庄	—	男	1942 年
高三白	东昌府区闫寺办事处钱庄	—	男	1942 年
常金生	东昌府区郑家镇后景村	—	男	1942 年
高瞎二	东昌府区闫寺办事处钱庄	—	男	1942 年
韩金瑞	东昌府区于集镇任寨村	32	男	1942 年
黄成海	东昌府区许营乡崔庄村	—	男	1942 年
贾怀庆	东昌府区斗虎屯镇许庙村	—	男	1942 年
姜学书	东昌府区凤凰办事处后屯村	—	男	1942 年
李保和之弟	东昌府区	20	男	1942 年
李合德	东昌府区嘉明经济开发区宋邢村	21	男	1942 年
李令恩	东昌府区	—	男	1942 年
李维海	东昌府区郑家镇五圣村	—	男	1942 年
梁梅珠	东昌府区斗虎屯镇后哨村	21	男	1942 年
刘凤银	东昌府区北城办事处常楼村	29	男	1942 年
刘金海	东昌府区闫寺办事处刘庙村	27	男	1942 年
刘井双	东昌府区梁水镇龙王庙村	—	男	1942 年
刘龙亭	东昌府区闫寺办事处刘庙村	25	男	1942 年
刘清顺	东昌府区	20	男	1942 年
刘少林	东昌府区于集镇刘子元村	42	男	1942 年
马广义	东昌府区堂邑镇孙马庄村	29	男	1942 年
宓靖成	东昌府朱老庄乡宓庄	—	男	1942 年
裴连校	东昌府区于集镇裴寨村	31	男	1942 年
乔学刚	东昌府区闫寺办事处北张村	34	男	1942 年
任××	东昌府区	—	男	1942 年
任连珍	东昌府区	—	女	1942 年
宋德胜	东昌府区沙镇镇史宋村	—	男	1942 年
宋 良	东昌府区沙镇镇宋庄村	40	男	1942 年
随吴氏	东昌府区闫寺办事处大屯村	40	女	1942 年

续表

姓名	籍贯	年龄	性别	死难时间
田洪彬	东昌府区侯营镇赵庄村	40	男	1942年
王道明	东昌府区闫寺办事处义和庄	46	男	1942年
王登成	东昌府区凤凰办事处王庄村	—	男	1942年
王登顺	东昌府区凤凰办事处王庄村	—	男	1942年
王凤歧	东昌府区于集镇花牛陈村	—	男	1942年
王光远	东昌府区	—	男	1942年
孙浮云	东昌府区郑家镇大孙村	—	男	1942年
王井文之三儿	东昌府区	—	男	1942年
王来友	东昌府区凤凰办事处王庄村	—	男	1942年
王庆喜	东昌府区梁水镇	—	男	1942年
王思义	东昌府区郑家镇王堂村	—	男	1942年
王植亮	东昌府区梁水镇张水坑	21	男	1942年
位尚智	东昌府区于集镇位庄	36	男	1942年
吴占元	东昌府区许营乡杨庄	—	男	1942年
席守余	东昌府区于集镇姚集村	22	男	1942年
小　七	东昌府区	—	男	1942年
徐××	东昌府区斗虎屯镇	—	男	1942年
徐纪成	东昌府区凤凰办事处蔡庄村	25	男	1942年
许金亭	东昌府区于集镇连海村	23	男	1942年
姚吉厚	东昌府区于集镇姚集村	19	男	1942年
姚希明	东昌府区于集镇姚集村	20	男	1942年
曾吉刚	东昌府区凤凰办事处西白村	28	男	1942年
曾宪群	东昌府区凤凰办事处西白村	25	男	1942年
曾昭礼	东昌府区凤凰办事处西白村	24	男	1942年
曾昭立	东昌府区凤凰办事处西白村	28	男	1942年
曾昭禄	东昌府区凤凰办事处西白村	31	男	1942年
曾昭全	东昌府区凤凰办事处西白村	30	男	1942年
曾昭瑞	东昌府区凤凰办事处西白村	25	男	1942年
曾昭祥	东昌府区凤凰办事处西白村	26	男	1942年
曾昭元	东昌府区凤凰办事处西白村	28	男	1942年
曾宪成	东昌府区凤凰办事处河洼村	28	男	1942年
张立池	东昌府区堂邑镇孙马庄村	32	男	1942年

续表

姓 名	籍 贯	年 龄	性 别	死难时间
张延生	东昌府区于集镇姚集村	—	男	1942 年
赵升龙	东昌府区侯营镇赵庄村	38	男	1942 年
郑平安	东昌府区	27	男	1942 年
郑三把	东昌府区	40	男	1942 年
郑小随	东昌府区郑家镇郑家村	35	男	1942 年
朱 海	东昌府区于集镇香坊村	—	男	1942 年
刘润常	东昌府区于集镇李海村	—	男	1943 年 1 月 31 日
刘锡奎	东昌府区于集镇李海村	26	男	1943 年 1 月 31 日
刘运都	东昌府区于集镇李海村	56	男	1943 年 1 月 31 日
刘运坤	东昌府区于集镇李海村	52	男	1943 年 1 月 31 日
刘运申	东昌府区于集镇李海村	52	男	1943 年 1 月 31 日
罗屯人	东昌府区	—	男	1943 年 1 月
孙广信	东昌府区梁水镇镇孙路口村	—	男	1943 年 1 月
吕员氏	东昌府区堂邑镇吕庄	54	女	1943 年 1 月
程金铎	东昌府区闫寺办事处程堂村	—	男	1943 年 2 月
付朝荣	东昌府区许营乡付老庄	—	男	1943 年 2 月
付德存	东昌府区	—	男	1943 年 2 月
付德存之母	东昌府区	—	女	1943 年 2 月
傅协增	东昌府区斗虎屯镇斗虎屯	—	男	1943 年 2 月
胡德润	东昌府区梁水镇胡楼村	—	男	1943 年 2 月
胡德祥	东昌府区梁水镇胡楼村	—	男	1943 年 2 月
李庆元	东昌府区朱老庄乡辛十李村	—	男	1943 年 2 月
刘子英	东昌府区许营乡崔官屯村	—	男	1943 年 2 月
杜春早	东昌府区	—	男	1943 年 3 月 2 日
杜秀 ×	东昌府区	—	男	1943 年 3 月 3 日
侯保明	东昌府区闫寺办事处赵庄	—	男	1943 年 3 月
花西柱	东昌府区闫寺办事处赵庄	—	男	1943 年 3 月
李保善	东昌府区	—	男	1943 年 3 月
吴文才	东昌府区	—	男	1943 年 3 月
高士禄	东昌府区于集镇前高香坊村	—	男	1943 年春
郭广臣	东昌府区	—	男	1943 年 4 月
马百顺	东昌府区	—	男	1943 年 4 月

续表

姓 名	籍 贯	年 龄	性 别	死难时间
宋金日	东昌府区张炉集镇张李庄	—	男	1943 年 4 月
闫大力	东昌府区沙镇白家屯	—	男	1943 年 4 月
耿德志	东昌府区朱老庄乡耿庄	—	男	1943 年 5 月
侯　三	东昌府区梁水镇镇梁闸村	16	男	1943 年 5 月
杜春元	东昌府区朱老庄乡杜庄村	—	男	1943 年 6 月
李庆山	东昌府区凤凰办事处李庄村	—	男	1943 年 6 月
马占奎	东昌府区堂邑镇陈庄村	—	男	1943 年 6 月
孙兴仁	东昌府区斗虎屯镇闵庄村	32	男	1943 年 6 月
杨吉明	东昌府区斗虎屯镇大徐村	23	男	1943 年 6 月
于保贵	东昌府区凤凰办事处代庄村	—	男	1943 年 6 月
张寅忠	东昌府区于集镇于集村	—	男	1943 年 6 月
栾林英	东昌府区斗虎屯镇	—	男	1943 年 6 月
张合山	东昌府区斗虎屯镇	—	男	1943 年 6 月
杜春成	东昌府区	—	男	1943 年 6 月
杜秀河	东昌府区	—	男	1943 年 6 月
郭广友	东昌府区	—	男	1943 年 6 月
郭广友之妻	东昌府区	—	女	1943 年 6 月
姚万义	东昌府区	—	男	1943 年 6 月
张保瑞	东昌府区	—	男	1943 年 6 月
杜凤明	东昌府区	—	男	1943 年 7 月
胡玉崇	东昌府区梁水镇胡楼村	20	男	1943 年 7 月
江德胜	东昌府区梁水镇江庄	—	男	1943 年 7 月
刘润水	东昌府区于集镇李海村	—	男	1943 年 7 月
杜成林	东昌府区朱老庄乡齐里店村	—	男	1943 年 8 月
李长波	东昌府区朱老庄乡大徐村	—	男	1943 年 8 月
李纪尧	东昌府区朱老庄乡孟庄村	—	男	1943 年 8 月
刘连顺	东昌府区朱老庄乡刘集村	—	男	1943 年 8 月
刘书顺	东昌府区朱老庄乡田庄村	—	男	1943 年 8 月
吕法环	东昌府区堂邑镇吕庄村	5	女	1943 年 8 月
孟继堂	东昌府区朱老庄乡孟庄村	—	男	1943 年 8 月
吴桂清	东昌府区朱老庄乡南杨集村	—	男	1943 年 8 月
薛纯岭	东昌府区朱老庄乡薛庄村	—	男	1943 年 8 月

续表

姓 名	籍 贯	年 龄	性 别	死难时间
薛玉春	东昌府区朱老庄乡薛庄村	—	男	1943 年 8 月
杨玉芝	东昌府区朱老庄乡大吴村	—	男	1943 年 8 月
张大个	东昌府区	—	男	1943 年 8 月
张敬元	东昌府区朱老庄乡二张村	—	男	1943 年 8 月
赵保玉	东昌府区沙镇	29	男	1943 年夏
董永茂	东昌府区于集镇李海村	—	男	1943 年 9 月
刘克文之兄	—	—	男	1943 年 9 月
张广元	东昌府区闫寺办事处凤凰集村	—	男	1943 年 9 月
陈焕玉	东昌府区侯营镇东泓村	—	男	1943 年 10 月
许德训	东昌府区许营乡后许村	20	男	1943 年 10 月
李永敏	东昌府区	—	男	1943 年 10 月
刘成仁	东昌府区古楼办事处前往街	—	男	1943 年 10 月
李登成	东昌府区沙镇王庄	—	男	1943 年秋
衣恒成	东昌府区许营乡西衣村	30	男	1943 年 11 月
李登武	东昌府区凤凰办事处李庄村	—	男	1943 年 12 月
孙毓英	东昌府区于集镇孙堂村	—	男	1943 年 12 月
常 ×	东昌府区堂邑镇宁庄村	24	男	1943 年
常福祥	东昌府区古楼办事处南关村	—	男	1943 年
陈立刚	东昌府区	—	男	1943 年
陈尚林	东昌府区梁水镇郑屯	21	男	1943 年
程孟重	东昌府区道口铺办事处程庄	—	男	1943 年
程玉福	东昌府区湖西办事处端庄	—	男	1943 年
褚兴堂	东昌府区闫寺办事处苏南村	25	男	1943 年
邓明山	东昌府区侯营镇老鸦陈村	—	男	1943 年
邓四之子	东昌府区	—	男	1943 年
丁 五	东昌府区梁水镇梁闸村	13	男	1943 年
董韩氏	东昌府区于集镇董庄村	—	女	1943 年
杜传新	东昌府区于集镇魏庄村	—	男	1943 年
杜明亮	东昌府区于集镇中西杜村	40	男	1943 年
张之明	东昌府区于集镇中西杜村	—	男	1943 年
杜万云	东昌府区许营乡任庄村	—	男	1943 年
段培增	东昌府区	—	男	1943 年

续表

姓 名	籍 贯	年 龄	性 别	死难时间
二麻子	东昌府区	—	男	1943 年
方四同	东昌府区沙镇楼庄	—	男	1943 年
冯 × ×	东昌府区斗虎屯镇冯庙村	—	男	1943 年
付炳增之祖父	东昌府区许营乡付老庄	—	男	1943 年
付德清之父	东昌府区许营乡付老庄	—	男	1943 年
付德清之母	东昌府区许营乡付老庄	—	女	1943 年
付德清之祖父	东昌府区许营乡付老庄	—	男	1943 年
付德群	东昌府区许营乡付老庄	—	男	1943 年
付德群之母	东昌府区许营乡付老庄	—	女	1943 年
付协兴	东昌府区梁水镇付楼村	28	男	1943 年
付运河	东昌府区沙镇镇沙东村	71	男	1943 年
高刘氏	东昌府区嘉明经济开发区宋邢村	38	女	1943 年
葛万丰	东昌府区凤凰办事处葛海村	—	男	1943 年
葛雨山	东昌府区	—	男	1943 年
宫振礼	东昌府区	—	男	1943 年
谷长柱	东昌府区堂邑镇西关街	—	男	1943 年
谷清栋	东昌府区闫寺办事处谷苏村	18	男	1943 年
谷清峰	东昌府区闫寺办事处谷苏村	18	男	1943 年
谷清峰之兄	东昌府区闫寺办事处谷苏村	20	男	1943 年
广东林	东昌府区堂邑镇	—	男	1943 年
郭长留	东昌府区于集镇位庄	17	男	1943 年
韩 × ×	东昌府区闫寺办事处西舒村	34	男	1943 年
韩尚贵	东昌府区于集镇韩庄	18	男	1943 年
杭保太之妻	东昌府区朱老庄乡杭海村	—	女	1943 年
郝尚后	东昌府区闫寺办事处任庄	30	男	1943 年
侯风齐	东昌府区梁水镇镇梁闸村	15	男	1943 年
侯清海	东昌府区堂邑镇	—	男	1943 年
侯万遂	东昌府区沙镇镇侯家村	30	男	1943 年
呼保山	东昌府区凤凰办事处杨于村	30	男	1943 年
胡玉德之母	东昌府区	—	女	1943 年
扈长洪	东昌府区沙镇扈庄	—	男	1943 年
黄金河	东昌府区闫寺办事处谷苏村	40	男	1943 年

续表

姓 名	籍 贯	年 龄	性 别	死难时间
黄刘成	东昌府区闫寺办事处刘庙村	30	男	1943 年
贾书祥	东昌府区	—	男	1943 年
姜长贵	东昌府区	—	男	1943 年
韩密书	东昌府区	—	男	1943 年
蒋广居	东昌府区	—	男	1943 年
荆玉青之父	东昌府区	—	男	1943 年
郎长英	东昌府区闫寺办事处义和庄	2	女	1943 年
李保代	东昌府区郑家镇路湾村	90	男	1943 年
李朝英	东昌府区柳园办事处逯庄社区	—	男	1943 年
李春成	东昌府区闫寺办事处苏南村	24	男	1943 年
李春全	东昌府区堂邑镇庞庄	—	男	1943 年
李法舜	东昌府区朱老庄乡茄子李村	29	男	1943 年
李广银	东昌府区郑家镇五圣村	35	男	1943 年
李洪群	东昌府区凤凰办事处河洼村	19	男	1943 年
李洪祥	东昌府区凤凰办事处河洼村	—	男	1943 年
李金亮	东昌府区堂邑镇	—	男	1943 年
李金平	东昌府区闫寺办事处苏南村	21	男	1943 年
李金章	东昌府区堂邑镇	—	男	1943 年
李来增	东昌府区许营乡李楼村	—	男	1943 年
李维东	东昌府区郑家镇五圣村	28	男	1943 年
李我安	东昌府区于集镇李海子村	—	男	1943 年
李希敏	东昌府区张炉集镇周水坑村	—	男	1943 年
李学增	东昌府区郑家镇林里村	—	男	1943 年
李英杰	东昌府区沙镇镇沙东村	72	男	1943 年
李振江	东昌府区闫寺办事处李找村	—	男	1943 年
连恒奎	东昌府区于集镇连海村	23	男	1943 年
梁化展	东昌府区堂邑镇	—	男	1943 年
梁 六	东昌府区斗虎屯镇	—	男	1943 年
梁 三	东昌府区斗虎屯镇	—	男	1943 年
刘传柱	东昌府区闫寺办事处李找村	20	男	1943 年
刘登榜	东昌府区凤凰办事处刘道之村	29	男	1943 年
刘法庆	东昌府区道口铺办事处刘海子村	—	男	1943 年

续表

姓 名	籍 贯	年 龄	性 别	死难时间
刘芳林	东昌府区斗虎屯镇	—	男	1943 年
刘克元	东昌府区于集镇王庄村	21	男	1943 年
刘荣康	东昌府区闫寺办事处刘庙村	65	男	1943 年
刘如兰	东昌府区	—	女	1943 年
刘润山之岳父	东昌府区于集镇刘子园村	—	男	1943 年
刘树二	东昌府区闫寺办事处刘庄	17	男	1943 年
刘树行	东昌府区闫寺办事处刘庄	16	男	1943 年
刘秀堂	东昌府区闫寺办事处刘庙村	20	男	1943 年
刘学敏	东昌府区古楼办事处北口街	—	男	1943 年
刘延孟	东昌府区于集镇刘子园村	23	男	1943 年
刘云汉之祖母	东昌府区	—	女	1943 年
刘兆庆	东昌府区朱老庄乡东红庙村	30	男	1943 年
芦广江	东昌府区凤凰办事处三排芦村	—	男	1943 年
芦广友	东昌府区凤凰办事处三排芦村	—	男	1943 年
路代领	东昌府区堂邑镇堂寨村	—	男	1943 年
路金海	东昌府区于集镇位庄	—	男	1943 年
路申太	东昌府区凤凰办事处西白村	31	男	1943 年
路胜业	东昌府区闫寺办事处七里铺村	43	男	1943 年
吕长庆	东昌府区堂邑镇吕庄	21	男	1943 年
吕长生	东昌府区凤凰办事处吕胡同村	25	男	1943 年
吕玉林	东昌府区梁水镇镇吕庄	—	男	1943 年
马景臣	东昌府区嘉明经济开发区宋邢村	30	男	1943 年
马明义	东昌府区嘉明经济开发区宋邢村	21	男	1943 年
马钦让	东昌府区凤凰办事处马黄村	—	男	1943 年
满九河	东昌府区斗虎屯镇陈庙村	18	男	1943 年
毛文峰	东昌府区朱老庄乡毛营村	26	男	1943 年
毛文林	东昌府区朱老庄乡毛营村	30	男	1943 年
毛文朋	东昌府区朱老庄乡毛营村	27	男	1943 年
宓登潮	东昌府区朱老庄乡韩庄村	28	男	1943 年
宓法尧	东昌府区朱老庄乡韩庄村	29	男	1943 年
苗昌平	东昌府区	—	男	1943 年
闵明见	东昌府区斗虎屯镇	—	男	1943 年

续表

姓名	籍贯	年龄	性别	死难时间
倪保真	东昌府区堂邑镇倪庄	—	男	1943 年
宁金星	东昌府区堂邑镇宁庄村	16	男	1943 年
宁兆岭	东昌府区堂邑镇宁庄村	18	男	1943 年
潘士元	东昌府区	—	男	1943 年
裴广甫	东昌府区于集镇裴寨村	21	男	1943 年
乔公让	东昌府区闫寺办事处北张村	—	男	1943 年
乔公让之弟	东昌府区闫寺办事处北张村	—	男	1943 年
曲怀中	东昌府区闫寺办事处大屯村	13	男	1943 年
任　六	东昌府区斗虎屯镇	—	男	1943 年
任　五	东昌府区斗虎屯镇	—	男	1943 年
任保建	东昌府区梁水镇任香坊村	22	男	1943 年
任保铁	东昌府区梁水镇任香坊村	24	男	1943 年
任保玉	东昌府区梁水镇任香坊村	29	男	1943 年
任存祥	东昌府区梁水镇任香坊村	23	男	1943 年
任广平	东昌府区梁水镇任香坊村	21	男	1943 年
任善荣	东昌府区	—	男	1943 年
任义庆	东昌府区堂邑镇	—	男	1943 年
任银祥	东昌府区梁水镇任香坊村	22	男	1943 年
任玉柱	东昌府区	—	男	1943 年
阮广浩	东昌府区斗虎屯镇	—	男	1943 年
司树民	东昌府区沙镇楼庄	—	男	1943 年
宋福河	东昌府区郑家镇东屯村	—	男	1943 年
苏怀功	东昌府区堂邑镇苏堤口村	—	男	1943 年
孙德安	东昌府区闫寺办事处随庄	40	男	1943 年
孙东洲	东昌府区侯营镇孙克胜村	—	男	1943 年
孙发适	东昌府区凤凰办事处刘道之村	28	男	1943 年
孙士山	东昌府区于集镇东靖村	17	男	1943 年
王保平	东昌府区侯营镇马屯村	—	男	1943 年
王长付	东昌府区梁水镇镇梁闸村	17	男	1943 年
王二憨	东昌府区闫寺办事处西舒村	9	男	1943 年
王方何	东昌府区沙镇镇沙东村	71	男	1943 年
王福昌	东昌府区侯营镇马屯村	—	男	1943 年

续表

姓 名	籍 贯	年 龄	性 别	死难时间
王金安之妻	东昌府区闫寺办事处西舒村	26	女	1943 年
王金贵之母	东昌府区闫寺办事处西舒村	62	女	1943 年
王金海之妻	东昌府区闫寺办事处西舒村	24	女	1943 年
王连峰	东昌府区侯营镇马屯村	—	男	1943 年
王　龙	东昌府区堂邑镇董徐村	—	男	1943 年
王明刚之母	东昌府区张炉集镇郭大庄	—	女	1943 年
王清合	东昌府区侯营镇马屯村	—	男	1943 年
王三肥	东昌府区侯营镇马屯村	—	男	1943 年
王顺昌	东昌府区侯营镇马屯村	—	男	1943 年
王四妮	东昌府区闫寺办事处西舒村	8	女	1943 年
王文明	东昌府区朱老庄乡毛营村	25	男	1943 年
王义成	东昌府区沙镇沙东村	70	男	1943 年
王勇池	东昌府区	—	男	1943 年
王玉臣之妻	东昌府区闫寺办事处西舒村	32	女	1943 年
王玉海	东昌府区闫寺办事处西舒村	12	男	1943 年
王政贵	东昌府区侯营镇马屯村	—	男	1943 年
王佐英	东昌府区郑家镇王堂村	—	男	1943 年
温风栖	东昌府区郑家镇温集村	—	女	1943 年
吴风河	东昌府区	—	男	1943 年
吴连堂之父	东昌府区闫寺办事处刁庄	27	男	1943 年
于道海之叔	东昌府区郑家镇于家村	—	男	1943 年
小　八	东昌府区	—	男	1943 年
肖凤奎	东昌府区闫寺办事处李找村	18	男	1943 年
肖汉泉	东昌府区梁水镇肖黄穆村	19	男	1943 年
肖同年	东昌府区梁水镇王东渐村	—	男	1943 年
许桂林	东昌府区斗虎屯镇	—	男	1943 年
薛　七	东昌府区侯营镇曲庄	—	男	1943 年
阎少勤	东昌府区堂邑镇	—	男	1943 年
许宗魁	东昌府区许营乡后许村	20	男	1943 年
杨风波之母	东昌府区	—	女	1943 年
杨广文	东昌府区郑家镇齐家村	86	男	1943 年
杨同训	东昌府区古楼办事处北口街	—	男	1943 年

续表

姓 名	籍 贯	年 龄	性 别	死难时间
杨玉兰	东昌府区闫寺办事处高庄	—	男	1943 年
于文明	东昌府区郑家镇苇园村	—	男	1943 年
岳七妮	东昌府区梁水镇镇北赵村	12	女	1943 年
翟庆昌	东昌府区	—	男	1943 年
张春莹	东昌府区斗虎屯镇	—	女	1943 年
张道文	东昌府区张炉集镇老贾庄村	—	男	1943 年
张桂香	东昌府区沙镇贾楼村	25	男	1943 年
张怀顺	东昌府区	—	男	1943 年
张金友	东昌府区闫寺办事处西张	18	男	1943 年
张明成	东昌府区闫寺办事处随庄	47	男	1943 年
张太岱之子	东昌府区	—	男	1943 年
张小明	东昌府区闫寺办事处赵庄	—	男	1943 年
张学信	东昌府区沙镇后化村	58	男	1943 年
张子明	东昌府区于集镇中西杜村	22	男	1943 年
郑永章	东昌府区	—	男	1943 年
朱金齐	东昌府区沙镇朱楼村	30	男	1943 年
朱连成	东昌府区闫寺办事处前田村	—	男	1943 年
朱梦海	东昌府区闫寺办事处前田村	40	男	1943 年
贾超贤	东昌府区斗虎屯镇许庙村	18	男	1944 年 1 月
周隆马	东昌府区于集镇西太平村	42	男	1944 年 1 月
张文东	东昌府区梁水镇张庄	22	男	1944 年 2 月
赵伯祥	东昌府区朱老庄乡陈庄	19	男	1944 年 2 月
顾邦安	东昌府区北城办事处东顾村	41	男	1944 年 3 月 27 日
江乃奇	东昌府区梁水镇镇江庄	27	男	1944 年 3 月
李长河	东昌府区梁水镇镇冻园村	18	男	1944 年 3 月
林永兴	东昌府区沙镇庞庄	—	男	1944 年 3 月
孟广义	东昌府区朱老庄乡田海村	23	男	1944 年 3 月
荣连超	东昌府区梁水镇镇张庄	35	男	1944 年 3 月
黄启功	东昌府区郑家镇管屯村	34	男	1944 年 4 月 5 日
黄启功之子	东昌府区郑家镇管屯村	5	男	1944 年 4 月 5 日
黄富江	东昌府区郑家镇管屯村	34	男	1944 年 4 月 5 日
黄富来	东昌府区郑家镇管屯村	18	男	1944 年 4 月 5 日

续表

姓名	籍贯	年龄	性别	死难时间
黄圣顺	东昌府区郑家镇管屯村	33	男	1944年4月5日
燕海川	东昌府区郑家镇管屯村	—	男	1944年4月5日
陈书增	东昌府区堂邑镇高家村	31	男	1944年4月
刘景双	东昌府区梁水镇镇东升村	25	男	1944年4月
郑长海	东昌府区许营乡马海村	23	男	1944年4月
孙保林	东昌府区于集镇孙堂村	63	男	1944年5月10日
孙荣义	东昌府区于集镇孙堂村	23	男	1944年5月10日
孙双营	东昌府区于集镇孙堂村	62	男	1944年5月10日
刘二成	东昌府区于集镇孙堂村	—	女	1944年5月
孙东山	东昌府区于集镇孙堂村	—	男	1944年5月
孙永义	东昌府区于集镇孙堂村	—	男	1944年5月
武兆吉	东昌府区许营乡尹堂村	21	男	1944年5月
张文柱	东昌府区郑家镇	—	男	1944年5月
张元信	东昌府区凤凰工业园张飞村	21	男	1944年5月
赵保林	东昌府区凤凰办事处	42	男	1944年5月
庞发旺	东昌府区沙镇镇庞家村	28	男	1944年6月
蔡长玉	东昌府区朱老庄乡杜庄村	23	男	1944年6月
李从明	东昌府区凤凰办事处王堂村	26	男	1944年6月
刘道仁	东昌府区朱老庄乡刘集村	27	男	1944年6月
谭显增	东昌府区凤凰办事处谭庄	48	男	1944年6月
王长太	东昌府区道口铺办事处田庙村	23	男	1944年6月
王庆海	东昌府区许营乡尹堂村	24	男	1944年6月
徐西柱	东昌府区朱老庄乡大徐村	22	男	1944年6月
徐银田	东昌府区朱老庄乡大徐村	21	男	1944年6月
于德顺	东昌府区于集镇东靖村	16	男	1944年6月
张之才	东昌府区凤凰办事处辛庄	19	男	1944年6月
董玉泉	东昌府区	—	男	1944年6月
庞法旺	东昌府区沙镇镇庞家村	28	男	1944年6月
于化民	东昌府区北城办事处于庄	24	男	1944年6月
杜振英	东昌府区斗虎屯镇	21	男	1944年7月
黄双星	东昌府区郑家镇	—	男	1944年7月
谭文连	东昌府区凤凰办事处谭庄	27	男	1944年7月

续表

姓 名	籍 贯	年 龄	性 别	死难时间
谭文善	东昌府区凤凰办事处谭庄	18	男	1944 年 7 月
许纪明	东昌府区堂邑镇西街村	44	男	1944 年 7 月
黄小四	东昌府区郑家镇	—	男	1944 年 8 月
李树元	东昌府区朱老庄乡红庙村	21	男	1944 年 8 月
李正吉	东昌府区斗虎屯镇斗虎屯	21	男	1944 年 8 月
林敬喜	东昌府区堂邑镇张庄	19	男	1944 年 8 月
刘绪林	东昌府区朱老庄乡刘集村	27	男	1944 年 8 月
徐广山	东昌府区	—	男	1944 年 8 月
王三毛	东昌府区	—	男	1944 年夏
韩宝义	东昌府区凤凰办事处老韩庄	24	男	1944 年 9 月
韩纪昌	东昌府区凤凰办事处老韩庄	22	男	1944 年 9 月
江式增	东昌府区梁水镇镇江庄村	20	男	1944 年 9 月
李传水	东昌府区于集镇白庄村	24	男	1944 年 9 月
李　忠	东昌府区闫寺办事处小吕庄村	35	男	1944 年 9 月
徐曾山	东昌府区斗虎屯镇任回村	23	男	1944 年 9 月
岳金殿	东昌府区斗虎屯镇岳庄村	24	男	1944 年 9 月
顾学礼	东昌府区凤凰办事处陈魏村	25	男	1944 年 10 月
姜学林	东昌府区凤凰办事处前屯村	20	男	1944 年 10 月
李长祥	东昌府区朱老庄乡蒿科李村	26	男	1944 年 10 月
连恒涛	东昌府区于集镇连海村	20	男	1944 年 10 月
刘相如	东昌府区沙镇齐楼村	18	男	1944 年 10 月
乔　三	东昌府区	—	男	1944 年 10 月
任保庆	东昌府区斗虎屯镇	17	男	1944 年 10 月
王金高	东昌府区斗虎屯镇赵庄村	21	男	1944 年 10 月
许×海	东昌府区堂邑镇	—	男	1944 年 10 月
许永庆	东昌府区于集镇连海村	20	男	1944 年 10 月
杨太山	东昌府区堂邑镇杨集村	26	男	1944 年 10 月
杨秀成	东昌府区朱老庄乡南杨集村	25	男	1944 年 10 月
殷志新	东昌府区于集镇连海村	50	男	1944 年 10 月
曾宪禄	东昌府区凤凰办事处西白村	21	男	1944 年 10 月
张瑞林	东昌府区于集镇连海村	50	男	1944 年 10 月
杜艾棠	东昌府区	—	男	1944 年秋

续表

姓 名	籍 贯	年 龄	性 别	死难时间
陈长洪	东昌府区于集镇郭阎村	20	男	1944 年 11 月
郭文贵	东昌府区道口铺办事处道口铺村	40	男	1944 年 11 月
徐广修	东昌府区朱老庄乡赵营村	19	男	1944 年 11 月
赵小三	东昌府区	—	男	1944 年 11 月
刘 代	东昌府区	—	男	1944 年 11 月
任金书	东昌府区	—	男	1944 年 12 月
孙兴周	东昌府区	—	男	1944 年 12 月
闫廷顺	东昌府区	—	男	1944 年 12 月
许小二	东昌府区	—	男	1944 年冬
蔡主成	东昌府区	—	男	1944 年
常义德	东昌府区张炉集镇宁庄	—	男	1944 年
陈栋连之叔	东昌府区	—	男	1944 年
陈凤春	东昌府区梁水镇房屯村	18	男	1944 年
陈怀林	东昌府区梁水镇房屯村	17	男	1944 年
陈占友	东昌府区梁水镇房屯村	18	男	1944 年
程金地	东昌府区闫寺办事处程堂村	—	男	1944 年
程萝臣	东昌府区堂邑镇前程村	—	男	1944 年
程照光	东昌府区	—	男	1944 年
楚风林	东昌府区沙镇楚庄	—	男	1944 年
崔兴文	东昌府区斗虎屯镇崔庄	18	男	1944 年
邓玉峰	东昌府区闫寺办事处凤凰集村	—	男	1944 年
丁立成	东昌府区侯营镇徐楼村	—	男	1944 年
丁玉海	东昌府区凤凰工业园张飞村	—	男	1944 年
丁张氏	东昌府区沙镇刘盐场村	68	女	1944 年
董李氏	东昌府区沙镇刘盐场村	35	女	1944 年
董叶奎	东昌府区沙镇刘盐场村	37	男	1944 年
董永武	东昌府区于集镇董庄	—	男	1944 年
杜虎元之六叔	东昌府区朱老庄乡徐集村	—	男	1944 年
杜虎元之三叔	东昌府区朱老庄乡徐集村	—	男	1944 年
二榜子	东昌府区闫寺办事处邓王庄	—	男	1944 年
范生印	东昌府区堂邑镇阎王庙村	—	男	1944 年
范廷义	东昌府区于集镇刘皋村	19	男	1944 年

续表

姓 名	籍 贯	年 龄	性 别	死难时间
丰丙臣	东昌府区闫寺办事处丰马庄	32	男	1944 年
付协起	东昌府区梁水镇付楼村	30	男	1944 年
高 ×	东昌府区闫寺办事处高庄	15	男	1944 年
杨廷全	东昌府区于集镇中西杜村	—	男	1944 年
高海昌	东昌府区凤凰办事处大柳张村	—	男	1944 年
高 ×	东昌府区	—	男	1944 年
高先生	东昌府区于集镇周庄	—	男	1944 年
耿玉明	东昌府区北城办事处北杨集村	36	男	1944 年
郭德成	东昌府区	—	男	1944 年
韩庆河	东昌府区于集镇韩庄村	24	男	1944 年
韩庆恒	东昌府区北城办事处大石元村	34	男	1944 年
韩效民	东昌府区于集镇韩庄村	34	男	1944 年
何以来	东昌府区于集镇花牛陈村	—	男	1944 年
胡长东	东昌府区于集镇任寨村	20	男	1944 年
黄振西	东昌府区北城办事处秦庄	—	男	1944 年
姜长江	东昌府区	—	男	1944 年
姜锡泽	东昌府区凤凰办事处后屯村	—	男	1944 年
景月真	东昌府区郑家镇后景村	—	男	1944 年
九木匠	东昌府区闫寺办事处西舒村	—	男	1944 年
亢家和	东昌府区沙镇王庄	—	男	1944 年
李 氏	东昌府区闫寺办事处李寨村	37	女	1944 年
李长正	东昌府区凤凰办事处李庄	—	男	1944 年
李常岱	东昌府区朱老庄乡西甲李村	—	男	1944 年
李从庆	东昌府区凤凰办事处王堂村	—	男	1944 年
李洪贵	东昌府区朱老庄乡西甲李村	—	男	1944 年
李洪三	东昌府区闫寺办事处高庄	28	男	1944 年
李家安	东昌府区于集镇李海子村	—	男	1944 年
李金良之父	东昌府区	55	男	1944 年
李金柱	东昌府区于集镇蔺皋村	19	男	1944 年
李连祥	东昌府区	—	男	1944 年
李庆周	东昌府区于集镇东靖村	34	男	1944 年
李栓德	东昌府区郑家镇王堂村	—	男	1944 年

续表

姓名	籍贯	年龄	性别	死难时间
李同信	东昌府区郑家镇王官庄	—	男	1944 年
李维田	东昌府区郑家镇路湾村	90	男	1944 年
李玉轮	东昌府区于集镇王庄村	19	男	1944 年
李座元	东昌府区	—	男	1944 年
梁明河	东昌府区堂邑镇	—	男	1944 年
林士岐	东昌府区于集镇王西庄	—	男	1944 年
刘春岭	东昌府区朱老庄乡刘集村	—	男	1944 年
刘大三	东昌府区	—	男	1944 年
刘都川	东昌府区于集镇傅庄村	—	男	1944 年
刘　蒿	东昌府区朱老庄乡西甲李村	—	男	1944 年
刘金河	东昌府区朱老庄乡西甲李村	22	男	1944 年
刘金岭	东昌府区于集镇刘皋村	25	男	1944 年
刘延成	东昌府区于集镇刘皋村	30	男	1944 年
刘延全	东昌府区于集镇刘子园村	—	男	1944 年
刘友仁	东昌府区凤凰办事处李海务村	—	男	1944 年
刘玉广	东昌府区于集镇刘子园村	26	男	1944 年
柳铁成	东昌府区朱老庄乡西甲李村	25	男	1944 年
路金海	东昌府区古楼办事处三里铺村	—	男	1944 年
吕××	东昌府区堂邑镇花园村	—	男	1944 年
吕万岭	东昌府区于集镇吕庄	—	男	1944 年
吕照顺	东昌府区斗虎屯镇徐庄	20	男	1944 年
满青山	东昌府区	—	男	1944 年
毛文帐	东昌府区朱老庄乡毛营村	—	男	1944 年
孟三妮	东昌府区	30	女	1944 年
倪会云	东昌府区堂邑镇	—	男	1944 年
聂显明	东昌府区凤凰办事处后军屯村	24	男	1944 年
牛俊才	东昌府区沙镇镇牛家村	21	男	1944 年
牛正喜	东昌府区沙镇镇牛家村	16	男	1944 年
潘合昌	东昌府区郑家谢海村	—	男	1944 年
潘张×	东昌府区沙镇报本堂村	42	男	1944 年
乔继善	东昌府区闫寺办事处北张村	42	男	1944 年
邱青法	东昌府区郑家镇西邱村	29	男	1944 年

续表

姓名	籍贯	年龄	性别	死难时间
任广木	东昌府区湖西办事处姚屯村	—	男	1944 年
任广圣	东昌府区于集镇任寨村	24	男	1944 年
任金斗	东昌府区	61	男	1944 年
任口荣	东昌府区	10	男	1944 年
任　明	东昌府区道口铺办事处任堤口村	—	男	1944 年
荣金玉	东昌府区闫寺办事处王庙	34	男	1944 年
石　勇	东昌府区于集镇大王庄	—	男	1944 年
宋洪喜	东昌府区沙镇镇史宋村	—	男	1944 年
宋少堂之妻	东昌府区	30	女	1944 年
苏怀功之子	东昌府区堂邑镇苏堤口村	—	男	1944 年
孙丙章	东昌府区新区办事处谷庄村	87	男	1944 年
孙清峰	东昌府区	—	男	1944 年
田保林	东昌府区侯营镇田庄	56	男	1944 年
田郭氏	东昌府区	42	女	1944 年
王春平	东昌府区闫寺办事处冯庄	—	男	1944 年
王登水	东昌府区凤凰办事处陈魏村	—	男	1944 年
王良洲	东昌府区于集镇王寨村	—	男	1944 年
王明要	东昌府区闫寺办事处王庙	22	男	1944 年
王文×	东昌府区	—	男	1944 年
王文×之姑	东昌府区	—	女	1944 年
王连玉	东昌府区郑家镇焦孙村	42	男	1944 年
孙长城	东昌府区郑家镇焦孙村	33	男	1944 年
王　勇	东昌府区堂邑镇王海子	—	男	1944 年
吴风贞	东昌府区北城办事处常楼村	25	男	1944 年
吴清泽	东昌府区凤凰办事处米堂村	21	男	1944 年
肖汉周	东昌府区新区办事处赵庄村	—	男	1944 年
谢广泽	东昌府区郑家镇谢家村	—	男	1944 年
修保×	东昌府区沙镇镇沙南东村	45	男	1944 年
徐峻山	东昌府区堂邑镇许庄	—	男	1944 年
徐　五	东昌府区	25	男	1944 年
许振山	东昌府区堂邑镇许庄	—	男	1944 年
杨广宽	东昌府区堂邑镇杨庄	—	男	1944 年

续表

姓名	籍贯	年龄	性别	死难时间
杨文代	东昌府区于集镇韩庄	23	男	1944 年
杨延全	东昌府区于集镇中西杜村	22	男	1944 年
杨子平	东昌府区	60	男	1944 年
姚思亮	东昌府区许营乡姚庄村	41	男	1944 年
于龙动	东昌府区堂邑镇	—	男	1944 年
于兆更	东昌府区凤凰办事处双庙村	22	男	1944 年
曾宪孔	东昌府区张炉集镇张辛庄	—	男	1944 年
曾宪忠	东昌府区凤凰工业园张飞村	—	男	1944 年
张度吉	东昌府区	20	男	1944 年
张发孔	东昌府区	—	男	1944 年
张广成	东昌府区侯营乡孙庄	25	男	1944 年
张怀顺	东昌府区	—	男	1944 年
张李禄	东昌府区北城办事处曾庄	—	男	1944 年
张李氏	东昌府区	40	女	1944 年
张明成之父	东昌府区闫寺办事处任庄	25	男	1944 年
张培之	东昌府区凤凰工业园张飞村	—	男	1944 年
张同仑	东昌府区	40	男	1944 年
张万路	东昌府区凤凰办事处西曹村	21	男	1944 年
张小洞	东昌府区	25	男	1944 年
张学笃	东昌府区	—	男	1944 年
张以红	东昌府区闫寺办事处凤凰集村	36	男	1944 年
张赵氏	东昌府区	60	女	1944 年
赵文福	东昌府区于集镇南赵村	28	男	1944 年
赵小五	东昌府区堂邑镇	—	男	1944 年
甄云友	东昌府区许营乡绣衣集村	26	男	1944 年
郑守常	东昌府区梁水镇郑屯	15	男	1944 年
周连和	东昌府区湖西办事处刘庄	—	男	1944 年
祝士泉	东昌府区于集镇蔺皋村	17	男	1944 年
解树祥	东昌府区闫寺办事处凤凰集村	23	男	1945 年 1 月 3 日
石振公	东昌府区闫寺办事处凤凰集村	34	男	1945 年 1 月 3 日
张东山	东昌府区闫寺办事处凤凰集村	19	男	1945 年 1 月 3 日
张二狗	东昌府区闫寺办事处凤凰集村	39	男	1945 年 1 月 3 日

续表

姓名	籍贯	年龄	性别	死难时间
张广太	东昌府区闫寺办事处凤凰集村	29	男	1945 年 1 月 3 日
张秀峰	东昌府区闫寺办事处凤凰集村	51	男	1945 年 1 月 3 日
解白山	东昌府区闫寺办事处凤凰集村	43	男	1945 年 1 月 3 日
张长合	东昌府区闫寺办事处凤凰集村	60	男	1945 年 1 月 3 日
董庆坤	东昌府区斗虎屯镇董庄村	32	男	1945 年 1 月
纪同信	东昌府区许营乡王屯村	26	男	1945 年 1 月
林永兴	东昌府区沙镇镇西庞村	30	男	1945 年 1 月
路来光	东昌府区沙镇镇高楼村	28	男	1945 年 1 月
马道知	东昌府区斗虎屯镇马庄	—	男	1945 年 1 月
许金波	东昌府区侯营镇东泓村	30	男	1945 年 1 月
解安林	东昌府区闫寺办事处凤凰集村	22	男	1945 年 1 月
李效闵	东昌府区斗虎屯镇董庄村	36	男	1945 年 2 月 28 日
田清山	东昌府区斗虎屯镇董庄村	—	男	1945 年 2 月 28 日
田清连	东昌府区斗虎屯镇董庄村	—	男	1945 年 2 月 28 日
吴维潭	东昌府区斗虎屯镇董庄村	—	男	1945 年 2 月 28 日
庞 × ×	东昌府区闫寺办事处	—	男	1945 年 2 月
张法良	东昌府区斗虎屯镇吴老六村	19	男	1945 年 2 月
张照之	东昌府区堂邑镇	—	男	1945 年 2 月
胡连芝	东昌府区梁水镇胡楼村	—	男	1945 年 3 月
刘专海之弟	东昌府区	—	男	1945 年 3 月
苏 × ×	东昌府区	—	男	1945 年 3 月
王延荣	东昌府区许营乡后王村	30	男	1945 年 3 月
吴维功	东昌府区斗虎屯镇前吴村	18	男	1945 年 3 月
徐风文	东昌府区沙镇镇高楼村	22	男	1945 年 3 月
吕庆林之妻	东昌府区	—	女	1945 年 3 月
李乃申	东昌府区张炉集镇前石槽村	28	男	1945 年 4 月
李乃香	东昌府区张炉集镇前石槽村	43	男	1945 年 4 月
吴万典	东昌府区斗虎屯镇后吴村	24	男	1945 年 4 月
董杰山	东昌府区于集镇李海村	32	男	1945 年 5 月
傅崇兴	东昌府区于集镇陈衣村	22	男	1945 年 5 月
李广芹	东昌府区朱老庄乡东十里村	26	男	1945 年 5 月
苏廷贞	东昌府区闫寺办事处小苏庄	—	男	1945 年 5 月

续表

姓 名	籍 贯	年 龄	性 别	死难时间
王善兴	东昌府区郑家镇蔡庄村	21	男	1945 年 5 月
肖金海	东昌府区许营乡王屯村	22	男	1945 年 5 月
许金山	东昌府区侯营镇东泓村	16	男	1945 年 5 月
高文明	东昌府区于集镇梁庄	—	男	1945 年 6 月
高文明之子	东昌府区于集镇梁庄	—	男	1945 年 6 月
高文明之妻	东昌府区于集镇梁庄	—	女	1945 年 6 月
江贯武	东昌府区梁水镇江庄	—	男	1945 年 6 月
李树汉	东昌府区朱老庄乡红庙村	22	男	1945 年 6 月
徐长春	东昌府区沙镇镇史宋村	24	男	1945 年 6 月
张万禄	东昌府区凤凰办事处西曹村	22	男	1945 年 6 月
楚佃奇	东昌府区侯营镇	—	男	1945 年 6 月
胡富堂	东昌府区梁水镇胡楼	—	男	1945 年 7 月
刘秉成	东昌府区朱老庄乡草庙李村	36	男	1945 年 7 月
刘振华	东昌府区朱老庄乡辛庄村	20	男	1945 年 7 月
聂其明之姐	东昌府区	—	女	1945 年 7 月
阮庆展	东昌府区斗虎屯镇阮庄村	35	男	1945 年 7 月
程安然	东昌府区闫寺办事处程堂村	—	男	1945 年 8 月
江学义	东昌府区梁水镇江庄	—	男	1945 年 8 月
李子义	东昌府区许营乡袁庄村	23	男	1945 年 8 月
蒋文山	东昌府区北城办事处朱庄	30	男	1945 年 8 月
解素贞	东昌府区闫寺办事处凤凰集村	—	男	1945 年 8 月
刘衍成	东昌府区于集镇刘皋村	27	男	1945 年 8 月
吕海平	东昌府区斗虎屯镇	17	男	1945 年 8 月
张现印	东昌府区	—	男	1945 年 8 月
朱正友	东昌府区朱老庄乡朱连子村	26	男	1945 年 8 月
谭学勤	东昌府区凤凰办事处谭庄	22	男	1945 年 9 月
张连增	东昌府区梁水镇镇王庄村	15	男	1945 年 11 月
朱正堂	东昌府区朱老庄乡朱连子村	26	男	1945 年 11 月
郭同祥	东昌府区堂邑镇郭官朝	25	男	1945 年 12 月
夏腊月	东昌府区梁水镇篙庄	—	男	1945 年 12 月
姚树芹	东昌府区许营乡宋郎村	21	男	1945 年 12 月
黄群功	东昌府区郑家镇管屯	—	男	1945 年底

续表

姓名	籍贯	年龄	性别	死难时间
安玉合	东昌府区于集镇林庙村	21	男	1945年
蔡金友	东昌府区凤凰办事处赵庙村	19	男	1945年
陈继法	东昌府区凤凰办事处蔡庄村	31	男	1945年
陈金迎	东昌府区闫寺办事处铁屯	22	男	1945年
陈心海	东昌府区梁水镇房屯	21	男	1945年
程广勋	东昌府区凤凰办事处郭海村	33	男	1945年
程平山	东昌府区堂邑镇	—	男	1945年
程云武	东昌府区闫寺办事处程堂村	19	男	1945年
代富清	东昌府区凤凰办事处王虎庙村	20	男	1945年
董广菊	东昌府区斗虎屯镇山庄村	—	男	1945年
周长立	东昌府区许营乡西屯村	—	男	1945年
段景成	东昌府区凤凰办事处老韩村	42	男	1945年
冯西明	东昌府区	—	男	1945年
李杨氏	东昌府区郑家镇郇家	32	女	1945年
冯以合	东昌府区柳园办事处唐庄	45	男	1945年
付长江	东昌府区梁水镇刘庄	30	男	1945年
盖从林	东昌府区斗虎屯镇盖庄村	—	男	1945年
高信州	东昌府区梁水镇刘庄	—	男	1945年
高永臣	东昌府区堂邑镇杨庙村	—	男	1945年
郭春法	东昌府区沙镇沙南东村	52	男	1945年
郭文启	东昌府区堂邑镇同庞庄	—	男	1945年
许成奎	东昌府区许营乡许营村	—	男	1945年
郝化北	东昌府区梁水镇孙庄	17	男	1945年
郝化成	东昌府区梁水镇孙庄	22	男	1945年
郝银贵	东昌府区梁水镇孙庄	17	男	1945年
贾东良	东昌府区斗虎屯镇贾庄村	—	男	1945年
贾东柱	东昌府区斗虎屯镇贾庄村	—	男	1945年
贾桓义	东昌府区斗虎屯镇贾庄村	—	男	1945年
贾衍琪	东昌府区	21	男	1945年
江学生	东昌府区梁水镇江庄	—	男	1945年
姜金成	东昌府区梁水镇房屯	19	男	1945年
靳玉亭之妻	东昌府区沙镇	—	女	1945年

续表

姓名	籍贯	年龄	性别	死难时间
康加五	东昌府区沙镇王庄	—	男	1945 年
李古文	东昌府区堂邑镇杨庙村	—	男	1945 年
李怀士	东昌府区北城办事处李东楼	29	男	1945 年
李建安	东昌府区于集镇李海村	38	男	1945 年
李庆云	东昌府区凤凰办事处郭海村	35	男	1945 年
李士尧	东昌府区嘉明经济开发区北铁村	36	男	1945 年
李万贵	东昌府区于集镇郭阎村	21	男	1945 年
李以德	东昌府区北城办事处邱庙	—	男	1945 年
李忠洪	东昌府区闫寺办事处高庄	—	男	1945 年
梁金岭	东昌府区于集镇李海村	30	男	1945 年
蔺怀明	东昌府区于集镇蔺皋村	18	男	1945 年
刘殿清	东昌府区北城办事处梁庄	—	男	1945 年
刘锦堂	东昌府区道口铺办事处王尔镇村	—	男	1945 年
刘魁五	东昌府区堂邑镇刘屯	—	男	1945 年
刘锡山	东昌府区于集镇李海村	30	男	1945 年
刘召奎	东昌府区于集镇刘子元村	21	男	1945 年
刘振民	东昌府区	—	男	1945 年
刘振平	东昌府区	—	男	1945 年
路金良	东昌府区古楼办事处北关	—	男	1945 年
马远柱	东昌府区堂邑镇	—	男	1945 年
孟庆邦	东昌府区凤凰办事处周店村	26	男	1945 年
米金铎	东昌府区斗虎屯镇斗虎屯	25	男	1945 年
宓光甲	东昌府区朱老庄乡辛城海村	25	男	1945 年
苗英田	东昌府区凤凰办事处周店村	19	男	1945 年
牛泮石	东昌府区沙镇镇牛家村	30	男	1945 年
牛庆起	东昌府区沙镇镇牛家村	28	男	1945 年
牛庆山	东昌府区沙镇镇牛家村	28	男	1945 年
裴广鼎	东昌府区于集镇裴寨村	36	男	1945 年
邱保印	东昌府区郑家镇西邱村	20	男	1945 年
邱新胜	东昌府区郑家镇西邱村	19	男	1945 年
阮存之	东昌府区斗虎屯镇阮庄村	28	男	1945 年
商皋×	东昌府区	—	男	1945 年

续表

姓 名	籍 贯	年 龄	性 别	死难时间
邵俊卿	东昌府区古楼办事处	29	男	1945 年
舒连庆	东昌府区闫寺办事处西舒村	35	男	1945 年
苏长庆	东昌府区堂邑镇张苏庄	—	男	1945 年
苏怀功之父	东昌府区堂邑镇苏堤口村	—	男	1945 年
孙朝臣	东昌府区堂邑镇王文村	—	男	1945 年
孙 氏	东昌府区梁水镇张庄	21	女	1945 年
田清山	东昌府区斗虎屯镇板桥吴	—	男	1945 年
王道心	东昌府区堂邑镇小刘庄	30	男	1945 年
王化南	东昌府区凤凰办事处后军屯村	26	男	1945 年
王加友	东昌府区于集镇王庄村	28	男	1945 年
王清渭	东昌府区	—	男	1945 年
王三毛	东昌府区堂邑镇	—	男	1945 年
王生爱	东昌府区堂邑镇王田庄	—	男	1945 年
王胜武	东昌府区斗虎屯镇王庙村	28	男	1945 年
王 氏	东昌府区梁水镇张庄	25	女	1945 年
王树文	东昌府区梁水镇镇东升村	20	男	1945 年
王天法	东昌府区于集镇前白村	20	男	1945 年
王学文	东昌府区堂邑镇	35	男	1945 年
吴化轩	东昌府区闫寺办事处刁庄	45	男	1945 年
吴维谭	东昌府区斗虎屯镇板桥吴村	—	男	1945 年
吴维坦	东昌府区斗虎屯镇吴村	—	男	1945 年
肖春华	东昌府区堂邑镇斗东村	—	男	1945 年
肖汉全	东昌府区梁水镇肖木村	16	男	1945 年
肖纪生	东昌府区堂邑镇前肖村	24	男	1945 年
肖纪星	东昌府区堂邑镇斗东村	93	男	1945 年
徐成群	东昌府区	—	男	1945 年
徐风海	东昌府区侯营镇白庄	—	男	1945 年
许成奎	东昌府区许营乡许营村	—	男	1945 年
许继祥	东昌府区堂邑镇	—	男	1945 年
薛长青	东昌府区朱老庄乡老槐荫村	35	男	1945 年
杨保海	东昌府区堂邑镇路庄村	18	男	1945 年
杨金福	东昌府区斗虎屯镇盖庄	39	男	1945 年

续表

姓名	籍贯	年龄	性别	死难时间
姚患章	东昌府区	—	男	1945 年
禹春廷	东昌府区堂邑镇	—	男	1945 年
张长元	东昌府区梁水镇孙庄	20	男	1945 年
张殿法	东昌府区堂邑镇张德村	—	男	1945 年
张东海	东昌府区梁水镇秦铺村	21	男	1945 年
张富生	东昌府区堂邑镇丁马庄	—	男	1945 年
张吉相	东昌府区堂邑镇邵庄	—	男	1945 年
张连文	东昌府区	—	男	1945 年
张瑞东	东昌府区	23	男	1945 年
张书奎	东昌府区朱老庄乡郭庄	—	男	1945 年
张廷文	东昌府区许营乡曹官屯村	—	男	1945 年
张万杰	东昌府区凤凰办事处西曹村	19	男	1945 年
张玉成	东昌府区郑家镇苇园村	—	男	1945 年
张月波	东昌府区梁水镇孙庄	25	男	1945 年
张兆玉	东昌府区堂邑镇	—	男	1945 年
赵发成	东昌府区侯营镇盆赵村	27	男	1945 年
赵农朝	东昌府区堂邑镇	—	男	1945 年
郑学禹	东昌府区凤凰办事处郇堂村	18	男	1945 年
周长立	东昌府区许营乡曹官屯村	—	男	1945 年
周春杨	东昌府区堂邑镇路庄村	17	男	1945 年
周茂香	东昌府区于集镇蔺皋村	21	男	1945 年
周仁祥	东昌府区堂邑镇路庄村	17	女	1945 年
朱怀明	东昌府区堂邑镇朱庄村	19	男	1945 年
变狗怨	东昌府区古楼办事处西街	40	男	—
常玉德	东昌府区张炉集镇宁庄村	—	男	—
陈春法	东昌府区郑家镇郭庄村	—	男	—
陈更银	东昌府区凤凰办事处陈庄	50	男	—
陈以俭	东昌府区凤凰办事处陈庄	31	男	—
程冯清	东昌府区古楼办事处北关村	60	男	—
丁立成	东昌府区凤凰工业园张飞村	30	男	—
丁　牙	东昌府区	—	男	—
杜瑞秀	东昌府区朱老庄乡杜庄	22	男	—

续表

姓 名	籍 贯	年 龄	性 别	死难时间
杜若堂	东昌府区许营乡崔官屯村	—	男	—
二含见	东昌府区闫寺办事处王庙	19	男	—
二洋鬼子	东昌府区古楼办事处西街	60	男	—
范登先	东昌府区朱老庄乡井庄	—	男	—
房西庆	东昌府区张炉集镇宁庄村	—	男	—
丰卓氏	东昌府区闫寺办事处丰马庄	—	女	—
付×功	东昌府区北城办事处谢楼村	—	男	—
付其顺	东昌府区	—	男	—
高佰林	东昌府区道口铺办事处田庙村	—	男	—
高礼功	东昌府区	—	男	—
高岩勋	东昌府区张炉集镇邓院村	20	男	—
郭 ×	东昌府区沙镇孙马庄村	30	男	—
郭春法	东昌府区郑家镇郭庄村	—	男	—
郭春山	东昌府区郑家镇郭庄村	—	男	—
郭立友	东昌府区郑家镇郭子祥村	—	男	—
韩保林	东昌府区堂邑镇杨孟庄	—	男	—
韩东来	东昌府区北城办事处大瓜元村	—	男	—
胡鸡斗	东昌府区堂邑镇	—	男	—
胡×亮	东昌府区堂邑镇张营寨村	—	男	—
黄洪顺	东昌府区	—	男	—
黄金民	东昌府区	—	男	—
黄振刚之二弟	东昌府区古楼办事处城角	20	男	—
霍炳海	东昌府区北城办事处绳张村	—	男	—
姜云彩之祖父	东昌府区梁水镇	—	男	—
金 垛	东昌府区	21	男	—
靳 ×	东昌府区郑家镇前靳村	—	男	—
孔凡昌	东昌府区闫寺办事处闫皋村	25	男	—
孔庆路	东昌府区柳园办事处孔堂村	—	男	—
郎发启	东昌府区闫寺办事处郎庄	60	男	—
郎发善	东昌府区闫寺办事处郎庄	55	男	—
郎发顺	东昌府区闫寺办事处郎庄	—	男	—
郎发秀	东昌府区闫寺办事处郎庄	60	男	—

续表

姓 名	籍 贯	年 龄	性 别	死难时间
郎发友	东昌府区闫寺办事处郎庄	62	男	—
郎永喜	东昌府区闫寺办事处郎庄	25	男	—
郎永义	东昌府区闫寺办事处郎庄	23	男	—
李××	东昌府区道口铺办事处刘庄	20	男	—
李老头	东昌府区湖西办事处双庙村	—	男	—
李春连	东昌府区堂邑镇东王庄	—	男	—
李公安	东昌府区张炉集镇大东村	47	男	—
李公成	东昌府区张炉集镇大东村	48	男	—
李公义	东昌府区张炉集镇大东村	49	男	—
李怀安	东昌府区	—	男	—
李乃旺	东昌府区张炉集镇大东村	48	男	—
李乃义	东昌府区	—	男	—
李书申	东昌府区郑家镇邴家村	19	男	—
李树香	东昌府区堂邑镇	—	男	—
李天雨	东昌府区堂邑镇李家村	—	男	—
李小二	东昌府区北城办事处李楼村	—	男	—
李心太	东昌府区古楼办事处北关村	50	男	—
李要堂	东昌府区古楼办事处大井街	70	男	—
李义仁	东昌府区古楼办事处大井街	70	男	—
李振德	东昌府区柳园办事处利民居委	—	男	—
刘丙宽	东昌府区凤凰工业园乔刘村	32	男	—
刘成成	东昌府区堂邑镇司伯庄	—	男	—
刘东来	东昌府区堂邑镇刘庄	—	男	—
刘风德	东昌府区堂邑镇刘家村	—	男	—
刘 歌	东昌府区许营乡绣集村	30	男	—
刘洪亮	东昌府区古楼办事处西街	70	男	—
刘怀印	东昌府区堂邑镇刘海子村	—	男	—
刘呸九	东昌府区古楼办事处北关	70	男	—
刘四成	东昌府区堂邑镇司伯庄	—	男	—
刘王氏	东昌府区古楼办事处北关村	50	女	—
刘许臣	东昌府区古楼办事处东大街	60	男	—
刘玉田	东昌府区古楼办事处东大街	60	男	—

续表

姓 名	籍 贯	年 龄	性 别	死难时间
路清文之妻	东昌府区古楼办事处东街	60	女	—
吕庆林	东昌府区	—	男	—
罗守君	东昌府区古楼办事处北关村	52	男	—
罗心春之母	东昌府区古楼办事处北关村	50	女	—
卖粮人	东昌府区柳园办事处红庙村	—	男	—
梅保祥	东昌府区堂邑镇梅庄	—	男	—
孟海之父	东昌府区古楼办事处东大街	70	男	—
苗现连	东昌府区古楼办事处北街	60	男	—
南世昌	东昌府区古楼办事处南大街	50	男	—
齐化成	东昌府区古楼办事处张苏庄	—	男	—
齐化成之妻	东昌府区古楼办事处张苏庄	—	女	—
齐来东	东昌府区闫寺办事处玉皇庙村	—	男	—
齐来平	东昌府区闫寺办事处玉皇庙村	26	男	—
齐明四	东昌府区闫寺办事处玉皇庙村	28	男	—
齐树朋	东昌府区闫寺办事处玉皇庙村	—	男	—
乔五郎	东昌府区闫寺办事处北张村	—	男	—
乔信周	东昌府区凤凰工业园乔刘村	20	男	—
荣登朝	东昌府区闫寺办事处王庙村	17	男	—
荣随岱	东昌府区闫寺办事处王庙村	30	男	—
荣学海	东昌府区闫寺办事处王庙村	18	男	—
荣学忠	东昌府区闫寺办事处王庙村	20	男	—
邵保票	东昌府区古楼办事处南街	50	男	—
邵 家	东昌府区古楼办事处南关	—	男	—
申继清	东昌府区古楼办事处西街	50	男	—
盛世轩	东昌府区张炉集镇盛庙村	—	男	—
盛素芳	东昌府区张炉集镇盛庙村	—	女	—
盛延岭	东昌府区张炉集镇盛庙村	—	男	—
史春旺	东昌府区古楼办事处北街	70	男	—
史维成	东昌府区斗虎屯镇山庄	—	男	—
舒连献	东昌府区堂邑镇张舒庄	—	男	—
宋丹贵	东昌府区张炉集镇邓院村	23	男	—
宋二梅	东昌府区古楼办事处东大街	16	男	—

续表

姓 名	籍 贯	年 龄	性 别	死难时间
宋王氏	东昌府区古楼办事处东大街	30	女	—
宋薛姜	东昌府区古楼办事处东大街	12	男	—
宋之信	东昌府区古楼办事处东大街	30	男	—
宋宗义	东昌府区古楼办事处东大街	8	男	—
苏　黑	东昌府区古楼办事处西街	60	男	—
苏刘代	东昌府区张炉集镇	—	男	—
苏吕宝	东昌府区古楼办事处北关村	40	男	—
孙干八	东昌府区梁水镇孙庄	24	男	—
孙贯君之母	东昌府区古楼办事处东大街	70	女	—
孙建荣	东昌府区许营乡斗虎村	62	男	—
孙明祥	东昌府区	—	男	—
孙玉生	东昌府区许营乡曹官屯村	—	男	—
田　七	东昌府区闫寺办事处玉皇庙村	—	男	—
田甲发	东昌府区道口铺办事处田庙村	—	男	—
王灯甲	东昌府区张炉集镇盛庙村	—	男	—
王佃海	东昌府区闫寺办事处王庙村	30	男	—
王二见	东昌府区古楼办事处西街	60	男	—
王二麻之子	东昌府区闫寺办事处王庙村	28	男	—
王见章	东昌府区古楼办事处东大街	66	男	—
王金海	东昌府区古楼办事处北街府	50	男	—
王进明	东昌府区堂邑镇王风庄	—	男	—
潘　一	东昌府区沙镇报本堂村	—	女	—
王连桂	东昌府区堂邑镇赵子营村	81	男	—
王西林	东昌府区张炉集镇盛庙村	—	男	—
王相泰	东昌府区	—	男	—
王玉化	东昌府区古楼办事处东大街	50	女	—
王玉路	东昌府区闫寺办事处王庙	18	男	—
王照选之妻	东昌府区古楼办事处东街	—	女	—
张桂春	东昌府区沙镇贾楼村	—	男	—
王仲玉	东昌府区古楼办事处西街	60	男	—
魏清臣	东昌府区沙镇孙马庄村	13	男	—
温皋明	东昌府区堂邑镇孟庄	—	男	—

续表

姓 名	籍 贯	年 龄	性 别	死难时间
吴金代	东昌府区朱老庄乡杜庄	50	男	—
吴清合	东昌府区古楼办事处西街	70	男	—
吴淑兰之大爷	东昌府区	—	男	—
吴淑兰之亲戚	东昌府区	—	男	—
小憨子	东昌府区	—	男	—
小　明	东昌府区道口铺办事处田庙村	—	男	—
肖禄林	东昌府区堂邑镇斗东村	—	男	—
邢清明	东昌府区古楼办事处北关村	48	男	—
徐　武	东昌府区凤凰工业园吴铺村	20	男	—
徐　×	东昌府区古楼办事处姚园子	—	男	—
许成林	东昌府区许营乡海子村	31	男	—
许成琪	东昌府区许营乡许营村	—	男	1938 年 11 月
许德海	东昌府区	—	男	—
许德洲	东昌府区许营乡后许村	19	男	—
许度云之母	东昌府区古楼办事处北关村	50	女	—
薛　云	东昌府区古楼办事处东街	16	女	—
闫继祥	东昌府区古楼办事处北街村	20	男	—
杨灿然	东昌府区闫寺办事处大屯村	—	男	—
杨贵廷	东昌府区许营乡侯营村	51	男	—
杨路氏	东昌府区凤凰工业园吴铺村	60	女	—
杨书和	东昌府区堂邑镇贾庄	—	男	—
杨西峰	东昌府区堂邑镇斗西村	82	男	—
殷清西之母	东昌府区古楼办事处东街	80	女	—
袁风启	东昌府区北城办事处苏庄	—	男	—
岳清华	东昌府区湖西办事处岳庄	—	男	—
臧树学	东昌府区堂邑镇言庙铺	—	男	—
张贯本之妻	东昌府区古楼办事处东街	25	女	—
张金堂	东昌府区北城办事处绳张村	—	男	—
张奎清	东昌府区古楼办事处东大街	70	男	—
张老丁之母	东昌府区闫寺办事处单庄	—	女	—
张连梗	东昌府区朱老庄乡红庙村	25	男	—
张连华	东昌府区闫寺办事处后田村	30	男	—

续表

姓 名	籍 贯	年 龄	性 别	死难时间
张明仁	东昌府区古楼办事处东大街	74	男	—
张　胖	东昌府区古楼办事处北关村	60	男	—
张瑞桓	东昌府区	—	男	—
张王氏	东昌府区古楼办事处东大街	66	女	—
张西成	东昌府区许营乡曹官屯村	—	男	—
张镇清	东昌府区	—	男	—
张子龙	东昌府区	—	男	—
赵西珍之叔	东昌府区柳园办事处王天甫社区	—	男	—
郑金祥之妹	东昌府区古楼办事处城内北大街	—	女	—
郑太章	东昌府区道口铺办事处田庙村	—	男	—
周法成	东昌府区张炉集镇高寺村	—	男	—
周法禄	东昌府区张炉集镇高寺村	—	男	—
周正波	东昌府区张炉集镇高寺村	—	男	—
周正刚	东昌府区张炉集镇高寺村	—	男	—
周正海	东昌府区张炉集镇高寺村	—	男	—
周正和	东昌府区张炉集镇高寺村	—	男	—
周正立	东昌府区张炉集镇高寺村	—	男	—
周正庆	东昌府区张炉集镇高寺村	—	男	—
周正容	东昌府区张炉集镇高寺村	—	男	—
周正善	东昌府区张炉集镇高寺村	—	男	—
周中臣	东昌府区张炉集镇宁庄村	—	男	—
徐连登	东昌府区张炉集镇高寺村	—	男	—
李保成	东昌府区张炉集镇高寺村	—	男	—
朱国成	东昌府区许营乡朱庄村	—	男	—
庄培喜	东昌府区北城办事处庄庄	—	男	—
杜万营	东昌府区许营乡任庄村	—	男	—
程连河	东昌府区道口铺办事处程庄	—	男	—
李太民	东昌府区道口铺办事处邵屯村	—	男	—
邵 × ×	东昌府区道口铺办事处邵屯村	—	男	—
王凤河	东昌府区道口铺办事处邵屯村	—	男	—
王凤华	东昌府区道口铺办事处邵屯村	—	男	—
王凤林	东昌府区道口铺办事处邵屯村	—	男	—

续表

姓 名	籍 贯	年 龄	性 别	死难时间
王×山	东昌府区道口铺办事处邵屯村	—	男	—
闫丙金	东昌府区道口铺办事处邵屯村	—	男	—
郑广和	东昌府区道口铺办事处田庙村	—	男	—
马登香	东昌府区道口铺办事处高马村	—	女	—
庞海山	东昌府区闫寺办事处庞庄	20	男	1937 年
庞俊才	东昌府区闫寺办事处庞庄	20	男	1937 年
庞旺青	东昌府区闫寺办事处庞庄	30	男	1937 年
刘丁宝	东昌府区闫寺办事处刘庄	19	男	1937 年
齐树田	东昌府区闫寺办事处刘庄	21	男	1937 年
白纪林	东昌府区侯营镇郭白村	—	男	1938 年
马登旺	东昌府区张炉集乡马坊村	33	男	1938 年
路玉显	东昌府区凤凰办事处三排芦村	29	男	1939 年
贾二妮	东昌府区侯营镇郭白村	—	女	1939 年
刘风河	东昌府区闫寺办事处周店	20	男	1939 年
聂杨臣	东昌府区闫寺办事处周店	21	男	1939 年
王二嘎	东昌府区闫寺办事处周店	30	男	1939 年
芦广河	东昌府区凤凰办事处三排芦村	26	男	1940 年
芦广泽	东昌府区凤凰办事处三排芦村	27	男	1940 年
曾昭会	东昌府区凤凰办事处西白村	—	男	1940 年
张二道	东昌府区侯营镇盆赵村	16	男	1940 年
韩云峰	东昌府区闫寺办事处闫皋	20	男	1940 年
石展堂	东昌府区于集镇刘子孙元村	70	男	1940 年
米广月	东昌府区凤凰办事处三排芦村	28	男	1941 年
吕登高	东昌府区凤凰办事处西白村	25	男	1941 年
杨长安	东昌府区凤凰办事处杨庙村	30	男	1941 年
王金坡	东昌府区闫寺办事处西舒	—	男	1941 年
杜丙印	东昌府区于集镇东杜村	28	男	1941 年
王 安	东昌府区郑家镇闫家村	—	男	1941 年
阮化祥	东昌府区斗虎屯乡阮庄村	—	男	1942 年
阮庄奎	东昌府区斗虎屯乡阮庄村	—	男	1942 年
刘风德	东昌府区凤凰办事处西白村	29	男	1942 年
贾文德	东昌府区侯营镇郭白村	—	男	1942 年

续表

姓 名	籍 贯	年 龄	性 别	死难时间
郑书义	东昌府区侯营镇郭白村	—	男	1942 年
岳恒利	东昌府区侯营镇岳庄村	27	男	1942 年
岳学武	东昌府区侯营镇岳庄村	28	男	1942 年
舒连友	东昌府区闫寺办事处西舒村	19	男	1942 年
王庆春	东昌府区闫寺办事处香坊村	—	男	1942 年
王之林	东昌府区闫寺办事处香坊村	—	男	1942 年
刘叙山	东昌府区于集镇刘子孙元村	62	男	1942 年
王玉芹	东昌府区梁水镇镇王铺村	38	男	1943 年 7 月
叶金成	东昌府区新区办事处敦台王村	29	男	1943 年 10 月 11 日
张林法	东昌府区道口铺办事处刘海子村	—	男	1943 年
张文江	东昌府区道口铺办事处刘海子村	—	男	1943 年
闫法山	东昌府区道口铺办事处邵屯	—	男	1943 年
李彩元	东昌府区道口铺办事处四甲李村	—	男	1943 年
李大元	东昌府区道口铺办事处四甲李村	—	男	1943 年
李清带	东昌府区道口铺办事处四甲李村	—	男	1943 年
李清东	东昌府区道口铺办事处四甲李村	—	男	1943 年
李同年	东昌府区道口铺办事处四甲李村	—	男	1943 年
路法太	东昌府区凤凰办事处西白村	—	男	1943 年
曾昭慎	东昌府区凤凰办事处西白村	—	男	1943 年
曾昭修	东昌府区凤凰办事处西白村	—	男	1943 年
李德厚	东昌府区闫寺办事处随庄	40	男	1943 年
李德成	东昌府区闫寺办事处随庄	50	男	1943 年
张登文	东昌府区侯营镇老庙村	35	男	1943 年
李春明	东昌府区梁水镇北赵村	19	男	1943 年
张兆路	东昌府区沙镇张八村	27	男	1943 年
杨二憨	东昌府区闫寺办事处北张村	—	男	1943 年
鲍观正	东昌府区闫寺办事处大屯	—	男	1943 年
高金明	东昌府区闫寺办事处大屯	—	男	1943 年
高中堂	东昌府区闫寺办事处大屯	—	男	1943 年
刘　×	东昌府区闫寺办事处大屯	—	男	1943 年
刘兆发	东昌府区闫寺办事处大屯	—	男	1943 年
张丙三	东昌府区闫寺办事处凤凰集村	20	男	1943 年

续表

姓 名	籍 贯	年 龄	性 别	死难时间
张干巴	东昌府区闫寺办事处凤凰集村	17	男	1943 年
张金平	东昌府区闫寺办事处凤凰集村	20	男	1943 年
张金生	东昌府区闫寺办事处凤凰集村	19	男	1943 年
张立凡	东昌府区闫寺办事处凤凰集村	18	男	1943 年
张立朋	东昌府区闫寺办事处凤凰集村	19	男	1943 年
张以贵	东昌府区闫寺办事处凤凰集村	21	男	1943 年
张以航	东昌府区闫寺办事处凤凰集村	22	男	1943 年
张以金	东昌府区闫寺办事处凤凰集村	21	男	1943 年
张以胜	东昌府区闫寺办事处凤凰集村	20	男	1943 年
舒玉珍	东昌府区闫寺办事处高庄	—	男	1943 年
刘庆雨	东昌府区闫寺办事处后田村	19	男	1943 年
张中宽	东昌府区闫寺办事处后田村	18	男	1943 年
刘天增	东昌府区闫寺办事处刘庙村	15	男	1943 年
刘玉和	东昌府区闫寺办事处刘庙村	23	男	1943 年
庞风明	东昌府区闫寺办事处庞庄	16	男	1943 年
任金见	东昌府区闫寺办事处任庄	30	男	1943 年
褚法庆	东昌府区闫寺办事处苏南村	30	男	1943 年
马登太	东昌府区张炉集镇马坊村	37	男	1943 年
马怀柱	东昌府区张炉集镇马坊村	34	男	1943 年
杨广和	东昌府区张炉集镇马坊村	35	男	1943 年
李法舜之妻	东昌府区朱老庄乡茄子李村	30	女	1943 年
谭文禄	东昌府区凤凰办事处谭庄	—	男	1943 年
马登华	东昌府区道口铺办事处高马村	—	女	1944 年
马庆山	东昌府区道口铺办事处高马村	—	女	1944 年
苏留成	东昌府区道口铺办事处黄村	—	男	1944 年
李洪玲	东昌府区闫寺办事处高庄	28	男	1944 年
刘丙洋	东昌府区闫寺办事处高庄	—	男	1944 年
郎振生	东昌府区闫寺办事处郎庄	—	男	1944 年
郎振发	东昌府区闫寺办事处朗庄	—	男	1944 年
任光汉	东昌府区闫寺办事处前田村	20	男	1944 年
赵玉庆	东昌府区闫寺办事处赵庄	—	男	1944 年
陈长江	东昌府区新区办事处孟闫村	—	男	1945 年 9 月 1 日

续表

姓 名	籍 贯	年 龄	性 别	死难时间
陈金海	东昌府区新区办事处孟闫村	—	男	1945 年 9 月 1 日
高汉青	东昌府区新区办事处孟闫村	—	男	1945 年 9 月
郭丹新	—	—	男	1945 年
郭芬池	—	—	女	1945 年
郭树芝	—	—	女	1945 年
李长明	—	—	男	1945 年
李玉富	—	—	男	1945 年
苏 × ×	—	—	男	1945 年
仙 × ×	—	—	男	1945 年
任满堂	东昌府区道口铺办事处双庙村	—	男	1945 年
李清运	东昌府区道口铺办事处四甲李村	—	男	1945 年
程长清	东昌府区斗虎屯镇张李村	—	男	1945 年
白勤生	东昌府区侯营镇郭白村	—	男	1945 年
张纪元	东昌府区侯营镇盆赵村	—	男	1945 年
高保昌	东昌府区道口铺办事处苏楼村	—	男	—
高凤祥	东昌府区道口铺办事处苏楼村	—	男	—
高学笃	东昌府区道口铺办事处苏楼村	—	男	—
苏玉华	东昌府区道口铺办事处苏楼村	—	男	—
程殿信	东昌府区北城办事处大瓜元村	—	男	—
程荣锋	东昌府区北城办事处大瓜元村	—	男	—
豆吉献	东昌府区北城办事处大瓜元村	—	男	—
韩东成	东昌府区北城办事处大瓜元村	—	男	—
韩庆堂	东昌府区北城办事处大瓜元村	—	男	—
韩庆祥	东昌府区北城办事处大瓜元村	—	男	—
韩文忠	东昌府区北城办事处大瓜元村	—	男	—
杜明胡	东昌府区北城办事处杜宅村	—	男	—
刘梦吉	东昌府区北城办事处河洼刘村	—	男	—
蒋来恩	东昌府区北城办事处蒋村	—	男	—
蒋来民	东昌府区北城办事处蒋村	—	男	—
李合庆	东昌府区北城办事处李楼村	—	男	—
李超路	东昌府区北城办事处李楼村	—	男	—
李超言	东昌府区北城办事处李楼村	—	男	—

续表

姓名	籍贯	年龄	性别	死难时间
李宽庆	东昌府区北城办事处李楼村	—	男	—
明德武之祖父	东昌府区湖西办事处陈屯村	—	男	—
李双庆	东昌府区北城办事处李楼村	—	男	—
梁以海	东昌府区北城办事处梁庄	—	男	—
冯振芳	东昌府区北城办事处小瓜元村	—	男	—
李德古	东昌府区北城办事处小瓜元村	—	男	—
李德印	东昌府区北城办事处小瓜元村	—	男	—
李德玉	东昌府区北城办事处小瓜元村	—	男	—
刘甲顺	东昌府区北城办事处辛庄	—	男	—
李　诚	东昌府区北城办事处周堂村	—	男	—
李秋香	东昌府区北城办事处周堂村	—	女	—
李西×	东昌府区北城办事处周堂村	—	男	—
荣小十	东昌府区道口铺办事处苏楼村	—	男	—
闻子龙之祖父	东昌府区侯营镇前卢村	56	男	—
武长运之弟	东昌府区许营乡宋郎村	—	男	—
杜才方	东昌府区闫寺办事处杜庄	25	男	—
荣付成	东昌府区闫寺办事处杜庄	18	男	—
王凤祥	东昌府区闫寺办事处杜庄	21	男	—
冯立生	东昌府区闫寺办事处冯庄	—	男	—
冯立柱	东昌府区闫寺办事处冯庄	—	男	—
王春长	东昌府区闫寺办事处冯庄	—	男	—
闫小瓣	东昌府区闫寺办事处闫寺村	30	男	—
岳法泉	东昌府区闫寺办事处闫寺村	22	男	—
郎树平	东昌府区闫寺办事处义和庄	—	男	—
郎树芝	东昌府区闫寺办事处义和庄	—	男	—
潘荣基	东昌府区闫寺办事处玉皇庙村	30	男	—
宋金铎	东昌府区张炉集镇关庙村	51	男	—
宋文顺	东昌府区张炉集镇关庙村	48	男	—
宋增成	东昌府区张炉集镇关庙村	50	男	—
李令文	东昌府区张炉集镇前石村	33	男	—
合　计	**1627**			

责任人：吴玉香　逯红远　　核实人：卢宪锋　　填表人：卢宪锋

填报单位（签章）：聊城市东昌府区委党史研究室　　填报时间：2009 年 4 月 16 日

临清市抗日战争时期死难者名录

姓 名	籍 贯	年 龄	性 别	死难时间
张克义	临清市青年办事处里官庄村	—	男	1937 年 10 月 5 日
赵钱龄	临清市青年办事处里官庄村	—	男	1937 年 10 月 5 日
宋法江	临清市青年办事处里官庄村	—	男	1937 年 10 月 5 日
张之刚	临清市青年办事处里官庄村	—	男	1937 年 10 月 6 日
侯子明	临清市尚店乡焦东村	40	男	1937 年 10 月 28 日
梁 氏	临清市康庄镇侯寨子村	—	女	1937 年 10 月
张春梅	临清市尚店乡闫屯村	40	男	1937 年 11 月 5 日
张春居	临清市尚店乡闫屯村	20	男	1937 年 11 月 5 日
张春来	临清市尚店乡闫屯村	20	男	1937 年 11 月 5 日
张士连	临清市尚店乡闫屯村	50	男	1937 年 11 月 5 日
张书昌	临清市尚店乡闫屯村	45	男	1937 年 11 月 5 日
邹连云	临清市尚店乡闫屯村	30	男	1937 年 11 月 5 日
张学思	临清市尚店乡闫屯村	30	男	1937 年 11 月 5 日
张建吉	临清市尚店乡闫屯村	40	男	1937 年 11 月 5 日
邹连成	临清市尚店乡闫屯村	50	男	1937 年 11 月 5 日
李万福	临清市尚店乡闫屯村	40	男	1937 年 11 月 5 日
张建瑞之子	临清市尚店乡闫屯村	20	男	1937 年 11 月 5 日
张学才之叔	临清市尚店乡闫屯村	20	男	1937 年 11 月 5 日
何东海	临清市尚店乡闫屯村	40	男	1937 年 11 月 5 日
何伦昌之叔	临清市尚店乡闫屯村	35	男	1937 年 11 月 5 日
郑易学	临清市尚店乡闫屯村	20	男	1937 年 11 月 5 日
辛以才	临清市尚店乡林庄村	—	男	1937 年 11 月 5 日
郑 × ×	临清市尚店乡闫屯村	—	男	1937 年 11 月 5 日
何明奎之叔	临清市尚店乡闫屯村	26	男	1937 年 11 月 5 日
李开山之父	临清市尚店乡闫屯村	30	男	1937 年 11 月 5 日
王 × ×	临清市	—	男	1937 年 12 月
柳孝德之祖母	临清市八岔路镇刘塔头村	—	女	1937 年冬
班 × ×	—	—	男	1937 年
许希领	临清市烟店镇	—	男	1937 年
许希敬	临清市烟店镇	—	男	1937 年
郭 聪	临清市康庄镇侯寨子村	30	男	1937 年

续表

姓 名	籍 贯	年 龄	性 别	死难时间
周立刚	临清市尚店乡贾牌村	—	男	1937 年
杨延龙	临清市尚店乡贾牌村	—	男	1937 年
杨 友	临清市尚店乡贾牌村	—	男	1937 年
周立顶	临清市尚店乡贾牌村	—	男	1937 年
李 双	临清市尚店乡贾牌村	—	男	1937 年
杨发友	临清市刘垓子镇王庙村	—	男	1937 年
袁振西	临清市松林镇东丁村	31	男	1937 年
李家珍	临清市魏湾镇丁马庄村	—	男	1937 年
赵长武	临清市魏湾镇丁马庄村	—	男	1937 年
徐凤鸣	临清市金郝庄乡金炉店村	43	男	1937 年
姜景烈	临清市金郝庄乡金炉店村	56	男	1937 年
方荣吉	临清市金郝庄乡金炉店村	54	男	1937 年
姜李氏	临清市金郝庄乡金炉店村	53	女	1937 年
王子轩	临清市金郝庄乡金炉店村	16	男	1937 年
杜克印	临清市青年办事处南厂居委会	29	男	1941 年
刘西祯	临清市松林镇由集村	23	男	1938 年 2 月
李西友之父	临清市青年办事处顺河街	40	男	1938 年 3 月
梁冠才	临清市康庄镇侯寨子村	—	男	1938 年 5 月
梁继贤	临清市康庄镇侯寨子村	—	男	1938 年 5 月
尉迟修职	临清市先锋办事处白布巷	21	男	1938 年 5 月
吕 × ×	临清市魏湾镇柴吕油村	—	男	1938 年春
李继洪	临清市魏湾镇河南堂村	22	男	1938 年 7 月 13 日
黑 × ×	临清市新华办事处林园村	41	男	1938 年 8 月
陈万世	临清市老赵庄乡由庄村	—	男	1938 年 8 月
吴 × ×	临清市老赵庄乡由庄村	—	男	1938 年 8 月
孙士路	临清市老赵庄乡由庄村	—	男	1938 年 8 月
王光昌	临清市八岔路镇刘塔头村	—	男	1938 年夏
王立业	临清市八岔路镇刘塔头村	—	男	1938 年夏
李继山	临清市魏湾镇河南堂	20	男	1938 年 9 月 12 日
李培山	临清市烟店镇冯圈村	—	男	1938 年 9 月
李桂岭	临清市新华办事处东陶屯村	33	男	1938 年 10 月 25 日
王夫兰	临清市康庄镇东崔村	27	男	1938 年 10 月
莫庆福	临清市康庄镇东崔村	18	男	1938 年 10 月
莫如齐	临清市康庄镇东崔村	28	男	1938 年 10 月

续表

姓 名	籍 贯	年 龄	性 别	死难时间
金以升	临清市金郝庄镇	—	男	1938 年 11 月 20 日
金合勤	临清市金郝庄镇	—	男	1938 年 11 月 20 日
金子余	临清市金郝庄镇	—	男	1938 年 11 月 20 日
金以民	临清市金郝庄镇	—	男	1938 年 11 月 20 日
潘数森	临清市金郝庄镇	—	男	1938 年 11 月 20 日
庞殿富	临清市金郝庄镇	—	男	1938 年 11 月 20 日
金中代	临清市金郝庄镇	—	男	1938 年 11 月 20 日
金以塄	临清市金郝庄镇	—	男	1938 年 11 月 20 日
金克中	临清市金郝庄镇	—	男	1938 年 11 月 20 日
金克风	临清市金郝庄镇	—	男	1938 年 11 月 20 日
金连生	临清市金郝庄镇	—	男	1938 年 11 月 20 日
金训生	临清市金郝庄镇	—	男	1938 年 11 月 20 日
金英凡	临清市金郝庄镇	—	男	1938 年 11 月 20 日
金刚生	临清市金郝庄镇	—	男	1938 年 11 月 20 日
金合魁	临清市金郝庄镇	—	男	1938 年 11 月 20 日
金以在	临清市金郝庄镇	—	男	1938 年 11 月 20 日
朱士岱	临清市金郝庄镇	—	男	1938 年 11 月 20 日
孙广义	临清市烟店镇魏厂村	17	男	1938 年 11 月
李桂岑之秘书	临清市新华办事处东陶屯村	—	男	1938 年 11 月
李恩才	临清市魏湾镇李圈村	—	男	1938 年秋
袁老卖	临清市青年办事处	—	男	1938 年
洪大全	临清市先锋办事处	—	男	1938 年
洪大全之亲人一	临清市先锋办事处	—	—	1938 年
洪大全之亲人二	临清市先锋办事处	—	—	1938 年
洪大全之亲人三	临清市先锋办事处	—	—	1938 年
洪大全之亲人四	临清市先锋办事处	—	—	1938 年
洪大全之亲人五	临清市先锋办事处	—	—	1938 年
洪大全之亲人六	临清市先锋办事处	—	—	1938 年
洪大全之亲人七	临清市先锋办事处	—	—	1938 年
洪大全之亲人八	临清市先锋办事处	—	—	1938 年
马 × ×	临清市	—	男	1938 年
李 × ×	临清市	—	男	1938 年
刘 × ×	—	—	女	1938 年
孙连续	临清市康庄镇王里长屯	—	男	1938 年

续表

姓 名	籍 贯	年 龄	性 别	死难时间
张希党	临清市刘垓子镇左桥村	—	男	1938 年
杜洪彬	临清市新华办事处陈庄村	—	男	1938 年
黄玉台	临清市唐园镇瑶坡村	41	男	1938 年
丰凤元	临清市唐园镇丰圈村	—	男	1938 年
刘明起	临清市八岔路镇影庄村	—	男	1938 年
徐 × ×	临清市八岔路镇辛北村	—	男	1938 年
汪寿凯之妻	临清市八岔路镇辛南村	—	女	1938 年
汪 × ×	临清市八岔路镇辛南村	—	男	1938 年
陈金街	临清市潘庄镇潘南村	37	男	1938 年
王 五	临清市刘垓子镇北薛村	—	男	1938 年
李长水	临清市刘垓子镇左桥村	—	男	1938 年
马连生	临清市刘垓子镇左桥村	—	男	1938 年
赵 × ×	临清市大辛庄办事处姜堂村	—	男	1938 年
赵 × ×	临清市大辛庄办事处姜堂村	—	男	1938 年
张 × ×	临清市刘垓子镇姜油坊村	—	男	1938 年
季亚功	临清市康庄镇王屯村	25	男	1938 年
张 × ×	临清市康庄镇康一村	23	男	1938 年
袁振成	临清市松林镇东丁村	27	男	1938 年
马金龙	临清市老赵庄乡姚里庄村	—	男	1938 年
匙武林	临清市老赵庄乡沈庄村	—	男	1938 年
李帮太	临清市老赵庄乡沈庄村	—	男	1938 年
刘召震	临清市老赵庄乡姜庄村	42	男	1938 年
王保祥	临清市老赵庄乡天宫庙村	50	男	1938 年
甄殿举	临清市金郝庄乡马庄村	25	男	1938 年
张洪玉	临清市金郝庄乡新南村	31	男	1938 年
张洪章	临清市金郝庄乡新南村	28	男	1938 年
贾桂岳	临清市金郝庄乡野村寨村	19	男	1938 年
高连喜	临清市青年办事处马庄村	21	男	1938 年
申天成	临清市青年办事处车营街	14	男	1938 年
于汝惠	临清市魏湾镇	20	男	1938 年
王士俊	临清市新华办事处北门里街	24	男	1938 年
王明训	临清市潘庄镇东大章堡村	18	男	1938 年
王运福之母	临清市烟店镇王庄村	23	女	1939 年 1 月 3 日
王清义之叔	临清市烟店镇王庄村	20	男	1939 年 1 月 3 日

续表

姓名	籍贯	年龄	性别	死难时间
王保祥	临清市烟店镇王庄村	8	男	1939年1月3日
王立德	临清市烟店镇王庄村	65	男	1939年1月3日
潘财芝	临清市烟店镇拳厂村	74	男	1939年1月3日
沈炳文	临清市青年办事处朱庄村	17	男	1939年1月
赵金明	临清市青年办事处	—	男	1939年2月4日
刑铁务	临清市青年办事处	—	男	1939年2月4日
朱××	临清市青年办事处	—	男	1939年2月4日
张金彪	临清市新华办事处林园村	45	男	1939年3月
王金玉	临清市青年办事处江庄村	16	男	1939年4月
李实金	临清市刘垓子镇井里堡	27	男	1939年8月
海连友	临清市金郝庄乡海坡村	52	男	1939年9月29日
孟召炎	临清市金郝庄乡海坡村	41	男	1939年9月29日
孟宪瑞	临清市金郝庄乡海坡村	51	男	1939年9月29日
温克玉	临清市康庄镇刘皮村	—	男	1939年11月
杨凤山	临清市大辛庄办事处秦刘庄村	—	男	1939年12月
张福全	临清市大辛庄办事处秦刘庄村	—	男	1939年12月
秦书成	临清市大辛庄办事处秦刘庄村	—	男	1939年12月
秦书清	临清市大辛庄办事处秦刘庄村	—	男	1939年12月
秦金魁	临清市大辛庄办事处秦刘庄村	—	男	1939年12月
赵××	临清市大辛庄办事处秦刘庄村	—	男	1939年12月
孙化甫	临清市尚店乡西白堌村	30	男	1939年12月
李金元	临清市尚店乡西白堌村	28	男	1939年12月
洪　数	临清市先锋办事处桃园街	17	男	1939年12月
赵金明	临清市新华办事处东关村	—	男	1939年
官振山	临清市松林镇由集村	—	男	1939年
刘明君	临清市八岔路镇西二庄	—	男	1939年
薛氏之兄	临清市青年办事处南关村	—	男	1939年
薛氏之弟	临清市青年办事处南关村	—	男	1939年
唐汝早	—	—	男	1939年
王清太	临清市唐园镇孙寨村	—	男	1939年
姚金龙	临清市青年办事处西旧县村	—	男	1939年
姚金龙之家属一	临清市青年办事处西旧县村	—	—	1939年
姚金龙之家属二	临清市青年办事处西旧县村	—	—	1939年
姚金龙之家属三	临清市青年办事处西旧县村	—	—	1939年

续表

姓 名	籍 贯	年 龄	性 别	死难时间
姚金龙之家属四	临清市青年办事处西旧县村	—	—	1939 年
姚金龙之家属五	临清市青年办事处西旧县村	—	—	1939 年
姚金龙之家属六	临清市青年办事处西旧县村	—	—	1939 年
姚金凯	临清市青年办事处西旧县村	—	男	1939 年
姚金凯之家属一	临清市青年办事处西旧县村	—	—	1939 年
姚金凯之家属二	临清市青年办事处西旧县村	—	—	1939 年
姚金凯之家属三	临清市青年办事处西旧县村	—	—	1939 年
张红西	临清市尚店乡尚店村	—	男	1939 年
郑忠堂之母	临清市新华办事处甄八里村	29	女	1939 年
汪以伟	临清市唐园镇西科村	20	男	1939 年
李汉臣	临清市唐园镇丰圈村	—	男	1939 年
李庆华	临清市唐园镇丰圈村	—	男	1939 年
李兆修	临清市唐园镇丰圈村	—	男	1939 年
帅关海	临清市八岔路镇国塔头村	28	男	1939 年
王计桂	临清市八岔路镇后杨坟村	—	男	1939 年
王丰田	临清市八岔路镇后杨坟村	—	男	1939 年
迟文龙之弟	临清市八岔路镇万庄村	—	男	1939 年
张全孝	临清市八岔路镇万庄村	19	男	1939 年
王炳忠	临清市潘庄镇东路寨东村	20	男	1939 年
王长春	临清市潘庄镇东路寨东村	23	男	1939 年
张春毫	—	—	—	1939 年
张春明	—	—	—	1939 年
盛德荣	临清市刘垓子镇刘垓子村	32	男	1939 年
于名九	临清市刘垓子镇尹阁村	16	男	1939 年
邴玉如	临清市刘垓子镇小薛楼村	20	男	1939 年
王在友	临清市戴湾乡李官营村	23	男	1939 年
杨春官	临清市戴湾乡李官营村	—	男	1939 年
王家昌	临清市松林镇王常刘村	23	男	1939 年
李广林	临清市金郝庄乡代庄村	—	男	1939 年
陈修玉	临清市新华办事处胡里庄	26	男	1939 年
郑立忠	临清市潘庄镇	19	男	1939 年
刘宗元	临清市潘庄镇	16	男	1939 年
张建香	临清市尚店乡	23	男	1939 年
相士英	临清市老赵庄乡相庄村	—	男	1939 年

续表

姓 名	籍 贯	年 龄	性 别	死难时间
相坤元	临清市老赵庄乡相庄村	—	男	1939 年
姚凤春	临清市老赵庄乡相庄村	—	男	1939 年
沈灿文	临清市青年办事处朱庄村	27	男	1940 年 1 月 9 日
肖桂雨	临清市戴湾乡李资庄村	—	男	1940 年 1 月
崔长甫	临清市戴湾乡吉庄村	—	男	1940 年 1 月
温三虎	临清市戴湾乡吉庄村	—	男	1940 年 1 月
温思瑞之兄	临清市戴湾乡吉庄村	—	男	1940 年 1 月
李斯陶	临清市刘垓子镇瓦房村	—	男	1940 年 2 月 10 日
隋树瑞	临清市戴湾乡戴北村	—	男	1940 年 2 月
隋士瑞	临清市戴湾乡戴北村	—	男	1940 年 2 月
王可宗	—	30	男	1940 年 2 月
潘　三	临清市八岔路镇艾寨村	—	男	1940 年 4 月 8 日
路　氏	临清市八岔路镇艾寨村	—	女	1940 年 4 月 8 日
李大河	临清市戴湾乡戴北村	—	男	1940 年 4 月
张自忠	临清市唐园镇唐园村	50	男	1940 年 5 月 16 日
曹华在	临清市魏湾镇李圈村	20	男	1940 年 6 月 24 日
卢晓成之叔	临清市戴湾乡戴南村	—	男	1940 年 7 月
凌广志	临清市松林镇西丁村	30	男	1940 年 7 月
陈上亭	临清市康庄镇大陈村	36	男	1940 年 9 月
刘津岫	—	—	男	1940 年 9 月
汤承赞	临清市新华办事处胡里庄	22	男	1940 年 9 月
金西明	临清市金郝庄乡	—	男	1940 年 10 月
金西明之父	临清市金郝庄乡	—	男	1940 年 10 月
金西明之母	临清市金郝庄乡	—	女	1940 年 10 月
金西明之妻	临清市金郝庄乡	—	女	1940 年 10 月
金西明之子	临清市金郝庄乡	—	男	1940 年 10 月
金西明之女	临清市金郝庄乡	—	女	1940 年 10 月
尹五群	临清市新华办事处十二里屯村	31	男	1940 年 10 月
王文波	—	—	男	1940 年 11 月
高宗阳	—	—	男	1940 年 12 月
李太渠	临清市魏湾镇李圈村	—	男	1940 年冬
李世银	临清市	—	男	1940 年
张方传	临清市金郝庄乡李营子村	—	男	1940 年
张方传之妻	临清市金郝庄乡李营子村	—	女	1940 年

续表

姓 名	籍 贯	年 龄	性 别	死难时间
张方传之子	临清市金郝庄乡李营子村	—	男	1940 年
杨宏明	湖北省黄安县	—	男	1940 年
孙毅民	湖北省黄安县	28	男	1940 年
李德奎	临清市金郝庄乡任官屯村	—	男	1940 年
刘庆文	临清市金郝庄乡任官屯村	—	男	1940 年
冷顺庆	临清市金郝庄乡任官屯村	—	男	1940 年
冷顺庆之弟	临清市金郝庄乡任官屯村	—	男	1940 年
李祖让	临清市金郝庄乡任官屯村	—	男	1940 年
刘 代	临清市康庄镇肖庄村	—	男	1940 年
吕川明之妻	临清市康庄镇吕桥村	—	女	1940 年
吕殿林之妻	临清市康庄镇吕桥村	—	女	1940 年
王青山	临清市大辛庄办事处	—	男	1940 年
吴兴先	临清市	—	男	1940 年
王廷贵	临清市青年办事处于林头村	—	男	1940 年
失 × ×	临清市青年办事处长屯村	—	男	1940 年
王 竣	临清市先锋办事处郭堤村	—	男	1940 年
荣树贵	临清市新华办事处南王院村	—	男	1940 年
赵培元	临清市唐园镇东桥村	—	男	1940 年
郭 玉	临清市唐园镇东桥村	—	男	1940 年
栾铭刚	临清市唐园镇东桥村	—	男	1940 年
田 保	临清市唐园镇东桥村	—	男	1940 年
张善会	临清市八岔路镇万庄村	—	男	1940 年
常之伍	临清市潘庄镇庄科村	18	男	1940 年
徐兰庭	临清市尚店乡隋庄村	—	男	1940 年
马连生	临清市尚店乡焦东村	—	男	1940 年
高景赐	临清市刘垓子镇小薛楼村	29	男	1940 年
王子洋之父	临清市戴湾乡李官营村	—	男	1940 年
庞保雪	临清市戴湾乡庞庄村	—	男	1940 年
庞万海	临清市戴湾乡庞庄村	—	男	1940 年
许洪烈之伯父	临清市戴湾乡庞庄村	—	男	1940 年
王夫参	临清市康庄镇西雇楼村	—	男	1940 年
王振电	临清市康庄镇西雇楼村	—	男	1940 年
王端祥	临清市康庄镇西雇楼村	—	男	1940 年
邢保魁	临清市康庄镇梅井村	16	男	1940 年

续表

姓 名	籍 贯	年 龄	性 别	死难时间
李××	临清市康庄镇一街村	45	男	1940 年
刘庆皆	临清市康庄镇康六村	50	男	1940 年
高金都	临清市康庄镇高庄村	30	男	1940 年
高金阶	临清市康庄镇高庄村	32	男	1940 年
段秀杰	临清市松林镇段郝庄村	—	男	1940 年
李 氏	临清市魏湾镇河南堂村	—	女	1940 年
李德明	临清市魏湾镇河南堂村	—	男	1940 年
李继洪	临清市魏湾镇河南堂村	—	男	1940 年
李继雪	临清市魏湾镇河南堂村	—	男	1940 年
刘振洲	临清市金郝庄乡刘公庄村	—	男	1940 年
孟吉春	临清市金郝庄乡孟庄村	35	男	1940 年
钟文元	临清市金郝庄乡宋洼村	—	男	1940 年
李法笑	临清市魏湾镇丁马庄村	35	男	1940 年
王可昌	—	—	男	1940 年
赵金义	—	19	男	1940 年
秦宝元	临清市先锋办事处天桥街	30	男	1940 年
王国士	临清市金郝庄乡	21	男	1940 年
曹玉龙	临清市唐园镇	22	男	1940 年
李俊桂	临清市大辛庄办事处	20	男	1940 年
崔连喜	临清市康庄镇	17	男	1940 年
王书清	临清市潘庄镇	17	男	1940 年
孙兰台	临清市潘庄镇	26	男	1940 年
万宝祯	临清市八岔路镇	25	男	1940 年
黄阶然	临清市八岔路镇	25	男	1940 年
张芳连	临清市八岔路镇	25	男	1940 年
潘银龙	临清市八岔路镇	25	男	1940 年
张芳河	临清市八岔路镇	20	男	1940 年
王继孟	临清市八岔路镇石杨坟村	25	男	1940 年
李玉章	临清市金郝庄乡	—	男	1941 年 3 月
刘西明	临清市烟店乡刘烟店村	—	男	1941 年 5 月
庞连玉	临清市老赵庄乡庞庄村	—	男	1941 年 6 月
姜冠三	临清市刘垓子镇姜油坊村	28	男	1941 年 11 月
李文甫	临清市魏湾镇李圈村	—	男	1941 年秋
李继铎	临清市魏湾镇李圈村	—	男	1941 年秋

续表

姓 名	籍 贯	年 龄	性 别	死难时间
侯 江	临清市尚店乡焦东村	37	男	1941 年
薛迎春	临清市魏湾薛楼村	—	男	1941 年
李锡有	—	—	男	1941 年
王化章	临清市金郝庄乡田庄村	—	男	1941 年
张英林	—	—	男	1941 年
张林立	—	—	男	1941 年
张长服	临清市唐园镇	—	男	1941 年
赵长海	临清市老赵庄乡赵坊村	—	男	1941 年
孙长安	临清市松林镇尚官营村	—	男	1941 年
刘庆元	—	—	男	1941 年
秦春山	—	—	男	1941 年
萧子玉之妻	—	—	女	1941 年
沈汝楷	临清市青年办事处朱庄村	18	男	1941 年
沈汝武	临清市青年办事处朱庄村	24	男	1941 年
朱银祥	临清市青年办事处朱庄村	24	男	1941 年
崔振甲	临清市青年办事处朱庄村	25	男	1941 年
付玉堂	临清市先锋办事处徐庄村	—	男	1941 年
付新堂	临清市先锋办事处徐庄村	—	男	1941 年
李凤林	临清市大辛庄办事处后八里村	45	男	1941 年
李 梅	临清市大辛庄办事处后八里村	60	男	1941 年
张振家	临清市唐园镇孙井村	—	男	1941 年
庞永年	临清市八岔路镇万庄村	—	男	1941 年
张善会之弟	临清市八岔路镇万庄村	—	男	1941 年
王树同	临清市尚店乡苇元村	—	男	1941 年
王树田	临清市尚店乡苇元村	—	男	1941 年
郭玉先	临清市刘垓子镇马庄村	49	男	1941 年
郑永祥	临清市刘垓子镇乜园村	38	男	1941 年
徐刘氏	临清市刘垓子镇王庙村	—	女	1941 年
孙昌群	临清市康庄镇郭池村	32	男	1941 年
王振喜	临清市康庄镇康六村	25	男	1941 年
周绍福	临清市康庄镇双井村	30	男	1941 年
段秀海	临清市松林镇段郝庄村	—	男	1941 年
肖建鸠	临清市松林镇松南村	—	男	1941 年
肖金波	临清市松林镇松南村	—	男	1941 年

续表

姓 名	籍 贯	年 龄	性 别	死难时间
肖丛亮	临清市松林镇松南村	—	男	1941 年
肖金宝	临清市松林镇松南村	—	男	1941 年
王金卫	临清市松林镇松北村	24	男	1941 年
孙××	临清市松林镇西尚村	—	—	1941 年
韩安落	临清市松林镇大郝庄村	20	男	1941 年
赵兰生	临清市松林镇大郝庄村	30	男	1941 年
赵银潭	临清市松林镇大郝庄村	40	男	1941 年
张荣在	临清市松林镇海军张村	21	男	1941 年
王家富	临清市松林镇由集村	21	男	1941 年
张金林	临清市松林镇马张村	—	男	1941 年
孙红河	临清市老赵庄乡天宫庙村	49	男	1941 年
孙××	临清市老赵庄乡天宫庙村	52	男	1941 年
谭为型	临清市金郝庄乡孟庄村	28	男	1941 年
邵城聚	—	—	男	1941 年
张东俊	临清市烟店镇北崔庄村	30	男	1941 年
刘春荣	临清市潘庄镇刘梭庄村	32	男	1941 年
李士壮	临清市魏湾镇大由马	19	男	1941 年
李　林	临清市新华办事处杨八里村	—	男	1942 年 1 月
李朝杰	临清市刘垓子镇小薛楼村	30	男	1942 年 1 月
栾铭西	临清市唐园镇吊马桥村	26	男	1942 年 1 月
唐老岳	临清市新华办事处杨八里村	—	男	1942 年 1 月
于建章之母	临清市八岔路镇艾寨村	—	女	1942 年 2 月 5 日
路云杰之母	临清市八岔路镇艾寨村	—	女	1942 年 2 月 5 日
张　四	临清市八岔路镇艾寨村	—	男	1942 年 2 月 5 日
路小柱	临清市八岔路镇艾寨村	—	男	1942 年 2 月 5 日
栾培元	临清市唐园镇	—	男	1942 年 2 月 6 日
李东城	临清市金郝庄乡	—	男	1942 年 2 月
李东城之妻	临清市金郝庄乡	—	女	1942 年 2 月
李东城之长弟	临清市金郝庄乡	—	男	1942 年 2 月
李东城之次弟	临清市金郝庄乡	—	男	1942 年 2 月
曹玉敏	临清市青年办事处马庄村	21	男	1942 年 2 月
于如怀	临清市唐园镇后畈疃村	25	男	1942 年 2 月
赵长河	临清市青年办事处南厂街	34	男	1942 年 2 月
汪奇洲	临清市八岔路镇杨二庄村	—	男	1943 年 9 月 20 日

续表

姓 名	籍 贯	年 龄	性 别	死难时间
汪仙洲	临清市八岔路镇杨二庄村	—	男	1943 年 9 月 20 日
赵百川	临清市青年办事处里官庄村	—	男	1942 年 3 月
吴合玉	—	23	男	1942 年 3 月
马喜训	临清市潘庄镇东保村	—	男	1942 年 4 月 26 日
张克刚	临清市青年办事处里官庄村	—	男	1942 年 5 月 20 日
赵以京	临清市青年办事处里官庄村	—	男	1942 年 5 月 20 日
韩友庆之母	临清市青年办事处里官庄村	—	女	1942 年 5 月 20 日
赵书林	临清市青年办事处朱庄村	28	男	1942 年 5 月
汪宗泗	临清市唐园镇	21	男	1942 年 5 月
乔焕奎	临清市尚店乡西荆林村	13	男	1942 年 7 月
吕阶台	临清市康庄镇吕庙村	—	男	1942 年 8 月 23 日
吕兴合之女	临清市康庄镇吕庙村	—	女	1942 年 8 月 23 日
姜延风	临清市康庄镇薛庄村	—	男	1942 年 8 月
姜　七	临清市康庄镇薛庄村	—	男	1942 年 8 月
秦孟清	临清市刘垓子镇白佛寺村	26	男	1942 年 8 月
刘洪章	临清市八岔路镇国塔头村	—	男	1942 年 9 月 12 日
刑延路	临清市八岔路镇国塔头村	—	男	1942 年 9 月 12 日
范 × ×	临清市八岔路镇国塔头村	—	男	1942 年 9 月 12 日
刘洪池	临清市八岔路镇国塔头村	—	男	1942 年 9 月 12 日
刘振美	临清市八岔路镇国塔头村	—	男	1942 年 9 月 12 日
刘振刚	临清市八岔路镇国塔头村	—	男	1942 年 9 月 12 日
孟庆真	临清市八岔路镇国塔头村	—	男	1942 年 9 月 12 日
栾学由	临清市烟店镇北崔庄村	40	男	1942 年 9 月
王恩理	临清市青年办事处上湾街	27	男	1942 年 9 月
徐开运	临清市老赵庄乡北庞庄村	41	男	1942 年 10 月
张云芳	临清市大辛庄办事处	29	男	1942 年 10 月
汤友忠	临清市戴湾乡张庄村	—	男	1942 年 12 月
黄团长	临清市戴湾乡张庄村	—	男	1942 年 12 月
张连举	临清市戴湾乡张庄村	—	男	1942 年 12 月
张连合	临清市戴湾乡张庄村	—	男	1942 年 12 月
孙长江	临清市戴湾乡张庄村	—	男	1942 年 12 月
陶 × ×	临清市尚店乡陶庄村	—	男	1942 年 12 月
陶 × ×之弟	临清市尚店乡陶庄村	—	男	1942 年 12 月
王金楷	临清市戴湾乡王庄村	—	男	1942 年 12 月

续表

姓 名	籍 贯	年 龄	性 别	死难时间
赵万增之兄	临清市戴湾乡王庄村	—	男	1942 年 12 月
宋德成	临清市戴湾乡王庄村	—	男	1942 年 12 月
朱一贵	临清市	—	男	1942 年
朱庆晨之舅父	临清市	—	男	1942 年
崔月亭	临清市	—	男	1942 年
李东城	临清市金郝庄乡肖寨村	—	男	1942 年
薛汝钦	临清市魏湾镇薛楼村	—	男	1942 年
焦玉模	临清市金郝庄乡任官屯村	—	男	1942 年
李祖要	临清市刘垓子镇姜庄村	—	男	1942 年
张东华	临清市先锋办事处柴庄村	—	男	1942 年
李同玉	—	—	男	1942 年
杨吉庆	—	—	男	1942 年
薛如钦	临清市戴湾乡赵官营村	—	男	1942 年
胡家瑞	临清市八岔路镇	—	男	1942 年
宋爱立	临清市	—	男	1942 年
商四山	—	—	男	1942 年
邢玉芹	临清市唐元镇后卜头村	—	女	1942 年
闫广东	临清市唐元镇林潘寨村	—	男	1942 年
李　小	临清市唐园镇丰圈村	—	男	1942 年
李尧黑	临清市唐园镇单卜头村	—	男	1942 年
徐会臣	临清市青园办事处贾庄村	—	男	1942 年
徐会臣之妻	临清市青年办事处贾庄村	—	女	1942 年
沈凤舞	临清市松林镇石槽村	—	男	1942 年
李泽申	临清市松林镇石槽村	—	男	1942 年
李泽申之子	临清市松林镇石槽村	—	男	1942 年
朱安臣	临清市青年办事处朱庄村	18	男	1942 年
沈汝鑫	临清市青年办事处朱庄村	23	男	1942 年
赵大旦之父	临清市新华办事处东关街	—	男	1942 年
邢铁机	临清市新华办事处东关街	—	男	1942 年
邢铁机之弟	临清市新华办事处东关街	—	男	1942 年
胡玉祥	临清市大辛庄办事处黄官屯村	26	男	1942 年
高贵明	临清市大辛庄办事处黄官屯村	22	男	1942 年
李永福	临清市大辛庄办事处黄官屯村	21	男	1942 年
赵廷目	临清市八岔路镇柴庄村	—	男	1942 年

续表

姓 名	籍 贯	年 龄	性 别	死难时间
赵继雍	临清市八岔路镇柴庄村	—	男	1942 年
张金山	临清市八岔路镇柴庄村	—	男	1942 年
赵廷峨	临清市八岔路镇柴庄村	—	男	1942 年
孙少明	临清市八岔路镇柴庄村	—	男	1942 年
张士锦	临清市尚店乡焦南村	—	男	1942 年
侯子敬	临清市尚店乡焦南村	—	男	1942 年
侯子明	临清市尚店乡焦南村	—	男	1942 年
侯子江	临清市尚店乡焦南村	—	男	1942 年
芦生殿	临清市戴湾乡陈官营村	—	男	1942 年
肖 二	临清市戴湾乡李资庄村	—	男	1942 年
孙长清	临清市康庄镇于林村	—	男	1942 年
张荣庆	临清市松林镇海军张村	27	男	1942 年
王立店	临清市老赵庄乡天宫庙村	45	男	1942 年
李桂海	临清市老赵庄乡天宫庙村	30	男	1942 年
李桂河	临清市老赵庄乡天宫庙村	32	男	1942 年
王同银	临清市魏湾镇王营村	—	男	1942 年
董福泰	临清市金郝庄乡金炉店村	—	男	1942 年
杨其新	临清市大辛庄办事处东周店村	24	男	1942 年
秦保贵	临清市先锋办事处管辛庄村	26	男	1942 年
赵金田	临清市尚店乡尚店村	32	男	1942 年
刘文奎	临清市尚店乡西荆林村	26	男	1942 年
郭立忠	临清市唐园镇后畈疃村	24	男	1942 年
郭纪合	—	—	男	1942 年
楚石仁	临清市李庄村	24	男	1942 年
刘金堂	—	—	男	1942 年
王法亮	临清市康庄镇侯寨子村	—	男	1942 年
王思礼	临清市新华办事处上湾街	24	男	1942 年
徐义堂	—	22	男	1942 年
左广山	临清市唐园镇	20	男	1942 年
蔡岳华	临清市唐园镇	22	男	1942 年
汪宗岱	临清市唐园镇	17	男	1942 年
赵守歧	临清市青年办事处朱庄村	26	男	1942 年
周邵亮	临清市康庄镇	26	男	1942 年
徐存录	临清市潘庄镇白铺村	18	男	1942 年

续表

姓 名	籍 贯	年 龄	性 别	死难时间
田金奎	临清市八岔路镇东潘庄村	16	男	1942 年
霍书扩	临清市潘庄镇英烈屯村	20	男	1944 年 5 月 1 日
霍西现	临清市潘庄镇英烈屯村	79	男	1944 年 5 月 1 日
霍书滨	临清市潘庄镇英烈屯村	21	男	1944 年 5 月 1 日
黄花脸	临清市魏湾镇黄庄村	—	男	1943 年 1 月
郭会令	临清市唐园镇后畈疃村	32	男	1943 年 1 月
徐庆云	临清市老赵庄乡陈庄村	28	男	1943 年 1 月
王恩修	临清市唐园镇	18	男	1943 年 2 月
朱洪轩	临清市青年办事处朱庄村	20	男	1943 年 2 月
王化行	临清市魏湾镇王营村	21	男	1943 年 3 月 17 日
潘丕召	临清市八岔路镇潘彭店村	—	男	1943 年 3 月 22 日
潘文仙	临清市八岔路镇潘彭店村	—	男	1943 年 3 月 22 日
王书代	临清市八岔路镇潘彭店村	—	男	1943 年 3 月 22 日
李凤兰	临清市八岔路镇潘彭店村	—	女	1943 年 3 月 22 日
潘丕明之长子	临清市八岔路镇潘彭店村	—	男	1943 年 3 月 22 日
李玉明	临清市八岔路镇潘彭店村	—	男	1943 年 3 月 22 日
黄同新	临清市魏湾镇黄庄村	—	男	1943 年 3 月
王 × ×	临清市魏湾镇黄庄村	—	女	1943 年 3 月
黄四妮	临清市魏湾镇黄庄村	—	女	1943 年 3 月
黄合梅	临清市魏湾镇黄庄村	—	男	1943 年 3 月
薛 × ×	临清市魏湾镇黄庄村	—	女	1943 年 3 月
黄金钟	临清市魏湾镇黄庄村	—	男	1943 年 3 月
黄五妮	临清市魏湾镇黄庄村	—	女	1943 年 3 月
沈汝灿	临清市青年办事处朱庄村	26	男	1943 年 3 月
栾景显	临清市唐园镇	17	男	1943 年 3 月
汪文凤	临清市唐园镇	19	男	1943 年 3 月
范福路	临清市青年办事处朱庄村	22	男	1943 年 3 月
张芳谭	临清市八岔路镇	16	男	1943 年 3 月
刘凤岭	临清市八岔路镇	23	男	1943 年 3 月
于应斗	临清市八岔路镇	20	男	1943 年 3 月
霍书任	临清市潘庄镇英烈屯村	46	男	1944 年 5 月 1 日
霍秀明	临清市潘庄镇英烈屯村	18	男	1944 年 5 月 1 日
霍朝然	临清市潘庄镇英烈屯村	33	男	1944 年 5 月 1 日
霍新然	临清市潘庄镇英烈屯村	51	男	1944 年 5 月 1 日

续表

姓 名	籍 贯	年 龄	性 别	死难时间
霍西班	临清市潘庄镇英烈屯村	22	男	1944 年 5 月 1 日
郭　玉	临清市唐园镇	30	男	1943 年 4 月
徐兰友	临清市大辛庄办事处小辛庄村	22	男	1943 年 4 月
王丕寿	临清市潘庄镇东路寨东村	27	男	1943 年 5 月 13 日
王兆起	临清市潘庄镇东路寨东村	26	男	1943 年 5 月 16 日
蔡金湖	临清市烟店镇邢坊村	22	男	1943 年 5 月
路金生	临清市尚庄乡西贾牌村	31	男	1943 年 5 月
陈继昌	临清市尚店乡东白堌村	22	男	1943 年 5 月
李心海	—	16	男	1943 年 5 月
杨西路	临清市八岔路镇杨彭店村	—	男	1943 年春
杨保忠	临清市八岔路镇杨彭店村	—	男	1943 年春
王兆作	临清市潘庄镇东路寨东村	28	男	1943 年 6 月 5 日
任 × ×	临清市烟店镇前张寨村	—	男	1943 年 6 月
贾季氏	临清市魏湾镇贾庄村	—	女	1943 年 7 月 13 日
程小猛	临清市八岔路镇影庄村	—	男	1943 年 7 月 21 日
胡　善	临清市新华办事处甄八里村	—	男	1943 年 7 月
黄继敏	临清市魏湾镇黄庄村	—	男	1943 年 7 月
陈金敉	—	15	男	1943 年 7 月
孙炳斗	—	19	男	1943 年 7 月
张继增	临清市唐园镇	27	男	1943 年 7 月
汪以朝	临清市唐园镇	20	男	1943 年 7 月
张干清	临清市八岔路镇杨二庄村	—	男	1943 年 9 月 20 日
孙记光	临清市八岔路镇杨二庄村	—	男	1943 年 9 月 20 日
张殿元	临清市八岔路镇杨二庄村	—	男	1943 年 9 月 20 日
王树林	临清市八岔路镇杨二庄村	—	男	1943 年 9 月 20 日
王杏元	临清市八岔路镇杨二庄村	—	男	1943 年 9 月 20 日
王士杰	临清市八岔路镇杨二庄村	—	男	1943 年 9 月 20 日
张绍仁	临清市八岔路镇杨二庄村	—	男	1943 年 9 月 20 日
张兴友	临清市八岔路镇杨二庄村	—	男	1943 年 9 月 20 日
张秀臣	临清市八岔路镇杨二庄村	—	男	1943 年 9 月 20 日
常朝臣	临清市八岔路镇杨二庄村	—	男	1943 年 9 月 20 日
王官臣	临清市八岔路镇杨二庄村	—	男	1943 年 9 月 20 日
常朝勇	临清市八岔路镇杨二庄村	—	男	1943 年 9 月 20 日
汪显洲	临清市八岔路镇杨二庄村	—	男	1943 年 9 月 20 日

续表

姓 名	籍 贯	年 龄	性 别	死难时间
王家山	临清市八岔路镇杨二庄村	—	男	1943 年 9 月 20 日
张秀岩	临清市八岔路镇杨二庄村	—	男	1943 年 9 月 20 日
王家海	临清市八岔路镇杨二庄村	—	男	1943 年 9 月 20 日
汪兰州	临清市八岔路镇杨二庄村	—	男	1943 年 9 月 20 日
汪济怀	临清市八岔路镇杨二庄村	—	男	1943 年 9 月 20 日
张兴存	临清市八岔路镇杨二庄村	—	男	1943 年 9 月 20 日
张振海	临清市八岔路镇杨二庄村	—	男	1943 年 9 月 20 日
汪文化	临清市八岔路镇杨二庄村	—	男	1943 年 9 月 20 日
张秀峰	临清市八岔路镇杨二庄村	—	男	1943 年 9 月 20 日
张汉尊	临清市八岔路镇杨二庄村	—	男	1943 年 9 月 20 日
帅进伍	临清市八岔路镇国塔头村	30	男	1943 年 8 月 13 日
杨为立	临清市八岔路镇前杨坟村	20	男	1943 年 8 月 14 日
杨其令	临清市八岔路镇前杨坟村	20	男	1943 年 8 月 14 日
王士真	临清市八岔路镇前杨坟村	40	男	1943 年 8 月 14 日
林　氏	临清市八岔路镇前杨坟村	—	女	1943 年 8 月 14 日
沈汝芝	临清市青年办事处朱庄村	31	男	1943 年 8 月 25 日
修宗瑞	—	—	男	1943 年 8 月
王书林	临清市八岔路镇杨二庄村	48	男	1943 年 8 月
张　元	临清市八岔路镇杨二庄村	50	男	1943 年 8 月
汪兰州	临清市八岔路镇杨二庄村	29	男	1943 年 8 月
孙继先	临清市八岔路镇杨二庄村	55	男	1943 年 8 月
王杏林	临清市八岔路镇杨二庄村	18	男	1943 年 8 月
张召仁	临清市八岔路镇杨二庄村	25	男	1943 年 8 月
汪继怀	临清市八岔路镇杨二庄村	47	男	1943 年 8 月
于朝臣	临清市八岔路镇杨二庄村	18	男	1943 年 8 月
王世杰	临清市八岔路镇杨二庄村	28	男	1943 年 8 月
张干青	临清市八岔路镇杨二庄村	31	男	1943 年 8 月
王家岭	临清市八岔路镇杨二庄村	31	男	1943 年 8 月
王观连	临清市八岔路镇杨二庄村	—	男	1943 年 9 月 20 日
郑怀仁	临清市八岔路镇万庄村	23	男	1943 年 8 月
赵甫田	临清市青年办事处朱庄村	30	男	1943 年 8 月
刘玉书	临清市唐园镇	19	男	1943 年 8 月
王汝河	临清市刘垓子镇郝庄村	31	男	1943 年 9 月
王文丙	临清市戴湾乡陈官营中村	—	男	1943 年 10 月 21 日

续表

姓名	籍贯	年龄	性别	死难时间
芦继纯	临清市戴湾乡陈官营中村	—	男	1943 年 10 月 21 日
刘长太	临清市戴湾乡卢庄村	—	男	1943 年 9 月
卢振文	临清市戴湾乡卢庄村	—	男	1943 年 9 月
芦兰兴	临清市戴湾乡陈官营南村	—	男	1943 年 10 月 21 日
芦振祥	临清市戴湾乡陈官营南村	—	男	1943 年 10 月 21 日
王金榜	临清市戴湾乡陈官营南村	—	男	1943 年 10 月 21 日
王金香	临清市戴湾乡陈官营南村	—	男	1943 年 10 月 21 日
芦承伍	临清市戴湾乡陈官营南村	—	男	1943 年 10 月 21 日
芦成文之弟	临清市戴湾乡陈官营村	—	男	1943 年 10 月 21 日
李永杰	临清市尚庄乡西贾牌村	19	男	1943 年 9 月
张洪希	临清市尚店乡尚店村	27	男	1943 年 9 月
张金贞	临清市唐园镇后畈疃村	24	男	1943 年 9 月
王士杰	临清市刘垓子镇白佛寺村	28	男	1943 年 9 月
杨安兴	临清市大辛庄办事处东周店村	22	男	1943 年 9 月
付炳刚	临清市大辛庄办事处东周店村	—	男	1943 年 9 月
陈岐云	临清市大辛庄办事处东周店村	—	男	1943 年 9 月
李金桂	临清市新华办事处古楼街长屯	19	男	1943 年 9 月
冯庆余	临清市尚店乡贾牌村	27	男	1943 年 9 月
王贵臣	临清市尚店乡王店村	21	男	1943 年 9 月
刘丙秀	临清市唐园镇	22	男	1943 年 9 月
张金增	临清市唐园镇	23	男	1943 年 9 月
王之范	临清市尚店乡东白堌村	19	男	1943 年 10 月 4 日
肖永智	临清市戴湾乡陈官营北村	—	男	1943 年 10 月 21 日
袁鸿化	临清市戴湾乡陈官营北村	—	男	1943 年 10 月 21 日
梁保荣	临清市康庄镇前善村	45	男	1943 年 10 月
冯德全	临清市尚庄乡西贾牌村	—	男	1943 年 10 月
冯廷栋	临清市尚庄乡西贾牌村	22	男	1943 年 10 月
侯庆云	临清市尚店乡东白堌村	35	男	1943 年 10 月
陈　纪	临清市唐园镇李官寨村	20	男	1943 年 10 月
杨连波	临清市大辛庄办事处中周店村	—	男	1943 年 10 月
王德化	临清市青年办事处朱庄村	22	男	1943 年 10 月
冯连文	临清市烟店镇	35	男	1943 年 10 月
耿明亮	临清市青年办事处里官庄村	—	男	1943 年 11 月 16 日
张忍三	临清市刘垓子镇刘垓子村	—	男	1943 年 11 月

续表

姓 名	籍 贯	年 龄	性 别	死难时间
张江栋	临清市唐园镇	41	男	1943 年 11 月
张来芝	临清市大辛庄办事处	27	男	1943 年 11 月
吴汝昌	临清市先锋办事处石槽村	21	男	1943 年 11 月
刘之中	临清市烟店镇刘烟店村	32	男	1943 年 12 月
李兆芹	—	—	女	1943 年
康呈庆	—	—	男	1943 年
官振河	临清市松林镇由集村	—	男	1943 年
杨瑞祥	临清市先锋办事处杨存庄村	—	男	1943 年
李庆田	临清市	—	男	1943 年
王汉才	临清市老赵庄乡王集村	—	男	1943 年
张泗忠	临清市老赵庄乡王集村	—	男	1943 年
李实友	—	—	男	1943 年
马玉环	临清市老赵庄乡姚里庄村	—	男	1943 年
刘长恩	临清市刘垓子镇	—	男	1943 年
张长孚	临清市唐园镇	—	男	1943 年
乜士志	临清市康庄镇官庄村	—	男	1943 年
乜士元	临清市康庄镇官庄村	—	男	1943 年
刘桂五	临清市青年办事处大三里村	—	男	1943 年
王志号	临清市青年办事处大三里村	—	男	1943 年
李明堂	—	—	男	1943 年
李书岑	—	—	男	1943 年
赵长中	临清市老赵庄乡	—	男	1943 年
薛大拼	临清市戴湾乡赵官营村	—	男	1943 年
马五明	临清市老赵庄乡屈庄村	—	男	1943 年
刘玉明	临清市唐园镇后卜头村	—	男	1943 年
相保丰	临清市老赵庄乡相庄村	—	男	1943 年
闵兆喜	临清市戴湾乡	—	男	1943 年
孙凤志之女	临清市大辛庄办事处王坊村	—	女	1943 年
黄庆台	临清市唐园镇瑶坡村	—	男	1943 年
刘炳秀	临清市八岔路镇万庄村	—	男	1943 年
张一鹏	临清市	—	男	1943 年
刘志明	临清市	—	男	1943 年
蒋希成	临清市青年办事处东旧县村	30	男	1943 年
沈汝枝	临清市青年办事处朱庄村	18	男	1943 年

续表

姓名	籍贯	年龄	性别	死难时间
陈宝光	临清市青年办事处薛店村	30	男	1943 年
关其芳	临清市先锋办事处护国寺村	—	男	1943 年
刘忠林	临清市先锋办事处护国寺村	—	男	1943 年
赵立成	临清市大辛庄办事处小辛庄村	15	男	1943 年
蔺子英	临清市大辛庄办事处小辛庄村	32	男	1943 年
黄贤全	临清市大辛庄办事处小辛庄村	31	男	1943 年
贾金明	临清市大辛庄办事处小辛庄村	29	男	1943 年
徐金瑞	临清市大辛庄办事处小辛庄村	39	男	1943 年
卞书祯	临清市大辛庄办事处小辛庄村	29	男	1943 年
刘贵成	临清市大辛庄办事处小辛庄村	31	男	1943 年
尚桂德	临清市大辛庄办事处小辛庄村	29	男	1943 年
吴军连	临清市大辛庄办事处小辛庄村	30	男	1943 年
张庆芳	临清市大辛庄办事处小辛庄村	19	女	1943 年
崔荣利	临清市大辛庄办事处小辛庄村	29	男	1943 年
曲书平	临清市大辛庄办事处小辛庄村	28	女	1943 年
齐金生	临清市大辛庄办事处小辛庄村	29	男	1943 年
申喜全	临清市大辛庄办事处方辛庄村	16	男	1943 年
方九州	临清市大辛庄办事处方辛庄村	19	男	1943 年
方云桥	临清市大辛庄办事处方辛庄村	20	男	1943 年
方金玉	临清市大辛庄办事处方辛庄村	22	男	1943 年
吴春玲	临清市大辛庄办事处前八里村	63	男	1943 年
赵金岑	临清市唐园镇东尚村	55	男	1943 年
王金玉	临清市唐园镇东尚村	40	男	1943 年
王　牛	临清市唐园镇东尚村	18	男	1943 年
张东候	临清市唐园镇瑶坡村	84	男	1943 年
王书元	临清市唐园镇孙寨村	27	男	1943 年
闫崇俊	临清市唐园镇闫元村	22	男	1943 年
王东兰	临清市唐园镇林潘寨村	—	男	1943 年
王学明	临清市唐园镇林潘寨村	—	男	1943 年
马继凯	临清市唐园镇林潘寨村	—	男	1943 年
高文灿	临清市唐园镇林潘寨村	—	男	1943 年
范永清	临清市八岔路镇官庄村	—	男	1943 年
汪吉善	临清市八岔路镇官庄村	—	男	1943 年
刘汝江	临清市八岔路镇田庙村	—	男	1943 年

续表

姓 名	籍 贯	年 龄	性 别	死难时间
朱生朝	临清市潘庄镇都齐寨村	27	男	1943 年
张自谋	临清市尚店乡仓上村	—	男	1943 年
张纪文	临清市尚店乡仓上村	—	男	1943 年
刘培松	临清市尚店乡前焦庄村	—	男	1943 年
刘风功	临清市尚店乡前焦庄村	—	男	1943 年
张九某	临清市尚店乡前焦庄村	—	男	1943 年
刘志明	临清市尚店乡前焦庄村	—	男	1943 年
颜景荣	临清市刘垓子镇朱楼村	30	男	1943 年
郭继先	临清市刘垓子镇马庄村	53	男	1943 年
郭克先	临清市刘垓子镇马庄村	48	男	1943 年
郦长海	临清市刘垓子镇小薛楼村	30	男	1943 年
谷玉春	临清市戴湾乡西二十里铺村	—	男	1943 年
谷 × ×	临清市戴湾乡西二十里铺村	—	男	1943 年
芦现文	临清市戴湾乡陈官营村	—	男	1943 年
芦振州	临清市戴湾乡陈官营村	—	男	1943 年
郭大小	临清市康庄镇西六村	—	男	1943 年
庞连喜	临清市康庄镇路桥村	18	男	1943 年
徐文丙	临清市松林镇松北村	27	男	1943 年
段秀峰	临清市松林镇大郝庄村	45	男	1943 年
段秀峰之妻	临清市松林镇大郝庄村	42	女	1943 年
赵东贵	临清市松林镇大郝庄村	30	男	1943 年
赵明德	临清市松林镇大郝庄村	50	男	1943 年
由昌年	临清市老赵庄乡由庄村	—	男	1943 年
王 × ×	临清市老赵庄乡庞庄村	—	男	1943 年
李 × ×	临清市老赵庄乡李夏村	—	男	1943 年
武继玉	临清市老赵庄乡孙伍营村	—	男	1943 年
董玉海	临清市老赵庄乡匙庄村	48	男	1943 年
董玉江	临清市老赵庄乡匙庄村	43	男	1943 年
董春青	临清市老赵庄乡匙庄村	32	男	1943 年
庞明春	临清市老赵庄乡庞庄村	—	男	1943 年
庞连英	临清市老赵庄乡庞庄村	—	男	1943 年
庞连堂	临清市老赵庄乡庞庄村	—	男	1943 年
庞连河	临清市老赵庄乡庞庄村	—	男	1943 年
庞连河之家人一	临清市老赵庄乡庞庄村	—	—	1943 年

续表

姓 名	籍 贯	年 龄	性 别	死难时间
庞连河之家人二	临清市老赵庄乡庞庄村	—	—	1943 年
庞连河之家人三	临清市老赵庄乡庞庄村	—	—	1943 年
庞连河之家人四	临清市老赵庄乡庞庄村	—	—	1943 年
庞连河之家人五	临清市老赵庄乡庞庄村	—	—	1943 年
黄金海	临清市魏湾镇黄庄村	—	男	1943 年
黄 × ×	临清市魏湾镇黄庄村	—	男	1943 年
张友 ×	临清市魏湾镇丁马庄村	—	男	1943 年
周 ×	临清市金郝庄乡杜洼村	—	男	1943 年
程利善	临清市金郝庄乡程马村	—	男	1943 年
程刑善	临清市金郝庄乡程马村	—	男	1943 年
程学显	临清市金郝庄乡程马村	—	男	1943 年
张克起	临清市金郝庄乡新化村	—	男	1943 年
马树营	临清市金郝庄乡新化村	—	男	1943 年
张振河	临清市金郝庄乡新化村	—	男	1943 年
马树洋	临清市金郝庄乡新化村	—	男	1943 年
李子华	临清市刘垓子镇姜油坊村	34	男	1943 年
沈汝平	—	21	男	1943 年
王廷臣	—	31	男	1943 年
杨其华	临清市大辛庄办事处东周店村	25	男	1943 年
罗树得	临清市大辛庄办事处中周店村	24	男	1943 年
于连生	临清市潘庄镇于小店村	—	男	1943 年
张克乐	临清市八岔路镇	—	男	1943 年
袁 坤	—	—	男	1943 年
冯汗清	—	—	男	1943 年
王全礼	—	21	男	1943 年
修光荣	—	33	男	1943 年
秦明秀	—	—	男	1943 年
李金栋	临清市	—	男	1943 年
张克禄	临清市八岔路镇辛集村	22	男	1943 年
王朝龙	临清市八岔路镇东潘庄村	30	男	1943 年
张洪锡	临清市尚店乡尚店村	27	男	1943 年
肖福明	临清市八岔路镇李兴寨村	25	男	1943 年
于法林	临清市尚店乡	25	男	1943 年
王风文	临清市刘垓子镇	25	男	1943 年

续表

姓 名	籍 贯	年 龄	性 别	死难时间
丁有顺	临清市刘垓子镇	27	男	1943 年
胡福才	临清市先锋办事处福德街	28	男	1943 年
李锡友	临清市新华办事处古楼街	29	男	1943 年
薛金生	临清市康店镇薛店村	33	男	1943 年
王学明	临清市魏湾镇	28	男	1943 年
王东冉	临清市魏湾镇	28	男	1943 年
李同新	临清市魏湾镇	21	男	1943 年
车乃耀	临清市青年办事处车庄村	26	男	1943 年
张子申	临清市青年办事处朱庄村	25	男	1943 年
李福田	临清市青年办事处朱庄村	23	男	1943 年
张林祥	临清市康庄镇	31	男	1943 年
陈尚珍	临清市康庄镇	23	男	1943 年
刘得功	临清市烟店镇	23	男	1943 年
马喜坤	临清市潘庄镇东大章堡村	24	男	1943 年
王俊峰	临清市八岔路镇艾寨村	20	男	1943 年
赵如芝	临清市八岔路镇赵塔头村	19	男	1943 年
杨宝忠	临清市八岔路镇杨彭店村	18	男	1943 年
刘庆录	临清市八岔路镇万店村	24	男	1943 年
张善全	临清市八岔路镇万店村	20	男	1943 年
汪宝章	临清市八岔路镇杨二店村	26	男	1943 年
汪金章	临清市八岔路镇杨二店村	20	男	1943 年
朱红轩	临清市青年办事处朱庄村	19	男	1944 年 1 月
于法魁	临清市尚店乡焦东村	27	男	1944 年 1 月
王清举	临清市尚店乡焦东村	—	男	1944 年 1 月
张华普	临清市潘庄镇王沿村	26	男	1944 年 1 月
常兴久	临清市尚店乡西荆林村	18	男	1944 年 2 月
郑金盘	临清市潘庄镇池彭店村	—	男	1944 年 3 月 6 日
颜景云	临清市刘垓子镇朱楼村	26	男	1944 年 3 月
黄德庆	临清市魏湾镇黄庄村	—	男	1944 年 3 月
黄枣核	临清市魏湾镇黄庄村	—	男	1944 年 3 月
王风山	临清市先锋办事处	31	男	1944 年 3 月
杨 × ×	临清市尚店乡黄杨村	7	女	1944 年 4 月 17 日
杨满堂	临清市尚店乡黄杨村	28	男	1944 年 4 月 17 日
李道先	临清市	—	男	1944 年 4 月 21 日

续表

姓 名	籍 贯	年 龄	性 别	死难时间
沈汝界	临清市	—	男	1944 年 4 月 21 日
张守义	临清市唐园镇石佛村	19	男	1944 年 4 月
刘文吉	临清市尚店乡荆林村	26	男	1944 年 4 月
霍路存	临清市潘庄镇英烈屯村	—	男	1944 年 5 月 1 日
李孟芹	临清市潘庄镇英烈屯村	—	女	1944 年 5 月 1 日
颜竹林	临清市刘垓子镇朱楼村	30	男	1944 年 5 月
左光山	临清市唐园镇	22	男	1944 年 5 月
颜景荣	临清市刘垓子镇颜朱楼村	—	男	1944 年 5 月
张善安	临清市八岔路镇万店村	26	男	1944 年 5 月
周崇俊	临清市唐园镇	21	男	1944 年 5 月
吴兴尧	临清市魏湾镇张官营村	—	男	1944 年春
刘 × ×	临清市魏湾镇张官营村	—	男	1944 年春
张 × ×	临清市魏湾镇张官营村	—	男	1944 年春
赵文华	临清市八岔路镇赵塔头村	—	男	1944 年春
赵如清之大哥	临清市八岔路镇赵塔头村	—	男	1944 年春
于凤洲之二哥	临清市八岔路镇赵塔头村	—	男	1944 年春
王立年	临清市八岔路镇刘塔头村	—	男	1944 年春
夏碧波	河北省深州县	—	男	1944 年 6 月 7 日
赵金敬	临清市烟店镇娄子坡村	44	男	1944 年 6 月
蔡旭华	临清市唐园镇	28	男	1944 年 6 月
李 宪	临清市	—	男	1944 年 6 月
黄天庆	临清市魏湾镇黄庄村	—	男	1944 年 7 月
管克仁	临清市先锋办事处宋庄村	26	男	1944 年 7 月
张世瑞	临清市青年办事处朱庄村	33	男	1944 年 7 月
徐德润	临清市刘垓子镇许庄村	—	男	1944 年 8 月
李风明	临清市新华办事处东陶屯村	—	男	1944 年 8 月
王立信	临清市八岔路镇刘塔头村	20	男	1944 年 8 月
张文芝	临清市烟店镇邢坊村	19	男	1944 年 8 月
李 四	临清市金郝庄乡程马庄村	—	男	1944 年 9 月
金家贵	临清市金郝庄乡金郝庄村	—	男	1944 年 9 月
于金福	临清市青年办事处朱庄村	22	男	1944 年 9 月
王雨田	临清市八岔路镇	28	男	1944 年 9 月
冯德善	临清市尚店乡贾牌村	—	男	1944 年 10 月 21 日
冯德全	临清市尚店乡贾牌村	—	男	1944 年 10 月 21 日

续表

姓名	籍贯	年龄	性别	死难时间
冯廷栋	临清市尚店乡贾牌村	—	男	1944年10月21日
冯德珍	临清市尚店乡贾牌村	—	男	1944年10月21日
郭纪胜	临清市刘垓子镇朱楼村	10	男	1944年10月21日
王多善	—	24	男	1944年10月29日
李芝秀	临清市金郝庄乡李洼村	—	男	1944年10月
宋传祥	临清市金郝庄乡海波村	—	男	1944年10月
吴金明之兄	—	—	男	1944年10月
武入昌	临清市先锋办事处五里庄村	22	男	1944年11月
李太远	临清市魏湾镇薛楼村	—	男	1944年12月7日
王风林	临清市魏湾镇王营村	—	男	1944年12月
王润生	临清市魏湾镇王营村	—	男	1944年12月
宋玉清	—	—	男	1944年12月
侯子敬	临清市尚店乡焦东村	23	男	1944年
郭明祥	临清市青年办事处朱庄村	—	男	1944年
苏××	临清市青年办事处朱庄村	—	男	1944年
栾景祥	临清市青年办事处朱庄村	—	男	1944年
田振香	临清市青年办事处朱庄村	—	男	1944年
李道仙	临清市唐园镇石佛村	—	男	1944年
许金堂	临清市康庄镇油坊村	—	男	1944年
刘明启	临清市八岔路镇赵塔头村	—	男	1944年
韩清梅	临清市新华办事处胡里庄村	—	女	1944年
王建笃	临清市康庄镇柴吕油村	—	男	1944年
李振海	—	—	男	1944年
李航桴	临清市	—	男	1944年
崔兰亭	—	—	男	1944年
张玉安	临清市松林镇	—	男	1944年
刘西太之外甥女	临清市松林镇	—	女	1944年
郝长生	临清市康庄镇崔楼村	—	男	1944年
王振阁之母	临清市康庄镇六里长屯村	—	女	1944年
高书坦	临清市老赵店乡	69	男	1944年
高文玉	临清市康庄镇端丁庄村	—	男	1944年
杜西令	临清市大辛庄办事处黄官屯村	—	男	1944年
白展喜	临清市	—	男	1944年
汤佃池	临清市大辛庄办事处孟庄村	—	男	1944年

续表

姓 名	籍 贯	年 龄	性 别	死难时间
马美昌	临清市戴湾乡赵官营村	—	男	1944 年
屈明健	临清市戴湾乡陈北村	—	男	1944 年
王千怀	临清市戴湾乡陈北村	—	男	1944 年
汪连敬	临清市潘庄镇汪堤村	—	男	1944 年
吴兴喜	临清市魏湾镇薛楼村	—	男	1944 年
刘庆岭	临清市魏湾镇薛楼村	—	男	1944 年
二 妮	临清市八岔路镇	—	女	1944 年
张石头之子	临清市	—	男	1944 年
吴先海	临清市松林镇	—	男	1944 年
王 志	临清市	—	男	1944 年
刘工庆	临清市青年办事处马庄村	—	男	1944 年
冯双成之母	—	—	女	1944 年
李 三	临清市	—	男	1944 年
张振海	临清市尚店乡白堌村	—	男	1944 年
张善存之父	临清市唐园镇	—	男	1944 年
张士达	临清市	—	男	1944 年
刘书庆	临清市青年办事处马庄村	—	男	1944 年
罗 珩	临清市青年办事处马庄村	—	男	1944 年
林 × ×	临清市大辛庄办事处孙庄村	—	男	1944 年
唐 × ×	临清市新华办事处陶屯村	—	男	1944 年
田万江之父	临清市青年办事处薛店村	41	男	1944 年
徐庆云	临清市新华办事处陈庄村	—	男	1944 年
孙 英	临清市大辛庄办事处小辛庄村	31	女	1944 年
赵树元	临清市唐园镇营子村	56	男	1944 年
丰印奇	临清市唐园镇前卜头村	85	男	1944 年
帅廷旺	临清市八岔路镇国塔头村	27	男	1944 年
汪汝谟	临清市潘庄镇后汪堤村	—	男	1944 年
张云侠	临清市潘庄镇梁齐寨村	—	男	1944 年
高之忠	临清市潘庄镇赵庄村	24	男	1944 年
高之俊	临清市潘庄镇赵庄村	41	男	1944 年
高之秀	临清市潘庄镇赵庄村	43	男	1944 年
高玉兰	临清市潘庄镇赵庄村	71	男	1944 年
高之良	临清市潘庄镇赵庄村	45	男	1944 年
张华堂	临清市潘庄镇赵庄村	43	男	1944 年

续表

姓 名	籍 贯	年 龄	性 别	死难时间
张华山	临清市潘庄镇赵庄村	37	男	1944 年
张兰芳	临清市潘庄镇赵庄村	70	男	1944 年
高朋德	临清市潘庄镇赵庄村	40	男	1944 年
宋梅阳	临清市潘庄镇赵庄村	14	男	1944 年
王安良	临清市潘庄镇赵庄村	31	男	1944 年
高之信	临清市潘庄镇赵庄村	53	男	1944 年
高玉夫	临清市潘庄镇赵庄村	72	男	1944 年
张兰波	临清市潘庄镇赵庄村	74	男	1944 年
张云霞	临清市潘庄镇梁齐寨村	33	男	1944 年
孙昌湖	临清市康庄镇郭池村	32	男	1944 年
陈贵林	临清市松林镇田庄村	38	男	1944 年
田廷举	临清市松林镇田庄村	40	男	1944 年
秦希孟	临清市松林镇田庄村	42	男	1944 年
田　马	临清市松林镇田庄村	40	男	1944 年
赵金楷	临清市松林镇田庄村	41	男	1944 年
于奉芹	临清市松林镇姚楼村	39	男	1944 年
曹夫立	临清市老赵庄乡天宫庙村	27	男	1944 年
侯　七	临清市老赵庄乡天宫庙村	27	男	1944 年
郭浩太	临清市老赵庄乡天宫庙村	20	男	1944 年
任广会	临清市魏湾镇东魏村	—	男	1944 年
黄化文	临清市魏湾镇黄庄村	—	男	1944 年
黄常怀	临清市魏湾镇黄庄村	—	男	1944 年
王开祥	临清市魏湾镇王营村	—	男	1944 年
王开珍	临清市魏湾镇王营村	—	女	1944 年
李学信	临清市魏湾镇丁马庄村	—	男	1944 年
李学仁	临清市魏湾镇丁马庄村	—	男	1944 年
于福金	临清市青年办事处西窑村	22	男	1944 年
杨维成	临清市青年办事处房村厂村	20	男	1944 年
巩恩波	—	28	男	1944 年
梁振东	临清市魏湾镇前营村	25	男	1944 年
谢林生	临清市魏湾镇前营村	—	男	1944 年
张富生	临清市魏湾镇丁马庄村	24	男	1944 年
张风池	临清市魏湾镇丁马庄村	36	男	1944 年
李固文	—	25	男	1944 年

续表

姓 名	籍 贯	年 龄	性 别	死难时间
邢利堂	—	—	男	1944 年
陈不勿	临清市魏湾镇陈寨子村	—	男	1944 年
李纪营	临清市魏湾镇李园村	—	男	1944 年
王文有	—	23	男	1944 年
张文杰	—	39	男	1944 年
殷合观	—	—	男	1944 年
高炳臣	—	25	男	1944 年
李春友	临清市八岔路镇西二店村	16	男	1944 年
路风兰	临清市八岔路镇西二店村	16	男	1944 年
高路堂	临清市八岔路镇西二店村	17	男	1944 年
赵兰堂	临清市八岔路镇赵塔头村	19	男	1944 年
程子来	临清市八岔路镇赵塔头村	24	男	1944 年
张善海	临清市八岔路镇万店村	22	男	1944 年
张庆岩	临清市八岔路镇万店村	20	男	1944 年
迟金环	临清市八岔路镇万店村	27	男	1944 年
刘登太	临清市八岔路镇杨二店村	18	男	1944 年
刘登峰	临清市八岔路镇	20	男	1944 年
王道清	临清市八岔路镇东潘店村	19	男	1944 年
田金镜	临清市八岔路镇东潘店村	16	男	1944 年
王志明	临清市八岔路镇	24	男	1944 年
王春江	临清市八岔路镇	19	男	1944 年
常其文	临清市尚店乡荆林村	18	男	1944 年
尚书香	临清市尚店乡荆林村	29	男	1944 年
徐耀荣	临清市尚店乡贾牌村	22	男	1944 年
侯庆云	临清市尚店乡东白堌村	36	男	1944 年
王子范	临清市尚店乡东白堌村	26	男	1944 年
王汉才	临清市魏湾镇	34	男	1944 年
张延文	临清市魏湾镇	24	男	1944 年
张云江	临清市先锋办事处天桥街	24	男	1944 年
王发泉	临清市唐园镇	20	男	1944 年
刘金瑞	临清市唐园镇	24	男	1944 年
申五臣	临清市唐园镇	26	男	1944 年
赵清成	临清市唐园镇	36	男	1944 年
赵家生	临清市唐园镇	23	男	1944 年

续表

姓 名	籍 贯	年 龄	性 别	死难时间
薛学义	临清市青年办事处朱庄村	24	男	1944 年
荣振和	临清市青年办事处朱庄村	24	男	1944 年
盛士武	临清市青年办事处朱庄村	18	男	1944 年
李吉祥	临清市康庄镇前店	24	男	1944 年
宁广孟	临清市康庄镇康盛庄村宁店村	16	男	1944 年
陈东仁	临清市潘庄镇陈沿村	20	男	1944 年
王延俄	临清市潘庄镇赵店村	21	男	1944 年
马计友	临清市八岔路镇路店村	16	男	1944 年
张善杰	临清市八岔路镇艾寨村	18	男	1944 年
刘瑞富	临清市金郝庄乡刘芳庄村	26	男	1945 年 1 月 16 日
刘在河	临清市金郝庄乡刘芳庄村	29	男	1945 年 1 月 16 日
张庆祥	临清市魏湾镇丁马庄村	20	男	1945 年 1 月 20 日
王金豹	临清市魏湾镇王营村	—	男	1945 年 1 月
王志堂	临清市魏湾镇王营村	—	男	1945 年 1 月
李太原	临清市魏湾镇	24	男	1945 年 1 月
栾际显	临清市唐园镇	—	男	1945 年 2 月 19 日
张存仁	临清市八岔路镇辛集村	20	男	1945 年 2 月
丁鱼祥	临清市老赵庄乡南丁村	—	男	1945 年 2 月
丁兰章	临清市老赵庄乡南丁村	—	男	1945 年 2 月
王坏爪子	临清市老赵庄乡南丁村	—	男	1945 年 2 月
樊富人	临清市老赵庄乡南丁村	—	男	1945 年 2 月
魏保太	—	—	男	1945 年 3 月
吴文华	—	22	男	1945 年 3 月
刘俊贤	—	23	男	1945 年 3 月
郭银祥	临清市唐园镇后畈疃村	23	男	1945 年 4 月
刘英奎	临清市先锋办事处更道街	26	男	1945 年 4 月
吴景昌	临清市青年办事处朱庄村	23	男	1945 年 4 月
高云亭	临清市刘垓子镇	21	男	1945 年 4 月
郭印祥	临清市唐园镇	22	男	1945 年 4 月
彭清右	临清市魏湾镇彭寨子村	29	男	1945 年 5 月 20 日
王文智	—	—	男	1945 年 5 月
许宝年	临清市唐园镇	24	男	1945 年 5 月
赵桂森	—	31	男	1945 年 5 月
颜海川	临清市刘垓子镇	26	男	1945 年 5 月

续表

姓名	籍贯	年龄	性别	死难时间
王长林	临清市尚店乡	28	男	1945 年 5 月
张似锦	临清市尚店乡焦东村	45	男	1945 年 6 月 6 日
沈汝界	临清市青年办事处朱庄村	17	男	1945 年 6 月 13 日
季希会之妻	临清市康庄镇王里长屯	—	女	1945 年 6 月
高云廷	临清市刘垓子镇朱楼村	22	男	1945 年 6 月
张庆云	临清市刘垓子镇朱楼村	30	男	1945 年 6 月
乔之集	临清市老官寨乡牛庄村	33	男	1945 年 6 月
张秀林	临清市八岔路镇杨二店村	25	男	1945 年 6 月
周长太	—	49	男	1945 年 7 月 20 日
高东却	临清市八岔路镇影庄村	—	男	1945 年 7 月
高东却之妻	临清市八岔路镇影庄村	—	女	1945 年 7 月
崔明志	—	27	男	1945 年 7 月
蔺芳胜	临清市尚店乡前宅科村	26	男	1945 年 8 月 15 日
王玉清	临清市康庄镇侯寨子村	—	男	1945 年 8 月 18 日
高凤香	临清市尚庄乡西贾牌村	21	男	1945 年 8 月
陈肖淮	临清市魏湾镇陈寨子村	—	男	1945 年 8 月
蔡益明	—	—	男	1945 年 8 月
高金铭	临清市尚店乡贾牌村	21	男	1945 年 8 月
杨为岭	临清市八岔路镇	26	男	1945 年 8 月
邢继堂	临清市八岔路镇前杨坟村	22	男	1945 年 8 月
罗　衍	临清市青年办事处朱庄	37	男	1945 年 8 月
汪以代	临清市唐园镇	21	男	1945 年 9 月
张友山	临清市青年办事处朱庄	28	男	1945 年 9 月
刘官俊	临清市唐园镇	24	男	1945 年 9 月
李长松之妻	临清市尚店乡贾牌村	—	女	1945 年
吕凤太之妻	临清市尚店乡贾牌村	—	女	1945 年
吕凤太之女	临清市尚店乡贾牌村	—	女	1945 年
吕凤太之子	临清市尚店乡贾牌村	—	男	1945 年
傅永源	临清市康庄镇侯寨子村	21	男	1945 年
姜彦山	—	—	男	1945 年
张端才	—	—	男	1945 年
张端秀	—	—	男	1945 年
董桂山	临清市大辛庄办事处董庄村	—	男	1945 年
白　清	临清市老赵庄乡王集村	—	男	1945 年

续表

姓名	籍贯	年龄	性别	死难时间
安路兴	临清市青年办事处唐庄村	—	男	1945 年
于　范	临清市尚店乡东白堌村	—	男	1945 年
薛大有	临清市金郝庄乡代庄村	—	男	1945 年
吕逢太之妻	临清市尚店乡王庄村	—	女	1945 年
周希华	临清市金郝庄乡陈官屯村	—	男	1945 年
商云美之岳母	临清市刘垓子镇	—	女	1945 年
刘正俭	临清市刘垓子镇马庄村	—	男	1945 年
张振山	临清市青年办事处十里坞村	—	男	1945 年
李西友	临清市青年办事处顺河街	—	男	1945 年
庞廷德	临清市戴湾乡水城屯村	40	男	1945 年
康金忠	临清市戴湾乡吉庄村	—	男	1945 年
温立河	临清市戴湾乡吉庄村	—	男	1945 年
王书雷	临清市戴湾乡吉庄村	—	男	1945 年
李荣枝	临清市老赵庄乡黄庄村	—	男	1945 年
姜玉岑	临清市老赵庄乡黄庄村	—	男	1945 年
马镇济	临清市老赵庄乡姚里庄村	—	男	1945 年
黄天庆	临清市魏湾镇张牌村	—	男	1945 年
王张氏	临清市魏湾镇王营村	—	女	1945 年
王汝修	临清市魏湾镇王营村	—	男	1945 年
王振岑	临清市魏湾镇王营村	—	男	1945 年
王振连	临清市魏湾镇王营村	—	男	1945 年
汪鹤亭	临清市魏湾镇王营村	—	男	1945 年
汪长义	临清市魏湾镇王营村	—	男	1945 年
王法臣	临清市魏湾镇王营村	—	男	1945 年
王化平	临清市魏湾镇王营村	—	男	1945 年
王化沾	临清市魏湾镇王营村	—	男	1945 年
王美庆	临清市魏湾镇王营村	—	男	1945 年
王金庆	临清市魏湾镇王营村	—	男	1945 年
王修成	临清市魏湾镇王营村	—	男	1945 年
王化林	临清市魏湾镇王营村	—	男	1945 年
王化连	临清市魏湾镇王营村	—	男	1945 年
王德庆	临清市魏湾镇王营村	—	男	1945 年
王鹤松	临清市魏湾镇王营村	—	男	1945 年
李学晨	临清市魏湾镇丁马庄村	—	男	1945 年

续表

姓名	籍贯	年龄	性别	死难时间
王清海	临清市金郝庄乡刘公庄村	—	男	1945年
刘国栋	临清市青年办事处马庄村	50	男	1945年
屈迎春	临清市尚店乡曲庄村	20	男	1945年
单清臣	临清市唐园镇单卜头村	20	男	1945年
张纯贞	临清市唐园镇单卜头村	31	男	1945年
栾保安	临清市康庄镇栾庄村	—	男	1945年
刘庆良	临清市魏湾镇前营村	30	男	1945年
马良更	—	20	男	1945年
李全明	—	—	男	1945年
王浚明	临清市八岔路镇	—	男	1945年
张登河	—	—	男	1945年
许建公	—	—	男	1945年
王贵龙	—	—	男	1945年
张林祥	临清市魏湾镇大张庄村	—	男	1945年
郝四连	临清市魏湾镇前张官营	—	男	1945年
张廷之	临清市魏湾镇后张官营	—	男	1945年
彭秀石	临清市魏湾镇彭寨子	—	男	1945年
吴修文	—	33	男	1945年
梁洪奎	临清市新华办事处新开街	—	男	1945年
刘建聚	—	—	男	1945年
刘振海	—	—	男	1945年
翟如会	—	—	男	1945年
王万铎	临清市唐园镇	23	男	1945年
吕玉皆	临清市魏湾镇	20	男	1945年
田秀君	临清市先锋办事处福德街	24	女	1945年
艾玉山	临清市尚店乡张店村	24	男	1945年
王　河	临清新华办事处南门里街	21	男	1945年
张一鸾	临清市魏湾镇丁马村	21	男	1945年
徐贵海	临清市青年办事处	22	男	1945年
刘金明	临清市刘垓子镇吕堂村	18	男	1945年
傅金榜	临清市刘垓子镇小薛楼	23	男	1945年
刘玉山	临清市新华办事处古楼街	19	男	1945年
燕爱云	临清市唐园镇	30	男	1945年
张凤祥	临清市魏湾镇	26	男	1945年

续表

姓 名	籍 贯	年 龄	性 别	死难时间
燕芳德	临清市唐园镇	25	男	1945 年
王俊清	临清市唐园镇	22	男	1945 年
刘福兴	临清市唐园镇	25	男	1945 年
郭和岭	临清市唐园镇	34	男	1945 年
贾振南	临清市唐园镇	22	男	1945 年
刘国章	临清市青年办事处朱庄村	26	男	1945 年
方维封	临清市大辛庄办事处	45	男	1945 年
王连贯	临清市康庄镇王坊子村	29	男	1945 年
傅家绶	临清市康庄镇候寨子村	21	男	1945 年
傅永维	临清市康庄镇候寨子村	21	男	1945 年
傅永刚	临清市康庄镇候寨子村	24	男	1945 年
王振海	临清市烟店镇庞烟店村	22	男	1945 年
张华福	临清市康庄镇赵庄村	20	男	1945 年
魏百奎	临清市八岔路镇赵塔头村	20	男	1945 年
赵义堂	临清市八岔路镇赵塔头村	21	男	1945 年
张善书	临清市八岔路镇万庆村	29	男	1945 年
王树远	临清市尚店乡前焦村	23	男	1945 年
于芝友	临清市尚店乡焦东村	32	男	1945 年
杨立科	临清市尚店乡黄杨村	20	男	1945 年
杨云锦	临清市尚店乡黄杨村	32	男	1945 年
郑连波	临清市青年办事处姬庄村	—	男	—
薛学友	临清市青年办事处姬庄村	—	男	—
车乃厚	临清市青年办事处车庄村	—	男	—
刘　樟	临清市青年办事处马庄村	—	男	—
施政文	临清市青年办事处李堂村	—	男	—
王立和	临清市尚店乡黄杨村	—	男	—
舒桂芳	临清市尚店乡尚店村	—	男	—
常兴国	临清市尚店乡西荆林村	—	男	—
刘庆功	临清市唐园镇石佛村	—	男	—
李凤城	临清市唐园镇	—	男	—
唐绍荣	临清市唐园镇李官寨村	—	男	—
贾金城	—	—	男	—
汪金华	临清市青年办事处朱庄村	—	男	—
康金栋	临清市松林镇田庄村	—	男	—

续表

姓 名	籍 贯	年 龄	性 别	死难时间
陈桂林	临清市松林镇田庄村	—	男	—
秦荣彦	临清市松林镇田庄村	—	男	—
朱明顺	临清市	—	男	—
王瑞祥	临清市先锋办事处什方院村	—	男	—
王金山	临清市先锋办事处什方院村	—	男	—
郝福富	临清市松林镇仓上村	—	男	—
路友孔	临清市松林镇王大人村	—	男	—
王京华	临清市松林镇姚楼村	—	男	—
田福香	临清市松林镇姚楼村	—	男	—
李兆芹	临清市先锋办事处杨存庄村	—	男	—
蒋长产	—	—	男	—
郝一芹	—	—	男	—
郝友台	—	—	男	—
赵维奇	—	—	男	—
刁金玉	临清市康庄镇高堆村	—	男	—
冯文东	临清市康庄镇	—	男	—
王运生	临清市康庄镇六里长屯村	—	男	—
袁为治	临清市康庄镇官庄村	—	男	—
宁金斗	临清市康庄镇宁店村	—	男	—
张传海	临清市康庄镇乡马厂村	—	男	—
乔金洞	临清市康庄镇乡官庄村	—	男	—
高连为	临清市刘垓子镇薛庄村	—	男	—
贾永月	临清市刘垓子镇郝马庄村	—	男	—
刘西建	临清市刘垓子镇井庄村	—	男	—
李实前	临清市刘垓子镇三十间瓦房村	—	男	—
李树银	临清市刘垓子镇三十间瓦房村	—	男	—
李树真	临清市刘垓子镇三十间瓦房村	—	男	—
孙洪成	临清市刘垓子镇乜园村	—	男	—
李祖功	临清市刘垓子镇后李庄村	—	男	—
王树山	临清市刘垓子镇廖庄村	—	男	—
宋福善	临清市刘垓子镇廖庄村	—	男	—
陈昭瑞	临清市刘垓子镇三十里铺村	—	男	—
杨心坦	临清市刘垓子镇三十里铺村	—	男	—
宋丕江	临清市尚店乡	—	男	—

续表

姓名	籍贯	年龄	性别	死难时间
周玉珍	临清市刘垓子镇三十里铺村	—	男	—
李士金	临清市刘垓子镇三十里铺村	—	男	—
张廷岭	临清市刘垓子镇刘垓子村	—	男	—
姜中山	临清市刘垓子镇姜油坊村	—	男	—
姜金岩	临清市刘垓子镇姜油坊村	—	男	—
秦孟林	临清市刘垓子镇白佛寺村	—	男	—
王顺田	临清市刘垓子镇宋庄村	—	男	—
王金波	临清市大辛庄办事处五里庙村	—	男	—
徐圣有	临清市大辛庄办事处小辛庄村	—	男	—
张明新	临清市大辛庄办事处小辛庄村	—	男	—
胡敬文	临清市大辛庄办事处景付庄村	—	男	—
于光斗	临清市大辛庄办事处杏元村	—	男	—
刘炳恒	临清市大辛庄办事处近古村	—	男	—
李金林	临清市大辛庄办事处孟庄村	—	男	—
黄梦祥	临清市大辛庄办事处黄官屯村	—	男	—
王仲岳	临清市刘垓子镇尹庄村	—	男	—
杨其钧	临清市大辛庄办事处东周店村	—	男	—
李金贵	临清市大辛庄办事处长屯村	—	男	—
方维尧	临清市大辛庄办事处东周店村	—	男	—
付炳军	临清市大辛庄办事处东周店村	—	男	—
宋继云	临清市大辛庄办事处东周店村	—	男	—
丁桂苓	临清市大辛庄办事处冶庄村	—	男	—
邢振玉	临清市刘垓子镇吕堂村	—	男	—
杨华林	临清市刘垓子镇三十里铺村	—	男	—
冯瑞寿	临清市老赵庄镇王集村	—	男	—
李古敏	临清市老赵庄镇李庄村	—	男	—
王其中	临清市老赵庄镇沈庄村	—	男	—
王凤肖	临清市老赵庄镇沈庄村	—	男	—
彭传其	临清市老赵庄镇沈庄村	—	男	—
庞景春	临清市老赵庄镇庞庄村	—	男	—
黄金柱	临清市魏湾镇李圈村	—	男	—
赵金利	临清市魏湾镇李圈村	—	男	—
黄祯庆	临清市魏湾镇黄庄村	—	男	—
王开祥	临清市魏湾镇王营村	—	男	—

续表

姓 名	籍 贯	年 龄	性 别	死难时间
贾孟海	临清市魏湾镇黄庄村	—	男	—
吕万增	临清市康庄镇吕桥村	—	男	—
梁冠廷	临清市魏湾镇侯寨子村	—	男	—
吉金城	临清市魏湾镇垮子营村	—	男	—
刘洪海	临清市魏湾镇垮子营村	—	男	—
李恩财	临清市魏湾镇李圈村	—	男	—
史太魁	临清市魏湾镇薛楼村	—	男	—
张东来	临清市魏湾镇前营村	—	男	—
王玉贵	临清市魏湾镇后营村	—	男	—
贾太生	临清市魏湾镇后营村	—	男	—
张廷文	临清市魏湾镇前营村	—	男	—
吴兴光	临清市魏湾镇前营村	—	男	—
尹杰序	临清市魏湾镇薛楼村	—	男	—
陈尚怀	临清市魏湾镇赵回庄村	—	男	—
陈尚珍	临清市魏湾镇陈寨子村	—	男	—
赵寿维	临清市魏湾镇赵回庄村	—	男	—
穆长元	临清市魏湾镇由马庄村	—	男	—
李言贤	临清市魏湾镇由马庄村	—	男	—
李士庄	临清市魏湾镇由马庄村	—	男	—
张风祥	临清市魏湾镇丁马庄村	—	男	—
张一湾	临清市魏湾镇丁马庄村	—	男	—
邴玉如	临清市魏湾镇薛楼村	—	男	—
李恒芹	临清市魏湾镇薛楼村	—	男	—
张春生	临清市魏湾镇丁马庄村	—	男	—
冯子英	临清市魏湾镇丁马庄村	—	男	—
李华光	临清市魏湾镇李圈村	—	男	—
王国权	临清市金郝庄乡张伴屯村	—	男	—
王清江	—	—	男	—
崔 兴	—	—	男	—
秦 禄	—	—	男	—
袁 富	—	—	男	—
刘化章	—	24	男	—
刘正礼	—	20	男	—
刘培生	—	28	男	—

续表

姓名	籍贯	年龄	性别	死难时间
尹　理	—	—	男	—
孟九敏	—	—	男	—
陈之琴	—	—	男	—
乔木善	—	—	男	—
刘朝宏	—	—	男	—
闫玉堂	—	—	男	—
周全富	—	—	男	—
王荣仁	—	—	男	—
周峰山	—	—	男	—
荣成贵	—	—	男	—
吴光印	—	24	男	—
徐光英	—	18	男	—
裴玉皆	—	—	男	—
程成兴	—	—	男	—
程　路	—	—	男	—
陈金敖	—	—	男	—
侯光荣	—	—	男	—
杨怀祥	—	—	男	—
王尚夫	—	—	男	—
常　桥	—	—	男	—
崔士林	—	—	男	—
刘金奎	—	—	男	—
刘泽茂	—	—	男	—
刘富海	—	—	男	—
常文富	—	—	男	—
李保祥	—	—	男	—
郭东泽	—	—	男	—
张纪法	—	—	男	—
李华林	—	—	男	—
唐春旺	—	—	男	—
刘光义	—	—	男	—
朱占元	—	—	男	—
刘德芳	—	—	男	—
张志祥	—	—	男	—

续表

姓 名	籍 贯	年 龄	性 别	死难时间
李秀廷	—	—	男	—
史清昌	—	—	男	—
闫怀琴	—	—	男	—
于汝宽	—	—	男	—
李纪荣	—	—	男	—
李太连	—	—	男	—
王春泽	—	—	男	—
蔺高令	—	—	男	—
石永桂	—	—	男	—
张金山	临清市新华办事处上湾街	—	男	—
李增荣	临清市新华办事处上湾街	—	男	—
高尚生	临清市新华办事处上湾街	—	男	—
杨文华	临清市新华办事处上湾街	—	男	—
刘希孟	临清市新华办事处新开街	—	男	—
吴青年	临清市新华办事处新开街	—	男	—
洪少金	临清市新华办事处新开街	—	男	—
刘得洋	—	—	男	—
吕茂隆	临清市金郝庄乡张伴屯村	—	男	—
沈光俊	临清市金郝庄乡周庄村	—	男	—
马晁臣	临清市金郝庄乡新集村	—	男	—
马建春	临清市金郝庄乡新集村	—	男	—
张世义	临清市金郝庄乡新集村	—	男	—
张万乐	临清市金郝庄乡栗管屯村	—	男	—
郭振河	临清市金郝庄乡任管屯村	—	男	—
李福友	临清市金郝庄乡李洼村	—	男	—
李桂森	临清市金郝庄乡李洼村	—	男	—
郭金荣	临清市金郝庄乡石集村	—	男	—
李桂香	—	19	男	—
史锡三	—	—	男	—
梁贵芬	—	—	男	—
梁保增	—	—	男	—
路德胜	—	—	男	—
张风离	—	—	男	—
侯文焕	—	—	男	—

续表

姓 名	籍 贯	年 龄	性 别	死难时间
傅玉杰	河北省临西县	—	男	—
孟福增	河北省临西县	—	男	—
魏天增	河北省临西县	—	男	—
项金元	河北省临西县	—	男	—
王凤山	临清市先锋办事处更道街	—	男	—
秦保元	临清市先锋办事处天桥街	—	男	—
张之江	临清市先锋办事处天桥街	—	男	—
李连成	临清市先锋办事处商场街	—	男	—
赵洪斌	临清市先锋办事处博爱街	—	男	—
刘仲三	临清市先锋办事处博爱街	—	男	—
苏寿山	临清市先锋办事处博爱街	—	男	—
杨永贤	河北省临西县	—	男	—
赵学增	临清市青年办事处东夹道村	—	男	—
刘仲杰	临清市青年办事处东夹道村	—	男	—
李天祥	临清市青年办事处南厂村	—	男	—
王白信	临清市青年办事处车营街	—	男	—
赵振玉	临清市青年办事处车营街	—	男	—
张保顺	临清市青年办事处前关街	—	男	—
张继成	临清市青年办事处前关街	—	男	—
杨乾一	临清市青年办事处庆祥街	—	男	—
赵忠义	临清市青年办事处光明街	—	男	—
张继生	临清市青年办事处光明街	—	男	—
白东坡	临清市戴湾乡	—	男	—
张东奎	临清市戴湾乡孔庄	—	男	—
白东福	临清市戴湾乡廖庄	—	男	—
张立功	临清市戴湾乡孔庄	—	男	—
马化岭	临清市戴湾乡	—	男	—
温泽胜	临清市戴湾乡温庄	—	男	—
王维心	—	—	男	—
刘智会	临清市青年办事处光明街	—	男	—
王书堂	临清市先锋办事处福德街	—	男	—
孙凤祥	临清市先锋办事处福德街	—	男	—
王　梅	临清市先锋办事处福德街	—	男	—
王业全	临清市新华办事处上湾街	—	男	—

续表

姓名	籍贯	年龄	性别	死难时间
张长江	临清市新华办事处古楼街	—	男	—
李西友	临清市新华办事处林园	—	男	—
李燕氏	临清市唐园镇杨楼村	—	女	—
李　卓	临清市青年办事处曹岗社区	—	男	1937 年
李卓之兄	临清市青年办事处曹岗社区	—	男	1937 年
许金山	临清市新华办事处朱杨桥村	29	男	1938 年 3 月
许金峰	临清市新华办事处朱杨桥村	27	男	1938 年 3 月
牛大喜	临清市新华办事处朱杨桥村	30	男	1938 年 3 月
牛大来	临清市新华办事处朱杨桥村	31	男	1938 年 3 月
王汝青	临清市青年办事处贾庄村	—	男	1938 年 11 月
李继训	临清市魏湾镇李圈村	—	男	1938 年秋
宋玉奇	临清市青年办事处傅庄村	22	男	1938 年
牛俊安	临清市新华办事处朱杨桥村	33	男	1938 年
李玉英之祖父	临清市刘垓子镇姜油坊村	—	男	1938 年
李　江	临清市新华办事处杨八里村	—	男	1939 年 3 月
房　芹	临清市新华办事处杨八里村	—	男	1939 年 3 月
吴众廷	临清市新华办事处杨八里村	—	男	1939 年 3 月
吴书茂	临清市青年办事处吴刘庄村	30	男	1939 年
何 × ×	临清市新华办事处郭庄村	—	男	1939 年
二　爷	临清市新华办事处郭庄村	—	男	1939 年
崔士元	临清市新华办事处朱杨桥村	31	男	1939 年
刘长红	临清市新华办事处周三里村	14	男	1939 年
张四群	临清市潘庄镇潘东村	40	男	1939 年
李青平	临清市潘庄镇潘东村	41	男	1939 年
李显忠	临清市潘庄镇潘东村	40	男	1939 年
李玉峰	临清市潘庄镇潘东村	39	男	1939 年
王立堂	临清市烟店镇庞烟店村	—	男	1940 年 5 月
王立堂之弟	临清市烟店镇庞烟店村	—	男	1940 年 5 月
大老五	临清市烟店镇庞烟店村	—	男	1940 年 5 月
宋维祥	临清市潘庄镇宋齐寨村	—	男	1940 年 6 月 30 日
陶　三	临清市新华办事处东陶屯村	—	男	1940 年
化凤矛	临清市青年办事处于林头村	—	男	1940 年
高　贵	临清市青年办事处于林头村	—	男	1940 年
王金成	临清市青年办事处于林头村	—	男	1940 年

续表

姓名	籍贯	年龄	性别	死难时间
赵××	临清市青年办事处于林头村	—	男	1940年
曾广东	临清市先锋办事处郭堤村	—	男	1940年
张宝学	临清市尚店乡仓上村	—	男	1940年
张伯石	临清市尚店乡仓上村	—	男	1940年
张伯毫	临清市尚店乡仓上村	—	男	1940年
韩广友	临清市尚店乡仓上村	—	男	1940年
周丙演	临清市尚店乡仓上村	—	男	1940年
周庆岭	临清市松林镇东丁村	26	男	1940年
杨殿岭	临清市魏湾镇冯庄村	—	男	1940年
赵武魁	临清市魏湾镇丁马庄村	—	男	1940年
魏洪春	临清市魏湾镇丁马庄村	—	男	1940年
王时队	临清市魏湾镇丁马庄村	—	男	1940年
李继荣	临清市魏湾镇李圈村	—	男	1941年夏
路大贵	临清市戴湾乡景庄村	—	男	1941年
大老虎	临清市魏湾镇辛道村	—	男	1941年
谭瑞锡	临清市金郝庄乡孟东村	—	男	1941年
张保一	临清市青年办事处里官庄村	—	男	1942年2月
程太来之父	临清市青年办事处里官庄村	—	男	1942年2月
程太来之叔	临清市青年办事处里官庄村	—	男	1942年2月
王法圣	临清市魏湾镇王营村	—	男	1942年2月
王风同	临清市魏湾镇王营村	—	男	1942年2月
王玉运	临清市魏湾镇王营村	—	男	1942年2月
杨　柱	临清市戴湾乡张庄村	—	男	1942年12月
李祖要之妻	临清市刘垓子镇姜庄村	—	女	1942年
栾培成	临清市唐园镇东桥村	—	男	1942年
李跃年	临清市新华办事处东关街	—	男	1942年
韩士德	临清市新华办事处东关街	—	男	1942年
王二狗	临清市大辛庄办事处崔庄村	34	男	1942年
李　四	临清市大辛庄办事处崔庄村	36	男	1942年
王都元	临清市唐园镇孙寨村	18	男	1942年
燕国贤	临清市唐园镇孙寨村	20	男	1942年
王建卿	临清市唐园镇林潘寨村	—	男	1942年
都建朝	临清市潘庄镇都齐寨村	23	男	1942年
都建入	临清市潘庄镇都齐寨村	20	男	1942年

续表

姓 名	籍 贯	年 龄	性 别	死难时间
李尚昆	临清市老赵庄镇李将夏村	—	男	1942 年
郝长武	临清市老赵庄镇后丁村	45	男	1942 年
贾梦男	临清市金郝庄乡贾庄村	—	男	1942 年
常丕德之父	临清市烟店镇拳厂村	—	男	1943 年 1 月
常丕德之兄	临清市烟店镇拳厂村	—	男	1943 年 1 月
乔金峰	临清市戴湾乡大屯村	—	男	1943 年 3 月
王殿奎	临清市戴湾乡牛庄村	—	男	1943 年 3 月
牛庆祥	临清市戴湾乡牛庄村	—	男	1943 年 3 月
牛士街	临清市戴湾乡牛庄村	—	男	1943 年 3 月
牛月东	临清市烟店镇前张寨村	—	男	1943 年 4 月
牛月河	临清市烟店镇前张寨村	—	男	1943 年 4 月
贾长吉	临清市大辛庄办事处前八里村	62	男	1943 年 7 月
许恒功	临清市烟店镇许张寨村	—	男	1943 年 11 月
黄狗剩	临清市魏湾镇黄庄村	—	男	1943 年 11 月
潘亦民之曾祖父	临清市青年办事处于楼村	65	男	1943 年
管 × ×	临清市先锋办事处宋庄村	—	男	1943 年
王殿臣	临清市先锋办事处王井村	—	男	1943 年
花玉河	临清市先锋办事处王井村	—	男	1943 年
林二憨	临清市先锋办事处张官屯村	—	男	1943 年
闫连元	临清市先锋办事处张官屯村	—	男	1943 年
胡庆凯	临清市先锋办事处张官屯村	—	男	1943 年
李德生	临清市先锋办事处张官屯村	—	男	1943 年
李德山	临清市先锋办事处张官屯村	—	男	1943 年
陈 牛	临清市先锋办事处胡八里村	—	男	1943 年
花 小	临清市先锋办事处胡八里村	—	男	1943 年
高士锋	临清市先锋办事处胡八里村	—	男	1943 年
刘 小	临清市先锋办事处胡八里村	—	男	1943 年
张 氏	临清市先锋办事处上堤村	—	女	1943 年
刘墨岑	临清市新华办事处韦付庄村	—	男	1943 年
付金海	临清市新华办事处韦付庄村	—	男	1943 年
刘晏岭	临清市新华办事处韦付庄村	—	男	1943 年
刘江岭	临清市新华办事处韦付庄村	—	男	1943 年
薛大汉	临清市新华办事处韦付庄村	—	男	1943 年

续表

姓 名	籍 贯	年 龄	性 别	死难时间
翟春祥	临清市新华办事处郭庄村	28	男	1943 年
赵学文	临清市大辛庄办事处孙庄村	—	男	1943 年
李子晨	临清市大辛庄办事处孙庄村	—	男	1943 年
李　古	临清市大辛庄办事处孙庄村	—	男	1943 年
朱玉涛	临清市大辛庄办事处孙庄村	—	男	1943 年
吴士瑞	临清市大辛庄办事处孙庄村	—	男	1943 年
李　兰	临清市大辛庄办事处窑地头村	32	女	1943 年
李兰秀	临清市大辛庄办事处窑地头村	36	女	1943 年
王树梅	临清市唐园镇孙寨村	40	男	1943 年
王树安	临清市唐园镇孙寨村	40	男	1943 年
杨继文	临清市唐园镇杨楼村	—	男	1943 年
张　氏	临清市唐园镇杨楼村	—	女	1943 年
李庆良	临清市唐园镇杨楼村	—	男	1943 年
李廷阶	临清市唐园镇杨楼村	—	男	1943 年
李廷香	临清市唐园镇杨楼村	—	女	1943 年
杨学山	临清市唐园镇杨楼村	—	男	1943 年
李　本	临清市唐园镇杨楼村	—	男	1943 年
李廷芝	临清市唐园镇杨楼村	—	女	1943 年
李兰宾	临清市潘庄镇都齐寨村	25	男	1943 年
王如成	临清市潘庄镇都齐寨村	42	男	1943 年
宋田福	临清市潘庄镇都齐寨村	53	男	1943 年
徐登领	临清市潘庄镇西路寨村	42	男	1943 年
张景发	临清市潘庄镇西路寨村	45	男	1943 年
郑之怀	临清市烟店镇魏厂村	42	男	1943 年
张振武	临清市尚店乡闫屯村	—	男	1943 年
张春岑	临清市刘垓子镇北薛村	—	男	1943 年
薛学平之弟	临清市刘垓子镇北薛村	—	男	1943 年
梁付礼	临清市刘垓子镇北薛村	—	男	1943 年
刘金元	临清市刘垓子镇北薛村	—	男	1943 年
王华岭	临清市刘垓子镇北薛村	—	男	1943 年
谷××	临清市戴湾乡二十里铺村	—	男	1943 年
谷××之家属	临清市戴湾乡二十里铺村	—	男	1943 年

续表

姓名	籍贯	年龄	性别	死难时间
谷××之家属	临清市戴湾乡二十里铺村	—	女	1943 年
谷××之家属	临清市戴湾乡二十里铺村	—	女	1943 年
谷玉行	临清市戴湾乡二十里铺村	—	男	1943 年
王大勇之弟	临清市戴湾乡二十里铺村	—	男	1943 年
张保友	临清市戴湾乡赵建庄村	—	男	1943 年
张保兴	临清市戴湾乡赵建庄村	—	男	1943 年
刘庆厚	临清市戴湾乡赵建庄村	—	男	1943 年
程金东	临清市戴湾乡晁寨村	—	男	1943 年
王凤春	临清市戴湾乡二十里铺村	—	男	1943 年
刘学梦	临清市戴湾乡二十里铺村	—	男	1943 年
王凤哥	临清市戴湾乡二十里铺村	—	男	1943 年
刘士河之六爷	临清市戴湾乡二十里铺村	—	男	1943 年
袁　三	临清市戴湾乡王庄村	—	男	1943 年
孙　五	临清市戴湾乡王庄村	—	男	1943 年
陈上栋	临清市康庄镇大陈村	—	男	1943 年
陈克洵	临清市康庄镇大陈村	—	男	1943 年
陈上心之父	临清市康庄镇大陈村	—	男	1943 年
李玉平	临清市康庄镇康五街	17	男	1943 年
刘召金	临清市康庄镇康五街	19	男	1943 年
康富财	临清市老赵庄乡五股道村	—	男	1943 年
孟昭庆	临清市金郝庄乡监生庄村	—	男	1943 年
任学迁	临清市金郝庄乡监生庄村	—	男	1943 年
马庆林	临清市金郝庄乡高庄村	34	男	1943 年
马桂林	临清市金郝庄乡高庄村	32	男	1943 年
二　歪	临清市金郝庄乡东孙村	—	男	1943 年
程备善	临清市金郝庄乡程马村	—	男	1943 年
程达善	临清市金郝庄乡程马村	—	男	1943 年
程利殿之妻	临清市金郝庄乡程马村	—	女	1943 年
程荣入之妻	临清市金郝庄乡程马村	—	女	1943 年
刘玉豪	—	—	男	1944 年 3 月 9 日
汪连敬之父	临清市潘庄镇汪堤村	—	男	1944 年
田广阶	临清市八岔路镇东潘庄村	31	男	1944 年

续表

姓 名	籍 贯	年 龄	性 别	死难时间
王金歧	临清市潘庄镇魏沿村	44	男	1944 年
夏景卫	临清市尚店乡荆林村	—	男	1944 年
王冬青	临清市尚店乡方荆林村	—	男	1944 年
蒋金洞	临清市刘垓子镇徐庄村	34	男	1944 年
刁廷仁	临清市戴湾乡赵建庄村	—	男	1944 年
康金泉	临清市戴湾乡吉庄村	—	男	1944 年
康寿春	临清市戴湾乡吉庄村	—	男	1944 年
王保山	临清市松林镇松北村	31	男	1944 年
刘祥海	临清市松林镇由集村	27	男	1944 年
李勤业	临清市金郝庄乡代庄村	—	男	1944 年
孙福轻	临清市康庄镇柴吕油村	21	男	1945 年 2 月
柴长寿	临清市康庄镇柴吕油村	23	男	1945 年 2 月
尹家绪	临清市魏湾镇薛楼村	—	男	1945 年 5 月
张义焕	临清市魏湾镇前营村	—	男	1945 年 6 月
刘来憨	临清市魏湾镇前营村	—	男	1945 年 6 月
闫振山	临清市	—	男	1945 年 6 月
张庆玉之堂弟	临清市康庄镇大万村	—	男	—
任 × ×	临清市老赵庄乡天宫庙村	—	男	—
合 计	**1506**			

责任人：王 峰　　核实人：刘立华 陈琳 刘明琰　　填表人：白 雪

填报单位（签章）：临清市委党史研究室　　填报时间：2009 年 4 月 15 日

后 记

在中央党史研究室组织指导下，山东省于2006年开展了抗日战争时期人口伤亡和财产损失大型调研活动（以下简称“抗损调研”）。抗损调研的成果之一，是通过全省普遍的乡村走访调查，广泛收集见证人和知情人的口述资料，如实记录伤亡者的姓名、籍贯、性别、年龄、死难时间等信息，编纂一部《山东省抗日战争时期伤亡人员名录》（以下简称《名录》）。《名录》于2010年编纂完成后，共收录抗日战争时期日军造成的山东现行政区域范围内的伤亡人员46.9万余名。以《名录》为基础，我们选择信息比较完整、填写比较规范的100个县（市、区）抗日战争时期死难人员名录，经省市县三级党史部门进一步整理、编纂，形成了《山东省百县（市、区）抗日战争时期死难者名录》，共收录死难者169173人。

2005年，中央党史研究室部署开展《抗日战争时期中国人口伤亡和财产损失》这一重大课题的调研工作。考虑到这项课题是一项艰巨复杂的浩大工程，山东省委党史研究室确定先行试点，在取得经验的基础上全面展开。2006年3月，山东省委党史研究室在全省17个市选择30个县（市、区）作为抗损调研试点单位。在中央党史研究室指导下，山东省委党史研究室按照全国调研工作方案确定的指导思想、组织领导、调研项目、工作步骤、基本要求等，制定下发了《山东省抗日战争时期人口伤亡和财产损失调研试点工作方案》。各试点县（市、区）建立了两支调研队伍：一是县（市、区）建立由党史、档案、史志等单位人员组成的档案与文献资料查阅队伍；二是乡（镇）、村建立走访调查队伍。调查的方式是：以村为单位，以70岁以上老人为重点，走访调查见证人和知情人，调查人员根据访问情况填写调查表，被调查人员确认填写的内容准确无误后签字（按手印）；以乡（镇）为单位对调查表记录的人员伤亡和财产损失情况进行汇总统计；以县（市、区）为单位查阅历史档案和文献资料，细致梳理人员伤亡和财产损失情况记录，汇总统计本县（市、区）人口伤亡和财产损失情况。试点工作于7月底结束。

试点期间，中央党史研究室不仅从方案规划设计，调研方法步骤确定，以及走访调查和档案查阅等各个环节需要把握的问题，给予我们精心指导，而且一再提出把调研工作做成“基础工程、精品工程、警世工程、传世工程”的标准要求，不断提升我们对这项工作的认识高度。

在中央党史研究室的悉心指导下，试点工作不仅取得重要成果，而且深化了我们对抗损调研工作的认识，增强了我们做好这项工作的责任意识。

一是收集了大量历史档案和文献资料，掌握了历史上山东省对抗损问题的调研情况，对如何深化调研取得了新的认识。

试点期间，30个试点县（市、区）共查阅历史档案2.36万卷，文献资料6859册，收集档案、文献资料3.72万份。主要包括：抗日战争胜利后，山东解放区政府、冀鲁豫解放区政府和国民党山东省政府、国民党青岛市政府对抗日战争时期山东省境内人口伤亡和财产损失所做的调查资料；新中国成立后，为收集日本战犯罪行证据，由山东省人民政府统一组织领导，各级公安、检察机关所做的调查资料；20世纪五六十年代和改革开放以来，各级党史、史志、文史部门，社科研究单位和民间人士对抗日战争时期发生在山东省境内的人口伤亡和财产损失重大事件所做的典型调查资料等。

通过分析这些资料，可以看到，解放区政府和国民党政府所做的调查，调查时间是抗战胜利后至1946年初，调查方法是按照联合国救济总署设定的战争灾害损失调查项目进行的，调查目的在于战后救济与善后，着重于人口伤亡和财产损失的数据统计，其调查覆盖山东全境，统计数据全面、可靠，但缺少伤亡者具体信息的记录。新中国成立后及改革开放新时期的调查，留存了日本战犯和受害人、当事人的大量口供和证词。这些口供和证词记录了伤亡者姓名、被害经过等许多具体信息，但仅限于部分重大事件中的少数伤亡者。据此，我们认识到，虽然通过系统整理散落在各级档案馆、图书馆、博物馆的档案和文献中的历次调查资料，可以在确凿的历史档案、文献资料以及人证、物证等证据的基础上，进一步查明山东省抗日战争时期人口伤亡和财产损失的情况，但还是难以在全省范围内查明伤亡者更多的具体信息。因此，还需要我们做更多的工作。

二是收集了大量见证人、知情人口述资料，掌握了乡村走访调查的样本选择和操作方法，深化了对直接调查重要性的认识。

30个试点县（市、区）走访调查19723个村庄、103.6万人，召开座谈会13.13万人次，收集证人证言22.42万份。这些证言证词记载了当年日军的累累罪行。虽然时间已经过去了六七十年，见证人的有些记忆已很不完整、有些仅是片段式的，但亲眼目睹过同胞亲人惨遭劫难的老人们，仍能清晰讲述出其刻骨铭心的深刻记忆；虽然有些村庄已经消失，有些家族整个被日军杀绝，从而导致一些信息中断，但大多数村庄仍然保留有历史记忆，大量死难者有亲人或后人在世。

基于对证言证词的分析，我们认识到：村落是民族记忆的历史载体、家族生活的社会单元，保留着家族绵延续绝的历史信息；70 岁以上老人在抗日战争胜利时已有十几岁，具备准确记忆的能力。以行政村为调查样本、以全省609 万在世的70 岁以上老人为重点人群，采用乡村走访调查的方法，可以收集更多的抗日战争时期伤亡人员信息，以弥补过去历次调查留下的缺憾。

三是查阅了世界其他国家对二战时期死难者调查的文献资料，增强了我们对历史负责、对死难者亡灵负责、对国际社会和人类文明负责的民族担当意识。

试点期间，山东省委党史研究室组织研究人员查阅了世界各国对二战时期死难者调查和纪念的相关资料。“尊重每一个生命，珍惜每一个人的存亡”，在第二次世界大战灾难的调查和纪念中得到充分体现。2004 年，以色列纪念纳粹大屠杀的主题是“直到最后一个犹太人，直到最后一个名字”。在美国建立的珍珠港纪念碑上，死难者有名有姓，十分具体。在泰国、缅甸交界的二战遗址桂河大桥旁，盟军死难者纪念公墓整齐刻写着死难者的名字。铭记死难者的名字，抚平创伤让死难者安息，成为国际社会通行的做法。但是，日本全面侵华战争中造成数百万山东人民伤亡，60 多年来在尘封的历史档案中记录的多是一串串伤亡数字，至今没有一部记录死难者相关信息的大型专著。随着当事人和见证者相继逝去，再不完成这方面的调查，将会成为无法弥补的历史缺憾。推动开展一次乡村普遍调查，尽可能多地查找死难者的名字、记录死难者的相关信息，既可告慰死难者的冤魂亡灵，又可留存日军残酷暴行的铁证。这是我们历史工作者的良心所在，责任所在！

中央党史研究室对山东试点工作及取得的成果给予充分肯定和高度评价，同意山东省委党史研究室对试点成果的分析和对抗损调研工作的认识，提出了开展山东省抗日战争时期人口伤亡和财产损失大型调研活动的指导意见，并要求努力实现以下两个主要目标：

一是在收集整理以往历次抗损调研成果的基础上，准确查明山东省抗日战争时期人口伤亡和财产损失的情况。即由省市县三级党史、史志、档案等部门具有一定研究能力的人员，广泛收集散落在各地档案馆、图书馆、博物馆的抗损资料，在系统整理、深入分析研究60 多年来各级政府、社会团体、研究机构等调查和研究成果的基础上，准确查明山东省抗日战争时期人口伤亡和财产损失的情况；

二是开展一次普遍的乡村走访调查，尽可能多地调查记录伤亡者的信息，弥补以往历次调查的不足。即按照统一方法步骤，由乡村两级组成走访调查队伍，以行政村为调查样本、以70岁以上老人为重点调查人群，通过进村入户走访调查，广泛收集见证人和知情人的口述资料，如实记录死难者的姓名、性别、年龄、籍贯、伤亡时间、伤亡原因等信息。

在中央党史研究室的指导下，山东省委党史研究室研究制定了《山东省抗日战争时期人口伤亡和财产损失课题调研工作方案》，明确了抗损调研的指导思想、目标任务、方法步骤和保障措施等要求。在中央党史研究室的推动下，山东省成立了由党史、财政、史志、档案、民政、文化、出版、统计、司法等单位组成的大型调研活动领导小组，下设课题研究办公室（重大专项课题组）。

2006年10月中旬，山东省抗损调研领导小组研究通过并下发了《山东省抗日战争时期人口伤亡和财产损失课题调研工作方案》及关于录制走访取证声像资料、重大惨案进行司法公证、编写抗损大事记等相关配套方案，统一复制并下发了由中央党史研究室设计制定的“抗日战争时期人口伤亡调查表”、“抗日战争时期财产损失调查表”、“抗日战争时期人口伤亡统计表”、“抗日战争时期财产损失统计表”。

各市、县（市、区）按照方案要求进行了筹备部署：

一是组织调研队伍。各市、县（市、区）成立了抗损调查委员会，从党史、史志、档案、民政、统计、图书馆等单位抽调10～20名人员组成抗损课题办公室，主要负责本地调研工作的组织协调，历史档案和文献资料的查阅、收集、分析整理、汇总统计等任务。全省共组织档案文献查阅人员3910名。各乡（镇）抽调5～10人组成走访调查取证组，具体承担本乡（镇）各村的走访调查取证工作。全省各乡（镇）调查组依托村党支部、村委会共组织走访调查取证人员32万余名。

二是培训调研人员。各市培训所属县（市、区）骨干调研队伍，培训主要采取以会代训的形式，重点推广试点县（市、区）调研工作中的成功做法。各县（市、区）培训所属乡（镇）调研队伍，培训采取选择一个典型村或镇进行集中调研、现场观摩的形式。

三是乡（镇）以行政村为单位对辖区内70岁以上老人登记造册，统一印制并向70岁以上老人发放了“抗日战争时期人口伤亡和财产损失入户调查明白纸”，告知调查的目的和有关事项。

2006年10月25日，山东省抗损调研领导小组召开了全省抗损调研动员会议。10月26日，走访取证工作在全省乡村全面展开。各乡（镇）走访调查取证组携带录音、录像设备和“抗日战争时期人口伤亡调查表”、“抗日战争时期财产损失调查表”等深入辖区行政村走访调查。调查人员主要由乡（镇）调查组人员和村党支部、村委会成员以及离退休老干部和退休教师组成。调查对象是各村70岁以上老人。

调查人员按照“抗日战争时期人口伤亡调查表”设置的栏目，主要询问被调查人所知道的抗日战争时期伤亡者姓名、年龄，伤亡时间、地点、经过（被日军枪杀、烧杀、活埋、砍杀、奸杀、溺水等情节）、伤亡者人数等情况。被调查人讲述，调查人员如实记录。记录完成后调查人员当场向被调查人宣读记录，被调查人确认无误后签名或盖章、按手印，调查人同时填写调查单位、调查人姓名、调查日期。证人讲述的死难者遇难现场遗址存在或部分存在的，调查组在证人指证的遗址现场（田埂、河沟、大树、坟地、小桥、水井、宅基地等）拍摄照片、录制声像资料。至此，形成一份完整的证言证词。

对于文献资料中记载的一次伤亡10人以上的惨案，各县（市、区）课题办公室组织党史、档案、史志等部门专业人员进行了专题调查，调查主要采取召开见证人、知情人座谈会的形式，调查过程全程录音、录像。对证言证词准确完整、具备司法公证条件的惨案，司法公证部门进行了司法公证。

为加强对调研工作的协调和指导，确保乡村走访调查目标的实现，山东省抗损课题研究办公室建立了督导制度、联系点制度、信息通报制度。省市县三级抗损课题研究办公室主任负责本辖区调研工作的督查指导，分别深入市、县（市、区）、乡（镇）检查调研工作开展情况。各市抗损课题研究办公室向所属县（市、区）派出督导员，深入乡（镇）、村检查指导调查取证工作，解决遇到的具体问题。省、市抗损课题研究办公室每位成员确定一个县（市、区）或一个乡（镇）为联系点，各县（市、区）抗损课题研究办公室每位成员联系一个乡（镇）或一个重点村，具体指导调研工作开展。为交流经验，落实措施，山东省抗损课题研究办公室编发课题调研《工作简报》150多期。

截止到2006年12月中旬，大规模的乡村走访取证工作结束，全省乡村两级走访调查队伍共走访调查8万余个行政村、507万余名70岁以上老人，分别占全省行政村总数和70岁以上老人总数的95%和80%以上，共收集证言证词79万余份。录制了包括证人讲述事件过程、事件遗址、有关实物证据等内容的大量影像资料，其中拍摄照片7376幅（同一底片者计为一幅），录音录像49678分钟，制作光盘2037张，并对专题调查的301个惨案进行了司法公证。

自2006年12月中旬开始，调研工作进入回头检查和分类汇总调研材料阶段。各乡（镇）调查组回头检查走访调查取证是否有遗漏的重点村庄和重点人群，收集的证言证词中证人是否签名、盖章、留下指纹，证言是否表述准确，调查人、调查单位、调查日期等是否填写齐全。在回头检查的基础上，将有关事件、伤亡者信息等如实记载下来，填写“抗日战争时期人口伤亡统计表”、“抗日战争时期财产损失统计表”。

12月16日，山东省抗损课题研究办公室印制并下发了《山东省抗日战争时期伤亡人员名录》表格。《名录》包括死难人员和受伤人员的“姓名”、“籍贯”、“年龄”、“性别”、“伤亡时间”、“伤亡地点”、“伤亡原因”等要素。《名录》以乡（镇）为单位填写，以县（市、区）为单位汇总，于2007年7月完成。

自2007年8月开始，山东省抗损课题研究办公室对各地上报的调研资料进行分类整理和分析研究，发现《名录》明显存在以下不足：一是《名录》收录的伤亡人员数远远少于档案资料中记载的抗日战争时期全省伤亡人数。山东解放区政府和冀鲁豫解放区政府调查统计的山东省平民伤亡人口为518万余人，国民党山东省政府和青岛市政府调查统计的全省平民伤亡人口为653万余人，《名录》收录的查清姓名的伤亡人员仅有46万余人，不到全省实际伤亡人口数的十分之一。分析其中原因，从见证人、知情人的层面看，主要是此次调研距抗日战争胜利已达61年之久，大多数见证人、知情人已经去世，加之部分村庄消失、搬迁，大量人口流动，调研活动中接受调查的70岁以上老人仅是当时见证人和知情人中的极少部分，而且他们中有些当时年龄较小、记忆模糊，只能回忆印象深刻的部分。从死难者的层面看，主要是记录伤亡者名字信息的家谱、墓碑在“文化大革命”时期大多已被销毁、损坏，许多名字随着时间流逝难以被后人记住。受农村传统习俗的影响，大多数农村妇女没有具体名字，而许多儿童在名字还没有固定下来时就已遇难。许多家族灭绝的遇难者，因没有留下后人而造成信息中断，难以通过知情人准确回忆姓名等信息。二是各县（市、区）名录收录的查清姓名的伤亡人员在人数的多少上与实际伤亡人数的多少不成正比，其中部分县（市、区）在抗日战争时期遭日军破坏程度接近，但所收录的伤亡人员在数量上存在较大差异。主要原因是调研活动的走访调查阶段，各县（市、区）对此项工作的重视程度、投入力量和走访调查的深入细致程度存在较大差异，有些县（市、区）在走访调查中遗漏见证人和知情人，有的在证言证词的梳理中遗漏伤亡者的填写。三是《名录》确定的各项要素有的填写不全，有些填写不完整、不规范。主要原因是，《名录》所依据的“证言证词”记录的要素有许多本身就不完整、不全面，而《名录》填写者来自乡（镇）调查组的数万名调查人员，在填写规范上也难以达到一致。

根据中央党史研究室关于编纂《抗日战争时期中国人口伤亡和财产损失调研丛书》的要求，针对《名录》中存在的主要问题，山东省抗损课题研究办公室于2009年初制定下发了《关于编纂〈山东省抗日战争时期伤亡人员名录〉有关要求的通知》（以下简称《通知》）。《通知》要求各市、县（市、区）党史部门以对历史高度负责的精神，集中时间、集中力量，对《名录》进行逐一核实和修订，真正把《名录》编纂成经得起历史检验和各方质疑的精品工程、传世工程、警世工程。《通知》明确了各市、县（市、区）的编纂任务和责任要求，各市委党史研究室负责所辖县（市、区）、高新技术开发区、经济开发区伤亡人员名录补充和核实校订工作的具体部署、组织指导、督促检查和汇总上报工作。各市委党史研究室主任为第一责任人，对本市所辖县（市、区）伤亡人员名录核实校订工作质量和完成时限负总责；确定一名科长为具体责任人，协助第一责任人做好工作部署和组织指导工作，具体做好督促检查和汇总上报工作。各县（市、区）委党史研究室具体负责本县（市、区）伤亡人员名录的补充、核实和校订工作。县（市、区）委党史研究室主任为责任人，对伤亡人员名录的真实性、可靠性负总责。各县（市、区）分别确定1至2名填表人和核实人。填表人根据《名录》表格的规范标准认真填写，确保无遗漏、无错误。《名录》正式出版后，责任人和填表人、核实人具体负责对来自各方的质询进行答疑。责任人、核实人、填表人在本县（市、区）伤亡人员名录最后一页页尾签名，并注明填报单位和填报时间。

《通知》下发后，各市委党史研究室确定了本市抗日战争时期伤亡人员名录编纂工作第一责任人和直接责任人。全省140个县（市、区）和16个经济开发区、高新技术开发区共确定了460余名责任人、核实人、填表人，并明确了责任。各县（市、区）党史研究室根据《通知》要求，细致梳理调研资料特别是走访调查资料，认真核实伤亡人员各要素，补充遗漏的伤亡人员。部分县（市、区）还针对调研资料中存在的伤亡人员基本要素表述不清、填写不完整等情况，进行实地回访或电话回访，补充了部分遗漏和填写不完整的要素。各县（市、区）抗日战争时期伤亡人员名录补充、核实工作完成后，各市委党史研究室按照《通知》提出的要求，进行了认真审核把关，对达不到要求的，返回县（市、区）进一步修订。

至2010年10月，全省140个县（市、区）和16个经济开发区、高新技术开发区共156个区域单位全部完成了《名录》的补充、核实和校订工作，共收录抗日战争时期因战争因素造成的、查清姓名的伤亡人员46万余名。此后，中央党史研究室安排中共党史出版社对《名录》进行多次编校，但终因《名录》存在伤亡原因、伤亡地点等要素不规范、不完整和缺失较多等诸多因素，未能正式出版。

2014年初，中央党史研究室组织展开新一轮抗损课题调研成果审核出版工作，并把《名录》纳入《抗日战争时期中国人口伤亡和财产损失调研丛书》第一批出版。按照中央党史研究室的部署要求，山东省抗损课题研究办公室组织力量对2010年整理编纂的《名录》再次进行认真审核，从中选择死难者信息比较完整、规范的100个县（市、区）死难者名录，组织力量集中进行编纂。在编纂中，删除了信息缺失较多的死难者死难原因、死难地点等要素，保留了信息比较完整的姓名、籍贯、性别、年龄、死难时间等5项要素。2014年8月，《山东省百县（市、区）抗日战争时期死难者名录》编纂完成后，山东省抗损课题研究办公室将其下发各市和相关县（市、区）进行了再次核对。

山东省抗日战争时期人口伤亡和财产损失大型调研活动和《山东省百县（市、区）抗日战争时期死难者名录》的编纂工作是一项极其复杂的系统工程。这项工程自始至终按照中央党史研究室设定的调研项目、方法步骤和基本要求开展，自始至终得到中央党史研究室的精心指导，倾注着中央党史研究室领导和专家的智慧和心血；这项工程得到了全省各级各有关部门和广大基层干部的积极支持和热情参与，包含着全省数十万名调研人员的辛勤奉献和全省各级党史部门数百名编纂人员历时数年的艰辛付出。

在调研活动和《名录》编纂过程中，每位死难者的名字，都激起亲历者、知情人难以言尽的惨痛回忆和血泪控诉，他们的所说令人震颤、催人泪下。我们深知：通过系统、详尽、具体的调查，将当年山东人民的巨大伤亡和损失尽可能完整地记载下来，上可告慰死难者的冤魂亡灵，表达后人的祭奠和怀念，下可教育子孙后代“牢记历史、珍爱和平”。我们深感：对发生在六七十年前的巨大灾难进行调查，由于资料散失、在世证人越来越少，调查和研究的难度难以想象，但良心和责任驱使我们力求使调查更加扎实、有力、具体和准确，给历史、给子孙一个负责任的交代。由于对那场巨大的战争灾难进行调查研究，毕竟是一项复杂的浩大工程，需要经过一个长期的研究过程，我们对许多调研资料的梳理还不够细致全面，对调研资料的研究还需进一步深化，我们目前取得的调研成果和研究编纂成果，都与中央党史研究室的要求存在一定差距。我们将以对历史负责、对人民负责、对死难者负责、对子孙负责的态度，不断深化研究，陆续推出阶段性研究成果，为推动人类和平和文明进步作出应有的贡献。

山东省抗损课题研究办公室
山东省委党史研究室重大专项课题组
2014 年 8 月